Pegasus Paperback

HORAZ

Glanz der Bescheidenheit

ODEN UND EPODEN

LATEINISCH UND DEUTSCH

ÜBERSETZT VON
CHRISTIAN FRIEDRICH KARL HERZLIEB UND
JOHANN PETER UZ

EINGELEITET UND BEARBEITET
VON WALTHER KILLY UND
ERNST A. SCHMIDT

ARTEMIS VERLAG ZÜRICH
UND MÜNCHEN

DIESE PEGASUS-PAPERBACK-AUSGABE ENTSPRICHT
DER IN DER BIBLIOTHEK DER ALTEN WELT 1981
ERSCHIENENEN 1. AUFLAGE
«Q. HORATIUS FLACCUS: ODEN UND EPODEN»

2. AUFLAGE 1987

PRINTED IN SWITZERLAND
ISBN 3 7608 3711 5

EINLEITUNG

Horaz, der größte römische Lyriker, ist erst auf der Höhe seines Lebens zum lyrischen Dichter geworden. Begonnen hat er mit Satiren und Jamben. In seinem Leben (65–8 v. Chr.) bilden zwei Epochendaten der politischen Geschichte Roms, die Schlacht bei Philippi (42 v. Chr.) und die Siege Octavians von 31/30 v. Chr., die gerade auch seine dichterische Biographie bestimmenden Zäsuren. Die durch sie hergestellte Folge dreier Lebensabschnitte von 23, dann 12 und wieder 23 Jahren hat als zweite Phase, zwischen Philippi und Actium, die Zeit der Satiren- und Jambendichtung, als dritte die Epoche der Lyrik und der Episteln mit der Poetik. Die lyrische Dichtung der Odenbücher I–III schafft der 35- bis 42-Jährige in frühaugusteischer, die Gedichte des 4. Odenbuches der 50-Jährige in hochaugusteischer Zeit.

Wir besitzen von Horaz nur die von ihm selbst publizierten Dichtungen, keine Experimente, keine Anfängerarbeiten, nichts Unvollendetes aus seinem Alter. Das «Verschweigen» der Jugendverse (aus der Zeit vor Philippi) und das Schweigen des Alters (nach 14/13 v. Chr.: Augustusbrief, epist. 2, 3, und c. 4, 15 wohl die spätesten Dichtungen) zeugen von dem gleichen Selbstanspruch und der gleichen asketischen Disziplin des Dichters, die auch das Werk verrät: nur was dem kaum überbietbaren dichterischen Selbstgefühl genügte, seiner kritischen Prüfung standhielt als gleichsam ehern sowohl wie frisch, d. h. Neues neu sagend, gab Horaz frei. Nur was er selbst nicht zerstören mußte oder durfte, sah er als unvergänglich an, und grünendes Wachstum erwartete er nur bei den Dichtungen, an denen er selbst die Lebendigkeit von Blumen am Quellwasser wahrnahm. So ist der Mann aus dem italischen Land, wo weithin der Fluß Aufidus tönt, wissend zu dem römischen Lyriker geworden, dessen Worte weithin in die Zukunft klangen: «Ne forte credas interitura quae / longe sonantem natus ad Aufidum / ..... / verba loquor ...» (c. 4, 9, 1–4).

Quintus Horatius Flaccus[1] wurde am 8. Dezember 65 v. Chr. in der römischen Kolonie Venusia in Unteritalien geboren, auf dem Land und in durchaus provinziellen, wenn auch nicht ärmlichen Verhältnissen. Seinen Vater, einen Freigelassenen, der in Venusia ein kleines Anwesen besaß, hat Horaz mit großer Dankbarkeit verehrt und geliebt; er will ihm seine sittliche Bildung verdanken, und er verdankt der klaren Initiative und Opferbereitschaft dieses Mannes jedenfalls Schule und Studium. Dem homo novus in der römischen Bildungswelt und Gesellschaft ist der Vater Symbol seines Aufstiegs, nicht weil er weiter als dieser gekommen ist, nicht weil das mißgünstige Gerede dem Erfolgreichen die Herkunft vorhält, sondern weil dieser schlicht, frei und gerade denkende Italiker niedrigen Standes dem Sohn zugleich Ursache seines Aufstiegs und Begründer seiner geistigen Unabhängigkeit ist (vgl. sat. 1, 6).

Horaz empfing seine Erziehung zuerst in Rom, wohin der Vater übergesiedelt war, der sich dort als Makler und Wechsler betätigte; später ging er, etwa als Zwanzigjähriger, wie mancher vornehme Römer der Zeit (z. B. Marcus, der gleichaltrige Sohn Ciceros) nach Athen, wo er auch Philosophie studierte.

Horaz wurde in die Schlußphase des Jahrhunderts der römischen Revolution hineingeboren, war Zeitgenosse dreier Bürgerkriege und an einem sogar aktiv beteiligt. Erst als er Mitte Dreißig war, erlebte er den Anbruch von Frieden und relativer Lebenssicherheit und war dann über zwei Jahrzehnte engagierter Zeuge dieser stabilen Ordnung.

Als Horaz geboren wurde, stand Pompeius aufgrund seiner außerordentlichen Vollmachten im Osten des Reiches (seit 67 v. Chr.) und seiner großen Erfolge auf dem Gipfel seines Ruhmes und seiner Macht, einer Macht, die die verfassungsmäßigen Strukturen des römischen Staates nicht zu fassen vermochten. Von nun an wird der Staat zum Kampfobjekt einiger weniger mächtiger Männer, bis er einem jungen Mann als Beute zufällt, dessen Machtinstinkt und politische Begabung selbst im Vergleich mit den Mächtigen seines Jahrhunderts außerordentlich war: Octavian, dem späteren Augustus.

Horaz ist ein Jahr alt, als dieser Octavian geboren wird (63 v. Chr.); das gleiche Jahr sieht das Konsulat Ciceros und seine Staatskunst in der Aufdeckung und Niederschlagung des von Catilina geplanten Staatsstreichs. Horaz ist in dem Alter, in dem ein begabter Knabe auf den Knien seines Vaters von den Ruhmestaten der Sagenhelden und den Werken der Väter zu lesen beginnt, als das 1. Triumvirat, ein weder durch die römische Verfassungstradition vorgesehenes noch von römischen Verfassungsorganen gesetzlich bestätigtes Machtbündnis zu gegenseitiger Unterstützung zwischen Pompeius, Crassus und Caesar im Jahre 60 v. Chr., geschlossen wird; es wird den Zeitgenossen, im Rückblick bald nach dem Ende der Bürgerkriege, als eigentlicher Anfang der Bürgerkriege erscheinen (vgl. c. 2, 1). Dieses Machtbündnis und seine Erneuerung nach fünf Jahren ermöglicht Caesars Eroberung Galliens (58–51 v. Chr.) und führt zur geradezu vorgezeichneten militärischen Auseinandersetzung zwischen Caesar und Pompeius (Crassus ist 53 v. Chr. in der Schlacht von Carrhae gegen die Parther gefallen), wobei der letztere inzwischen den Senat und den Schein republikanischer Legitimität auf seiner Seite hat. Caesar besiegt Pompeius bei Pharsalus 48 v. Chr.; Pompeius wird in Ägypten ermordet. Die Caesar noch verbleibenden dreieinhalb Jahre gehen fast ganz in weiteren Kämpfen gegen die Pompeianer auf; nur eine kurze Zeit für die Neuordnung von Staat und Gesellschaft und die Legitimation außerordentlicher Machtbefugnisse des Siegers in republikanischer Formensprache bleibt Caesar vor seiner Ermordung an den Iden des März 44 v. Chr.

Horaz ist 18 Jahre alt, als der jüngere Cato, der Vorkämpfer der Senatsherrschaft gegen Caesar und Pompeius (der sich erst zu Pompeius schlug, als es keine andere Möglichkeit zur Bekämpfung von Caesars gefährlicher Macht mehr gab), sich nach der Niederlage von Thapsus 46 v. Chr. in Utica den Tod gab. Diesem Symbol der sterbenden Republik folgen die 23 Dolchstiche vor den Pforten der Kurie, ein «Tyrannenmord», der als Fanal der Wiedergeburt des Freistaats verstanden wurde. Spätestens die Ermordung Ciceros (7. 12. 43 v. Chr.) durch die im 2. Triumvirat verbündeten politischen Erben Caesars (Antonius, Octavian, Lepidus) mußte einen rechtlich und sittlich denkenden, in römischen Werttraditionen und griechischer Denkkultur aufwachsenden jungen Römer mit seinen Sympathien zu den Caesarmördern führen, wenn nicht Hintergrund und gesellschaftliches Milieu einer solchen Option schon zuvorgekommen waren. Die großen theoretischen Werke Ciceros sind alle erst entstanden, seit Horaz fähig war, sie in irgendeiner Form aufzunehmen, und die Lektüre der jeweils neuen Schriften wird seine Jugend begleitet haben, von den Büchern über den Redner und dem großen Werk über den Staat bis zum Brutus, zum Hortensius (Protreptikos) und zu der dichten Folge philosophischer Schriften der Jahre 45–43 v. Chr., darunter den Ende 44 v. Chr. dem in Athen studierenden Sohn gewidmeten Büchern «De officiis». Der Mann, den die Triumvirn ermordeten, war in seinem letzten Lebensjahr die Seele des Widerstandes der freien Republik gewesen.

Als der Caesarmörder Marcus Brutus im Spätsommer 44 v. Chr. nach Griechenland zur Organisation eines Heeres kam, lag es für den jungen Horaz wohl nahe, sich der Kohorte des gebildeten Freundes Ciceros und stoisch geprägten Neffen und Schwiegersohnes Catos anzuschließen. Überraschen mag uns nur sein schneller Aufstieg zum Tribunat (in weniger als zwei Jahren), dem Kommando einer Legion, einem militärischen Amt, das sonst aktive Militärdienstjahre voraussetzte und eine Stufe in der römischen Ämterlaufbahn des Senatsadels darstellte. Ohne erkennbare Begabung und nachgewiesene Leistungen wäre ihm diese Stellung nicht übertragen worden, so daß wir in ihr ein wertvolles Indiz für Horazens praktisch-organisatorisches Talent, seine Autorität und Befähigung zur Menschenführung, wie auch für sein entsprechendes Interesse und überhaupt für seinen kritischen und konstruktiven Tatsachensinn erkennen werden.

Ende 42 v. Chr. unterlagen die Republikaner bei Philippi dem Triumviratsheer unter Führung des Antonius: Cassius und Brutus begingen Selbstmord. Horaz überlebte. Er ist später den Anlässen, von seiner republikanischen Vergangenheit und Verehrung Catos, seinem Kriegsdienst unter Brutus, seiner Teilnahme an der Schlacht von Philippi auf der Seite der Republikaner, Verlierer und Octaviangegner zu sprechen, nicht aus dem Weg gegangen; er hat, im Gegenteil, diese Gelegenheiten geradezu aufgesucht. Diese Zeugnisse sind weder als Entlastungsmanöver eines schlechten Gewissens noch als die subtile Form der Herrscherschmeichelei durch scheinbare Ostentation von Redefreiheit aufzufassen. Horazens Integrität und Würde, mehr noch: seine bis zur Stellvertretung gehende moralische Sensibilität verrät sich in der Dezenz des nahezu beiläufigen und umso sprechenderen «non bene» in c. 2, 7, 9 f.: «tecum Philippos et celerem fugam / sensi relicta non bene parmula». Auch jetzt noch, dreizehn Jahre nach Philippi, bekennt sich Horaz zur Soldatenehre auch der Brutusanhänger, nennt er den Schildverlust eines Republikaners unehrenhaft und nimmt für Flucht und Niederlage der Gegner des Triumvirats geradezu eine Hauptschuld auf sich. Da spricht in der Tat sein schlechtes Gewissen, aber das spricht für ihn. Sein schlechtes Gewissen gilt nicht der Kollaboration mit dem gegenwärtigen Regime gegenüber den republikanischen Anfängen, sondern ist das Bewußtsein, nicht ein besserer Republikaner gewesen zu sein. Das Schuldgefühl wird in c. 2, 7 durch Aussprechen nicht beschwichtigt, sondern in Verantwortung für heute verwandelt, wie sie die schöne Ode verwirklicht.

Aufgrund einer allgemeinen Amnestie kehrte Horaz nach Rom zurück. Wie der Bürgerkrieg den philosophischen Studien ein Ende machte, so die Niederlage von Philippi dem Kriegsdienst und der damit vielleicht verbundenen Vorstellung einer politischen Karriere im Freistaat: ihm waren die Flügel beschnitten, und er lag am Boden, wie er im späten Florusbrief sagt (epist. 2, 2, 50). Er scheint darüber hinaus seinen ererbten Besitz in Venusia verloren zu haben (a. a. O., v. 50 f.), wohl durch Enteignung für die Ansiedlung von Veteranen. Andererseits hatte er offenbar noch ausreichende Mittel, um sich in die angesehene, oft von Rittern versehene Position eines Staatskassensekretärs einzukaufen.

In dieser Zeit beginnt Horaz zu dichten, bzw. von dieser Zeit an datiert Horaz (wieder in epist. 2, 2: vgl. v. 51 f.) sein Dichten. Er hat nur Dichtungen, die von jetzt an entstehen[2], aufbewahrt und in seine Sammelpublikationen aufgenommen. Von allen früheren poetischen Versuchen[3], die der Jüngling Horaz zweifellos über Jahre hinweg mit Engagement hervorgebracht hatte, fehlt jede Spur. Horazens Selbstberufung zum Dichter ist wie in der Entscheidung für Satire und Jambus ein männlich reifer Akt überlegener ästhetischer Kritik, auch darin, daß er seine früheren Gedichte verwarf.

Die Gleichzeitigkeit der Produktion von Satiren und Jamben in Horazens erster Schaffensperiode ist ein Hinweis auf sein dichterisches Selbstverständnis, d. h. darauf, welche Rolle er sich als Dichter in seiner Zeit zuerkannte. Beide Gedichtgattungen sind ihrer Tradition nach moralisch und kritisch. Die von Archilochos von Paros (7. Jh. v. Chr.) begründete Jambik war Reaktion eines leidenden Ich auf erfahrenes Unrecht gewesen; in Verletzung und Empörung hatte sich das Ich konstituiert, in der Unbedingtheit des Rechtsgefühls sich moralische Norm offenbart. Die doch wohl erst von Ennius (239–169 v. Chr.) in einem souveränen Akt geschaffene Kunstform[4] der römischen Satire war das Ausdrucksmittel dieses sprudelnd vielfältigen Geistes für seine moralische Subjektivität, für undogmatische, anschauliche, freie und bunte Weltsicht eines überlegenen Moralisten, ein unterhaltsames Kaleidoskop.

Diese Charakteristik der beiden Gattungen nach ihren Archegeten ist nicht ohne Modifikationen für Horaz gültig; auch hatten sich diese schon vor ihm verändert, der Jambus bereits bei Hipponax von Ephesos (6. Jh. v. Chr.) und dann noch tiefgreifender in frühhellenistischer Zeit, aus welcher reichen Produktionsphase das Jambenbuch des Kallimachos als einsames Meisterwerk herausragt, die Satire mit Lucilius (2. H. 2. Jh. v. Chr.). Man kann die Entwicklung der Gattungen als eine Annäherung verstehen. Schon die ennianische Satire scheint der kallimacheischen Jambik verwandt, und

Lucilius schließt sich vielfach an Kallimachos an. Horaz greift bei der Jambik auf die frühen Griechen zurück und belebt das frühgriechische Dichterverständnis; schon jetzt ist ihm auch Alkaios durchaus bekannt und präsent. In seiner Satire wachsen die römisch-republikanische Tradition und die praktische hellenistische Philosophie in ihren populären Werbungsformen zusammen; die Satire wird ihm als Ausdrucksform einer freien moralischen Subjektivität zur Methode der Standortbestimmung des Individuums. Horazische Jambik und Satire lassen sich mit der Differenzformel unterscheiden, daß in der ersteren ein sich objektiv setzendes repräsentatives Ich mit hohem Anspruch und strikt anzuerkennenden Normen spricht, in der letzteren sich eine frei beobachtende und reflektierende Subjektivität in Weltklugheit und Bekenntnis äußert und moralische Kultur erzeugen will.

Auf die horazischen Satiren braucht in der Einführung zu dieser Ausgabe nicht weiter eingegangen zu werden. Dagegen ist die Charakteristik des Epodenbuchs noch weiterzuführen. Zwar kann ich die Kunst der Gedichte und des Buchaufbaus hier nicht darlegen[5], aber es soll wenigstens ein wichtiger Aspekt dieses jambischen Dichtens näher bezeichnet werden. Die beiden (vielleicht von epod. 13 abgesehen) wohl frühesten Gedichte, epod. 7 und 16, sind politisch; sie sind ihrer Kunstform nach erregte heftige Ansprachen an die Römer, ihnen die Augen zu öffnen über das Verbrechen und die Sinnlosigkeit des Bruderkriegs. Gerade in diesen politischen Epoden liegt uns nun auch der ergreifende Dialog des jungen Dichters mit dem etwas älteren Vergil (geboren 70 v. Chr.) vor; die beiden größten Dichter der Zeit, Freunde, versuchen gemeinsam das Unheil der Zeit und die Möglichkeiten ihrer Heilung zu verstehen. Den Anfang macht, nach den Bucolica 9 und 1, Vergil mit seiner vierten Ekloge aus dem Jahre 40 v. Chr., in der er die Anfänge einer Entwicklung zum Besseren ins Große zu einer Vision des wiederkehrenden Goldenen Zeitalters projiziert. Horaz antwortet ihm mit seiner Epode 16, in der das Goldene Zeitalter zu einem utopischen Gegenbild der römischen Welt und Gegenwart geworden ist; virtus ist in Rom nicht mehr zu verwirklichen. Die Frommen und Guten können nur fliehen – in die Dichtung. «vate me» steht im letzten Vers der 16. Epode; das von Vergil in ecl. 9 wieder belebte Wort für den Dichter, sein Wesen und seine Würde, greift Horaz auf, seinen Anspruch, seine Leistung zu bezeichnen, autoritativer Sprecher für die Guten zu sein und in der Dichtung die gültigen Werte aufzustellen, an denen die heillose Wirklichkeit zu messen ist. Es geht nicht um Führung des Dichters zu den Inseln der Seligen, als ob der Dichter außer diesem Gedicht noch eine andere Aufgabe, eine außerhalb des Gedichts, übernehmen wolle. Nein, die Flucht aus dem Eisernen Zeitalter wird den Frommen durch den Dichter Horaz gegeben («vate me datur fuga»), d. h. in und mit diesem Gedicht.

Es ist vermutlich Horaz, der den Dialog mit Epode 7 weitergeführt hat, deren Schluß mit dem Brudermord des Romulus an Remus als Ursprungsschuld Roms und römischer Erbsünde, als Verhängnis in Strafe und neuer Schuld das erste Auftauchen der mythischen Geschichts- und Gegenwartsdeutung in dieser Zeit ist, die Vergil am Ende des ersten Georgicabuches aufgreifen wird (Georg. 1, 501 f.) und die sich mit der Entwicklung des augusteischen Zeitalters in die Geschichtstheologie der vergilischen Aeneis verwandeln wird[6].

Dieser Dialog zwischen Vergil und Horaz, die sich gewiß seit spätestens dem Anfang der dreißiger Jahre auch persönlich kannten, diese tiefe Verständigungsfähigkeit und Freundschaft förderten Horaz auch darin, daß Vergil, zusammen mit dem Tragiker Varius, ihn im Frühjahr 38 v. Chr. dem Vertrauten Octavians und kultivierten Förderer von Dichtern, Maecenas, vorstellte. Die Audienz führte im Winter 38/37 v. Chr. zur Aufnahme des Horaz in den Kreis des Maecenas. Dieses Patronatsverhältnis setzt, und zwar von beiden Seiten her, voraus, daß Horaz, was ohne Verrat seiner republikanischen Vergangenheit durchaus möglich war, zu der Einsicht gekommen war, daß die Republik nicht wiederhergestellt werden konnte und daß Octavian zum Segen Roms die Zukunft gehören werde.

Bereits im Frühjahr 37 v. Chr. begleitet Horaz seinen Patron auf einer politischen Mission zu Antonius nach Brundisium. Ein Gedicht über die Reise (sat. 1, 5) ist das erste horazische Zeugnis für die Nähe zu Maecenas. Es folgen die Satiren 1, 6 und 1, 1, die ihn beide im ersten Vers anreden, beide zwischen 37 und 35 entstanden sind. Mit 1, 1 ist zugleich das ganze erste Satirenbuch (publiziert 35 v. Chr.) dem Maecenas gewidmet. Wohl im Jahre 33 v. Chr. schenkte Maecenas dem Dichter ein Landgut in den Sabinerbergen, das ihm Heimat, otium, auch Freiheit bedeuten und zum Symbol seiner Dichtung werden sollte. Im Epodenbuch sind neben dem nicht näher datierbaren dritten Gedicht (das mit seiner Anrede «iocose Maecenas» und seinem ganzen Ton nach auf ein vertrautes Verhältnis schließen läßt) drei Epoden an Maecenas gerichtet, die alle zu den spätesten des Buches gehören. Epode 14 zeigt uns Maecenas in seiner Rolle als Anreger und Antreiber von Dichtungen; er hatte von Horaz das Versprechen erhalten, die schon längst vorhandenen Jamben zu einem vollständigen Buch zu komplettieren, und treibt nun den säumigen Dichter an. Die beiden anderen Gedichte sind politisch; ihre Situation ist die bevorstehende Schlacht von Actium. Die Vorwegnahme des Sieges in entschiedener moralischer Verurteilung des Gegners bildet die Mitte des Epodenbuches (epod. 9), während die Sorge um den Freund Maecenas (Anrede: «amice... Maecenas...»), über die hier, ebenfalls vor der Schlacht, dezent die Parteinahme für Octavian vermittelt wird, das Buch eröffnet (epod. 1).

Im Jahre 30 v. Chr. publizierte Horaz wie sein zweites Satirenbuch so auch seine Jamben, fast gleichzeitig mit Vergils Herausgabe seiner Georgica (29 v. Chr.). Die nach der Katastrophe von Philippi aus dem jähen Abbruch der bisherigen Lebenslinie und der Freisetzung kritischer Individualität und neuen Verantwortungsgefühls geborene und in der Schlußphase des Bürgerkriegs weiter gewachsene Dichtung war zu ihrem Ende gekommen. Die Wirklichkeit hatte sich verwandelt, Horaz war in ein neues Verhältnis zur römischen Welt getreten, und er hatte die Erfahrung seiner dichterischen Kraft gemacht: das wird die Geburtsstunde seiner Lyrik. Und nun entstehen, in asketischer Ausschließlichkeit, über eine Zeitspanne von etwa sieben Jahren hin, die Oden, von denen er in der Ausgabe der Bücher I–III in der zweiten Hälfte des Jahres 23 v. Chr. so viele zusammenfaßt, daß im Durchschnitt in jeden Monat der produktiven Phase die Entstehung eines veröffentlichten Gedichts fällt.

Nicht daß die Etablierung der Alleinherrschaft Octavians, das Ende der Bürgerkriege und der Beginn des augusteischen Friedensregiments den Tadler in einen Preisenden verwandelt, unter den Vorbildern Pindar gegen Archilochos eingetauscht hätte. So pindarisch Horaz von Anfang an in einigen Oden dichtet, so bleibt er ihm doch im ganzen fern, und selbst die späte durchaus auch panegyrische Lyrik des 4. Odenbuches ist nur bedingt pindarisch. Die Vorbilder sind die lesbischen Lyriker Alkaios und Sappho und ihre Welt der Liebe und Freundschaft, des Symposions und des Kampfes, des Mythos und der Lebensreflexion. Kritik wird nicht durch Affirmation abgelöst: das geistige Prinzip des Dichtens erweitert sich aufgrund der Zeit- und Selbsterfahrung von der kritischen Moral zur Form, zum Musischen. An die Stelle kritischer Beschreibung und Analyse der Wirklichkeit setzt sich nun die musische Gestaltung einer Welt. Dabei wird keineswegs der kritische Impuls aufgegeben, und Horaz bleibt auch in seiner Lyrik durchaus Moralist. Aber Moral und Kritik werden Elemente einer poetischen Wirklichkeit und gehen mit dem Preisen und Feiern eine unauflösliche Verbindung ein.

Dabei stellt sich das Ganze der lyrischen Welt des Horaz in Grundspannungen dar. Als konstitutiv erscheint die Spannung zwischen Politik und privatem Leben, zwischen öffentlichen und Individualtugenden, zwischen stoischen und epikureischen Grundforderungen[7]. Unübersehbar ist auch die Dialektik von Engagement und Distanz gegenüber Augustus, von Panegyrik und Kritik, die unauflösliche Einheit von Huldigung und Mahnung: im Fürstenspiegel erkennt der Herrscher sich als seine Möglichkeit. Wohl am großartigsten ist Form und Bild und lakonische Fügung geworden das Gegen- und Ineinander von Leben und Tod, von Bedrohung und Steigerung des Lebens durch die Sterblichkeit. Askese und Genuß, Entsagung und unbedingter Anspruch auf Fülle und Ganzheit gehen wie Torheit und Weisheit, Rausch und Nüchternheit wunderbare Verbindungen ein. Der im Fest und als Fest ergriffene Augenblick ist zugleich die Quintessenz hellenistischer Lebensphilosophie, ihrer Verzicht- und Beschränkungsweisheit, und die Wiedergeburt der gesteigerten Lebensmitte frühgriechischer Lyrik. Als Liebesdichter ist Horaz heiter distanziert oder leidenschaftlich verstrickt; Augenblick und Dauer, Desillusioniertheit und Kraft zum Glauben an Liebesabsolutheit wechseln miteinander; die Zartheit der Liebe, die

Macht des Verlangens, die Demut des Liebenden, die Krönung der Liebe in der Entsagung, dies alles ist so ergreifend, wie die horazische Erotik in ihrer andeutenden Dezenz von unvergleichlicher Anmut und Verzauberung, die Invektiven auf alternde liebessüchtige Frauen in ihrem grausamen Naturalismus erschreckend sind. Demütige Dankbarkeit und unübersteigbares Hochgefühl und Ruhmbewußtsein charakterisieren Horazens Selbstgefühl als Dichter. Alle diese Spannungen ergeben sich nicht erst aus dem lyrischen Œuvre als ganzem, aus der Gegenüberstellung verschiedener Oden. Sie bestimmen gerade auch einzelne Gedichte, ihr Thema, ihre Entwicklung, ihre Schlußwendung.

Der Lyriker Horaz verfügt über die Stoffe und Formen der frühgriechischen und hellenistischen Dichtung in gelassener Meisterschaft. Er kann, zu seinen neuen Zwecken, mit ihnen spielen, sie verwandeln, miteinander verbinden, ebenso wie seine Grundthemen sich immer wieder innerhalb einer einzigen Ode zu neuen Gebilden zusammenfinden.

Horaz stellt seine Oden aus den Jahren bis 23 v.Chr. in einer Dreibücheredition (drei Rollen; vgl. epist. 1, 13) zusammen. Ihr kunstvoller Aufbau unterstreicht[8] einerseits die Gliederung in drei einzelne Bücher, andererseits hebt er die Einheit hervor. Das erstere geschieht durch Wiederholung analoger Konstellationen in jedem Buch: die Gedichtzyklen am Anfang der Bücher, nämlich der «polyhymnische Katalog lyrischer Gedichte in lesbischen Maßen» (vgl. c. 1, 1, 32–34) der Oden 1, 1–11, der Lebenskreis-Zyklus der Gedichte 2, 1–12 und der Block der sechs Römeroden (c. 3, 1–6), dazu die Schlußgedichte (c. 1, 38; c. 2, 20; c. 3, 30) und die großen Vorschlußgedichte (c. 1, 37; c. 2, 19; c. 3, 29) bilden jeweils eine weitgespannte Trias. Die Einheit und Geschlossenheit der Sammlung wird durch Rahmung und Mitte verwirklicht. Rahmende und ringförmig schließende Kraft haben das erste und das letzte Gedicht (c. 1, 1 und c. 3, 30) durch ihr einheitliches Versmaß und Thema: lyrisches Dichten und Dichterruhm, das erste und das vorletzte Gedicht (c. 1, 1 und c. 3, 29) als Maecenasoden (Maecenas jeweils als Königssproß angeredet), sowie die Beziehungen symmetrisch am Anfang und am Ende angeordneter Oden zueinander: der Liebesgedichte (c. 1, 5–c. 3, 26 und 28), der Oden über Dichtung und den Caesar (c. 1, 6 und c. 3, 25, sechstletztes Gedicht; c. 1, 6, 11: «laudes egregii Caesaris»; c. 3, 25, 4 f.: «egregii Caesaris... decus») und der Hymnen über das eigene Dichten (c. 1, 10 und c. 3, 21, zehntletztes Gedicht). Die Mitte dagegen bildet der Zyklus am Anfang des zweiten Odenbuches (c. 2, 1–12). Er ist auf die Weise zur Zentralstellung in der Dreibücheredition gekommen, daß das erste Buch die eigentümliche[9] Anzahl von 38 Gedichten erhielt. So gehen dem Zyklus 38 Gedichte voraus, und 38 Gedichte (c. 2, 13–20; c. 3, 1–30) folgen ihm. Er selbst ist konzentrisch aufgebaut (c. 2, 1 hat sein Gegenstück in c. 2, 12; c. 2, 2/3 in c. 2, 10/11, c. 2, 4/5 in c. 2, 8/9, c. 2, 6 in c. 2, 7). Sein Zentrum bilden zwei Freundschaftsgedichte (je im letzten Vers enthalten sie das Wort «amicus»: c. 2, 6, 24; c. 2, 7, 28), und die Schlußzeile von c. 2, 6, der Mittel- und Drehpunkt dieses die Mitte der Odensammlung bildenden konzentrischen Gedichtzyklus, lautet: «vatis amici»: eine horazische Sphragis im Herzen der Odensammlung. Sie macht den hohen Dichteranspruch des Lyrikers[10], Seher und Künder zu sein, und sein Freundschaftsbedürfnis, seine Freundschaftsbefähigung zur prägnanten Formel seines Dichtertums. In der Tat ist die Freundschaft eine lyrische Grundhaltung des Horaz. Daß seine Oden weitgehend Ansprache von Freunden sind, für die eigene Lebenswahl und Lebensweise in Einladung, Mahnung, Lebensrat werben, gibt der horazischen Lebensphilosophie ihre Wärme und Lebendigkeit.

Der geradezu rigoros gedichtete und gebaute Zyklus (die Odenringe nach Thema und Adressatengruppe, der alternierende Wechsel nur der beiden Maße der alkäischen und der sapphischen Strophe, der viel einheitlichere Umfang der Oden[11], die Formenarmut, die einheitliche Haltung der Ansprache von Freund oder Geliebter mit Ausnahme von c. 2, 5) ist in seiner Strenge, Einheit, Symmetrie und Durchformung eine Summe und Quintessenz der horazischen Odendichtung: Dem Leser präsentieren sich die Lebenskreise der horazischen Lyrik im Medium der Reflexion und Lebensweisheit[12].

Mit der Edition der drei Odenbücher des Jahres 23 v. Chr. nimmt der 42jährige Horaz Abschied von der Lyrik, ein Abschied, der sich nicht erst in der Erschließung einer neuen Sermonendichtung, der Episteln (und ihrem programmatischen Eröffnungsstück), manifestiert, sondern eben bereits in der Herausgabe der Oden, d. h. der strengen und endgültigen Auswahl aus der Dichtung einer Lebensepoche und ihrer Abrundung in einer kunstvoll gegliederten, bedeutungsvoll aufgebauten und konzentriert geschlossenen Sammlung.

Die Rückkehr zur Lyrik scheint durch einen äußeren Anstoß ausgelöst: Horaz erhält den Staatsauftrag, für die Jahrhundertfeier des Jahres 17 v. Chr. ein öffentlich aufzuführendes Lied zu dichten, ein Auftrag, dem sich zu entziehen für den Dichter der Römeroden, für den römischen Lyriker einem Widerruf seiner Odendichtung gleichgekommen wäre.

Das Experiment dieser Auftragsdichtung scheint Horaz als gelungen betrachtet zu haben, und dieses strenge, rituell-feierliche, gleichförmige und eigentümlich spannungslose

Saeculargedicht, seine Wirkung in der Öffentlichkeit und die darin sich dokumentierende Möglichkeit der öffentlichen Rolle des Dichters locken den fast Fünfzigjährigen aufs Neue für einige Jahre (17–14/13 v. Chr.) in die Lyrik. Es entstehen die Gedichte des vierten Buches, fünfzehn zum Teil sehr umfangreiche Oden, die in mannigfaltiger Weise an die frühere Lyrik anknüpfen – so insbesondere durch Transformation des Rahmens der Edition I–III (c. 1, 1 und c. 3, 30) in die Thematik der späten Lyrik: vom Ruhm des Dichters in den Ruhm des dichterisch Gefeierten im Mittelgedicht der Sammlung, c. 3, 8 – und zugleich ihren eigenen neuen Ton haben. Das Neben- und Ineinander von geradezu offizieller Panegyrik und privater Stimme, von großartigen Satzspannungen und intimem einfachem Sprechen, von grandioser Bildersprache und prosaischer Sachlichkeit direkten Bezeichnens, von Pomp, Pathos, Realismus und Psychologie – das alles ist nicht allein horazischer Altersstil, sondern zugleich die neue Sprache der Kaiserzeit. Nach den ersten drei Odenbüchern und der Aeneis (publiziert 19 v. Chr.), den großen dichterischen Zeugnissen der frühaugusteischen Zeit, einer Epoche zwar der Konsolidierung, aber voller Unsicherheiten und Spannungen und allgegenwärtigen Nachwirkens vergangener Schrecken und vergangener Ideale, kann das vierte Odenbuch als unser erstes Dokument gesicherten Friedens und kaiserzeitlicher Literatur gelesen werden, nachdem auch die Herrschaft des Augustus endgültig stabilisiert worden war (23 v. Chr. wird ihm die tribunizische, 19 v. Chr. die konsularische Gewalt auf Lebenszeit übertragen). Der Staat ist Kaiser und Volk, der eine Staatsmann und die große Gesellschaft der Privatleute. Der Dichter ist, bei allem großen Dichteranspruch, einer in der Schar dieser Bürger (vgl. c. 4, 2, 45 ff.; c. 4, 5, 37–40).

Er gestaltet nicht mehr selbst, als Politiker in seiner

Dichtung, die politische Wirklichkeit mit; er ist ein Privatmann, der der Politik, das heißt dem Kaiser und der pax Augusta, mit seiner dichterischen Sonderbegabung gegenübersteht. Er bleibt repräsentative Stimme, nicht aber aus höherem Anspruch und stellvertretender Verantwortung, sondern weil er aus der einmütigen Bürgermenge dankbarer Untertanen der eine zum Sprechen Befähigte ist. Andererseits wird gerade jetzt die Macht der Dichtung gefeiert, die Poesie als Religionsstifterin, Religion als Poesie betrachtet. Aber der Dichter als vates ist nur der begnadete Sprecher des römischen Volkes, in dem die augusteische Wirklichkeit ihre Heiligung in geistiger Dauer erfährt, kein forderndes Gegenüber, keine Kraft der Verwandlung mehr.

Für das Verständnis des geschichtlichen Sinns der Epochen horazischen Dichtens empfiehlt sich eine Lektüre, die von der überlieferten und auch in dieser Ausgabe aus praktischen Gründen beibehaltenen Werkanordnung abgeht, mit den Epoden beginnt, die Odenbücher I–III anschließt und dann das Carmen saeculare und das 4. Odenbuch folgen läßt. Ob nun «Altera iam teritur bellis civilibus aetas» (epod. 16), «Quo, quo scelesti ruitis» (epod. 7) oder «Horrida tempestas» (epod. 13) das älteste Horazgedicht ist, das wir haben – von der Verzweiflung an den Bürgerkriegen her durchlebt dieses Dichten seine geschichtlichen Metamorphosen bis zum spätesten Vers «progeniem Veneris canemus» (c. 4, 15. 32), dem Singen der vergilischen Aeneis, ja, bis zum dankbaren Schweigen des Alters im Schatten des Epos seines verstorbenen Freundes, in dem die augusteische Zeit ihr Symbol gefunden hatte. Bei der empfohlenen Lektüre chronologischer Reihenfolge der horazischen Gedichtbücher wird der Wandel des dichterischen Ich, der Zeit und der Gesellschaft, der Beziehungen zwischen ihnen und der je anderen Aufgabe der Dichtung sich ahnen lassen, wenn er sich auch knappen definitorischen Formeln verweigert, von der späten Republik zur frühaugusteischen Übergangsphase und zur hochaugusteischen als schon kaiserzeitlich sich prägenden Epoche, wie sie ihre Kongruenz im produktiven Leben eines engagierten und sensiblen Zeitgenossen fanden, der seine Erfahrung und seine Verantwortung, seine Welt und sein Leben so bezwingend neu zu sagen verstand, daß seine Gedichte bis heute frisch geblieben sind.

DIE GESCHICHTE DES DEUTSCHEN HORAZ

Die Gedichte des Horaz werden dem Leser hier mit einer deutschen Prosa-Übersetzung vorgelegt, die seit dem Jahre 1787 nicht mehr erschienen und genauso vergessen ist wie ihr Autor, der jung gestorbene Domprediger zu Brandenburg und spätere Oberprediger und Inspektor in Züllichau, Christian Friedrich Karl Herzlieb [1]. Warum die Herausgeber gerade diese Übersetzung gewählt und für nützlich gehalten haben, wird noch darzulegen sein und hoffentlich durch Prüfung und Gebrauch bekräftigt. Sie nimmt in der Geschichte des deutschen Horaz eine besondere Stellung ein, auch wenn sie niemals mehrere Auflagen erlebt hat wie die zu ihrer Zeit wohlbekannte, die der Landgerichts-Assessor und Poet Johann Peter Uz im Verein mit Freunden 1773 in Ansbach veranstaltet hat [2]. Ihr sind hier die Epoden entnommen, die Herzlieb nicht übertragen hat. Beide Übersetzungen waren ein Werk der Liebe zum Dichter und ein Versuch, ihn anzueignen; beide wollten auf bescheidene Weise denjenigen behilflich sein, die das Original nicht ohne Schwierigkeiten zu lesen vermochten. «Meine Übersetzung ist nicht metrisch», so sagte Herzlieb in seiner Vorrede und fuhr fort: «Ich schrieb diese Übersetzung vorzüglich zum Gebrauche für Lehrer, die nicht Zeit haben, um selbst mit einiger Sorgfalt zu übersetzen, und für Schüler. Diese fordern die möglichste Treue – und wie kann man in jenen Fesseln treu seyn?» Und Uz: «Wir machten uns aber das Gesetz, nicht zu modernisieren, nicht zu verschönern und Schminke aufzutragen, sondern, soviel möglich, getreu und genau zu übersetzen.» Beiden Unternehmen gemein war, was Herzlieb von dem seinen versicherte: «Diese Übersetzung ist nicht die Frucht einer flüchtigen, handwerksmäßigen Arbeit, sondern, wie das die Schuldigkeit eines jeden Schriftstellers ist, das Werk eines langen und oft wiederholten Studiums des Dichters, der der Freund und Gesellschafter meiner Jugend war... Ich habe mit Liebe, mit wahrer Zuneigung für den Liebling der Römer übersetzt...»[3]

Natürlich waren es nicht die ersten Versuche, eine deutsche Version des römischen Dichters herzustellen. Vor dem Erscheinen des Herzliebschen Bandes verzeichnet J.F. Degen, Direktor der Kgl. Preußischen Fürstenschule zu Neustadt a.d. Aisch, in seinem «Versuch einer vollständigen Litteratur der deutschen Übersetzungen der Römer» (Altenburg 1794) seit 1656 dreizehn vollständige Übersetzungen des ganzen Werkes oder zumindest der Oden, nicht gerechnet eine Unzahl einzelner, zum Teil schon früher übertragener Gedichtgruppen oder Gedichte. Sie waren die Vorläufer einer schier unabsehbaren Menge bis auf den heutigen Tag. Ihre Geschichte ist noch ungeschrieben, und wenn hier der Versuch unternommen wird, den «deutschen Horaz» im Verlauf von mehr als drei Jahrhunderten darzustellen, so bin ich mir der Keckheit des Unterfangens durchaus bewußt. Denn vom Übersetzen zu sprechen ist so schwer und weitläufig wie das Übersetzen selbst, und man wird nicht nur die Bedingungen des Originals als einer höchsten Poesie, sondern auch die wandelbaren der jeweiligen Übersetzungen im Auge behalten müssen, die nach Absicht und Vermögen ganz verschieden gewesen sind. Um sich nicht im Unbegrenzten zu verlieren, wird es ratsam sein, statt der allgemeinen Charakteristik vieler Versuche die Schicksale eines einzelnen Gedichtes zu verfolgen. Die scheinbare Verengung wird weitere Ausblicke eröffnen: wenn Gadamers Satz wahr ist, daß «die Lage des Übersetzers und die Lage des Interpreten... im Grunde die gleiche»[4] ist, dann müssen die Versuche, den Horaz ins Deutsche zu übertragen, Hinweise geben, wie man diesen Dichter, perennierender denn Erz, zu wechselnden Zeiten wechselnd verstanden, was man an ihm geschätzt und geliebt, was man in ihm übersehen, mißverstanden oder gar mißbilligt habe. Solche Hinweise aber wären nicht nur für den Horaz und seine Nachwirkungen bedeutsam; sie könnten auch nützlich sein bei der Überlegung, welches Interesse man jeweils bei der Lektüre nicht nur dieses Erzpoeten, sondern bei der Lektüre von Poesie überhaupt gehabt, was man in ihr gesucht und was man gefunden hat. Denn der Text bleibt nur auf dem Papier der gleiche, weil er auf dem Papier nur tot ist, erst das Auge des ernsthaften Lesers läßt ihn lebendig werden, für die Dauer des Lesens und der Erinnerung daran. Der ernsthafte Übersetzer aber wird die Möglichkeiten und Grenzen seiner Kunst selbst so lebhaft empfinden, wie sie der vergleichende Betrachter im Rückblick sich zu verdeutlichen und zu begreifen sucht.

Versuchen wir also zunächst einen Text für unseren Augenblick lebendig werden zu lassen, damit wir daran begreifen, wie andere ihn für ihren Augenblick begriffen haben. Zum Exempel wähle ich das Gedicht, das im 1. Buch der Oden als erstes von Liebe spricht; Eduard Fraenkel hat es mit Mißachtung gestraft, aber die Übersetzer haben sich von jeher von ihm besonders angezogen gefühlt, so sehr, daß man einen ganzen Band hat sammeln können[5], welcher nur Übersetzungen von «Quis multa gracilis» (c. 1, 5) enthält, und auch die sind nur eine Auswahl aus endloser Bemühung, der wir die unsere leichtfertig hinzufügen.

Quis multa gracilis te puer in rosa
perfusus liquidis urget odoribus
  grato, Pyrrha, sub antro?
    cui flavam religas comam

simplex munditiis? heu quotiens fidem
mutatosque deos flebit et aspera
  nigris aequora ventis
    emirabitur insolens,

qui nunc te fruitur credulus aurea,
qui semper vacuam, semper amabilem
  sperat, nescius aurae
    fallacis. miseri, quibus

intemptata nites: me tabula sacer
votiva paries indicat uvida
  suspendisse potenti
    vestimenta maris deo.

Das ist ein Kunstgebilde vollkommener Art, hergestellt aus 65 Wörtern und von Alters mit dem Namen der willfährigen Dame überschrieben, die dem Dichter dazu Anlaß gegeben hat. Eine der ersten deutschen Übersetzungen faßt es mit den Worten zusammen: «Innhalt: Die sind verdorben gantz / die sich an Pyrrhen hangen / Ich bin nunmehr von ihr / als vom Schiffbruch entgangen.»[6] Das heißt freilich die Kürze selbst verkürzen und gibt vom Gedicht nichts als jenen verderblichen Namen und die Metapher, die ihm das anmutigste und tiefsinnigste Leben verleiht, aufgespießt wie einen toten Schmetterling. Daß dieser «Innhalt» den «Inhalt» nicht treffe, ist deutlich; aber was ist der Inhalt, und was ist gewonnen für ein Gedicht, wenn man seinen Inhalt kennt? Befragen wir einen Prosaübersetzer aus dem späteren 18. Jahrhundert, den kunstsinnigen und früh verstorbenen Domprediger zu Brandenburg, Christian Friedrich Carl Herzlieb. Er scheint jener Tugend verpflichtet, die den Übersetzer vorzüglich auszeichnen soll, der Treue; um ihretwillen verzichtet er auf die Fessel des Verses.

An die Pyrrha.

Welcher süße Jüngling, von Salben umduftet,
Umarmt dich, Pyrrha, auf Rosen gelagert
In der lieblichen Grotte?
Wem bindest du, kunstlos geschmückt,
Dein blondes Haar zurück? –
Ach! wie oft wird er deine Untreue beweinen,
Und die veränderten Götter!
Wie wird der Neuling die Wogen,
Von düstern Stürmen empöret, anstaunen!
Er, der, leichtgläubig, dich jetzt, sein goldnes Glück,
genießt,

Dich immer fremder Liebe leer,
Dich immer liebenswürdig hofft,
Und deine trügrische Laune nicht kennt. –
Die Armen, denen du, noch ungeprüfet, glänzest!
Aber ich habe (dieses gelobte Bild
An dieser heiligen Wand verkündigt es),
Ich habe die triefenden Kleider
Aufgehängt dem meeregebietenden Gotte.[7]

Eine getreue Übersetzung, einhundert deutsche Wörter für die 65 lateinischen, aber ein Gedicht ist es nicht, aller Treue, das heißt aller möglichen Annäherung an Wörtlichkeit zum Trotz; es ist der diesmal vollständig reproduzierte Inhalt, aber wieder nicht das Gedicht, das offenbar etwas ganz anderes ist als sein Inhalt. Es hat vier Strophen, die bei

Herzlieb zusammen mit den Versen verschwunden sind. Es setzt ein mit einer Frage, «welcher?»; und es endet mit dem Worte «Gott». Dazwischen baut sich eine Sequenz von Worten und Bildern auf, die dem Zuhörer keineswegs so spannungs- und widerstandslos eingehen wie der deutsche Text, dessen syntaktische Einheiten sogleich übersichtlich sind. Im Lateinischen ist das anders; das wird deutlich, wenn man sich – höchst unpoetisch – eine Interlinearversion der ersten Strophe denkt, die etwa lauten müßte:

Welcher auf vielen schlanker dich Jüngling Rosen
übergossen mit flüssigen bedrängt Wohlgerüchen
in anmutiger Pyrrha Grotte?
Für wen das blonde bindest Haar?

Das ist kein Deutsch, aber es ist auch kein Pidgin-Deutsch. Vielmehr macht die sprachlich regelwidrige Abfolge faßlich, was im Lateinischen zwar kühn, aber doch nicht regelwidrig möglich ist: Eine Folge von Vorstellungen, die jedes einzelne Wort für sich stehen, wirksam werden und seinen noch nicht überschauten Zusammenhang erwarten läßt. Daß dieser Zusammenhang gewahrt sei, dafür bürgt auch die lateinische Formenlehre und Syntax, deren Deutlichkeit auch die Interlinearversion nicht reproduziert. Das Hyperbaton (Sperrung entgegen der gewohnten Wortfolge) bleibt unnachahmlich, und damit unnachahmlich das Spiel zwischen Spannung und Lösung, unnachahmlich auch das Bedeutende der Wortstellung. Noch ehe der Hörer wahrgenommen hat, daß ihm die erste Strophe ein erotisches Genrebild zuspielt (Halbwüchsiger, das Mädchen auf Rosen umarmend), ist ihm im horazischen Text schon die Umklammerung des «te» durch die Worte «schlanker» und «Knabe» zur Kenntnis gebracht. Wer aber mit diesem «te» angeredet wird, läßt uns erst der 3. Vers wissen, Pyrrha, ganz im

Unterschied zu Herzliebs nebeneinandergestelltem «dich, Pyrrha». Und daß Horaz selbst mit dieser Pyrrha seine Erfahrungen gemacht habe, enthüllt uns erst die letzte Strophe, deren «me» dem «te» der ersten korrespondiert.

Das Lateinische ermöglicht also Verhältnisse, vor denen der Übersetzer, wenn anders er nicht Friedrich Hölderlin heißt, a priori resignieren muß oder die Gottfried Benn zu dem Satz gebracht haben: «Man kann das Gedicht als das Unübersetzbare definieren.»[8] Es sind also diese Verhältnisse, welche das Gedicht zum Gedicht machen, und nicht allein die durch Korrespondenz begründeten. Zu ihnen gehört auch die höchst lyrische Freisetzung von Sinnfälligkeit, welche z.B. durch die «isolierten» Farbwerte bewirkt wird. Auf rosenfarben folgt blond, auf blond schwarz, auf schwarz golden («aurea»), welches sich gleichsam in Luft («aura») auflöst. Aufgelöst wird auch die Idylle der ersten, in die zweite hinüberweisenden Strophe. Die Satzgefüge überspielen den Fortgang des Metrums und machen faßlich, daß die Sache nicht so idyllisch fortgeht, wie der unerfahrene Knabe und der Hörer erwarten mag. Mit der zweiten Strophe tritt der Dichter hervor, nachdem er sich in der ersten durch das Fragewort «quis» nur zurückhaltend angezeigt hatte – wo einer fragt, da muß einer sprechen. In Vers 5 spricht er nicht, sondern ruft sein Wehe!, hart und unerwartet hinter die anmutige Vorstellung von Pyrrhas einfach-raffiniertem Äußeren gesetzt. Das Wehe! entspringt der Erfahrung dessen, der weiß, was der flüchtigen Rosenstunde folgen wird: Tränen über die Wandelbarkeit der Götter und der Schönen. Beides ist gefaßt in einem einzigen großen, die Mittelstrophe übergreifenden Satz, der bildlich spricht. War schon der Eingang eine Variation von Überlieferung, so endet auch der Fortgang mit Hilfe eines traditionellen Bildes, das die Unberechenbarkeit der Weiber mit derjenigen des Meeres gleichsetzt. Nur: dieser Vergleich verzichtet auf jegliche Ausdrücklichkeit. Vielmehr verquickt er die beiden Bildbereiche «quotiens fidem... flebit et aspera... aequora... emirabitur» durch die Gleichsetzung der zu beweinenden Objekte, deren eines zum Mädchen («fides»), deren anderes zur See gehört. Aus der gegenwärtigen Stunde, geborgen «sub antro», folgt das böse Erwachen der Zukunft, «nescius aurae fallacis». Denn Pyrrha ist zwar «simplex munditiis», aber ganz gewiß «duplex animi», und der gegenwärtige Genuß ihrer Vorzüge («fruitur» ist ein eindeutiges Wort) von trügerischer Dauer – ein Tatbestand, der dem Erfahrenen so deutlich wie dem Jugendlichen undenkbar ist. Gerade deshalb wird die unabweisliche Erfahrung so gefährdend sein.

Dies alles wird von Horaz mit unvergleichlicher Kürze gesagt, der gegenüber jede Interpretation wie die geschwätzige Ausführung des Offensichtlichen anmutet. Er nutzt dafür ein lyrisches Mittel, dessen Genauigkeit auf Indefinition beruht; ich nenne es gerne Übergänglichkeit. Sie besteht darin, daß man – grob gesagt – für die Dauer des metaphorisch-allegorischen Satzes (er umfaßt 8 Verse!) nicht festlegen kann, wann vom Mädchen und wann vom Meere die Rede sei. Die Lebensstürme, die das eine verursachen wird, werden durch die Meeresstürme ausdrücklich. Beide sind «ach wie so trügerisch», beide glänzen verlockend dem Neuling. Wer es nicht versucht hat, wird es nicht wahrhaben. Die Übergänglichkeit wird nicht nur durch das auf Meer und Mädchen bezügliche «nites» (du glänzest) bekräftigt, sondern auch durch das Wortspiel (wehe den armen Übersetzern, die es erkannt haben) «aurea – aurae», welches die Goldhaarige, das goldne Meer und die Tücke der Lüfte und Lebenslüfte verflicht. Die Folge von «insolens – credulus – nescius – miseri» (denn nicht nur einem werden diese

Genüsse geschenkt) läßt erwarten, daß es auch einen gebe, der nicht unerfahren, unwissend, gutgläubig und nicht mehr unglücklich sei. Es ist der Dichter, der sich nach der Zäsur des ersten Verses der *letzten* Strophe endlich und nachdrücklich zu erkennen gibt, indem er das Bild vom Meer in der Figur des Schiffbrüchigen aufgehen läßt, der den Stürmen entronnen die nassen Kleider nebst einer Tafel dem Meergott weiht, dem Gott, der den Sturm entfesselt und der ihn freigegeben hat: ein andrer Grund, sich der Kleider zu entledigen, als Pyrrha und der Knabe hatten, weil sie noch auf Rosen gebettet sind.

Ein moderner und meist sehr kunstverständiger Interpret, V. Pöschl[9], beginnt seine stimmungsvollen Erwägungen mit dem Hinweis, daß der junge Goethe in einem Brief seinen Leipziger Liedern die letzte Strophe als Motto und Widmung vorangestellt hat. Folgerungen hat er daraus nicht gezogen, obgleich sie nahe liegen. Denn dieses Gedicht mußte Goethe damals aus mehreren Gründen, und nicht nur biographischen, willkommen sein:

Halb scheel, halb weise sieht sein Blick
Ein bißchen naß auf euer Glück
Und jammert in Sentenzen.
Hört seine letzten Lehren an!
Er hat's so gut wie ihr getan
Und kennt des Glückes Grenzen.

Ihr seufzt, und singt, und schmelzt und küßt
Und jauchzet, ohne daß ihr's wißt,
Dem Abgrund in der Nähe.[10]

Solche altkluge Lebensweisheit des Siebzehnjährigen fand im Horaz, und gewiß in der Pyrrha-Ode, ihre Nahrung, auch wenn diese ohne Sentenzen auszukommen und das nicht nur poetische Equilibrium im Widerspiel zwischen Geborgenheit und Enttäuschung, Gefahr und Rettung lakonisch auszudrücken vermochte. Es war noch mehr darin zu finden: eben die musterhafte Kürze, in der Dinge leicht erscheinen, die es nicht sind; ein poetischer Vorgang, der auf ein überraschendes und befreiendes Ende zielt; ein Gebrauch von Bildern, der deren Deutbarkeit vielsagender sein läßt als die Sprache des Begriffs; schließlich (oder zuallererst) ein erotisches Thema, das der Altersstufe des deutschen Dichters ebenso entsprach wie der anakreontischen Poesie, welche Erotik, spielerische Wendungen und aus dem Spiel hervorblickende Einsichten liebte. In Leipzig war das alles modern und wurde von dem Frankfurter Jüngling zum Gipfel und Abschluß gebracht. In Leipzig lebte auch ein anderes, von ihm variiertes Vorbild, Christian Felix Weiße, der die 5. Ode zu Goethes Zeiten ins Deutsche brachte; der Anfang lautet so:

Auf ein untreues Mädchen.

Welch schlanker Jüngling salbet sich
Mit süßen Wassern itzt für dich,
Um dir auf Lilien und Rosen
  Aufs neue liebzukosen?

Für wen läßt du dein blondes Haar
Nachlässig schön, doch voll Gefahr
Und sicher, ohne Schmuck zu siegen,
  Um weiße Schultern fliegen?...[11]

Der gewandte Anakreontiker und Librettist hat das Metrum des Originals durch einen reimenden Vierheber ersetzt, dessen letzte Strophenzeile, ähnlich wie im Lateinischen, verkürzt ist. Das aber ist die einzige entfernte Ähnlichkeit, denn der Reim schafft völlig neue Bedingungen. Er drängt danach, die Verseinheit zur Sinneinheit zu machen, so wie er geneigt ist, vor dem Reimwechsel am Ende einer Strophe wiederum die Strophe als geschlossen erscheinen zu lassen. Das in der zweiten Hälfte des 18. Jahrhunderts überaus gängige Versmaß (eine selbstverständliche Form) verleugnet also eine konstitutive Eigentümlichkeit des horazischen Textes: die spannungsvollen, nicht nur syntaktischen Bögen, die das wiederkehrende Metrum überlagern und die Grenzen von Vers und Strophe überspielen. Aus der Ode wird ein «Lied» gemacht, das den lebhaften Widerstreit der Satz- und Vorstellungsfolgen so domestiziert wie eine Schäferszene die Leidenschaft. Damit geht eine Verbosität einher, welche die Kürze des horazischen Wortlauts für unwichtig hält. Aus «multa... in rosa... urget» (Wörter, die durch ganz andere Vorstellungen auseinandergehalten werden) wird ein glattes «Um dir auf Lilien und auf Rosen / Aufs neue liebzukosen». Das «Liebkosen» enthält nichts drängendes mehr, sondern adaptiert die Szene an die zahllosen anderen Rokokoszenen, welche von der Liebe nur den Reiz gelten lassen; die vielen Rosen aber stehen nicht mehr für sich, sondern werden zu einem dekorativen Cliché erweitert, «Lilien und Rosen».

Wer jetzt noch nicht bemerkt hat, daß der Horaz mit der Brille des Zeitgeschmacks gelesen wurde, muß darauf stoßen, wenn er sieht, was aus den zwei so sprechenden Worten «simplex munditiis» wird. Freilich ist diese lakonische Wendung nicht leicht wiederzugeben; sie bezeichnet eine kunstvolle Simplizität, die der immer vortreffliche Mitscherlich mit der Wendung erläutert: «ornata, ut sine ullo studio factum videatur» (scheinbar absichtslos geschmückt).[12] Aus dieser absichtsvollen Absichtslosigkeit macht nun Weiße keineswegs ungeschickt «Nachlässig schön» und transponiert damit den Römer mitten ins 18. Jahrhundert. Denn

«Nachlässig schön» ist eine Formel, die das Stilideal des «beau désordre» gleichsam wörtlich einführt. Und damit man es auch nicht übersehe, werden die Wirkungen, die auf einem galanten Stich ohne Umstände einsichtig wären, ausdrücklich expliziert: «... voll Gefahr, / Und sicher, ohne Schmuck zu siegen, / Um weiße Schultern fliegen»: die lockeren Haare nämlich. Von all dem ist im ursprünglichen Text nicht die Rede, er ist zeitgenössisch ergänzt.

Das Interesse also, das die Nachdichtung am Original nimmt, scheint vorwiegend materieller Art. Der Nachdichter verwendet keine Mühe auf eine Imitation der «äußeren» Form, deren Knappheit ihm unerreichbar ist. Er nimmt auch nicht für wichtig, daß das lateinische Gedicht erst langsam die Wechselhaftigkeit des Mädchens und noch verzögerter die Verstrickung des Dichters erkennen läßt. Vielmehr stellt er, was ursprünglich als ein anmutiges Rätsel sich ritardando enthüllt, von vornherein bloß mit der Überschrift «Auf ein untreues Mädchen»; und was erst mit dem «qui nunc te fruitur» ganz einsichtig wird, das Wetterwendische, wird schon in der ersten Strophe durch das vorzeitige «Aufs neue liebzukosen» verraten.

Man könnte diese Simplifikationen, Einebnungen und Elaborationen noch weiter verfolgen, ebenso die Infiltration durch modische Wendungen, wie etwa die «süße Schmeichelei / Der sanften Luft»; sie haben das Volumen des Textes im Deutschen verdoppelt. Allein wichtiger sind zwei tiefer greifende Veränderungen, die wiederum auf das deuten, was Weiße an seiner Vorlage wichtig, genauer: unwichtig war. Die schöne Verschränkung und Übergänglichkeit zwischen Mädchen und Meer ist dahin und mit ihr die Begründung der letzten Strophe, in der der Dichter sich mit Gottes Hilfe aus dem Schiffbruch gerettet sieht. Die «aura fallax» ist nur noch der See eigen, die bestenfalls als spätbarocke Metapher für die Zukunft des Jünglings, klischiert in «Lilien und Rosen», verstanden werden kann. Nicht mehr mit dem nackten Leben ist der Dichter davongekommen, sondern «mit sicherm Stolz» schaut er um sich, «Auf die Gefahr von deinen Blicken / Die mich nicht mehr berücken». Das sind die letzten Worte, und man muß sich klar machen, daß die letzten Worte eines Gedichts von besonderer Wichtigkeit sind: auf sie zielt der Prozeß des Ganzen, mit ihnen kommt sein poetischer Vorgang zum Ziel und zur Ruhe. Bei Horaz ist es ein frommer Schluß – dem mächtigen Gott gebührt das letzte Wort. Bei Weiße ist es (durch nichts im Urtext legitimiert) das äugelnde Mädchen, das keinen Namen mehr hat. Die nachlässige Schöne steht am Ende wie am Anfang. Das Ganze ist zu einem eindimensionalen und unverbindlichen Produkt derjenigen Spielereien geworden, die noch den siebzehnjährigen, nicht mehr den zwanzigjährigen Goethe reizten. Keine Ahnung von der Einsicht, welche der junge Herder zu gleicher Zeit gefaßt hatte: «Gedichte schreiben und horazische Oden schreiben: vielleicht die höchste, schwerste und künstlichste Art des Vortrags.»[13] Alles ist leicht gemacht.

Offensichtlich also war dem Übersetzer nicht daran gelegen, die ästhetischen Bedingungen seines Textes in das Medium seiner Muttersprache zu übertragen, wobei ästhetische Bedingungen sowohl die Architektur des Gedichtes wie auch – untrennbar verknüpft – dessen sprachlich-syntaktische Bewegung im Verhältnis zum Vers meint. Und ebensowenig sah er sich veranlaßt, diejenige Distanz zu bewahren, die ein Leser des Horaz wahrnimmt, dessen Sinn auf sprachliche und historische Unterschiede gerichtet ist. Von den zwei grundsätzlichen Möglichkeiten, die Goethe für den Übersetzer in Betracht zog, war ihm nur die erste geläufig: «Es gibt zwei Übersetzungsmaximen: die eine verlangt, daß der Autor einer fremden Nation zu uns herüber gebracht werde, dergestalt daß wir ihn als den unsrigen ansehen können; die andre hingegen macht an uns die Forderung, daß wir uns zu dem Fremden hinüber begeben und uns in seine Zustände, seine Sprachweise, seine Eigenheiten finden sollen.»[14] Von Fremdheit und horazischer Sprachweise kann bei Weiße nicht die Rede sein; das ist keine Rüge, sondern die Beschreibung eines Sachverhalts, welcher für alle Übersetzung von Poesie in Deutschland bis zur Heraufkunft von Johann Heinrich Voß zu gelten scheint. Das Historische wird nicht als Stil wahrgenommen, sondern allenfalls als Antiquität, welche mit der notwendigen Sachkenntnis und den richtigen Nachschlagewerken durchaus für die Gegenwart erreichbar gemacht werden kann. Der Inhalt – und nichts als der Inhalt – wird «zu uns herüber gebracht» und wird so weit zum unsrigen gemacht, daß er auch als zeitgenössisch gelten könnte. Die Unbekümmertheit geht soweit, daß diejenigen Charakteristika des Originals, die sich nicht recht fügen wollen, als Schwäche des Autors getadelt werden; nach ihrer Funktion fragt man nicht. So schreibt F. Groschuf, der 1749 die, wie er glaubte, erste vollständige deutsche Prosaübersetzung der «Gedichte des Q. Horatius Flaccus nebst den nöthigsten Anmerkungen und vorgängiger Lebensbeschreibung des Schriftstellers» in die Welt sandte: «Ich lege es dem Horaz allemal zum Fehler und zu einer Dürftigkeit aus, wenn er den Schluß seiner Gedanken über die Grenzen der Strophen ausdehnen muß. Besser sind die Oden ausgearbeitet, in welchen der Vers mit dem Verstande zugleich sich endiget.»[15]

Man hat lange so gedacht und es überrascht nicht, daß barocke Übersetzungen die gleichen, wiewohl ihrer Zeit angepaßten Züge tragen wie die anakreontischen. Die Moralia Horatiana waren wichtiger als der Kunstcharakter.

Wenn der Conrector der «Schulen zu St. Martin in Halberstadt», Joachim Rulff, 1698 seinen «Horatius enucleatus» herausgibt, «Verdeutschet also / Das erst der Text von Wort zu Wort erkläret / hierauff die darinn enthaltene Phrases und Poetische Redens-Arten Lateinisch und Teutsch heraus gezogen / und dann die darin liegende Loci Communes und Lehren hinzugefüget / Dergestalt Daß die Schul-Jugend diesen nützlichen Autorem für sich selbst lesen und gutermaßen verstehen kan»,[16] wenn also der ehrwürdige Herr Rulff sich dieser Mühe unterzieht, so hebt er folgendes aus der 5. Ode hervor: es sei zu vermerken, daß der Gebrauch von wohlriechenden Salben weibisch und weichlich sei; daß ehrbare Kleider zuweilen Verstecke der Liederlichkeit seien; daß das Weib unbeständig sei, vor welcher Tatsache er seine Schüler ganz ausdrücklich und mit Beihilfe von Vergil und Ovid warnt; daß man seine Freunde prüfen müsse und so weiter fort.

Zweifellos war das auch die Gesinnung, in welcher der Rektor der Kreuz-Schule zu Dresden seine Primaner unterrichtete, der 1656 einen Horaz «in Teutsche Poesi übersetzet» bei Andreas Löffler publizierte. «Diesen in aller Welt bekannten Poeten habe ich / meine Discipulos / wie gemeldet / zu mehrerm Fleiß / wohin mein einzig absehen / zu erwecken / in teutsche Poesie zu bringen / mich / so viel die vielfältigen Verrichtungen zulassen wollen / unterwunden; und / weil von Vornehmen und Verständigen diese Arbeit für gut und nützlich geachtet worden / auff derer Geheiß und Rath / solche herauß zugeben / geschehen lassen...»[17] Es war also das, was moderne Pädagogen als Gruppenarbeit erfunden zu haben glauben, und gewissenhaft hat der Magister Johannes Böhme (Bohemus) eine Liste der jugendlichen Übersetzer beigefügt. Sie haben es im Lateinischen und, in Opitzens Gefolge, in der deutschen Prosodie weit gebracht, wenn man auch die glättende und vereinheitlichende Hand des Herrn Rektors des öfteren zu erkennen meint, der selbst den kaiserlichen Lorbeer des poeta laureatus trug. Denn «Allerdinge vollkommenheit kömmet nicht auff einmal. Einer andern schmack haben die frühzeitigen Früchte / einer andern die reiffen.»[18] Die 5. Ode An Pyrrham zeigt sich, vom 5. lateinischen, aber vom 9. deutschen Vers an zitiert, in folgendem Geschmack:

Ach wie offt wird der doch mit bittern Threnen klagen
Und deine falsche List betauren / vielmahls sagen /
  Wie sich geendert hab' die Venus und ihr Sohn /
  Wie er für seine Treu Verachtung hab' zu Lohn /
Die rauhe wilde Lufft / und trübe Unglücksfluthen /
So ihm gestossen zu / ohn alles sein Vermuthen /
  Die werden seltzam denn ihn deuchten: / der ihm ein- /
  gebildet / daß du stets werdst seine Liebste seyn /
Auffwarten nur allein / nur geben Liebes-Blicke /
Der dich noch kennet nicht / noch deine falsche Tücke /
  Und Unbeständigkeit der kömmt mir elend für /
  Dem du getreue scheinst und fromm / du freches
    Thier...[19]

Die letzte Wendung ist zwar von barocker Ausdrücklichkeit und durchaus sittenrichterisch, aber von der Subtilität des Gedichtes bleibt in den ungelenken Alexandrinern nichts übrig. Wieder sehen wir, wie die Knappheit des Textes wortreich umschrieben, seine Form ohne Bedenken in eine modische und im Unterricht viel geübte Redeweise umgesetzt wird. Die vieldeutige Genauigkeit der horazischen Bilder wird aufgelöst in einer eindeutigen Ungenauigkeit. Für «multa... in rosa» wird «Dem Rosen du gestreut / zu machen größre Brunst»; aus «mutatosque deos» macht der Primaner, wohlinformiert «Wie sich geendert hab' die

Venus und ihr Sohn»; wieder ist die Übergänglichkeit des zentralen Bildes auseinandergefaltet in ein geläufiges Gleichnis, denn die Poesie lebt von den loci communes. Die Übersetzung dient allein der Aneignung, und die Aneignung ist so total wie ausführlich. Diesmal sind aus 65 lateinischen Worten gar 196 deutsche geworden, an denen gemessen die 100 Wörter der Herzliebschen Prosa geradezu lakonisch erscheinen werden.

Nicht, daß man sich dieses Sachverhalts gar nicht bewußt gewesen wäre; aber man schätzte ihn gering. Im Bestreben, der eigenen Sprache ihren eigenen Wert zu verschaffen, hielt man sich an die Erkenntnis des Bohemus: «Eine jede Sprache hat ihre eigene Art und Geist / welcher einer andern Sprache nicht gerne dienen / und sich unterwerffen wil.» Weshalb man «der Lateinischen meinung / soviel thunlich gewesen / zwar nachgefolget / ein jegliches Wort aber außzudrucken / und in gebundene Rede zu zwingen / für fast unmöglich zu seyn / befunden worden.»[20] Noch fast ein Jahrhundert später sollte Groschuf, den wir schon kennen gelernt, im Vorbericht seiner Prosaausgabe bemerken: «Die Übersetzung der eigenen Worte des Horaz selbst betreffend, hielte ich es sicherer zu seyn, bey ohnedem so beschnittenen Gedanken lieber ein Wort mehr zur Erfüllung des Verstandes einzurücken, als durch ängstliche Bestrebung dem Urbilde ähnliche Züge zu machen, d.i. ihm in seiner Kürze nachzugehen, der Sache wenig zu thun... Wenn ein deutscher Poet alles gethan, und in Obacht genommen, was zu Ausführung des Sinnes von der Urschrift gehöret, so werden die kleinen und gering scheinenden Dinge, die manchen Stellen eine wahre Schönheit geben, gebundenen Gedanken dennoch den eigentlichen Ausdruck und Zierath, der ihrer Sprache eigen wäre, gemeiniglich versagen.»[21]

Diese Grundhaltung hatte eine außerordentliche Beharrlichkeit. Es kann hier nicht darum gehen, eine vollständige Geschichte der deutschen Horaz-Übersetzung zu geben, am ehesten noch eine Art historischer Typologie, auf deren Problematik wir bald genug kommen werden. Aber was unterscheidet das Textverständnis des Magister Böhme und seiner Primaner, dasjenige des Herrn Groschuf von der des Herrn Alfred Hesse, der 1906 bei Schmorl und Seefeld in Hannover die Oden «in freier Nachdichtung» präsentierte und mit schönem Selbstbewußtsein zur Einleitung sagte, es sei «als Gewinn zu betrachten, daß in der formell und inhaltlich sich freier bewegenden Wiedergabe zugleich die Möglichkeit liegt, die zuweilen fast unangenehm berührende knappe Ausdrucksweise des Dichters zu mildern, das häufig unvermittelt Aneinandergereihte seiner Gedanken, das Sprunghafte in der Behandlung des Stoffs weniger scharf hervortreten zu lassen, und auf diese Weise dem Verständnis des Lesers zu Hülfe zu kommen, endlich auch den feinen Humor und harmlosen Spott, der manche der horazischen Lieder so anziehend macht, sich aber in den strengen metrischen Formen des Originals kaum leise andeuten läßt, kräftiger hervorzuheben und zu größerer Wirkung zu bringen».[22] Das Ergebnis lautete dann so:

Wer ist's o Pyrrha, der in kühler Grotte,
Von deines Lagers Rosenduft berauscht,
Von deinem Mund geküßt, mit keinem Gotte
In dieser kurzen Wonnestunde tauscht?

Wie bald wird er's zu seinem Leid erfahren,
Daß ihn dein gleißnerischer Blick betrog,
Wie bald wird dein Verrat ihm offenbaren,
Daß jedes Wort von deiner Lippe log...[23]

und so fort. Das ist Horaz in der Sprache und im Versmaß

Geibels, der freilich viel besser zu übersetzen wußte. Schon die Benennung «Lieder» zeigt an, daß der Dichter «heimisch» gemacht werden soll, daß aber dieses «heimisch» machen höchst fragwürdig sei, war inzwischen im Bewußtsein der Gebildeten durchaus befestigt. Die Erkenntnis hing zusammen mit der Emanzipation des historischen und ästhetischen Sinns. Dem aufmerksamen Leser beginnt sie sich schon in Groschufs Einleitung sachte anzukündigen, wenn er nicht mehr nur vom Sinn der Urschrift, sondern von der wahren Schönheit einzelner Stellen spricht. «Schöne Stellen» war eine ästhetische Lieblingswendung des späteren 18. Jahrhunderts, und die unziemliche Kritik des Herrn Hesse, im 20. niedergeschrieben, hatte nicht zur Kenntnis genommen, daß Goethe bereits zu Beginn des 19. in Dichtung und Wahrheit vermerkt hatte: «Das Anakreontische Gegängel ließ gleichfalls unzählige mittelmäßige Köpfe im Breiten herumschwanken. Die Präzision des Horaz nöthigte die Deutschen, doch nur langsam, sich ihm gleichzustellen.»[24] Das war nichts wesentlich anderes, als Herder schon vorher ausgedrückt, wenn er in den «Briefen über das Lesen des Horaz an einen jungen Freund» den Rat gegeben hatte: «...suche dir...die geistige Situation auf, die der Dichter darstellen und beleben wollte; suche in ihr seinen Standpunkt, seine Laufbahn, sein Ziel! dann siehe, wie er seinen Lauf nahm, wie schwer oder leicht er ihn vollendet. Bei Horaz wirst du eine Menge Annehmlichkeiten finden, die sich oft an Ein Wort, an eine Wortsetzung oder Wendung anschließen und gleichsam in sie verbergen; hätte der Dichter sie ausgemahlt, so wäre der feine Zug zur Grimasse geworden und jede Grazie verpinselt.»[25] Der Mann, der neben Herder am meisten für die Aufmerksamkeit auf die «geistige Situation», auf Syntax und Wortstellung und auf Gleichnisse (denn das ist mit Wendung gemeint) getan hatte, war Johann Heinrich Voß. Seine Wirksamkeit für die deutsche Sprache wird immer noch zu gering eingeschätzt. Wir haben in ihm den bei uns seltenen Fall, daß nicht die theoretische Erwägung, sondern das tätige Vorbild die weiter reichende Folge gehabt hat. Es gibt von Voß keine nennenswerten Äußerungen über das Übersetzen, aber Übersetzungen, aus denen sich seine Theorie und Weise des Textverständnisses durchaus ableiten ließen. Freilich erschien sein Horaz erst zu einem Zeitpunkt, da die Wirkung seiner Übersetzungskunst längst anerkannt und ihr Verfahren eingeübt waren, ja es hatten andere den Horaz, nach dem Erscheinen der Voßischen Odyssee, vielleicht sogar gewandter im Sinne des Meisters übersetzt, als dieser es schließlich selbst tun sollte. Ramler hatte als erster mit Erfolg in der deutschen Sprache eine Art von Nachahmung antiker Metren unternommen[26], mit Hilfe des Horaz übrigens, aber leider ohne die Pyrrha-Ode. Aber Voß war derjenige, welcher nicht nur die Zeitmessung der deutschen Sprache bedachte, sondern konsequent die – wenn ich so sagen darf – einer jeglichen Dichtersprache immanente Poetik.

Mit anderen Worten: er versuchte das, was Goethe als höchste und letzte Form der Übersetzung ansah, «wo man die Übersetzung dem Original identisch machen möchte, so daß eins nicht anstatt des andern, sondern an der Stelle des andern gelten solle. Diese Art erlitt anfangs den größten Widerstand; denn der Übersetzer, der sich fest an sein Original anschließt, gibt mehr oder weniger die Originalität seiner Nation auf, und so entsteht ein drittes, wozu der Geschmack der Menge sich erst heranbilden muß. Der nie genug zu schätzende Voß konnte das Publikum zuerst nicht befriedigen, bis man sich nach und nach in die neue Art hineinhörte, hineinbequemte.»[27]

Das allerdings war nicht einfach und wurde umso schwieriger, je älter Voß wurde und starrsinnig Wortfolge, Vorstellung und Tonlage zu adaptieren suchte.

Welcher Knabe, geschlank und mit Gedüft besprengt,
Liebkost feuriger dir, Pyrrha, im Rosenschwarm,
Froh der dämmernden Grotte?
Welchem knüpfst du dein blondes Haar,

Einfach wählend den Schmuck? Wehe, wie oft, wenn Treu
Sich und Götter gewandt, weint er! wie tobende
Flut in schwarzen Orkanen
Staunt er wild mit Befremdung an:

Der nun deiner genießt, goldener Träume voll:
Der dich ewig die Sein', ewig die zärtliche
Hoft, unkundig des Lüftchens
Welches teuscht! Ungesegnet, wen

Glatt dein Schimmer bethört! Ich, die geweihete
Tafel zeigts im Gebild', hängt' an die Tempelwand
Meine triefenden Kleider
Jüngst dem waltenden Gott des Meers.[28]

Lassen wir zunächst die scheinbaren oder wirklichen Manierismen auf sich beruhen – weder damals noch heute gab es Worte wie «Gedüft» und «geschlank», und das Compositum «Rosenschwarm» wird wohl nie einheimisch werden. Wichtiger ist uns, was Voß wollte, und da fällt zunächst ein Kunststück in die Augen, das dem Kunstsinn entsprang, auch wenn es Gefahr läuft, künstlich zu erscheinen. Voß gelingt es – und das heißt, es war ihm bedeutsam –, dasjenige zu bewahren, was Hölderlin die «Folge der Vorstellungen» nennt, eine für jegliche Lyrik begründende Folge. Nicht genug, daß er mit der gleichen Verszahl auskommt und mit noch weniger Wörtern als sein in Prosa übersetzender Kollege Herzlieb; wenn man von den beiden ersten Versen absieht, hat Voß die Position der Bilder und hauptsächlichen Wendungen genau an der Stelle belassen, die dem Original entspricht. Er hat zu Anfang die Sequenz «rosa – odoribus» umgekehrt in «mit Gedüft besprengt» und «Rosenschwarm», aber von da ab fällt jeder Versschluß im Deutschen und im Lateinischen zusammen. Wo «antro» steht, steht «Grotte», und so fort, man sehe selbst. Nicht genug damit, er hat auch die strophenübergreifenden Sätze genau abgebildet, die Zäsuren gleich gelegt und denjenigen Wörtern, denen Horaz besonderes Gewicht gibt, ähnlichen Nachdruck zu geben versucht. Mit unüberhörbarem Gegensatz folgt das «me» auf «quibus intemptata nites»; nicht minder unüberhörbar und isoliert steht das «Ich» nach «Glatt dein Schimmer bethört», und es bleibt mir verwunderlich, daß er das Gedicht nicht, dem «maris deo» folgend, mit des Meeres Gott geschlossen hat, vielmehr dem Meer das letzte Wort läßt. Ja es gelingt ihm auch wo nicht vollkommen, so doch einigermaßen, die im Lateinischen durchsichtigere Anwendbarkeit des zentralen Bildes, das Mädchen und See gleichermaßen begreift, beizubehalten nicht zuletzt mit der glücklichen Wendung «wen / Glatt dein Schimmer bethört». Und doch wird man des Ganzen nicht ganz froh, wiewohl wir gleich anfangs gesehen haben, wie wichtig das alles sei.

Das Unbehagen wird durch Manier verursacht. Da ist z.B. die geschraubte Verwendung der Vorsilbe «ge» in «Gedüft», «geschlank», «Gebild'» (für Bild); er tat es zwar nicht um des Reimes, wohl aber um des Metrums willen; da ist die gesuchte Verwendung ungewohnter casus, wie «liebkost ... dir», die seltene Verbindung von «froh» und «genießen» mit dem Genitiv, von «hoffen» mit dem Akkusativ; da sind Kombinationen, die erst Sinn erhalten, wenn man das Lateinische zuzieht, wie etwa «Staunt er wild mit Befremdung an». Aber gerade das letztere weist uns auf die Voßische Absicht: «mit Befremdung» für «insolens» mag noch hingehen, aber «Staunt er wild» ist nur aus der Kenntnis des Übersetzers erklärbar, daß «emirabitur» eine Horaz allein eigentümliche, verstärkende Neubildung sei. Voß versucht also, das am lateinischen Text Ungewohnte auch im Deutschen «mit Befremdung» fühlbar zu machen. Und das ist die Stelle, wo seine Sprachgewalt die feine, kaum markierbare Grenze des Zulässigen überschreitet. Wilhelm von Humboldt hat sie beschrieben: «Soll aber das Übersetzen der Sprache und dem Geist der Nation dasjenige aneignen, was sie nicht, oder was sie doch anders besitzt, so ist die erste Forderung einfache Treue. Die Treue muß auf den wahren Charakter des Originals, nicht, mit Veranlaßung jenes, auf Zufälligkeiten gerichtet seyn... Mit dieser Ansicht ist freilich nothwendig verbunden, daß die Übersetzung eine gewisse Farbe der Fremdheit an sich trägt, aber die Gränze, wo dies ein nicht abzuläugnender Fehler wird, ist hier sehr leicht zu ziehen. Solange nicht die Fremdheit, sondern das Fremde gefühlt wird, hat die Übersetzung ihren höchsten Zweck erreicht; wo aber die Fremdheit an sich erscheint, und vielleicht gar das Fremde verdunkelt, da verräth der Übersetzer, daß er seinem Original nicht gewachsen ist.»[29]

Nun ist es Originalen des höchsten Ranges eigentümlich, daß ihnen im Grunde niemand gewachsen ist – zu subtil und genau ist das knappe, wohlbedachte und ausgewogene Spiel ihrer immanenten Correlationen, zu innig die Verbindung derselben mit den bestimmten Eigentümlichkeiten einer bestimmten Sprache. Jede Übersetzung bleibt, auf das Original bezogen, Approximation. Die eine Weise der Annäherung ist, mit Goethe zu reden, das «Zu uns herüber bringen», wie wir es an den gereimten Beispielen aus drei Jahrhunderten betrachtet haben, denen freilich das Herüberzubringende im Akt des Übertragens unter den Händen entschlüpft. Die andere Weise ist, «daß wir uns zu dem Fremden hinüber begeben und uns in seine Zustände, seine Sprechweise, seine Eigenheiten finden sollen». Auch dem sind offenbare Grenzen gesetzt, die wir sogleich bedenken wollen, nachdem wir noch ein Muster des zweiten Typus betrachtet haben. Es stammt aus Rudolf Alexander Schröders 1935 erschienenen Odenübersetzung, deren Kommentare so viel an ästhetischen Einsichten vermitteln, wie diejenigen Kiessling-Heinzes außer Betracht lassen. Wir wenden uns sogleich der dritten und vierten Strophe zu, was uns nötigt, von der Variationsbreite der Möglichkeiten nur im Vorübergehen Kenntnis zu nehmen. Wo Voß nämlich geschrieben hatte «Staunt er wild mit Befremdung an», setzt Schröder «Bald aus linder Gewöhnung schreckt»: soviel Mühe machen die beiden Worte «emirabitur insolens». Dann folgt:

Jetzt genießet er dein, Goldene, leicht getäuscht,
Denkt, du bleibest ihm hold, bleibest die Seine, kennt
  Nicht der wankelen Windsbraut
    Launen. – Wehe, wer ungewarnt

Dein Erglänzen gewahrt! – Tafel gedenkt und Schrift
Längst an heiliger Wand mein, der die triefenden
  Dem Gebieter der Wogen,
    Rock und Hemde, dort aufgehängt! [30]

Auf den ersten Blick erscheint Schröder gefügiger und weniger fremd. Er hat sich, obgleich der Folge treu, weniger bindende Fesseln angelegt als Voß durch die getreuliche Beobachtung der Wortstellung. Das hat aber sogleich zur

Folge, daß nicht mehr «der waltende Gott des Meers» das Gedicht beschließt, das mit dem zierlichen Knaben beginnt, sondern die prosaischen, vielleicht absichtsvoll prosaischen Worte «Rock und Hemde, dort aufgehängt». Die fatalen Folgen sind nicht aufzuwiegen durch feine Wendungen, wie zum Beispiel die Wiedergabe der horazischen Korrespondenz «aurea – aura – nites» durch «Goldene – dein Erglänzen», eine Feinheit, die freilich sogleich wieder vernichtet wird, wenn wir finden, daß aus «aura fallax» eine «wankele Windsbraut» wird. Auch hier, wie bei Voßens «wild mit Befremdung» ist die Absicht des Übersetzers greifbar: das Wort «Windsbraut» soll eben die Verknüpfung herstellen, die den Reiz des auf Übergänglichkeit gegründeten Bildes Weiberlaune – Wetterlaune ausmacht, und in «Windsbraut» sind beide enthalten. Nur eben – es stimmt nicht mehr, so wenig wie «wankele» einen höheren Ton trifft, und so wenig der harte Einschub von «Rock und Hemde» in den Satz «mein, der die triefenden / Dem Gebieter der Wogen, Rock und Hemde, dort aufgehängt». Im Gegenteil: die pseudohorazische Isolation des Hemds bringt erst dessen ganze Plattheit hervor. Die Knappheit schlägt um in Manier, der Manierismus ins Komische. Voßens und Schröders Fallstricke kommen aus der gleichen Rüstkammer, mögen wir auch die Meisterschaft des ersten höher schätzen.

Es gäbe dafür noch beliebig viele Beispiele, und die vormalige Höhe wie auch die Begrenztheit der Übersetzungskunst wären noch deutlicher zu machen, wenn man die Fülle der metrischen Odenübertragungen mit einbezöge, die etwa um 1820 vorlagen. Klamer Schmidt, Preiß, Scheller, später Geibel, vordem Ramler, sind nur einige Namen. Sie alle haben gemein, daß Übersetzung eine noble Form der Annäherung und Aneignung darstellt, die schon deshalb immer wieder unternommen wird, weil ein jeder immer wieder den gleichen Text auf seine Weise neu zu erwerben sucht. Die Motive mögen verschieden sein, pädagogisch, spielerisch, die eigenen Möglichkeiten ergründend, um Vermittlung von schwer Erreichbarem bemüht. Die Grenzen aber, auf die sie alle stoßen, sind dieselben, sie sollen noch ein wenig bedacht werden. Zwei unüberwindlich feste Größen hat jeder Übersetzer anzuerkennen. Es sind dies die Regeln und Gesetze der Sprache, aus der er überträgt und in die er überträgt; und es sind die Bedingungen der poetischen Rede, die ganz anderer Art als die der darlegenden Rede sind.

Die sprachlichen Regeln sind einigermaßen fest und für das Lateinische als eine «tote» Sprache unveränderlich. Es mag dies auch ein Grund gewesen sein, warum die barocken und anakreontischen Interpreten, an deren gründlicher Latinität wahrlich nicht zu zweifeln ist, gar nicht erst den Versuch unternahmen, lateinische Verhältnisse deutsch abzubilden. Die Inkongruenz war ihnen deutlich, und die Vorzüge des Deutschen waren ihnen zu neu und wert, als daß sie seine erst zu sichernde Selbständigkeit durch die Unterordnung unter das Vorbild beschränkt hätten. Nicht deutlich waren ihnen die lyrischen Funktionen und Valenzen, die historische Bedingtheit von Assoziationsfeldern und Erlebnisweisen und schon gar nicht die Tatsache, daß ein jeder Übersetzer mit einem bestimmten Vorverständnis, was Poesie sei, an seine Arbeit geht. Zwar waren sie gefeit gegen das, was es noch nicht gab, den Irrtum nämlich, daß jede Lyrik Erlebnislyrik sein müsse. Diese klassisch-romantische Verallgemeinerung blieb dem 19. Jahrhundert vorbehalten. Aber die Tatsache war ihnen unbewußt (die den Horaz ins Reich des deutschen Liedes einbürgernden Übersetzer des vorigen Saeculum glichen ihnen darin), daß quantitative Strukturen, Widerstände, Distanzen, die Folge von Tönen und Vorstellungen ebenso ein Gedicht ausmachen wie sein Inhalt und seine erweisbare Form. Von dem Zeitpunkt an, da diese Sachverhalte bewußt werden, wurde die Aufgabe des Übersetzers noch weiter erschwert. Ich würde ihn in der theoretischen Erwägung bei Herder, in der philologisch-ästhetischen bei den beiden Göttingern Heyne und Mitscherlich ansetzen. Nicht umsonst hat Heyne auch Herders Schriften herausgegeben und im 10. Band mit einer grundlegenden Betrachtung über das Übersetzen versehen. Sobald der Übersetzer auch die in solchen Verhältnissen gesammelten Energien erhalten wollte, wurde seine Aufgabe noch mehr erschwert. Und wenn er gar erkannt hatte, daß entgegen dem traditionellen Verständnis von Tropen und Gleichnissen das poetische Bild eine unbegrenzte, übergängliche Deutbarkeit habe, so mochte er schier verzweifeln. Denn seine Arbeit mußte in *einer* Sprache festlegen, was in der andern frei war, und es gibt immer Bedeutungsspielräume, die dem einen Medium eigen, dem andern verschlossen sind. Daß dem aber so sei, ist dem historisch bedingten Bewußtsein keineswegs jederzeit deutlich.

Aus all dem ergibt sich, daß die Aufgabe des Übersetzens und schon gar des Übersetzens von Lyrik und ganz gewiß die der Aneignung des Horaz unendlich ist. Als ein Akt des Verstehens ist sie immer neu aufgegeben und möglich, und die scheinbar feste Größe des dichterischen Textes erweist sich auch hier als unerschöpflich. Einer, der sehr viel davon verstand, Walter Benjamin, hat anläßlich seiner Baudelaire-Übersetzung in einem – wie sollte es anders sein – Bilde zusammengefaßt, was uns hier beschäftigt; er versteht sie als «Echo des Originals». «Hierin», sagt er, «liegt ein vom Dichtwerk durchaus unterscheidender Zug der Übersetzung, weil dessen Intention niemals auf die Sprache als solche, ihre Totalität, geht, sondern allein unmittelbar auf bestimmte sprachliche Gehaltszusammenhänge. Die Übersetzung aber sieht sich nicht wie die Dichtung gleichsam im innern Bergwald der Sprache selbst, sondern außerhalb desselben, ihm gegenüber und ohne ihn zu betreten ruft sie das Original hinein, an demjenigen einzigen Ort hinein, wo jeweils das Echo in der eigenen den Widerhall eines Werks der fremden Sprache zu geben vermag.»[31] Weniger poetisch, aber nicht weniger erfahren hatte Heyne im Jahre 1807 geschrieben: «Die Hauptlehre bleibt: nicht Alles läßt sich übersetzen, nicht alles auf einerley Weise, nicht alles gut und verständlich; aber auch nicht alles braucht übersetzt zu werden. Überall giebt es Gränzen und ein Ziel, und in jeder Kunst faßt ein und dasselbe Werk, nicht alle, nicht die ganze Kunst.»[32]

Es zeichnet die Übersetzungen sowohl Herzliebs wie auch Uz' und seiner Freunde aus, daß sie sich «Gränzen und ein Ziel» setzten. Es waren bescheidene Grenzen und ein nicht unerreichbares Ziel, und eben dies läßt sie heute noch nützlich sein. Der anfangs zitierte J.F. Degen hat die Gründe schon im Jahre 1794 bei seiner kritischen Durchsicht deutlich erkannt. Von der Version, die Uz, Junkheim und Hirsch verdankt wird (wir werden noch etwas über diesen Freundeskreis berichten), sagte er: «Nicht eine dichterische Nachbildung des Originals sollte sie seyn, sondern, und diesen Vorzug wird sie stets behalten, die Stelle eines fortlaufenden Kommentars vertreten. Deßwegen war es nothwendig, den Dichter, soviel es nach dem Genie der beiden Sprachen geschehen konnte, *wörtlich* zu übersetzen, den Sinn desselben möglichst genau aufzufassen und darzustellen und den Vortrag in eine angenehme Prosa zu kleiden.»[33] Es spricht für das Unterscheidungsvermögen des Rezensenten, daß er von der Herzliebschen Übersetzung, deren erster Teil fünfzehn Jahre nach dem ersten Teil der Ansbacher in Stendal erschien, in einer ganz anderen Tonlage redete.

«Er hat», so sagte Degen, «ein feines Gefühl für dichterische Darstellungsweise, Sprache und Bilder; weis die verschiedene Art des Vortrags voneinander zu unterscheiden; dem iedesmaligen Ausdruck die erforderliche Genauigkeit zu geben; diesen nach Bewandtniß der Umstände gehörig herabzulassen und ihn mit Kraft wieder zu der gebührenden Höhe zu erheben... Besonders ist seine Sprache gewählt, sanft, wohllautend und schön. Die Übersetzung ist prosaisch, aber in Zeilen abgesetzt.»[34]

Man könnte kaum besser Herzliebs Vorzüge, die Vorzüge einer jugendlichen Arbeit, charakterisieren: genau, aber nicht unfrei, poetisch, aber ohne unerfüllbaren Ehrgeiz, von erstaunlicher Knappheit, die dennoch nie dem Geist der deutschen Sprache Gewalt antut. Einiges der Anmut, die Herzliebs Text eigen ist, mag seinem Zeitalter und dessen poetischen Neigungen verdankt werden; aber insgesamt ist er von Modischem unberührt und übertrifft Uz und Genossen durchaus durch seine sparsame Gewandtheit. Er muß ein sehr gebildeter und lebensvoller Jüngling gewesen sein, der Lessing und Schiller las – doch damit kommen wir schon zu seiner Biographie, welche zwar den Rahmen einer Darstellung des deutschen Horaz sprengen, aber im Zusammenhang der Geschichte der deutschen Literatur einen achtungswürdigen Platz beanspruchen mag. Denn Herzlieb ist nicht nur interessant als Typus früher bürgerlicher Bildung; der Sohn eines kargen märkischen Pfarrhauses hat Goethes böse Verse über «Musen und Grazien in der Mark» (1796)[35] in doppelter Weise in die Schranken gewiesen. Einmal durch den Gang seines eigenen kurzen Lebens, zum anderen aber durch dessen Erbschaft, die Goethe in seinem achtundfünfzigsten Jahr aufs tiefste erschüttern sollte: Minchen Herzlieb nämlich war Herzliebs Tochter[36]. Der Buchhändler Frommann hatte die elternlose neunjährige von Züllichau mit in sein Haus nach Jena genommen, wo sie achtzehnjährig das berühmte «Ich fing nicht an, ich fuhr nur fort, zu lieben»[37] hervorrief. Aber es wird besser sein, Herzliebs Biographie[38], soweit sie verifizierbar ist, in Kürze und Ordnung wiederzugeben.

Es ist eine bürgerliche Biographie und bezeichnend für die Kräfte, die innerhalb eines Zeitraums von zwei Generationen das kultivierte literarische Deutschland des letzten Drittels des 18. Jahrhunderts entstehen ließen, das seitdem nie mehr übertroffen, ehestens verraten worden ist. Der Vater Herzliebs war Pfarrer, wie Lessings Vater. Der Sohn, Christian Friedrich Karl, wurde am 4. Dezember 1760 in Walchau im Magdeburgischen geboren, elf Jahre nach Goethe, zwölf Jahre vor Hölderlin. Gewiß gehört er nicht in diese erlauchte Reihe; aber es geschah alles, um ihn auf die Bildungshöhe der Zeit zu bringen. Der Vater unterrichtete selbst den zunächst im Schreiben und im Lateinischen Begriffsstutzigen, der dem Malen mehr als dem Lesen geneigt war. Im Hause war eine bedeutende Bibliothek; der Dreizehnjährige wurde auf eine der besten preußischen Schulen gesandt, das Gymnasium des Waisenhauses zu Halle. Dort schloß er als Primus der Prima ab, von allen wohlgelitten, mit den Lehrern befreundet, mit denen er Wolffs Metaphysik und Kants Schriften studierte. Es war ein reges literarisches Leben mit Lesezirkeln und Disputationen, und die Übersetzung des Horaz wurde schon auf dem Gymnasium begonnen. Ein solches Leben war nicht beschränkt auf die Universitätsstadt. Als Herzlieb einundzwanzigjährig Subrector der Stadtschule zu Rathenow wird, findet er wiederum Freunde, Lesezirkel und private Bibliotheken vor, die ihm die inzwischen abgebrannte seines

Vaters ersetzen können. Man beginnt heute erst einigen Einblick in die Lebendigkeit der deutschen Provinzen zu haben, die sich auch abspiegelt in den noch erhaltenen Gutachten[39], welche die Berufung des inzwischen verheirateten Sechsundzwanzigjährigen zum zweiten Prediger an der Stiftskirche zu Brandenburg befürworteten, mit Lehrverpflichtung an der Ritter-Akademie. Dort unterrichtete er in der griechischen, römischen, italienischen und deutschen Literatur und in der Religion. «Es gehöret dazu», so heißt es in den Berufungsakten, «ein aufgeklärter Geist, und ein edles Herz.» Die Probepredigt gefiel: «Seine Predigt war gründlich durchgedacht, die Gedanken mit Präcision bestimmt, die interessanteren Materialien des Gegenstandes vor den minder interessanten klüglich gewählt: sein Ausdruck war edel und dem Gegenstand angemessen. Sein Vortrag nervos, belehrte den Verstand, interessirte und rührete das Herz. Er erhielt allgemeinen Beyfall. Und da er sich keines concepts bedienete; so zeigete er sehr deutlich, daß die Wahrheiten oft durchgedacht und ihm geläufig waren und die Ausdrücke sehr in seiner Gewalt stehen.» Die Berufung wurde befürwortet von den Herren v. Arnim, v. Bredow, v.d. Hagen, v. Kleist und v. Wartensleben; ihr war ein Prüfungsgespräch mit dem Propst Teller in Berlin vorausgegangen, der neun Jahre später den gesammelten Predigten, «deren Herausgabe zum Besten der Hinterlassenen des Verstorbenen veranstaltet», eine Lebensbeschreibung voranschickte. Aus dem Prüfer war, wie es manchmal geht, ein Freund geworden. Die Publikation aber war, wie wir gehört haben, nicht die erste und nicht die letzte Freundestat Frommanns, der Minchen vor dem Waisenhaus bewahrte.

Brandenburg hielt Herzlieb, das Consistorium hatte es schon geargwöhnt, nicht lange. Den ersten und zweiten Teil seines 1787 in Stendal in der Altmark (auch dies ein Hinweis auf das literarische Leben) erschienenen Horaz hatte der Übersetzer noch an der Havel korrigiert. Die Korrekturen für den dritten Teil mußten nach Züllichau gehen, hinter Frankfurt an der Oder, heute in Polen gelegen. «... allein ich fühle es immer mehr», schrieb der Autor, «daß es ein ganz vergebliches Unternehmen sey, die Schönheiten eines Lyrikers, wie Horaz ist, in eine andere Sprache so übertragen zu wollen, daß sie hier gerade so, wie im Original, gefallen; ich fühl' es, daß ich wenigstens dazu zu schwach bin... Wie oft habe ich ausgestrichen, geändert, gefeilt! – und doch ist meine Übersetzung nur ein matter Schatten jenes herrlichen, harmonischen Körpers!»[40] Gerade dies Bewußtsein der Grenzen allen Übersetzens hat Herzlieb zu einem bedeutenden Übersetzer gemacht, der in seinen Kommentaren nicht nur gründliche Kenntnisse, sondern auch einen ästhetischen Sinn kundtat, wie er die deutsche Philologie – gerade im Hinblick auf Horaz – keineswegs auszuzeichnen pflegt. Wenn er etwa zu dem Schlußbild von c. 1, 5, das uns lange beschäftigt hat, den einfachen Satz niederschreibt: «Das ganze Bild ist schön durchgeführt, aber man verderbe es nur nicht dadurch, daß man, mit mehreren Auslegern, zu genau jedes einzelne Wort auf die zu schildernde Sache anpassen will»[41] – wenn er so schreibt, erweist er einen ursprünglichen Sinn für das Funktionieren lyrischer Bilder, deren Sprache nicht ungenau ist, indem sie nicht festgelegt sein will. Oder wenn er in der Betrachtung von c. 3, 9 (Donec gratus eram tibi) vermerkt: «Vielleicht, daß es mir gelingt, unsere Kraftgenies, die nichts als Liebe singen, zu dem Glauben bringen zu helfen, daß sehr viel mehr Studium des Herzens, der Empfindungen, der poetischen Kunst, und des Ausdrucks, als sie gemeinhin aufbringen können, dazu gehört, um ein solches Meisterstück zu schaffen.»[42] Seine überlegende Gewissenhaftigkeit wird an denjenigen Stellen der Anmerkungen greifbar, wo er sich anzugeben verpflichtet fühlt, warum er diesen und keinen anderen Ausdruck gewählt hat, oder wenn er, immer noch c. 3, 9 kommentierend, sagt: «Dies alles sieht der Leser; die Worte sind blos Winke, daß er richtig sehen sollte», um dann abzuschließen: «Und vielleicht wird der Leser wünschen, daß ich auch schwiege.»[43]

Er sollte viel zu früh schweigen. Knapp sechs Jahre blieben ihm in seinem letzten Wirkungskreis zu Züllichau vergönnt, wo er wiederum einen lebhaften literarischen Freundeskreis vorfand, den man in so abgelegener Provinz heute nicht vermuten würde. Allein schon die Geschichte der Frommannschen Buchhandlung gibt davon Zeugnis, die nach Hamburg und Leipzig orientiert war, ehe sie nach Jena übersiedelte.[44] Ein Bericht des Hausarztes Dr. Ungnad spricht von Herzliebs Person mit liebevollem Respekt: «Er war nicht das, was man gewöhnlich ein Genie nennt, er war aber auch vor den Fehlern dieser Menschengattung frey... Mehr als einmal machte ich ihm im Scherze den Vorwurf, daß er als ein junger Mann viel zu wenig Sinnlichkeit habe. Er suchte dieses mit dem Vergnügen, welches ihm schöne Naturscenen und die Musik verursachten, zu widerlegen; aber auch diese genoß er gleichsam nur im Vorbeigehen, theils aus Gefälligkeit gegen andre, theils im Bewußtseyn seiner Pflichten gegen die Gesundheit.»[45] Es hat ihm wenig genützt, die Schwindsucht nahm ihn, nach vielem Leiden, dreiunddreißigjährig hinweg, von Lehrern und Freunden und seiner Gemeine betrauert und immerhin so bekannt, daß ihm in Schlichtegrolls Nekrolog auf das Jahr 1794 ein Platz vergönnt wurde.

Nicht weniger bezeichnend für das gebildete Leben in der zweiten Hälfte des 18. Jahrhunderts ist der zweite Übersetzer mit seinen Freunden, von dem im vorliegenden Bande die Epoden, der Säkulargesang und c. 2, 5 stammen, welch letzteres Herzliebs Feinsinn zu anstößig schien («...und hätte ich durch einige Veränderungen das Anstößige darin mildern wollen, so wäre es ja nicht mehr Übersetzung geblieben.»)[46] Im Hinblick auf Johann Peter Uz dürfen wir uns hier kürzer fassen, man kann über ihn in Literaturgeschichten nachlesen. Freilich werden diese ihn kaum im Zusammenhang des Geisteslebens der «Provinz» sehen, der die Beschäftigung mit dem Horaz so wichtig war. Was man da trieb und beredete, geschah in Nebenstunden, neben dem Beruf, nicht nur das Dichten. Am 6. April schrieb der Landgerichts-Assessor Uz aus Ansbach an den Kanonikus Gleim nach Halberstadt (das literarische Gespräch erstreckte sich über alle deutschen Provinzen): «Sie bekommen hier einen Theil der prosaischen Übersetzung unsers Horazens. Schon vor mehr als 10 Jahren haben ich und ein Paar meiner hiesigen Freünde angefangen, zu unserem Vergnügen, manchmal eine Ode unsers Lieblings-Dichters zu übersetzen. Jeder von uns übersetzte für sich, und aus dreyen Übersetzungen machten wir, bey einer besonderen Zusammenkunft, eine gemeinsame; und so wurde eine Ode nach der andern, endlich auch eine Satyre und Epistel nach der andern übersetzt, bis endlich der ganze Horaz zu Stande gekommen.»[47] Die Freunde waren der Generalsuperintendent Junkheim und der Hofkammerrat Hirsch, in dessen Hause die vergnüglichen Sessionen stattfanden. Ihr Ergebnis ist nicht von der gleichen Einheitlichkeit wie die Arbeit Herzliebs, und die Züge einer früheren literarischen Generation, die noch nicht durch die Schule Lessings und der Kantischen Prosa gegangen, sind nicht zu verkennen. Der alte Gleim hatte schon recht, wenn er unter dem «4ten May 1773» aus Halberstadt zurückschrieb: «An der Übersetzung selbst wüst' ich nicht das mindeste zu tadeln; über all habe ich Richtigkeit und Sprach-Natur bemerckt, nur in Absicht auf den Wohlklang, den unsere niedersächsischen Ohren verlangen, wünschte ich, sie hätten sich denselben bequemt.»[48] Was Gleim als Mangel an Wohlklang empfand, kann dem heutigen Leser als leicht distanzierende Fremdheit nützlich sein, indem es ihn nötigt, es Uz und Junkheim, Hirsch und Herzlieb und den unzähligen anderen gleichzutun, die über einen deutschen Horaz nachgesonnen haben. So wie er hier vorliegt, ist er ein Zeugnis nicht nur der deutschen Literaturgeschichte, sondern fortwirkenden Lebens der Poesie; es gab Musen und Grazien in der Mark.

Walther Killy

Q. HORATIUS FLACCUS

CARMINA ET EPODON LIBER

ODEN UND EPODEN

CARMINUM LIBER PRIMUS

I.

Maecenas atavis edite regibus,
o et praesidium et dulce decus meum:
sunt quos curriculo pulverem Olympicum
collegisse iuvat metaque fervidis
evitata rotis palmaque nobilis
terrarum dominos evehit ad deos;
hunc, si mobilium turba Quiritium
certat tergeminis tollere honoribus;
illum, si proprio condidit horreo
quidquid de Libycis verritur areis.
gaudentem patrios findere sarculo
agros Attalicis condicionibus
numquam demoveas, ut trabe Cypria
Myrtoum pavidus nauta secet mare;
luctantem Icariis fluctibus Africum
mercator metuens otium et oppidi
laudat rura sui: mox reficit rates
quassas indocilis pauperiem pati.
est qui nec veteris pocula Massici
nec partem solido demere de die
spernit, nunc viridi membra sub arbuto
stratus, nunc ad aquae lene caput sacrae;
multos castra iuvant et lituo tubae

ODEN · ERSTES BUCH

1. An den Mäcenas

Mäcenas, königlicher Ahnen Sohn,
o du mein Schutz, mein süßer Stolz!
Jenem ist's Wonne, wenn er den Staub Olympischer Rennbahn
aufregt, ihn hebt das Ziel, von glühenden Rädern
gemieden, ihn die ehrende Palme
zu den Göttern empor, den Herrschern des Weltalls.
Dem ist es Wonne, vom wankelmütigen Volke
bis zu den höchsten Würden wetteifernd erhoben zu werden:
diesem, wenn er in eigener Scheuer
die Ernten Libyscher Fluren bewahrt.
Wer genügsam den ererbten Acker pflügt,
nimmer lockt Attalus Reichtum den,
sich im Cyprischen Kiel – ein furchtsamer Schiffer –
auf Myrtoische Wellen zu wagen.
So lange mit Icarus Fluten der Africus kämpft,
preiset der zitternde Kaufmann
die stillen Fluren seiner Vaterstadt: bald aber bessert er
sein leckes Schiff, der Armut ungewohnt.
Mancher verschmäht nicht Pokale alten Massikers voll,
nicht, dem Tage Stunden zu rauben,
hingegossen im Schatten des grünen Hagdorns
oder am rieselnden Quell des heiligen Baches.
Viele entzückt das Lager, entzückt der Tuba Hall,

permixtus sonitus bellaque matribus
detestata; manet sub Iove frigido
venator tenerae coniugis inmemor,
seu visa est catulis cerva fidelibus,
seu rupit teretes Marsus aper plagas.
me doctarum hederae praemia frontium
dis miscent superis, me gelidum nemus
Nympharumque leves cum Satyris chori
secernunt populo, si neque tibias
Euterpe cohibet nec Polyhymnia
Lesboum refugit tendere barbiton.
quodsi me lyricis vatibus inseres,
sublimi feriam sidera vertice.

2.

Iam satis terris nivis atque dirae
grandinis misit pater et rubente
dextera sacras iaculatus arcis
  terruit urbem,

terruit gentis, grave ne rediret
saeculum Pyrrhae nova monstra questae,
omne cum Proteus pecus egit altos
  visere montis

piscium et summa genus haesit ulmo,
nota quae sedes fuerat columbis,
et superiecto pavidae natarunt
  aequore dammae.

mit Hörnern gemischt, und Kriege
von Müttern verflucht. – Unter kaltem
Himmel verweilet der Jäger, des zärtlichen Weibes vergessend,
wenn seine treuen Hunde ein Reh erblickten
oder ein Marsischer Eber das schwache Garn zerriß.
Mich aber gesellt der Efeukranz, der Schmuck der Dichterstirn,
zu den Unsterblichen, mich trennen kühle Haine,
mich die scherzenden Reigen der Nymphen und Satyrn
vom Pöbel, wenn mir ihre Flöte
Euterpe nicht versagt, Polyhymnia
mir hold die Lesbische Laute besaitet.
Nimmst aber unter die lyrischen Sänger du mich auf,
dann berühr' ich mit stolzem Scheitel die Sterne!

2. *An den Augustus*

Genug des Schnees, genug verwüstender Schloßen
hat Jupiter der Erde gesandt und mit der feuerroten Rechten
herabgeblitzt auf die geweihten Höhen:
daß Rom erbebte,

daß die Völker bebten, voll Furcht, es möchte wiederkehren
der Pyrrha Unglückszeit, die jammernd Wunderszenen sah,
da Proteus auf Gebirge
seine Herden zusammentrieb.

Der Fische Volk hing an der Ulmen Wipfel
(vordem der Tauben trautem Sitz);
auf ausgetretnem Meere schwammen
furchtsame Gemsen.

vidimus flavom Tiberim retortis
litore Etrusco violenter undis
ire deiectum monumenta regis
templaque Vestae,

Iliae dum se nimium querenti
iactat ultorem, vagus et sinistra
labitur ripa Iove non probante u-
xorius amnis.

audiet civis acuisse ferrum,
quo graves Persae melius perirent,
audiet pugnas vitio parentum
rara iuventus.

quem vocet divum populus ruentis
imperi rebus? prece qua fatigent
virgines sanctae minus audientem
carmina Vestam?

cui dabit partis scelus expiandi
Iuppiter? tandem venias precamur
nube candentis umeros amictus
augur Apollo;

sive tu mavis, Erycina ridens,
quam Iocus circum volat et Cupido;
sive neglectum genus et nepotes
respicis auctor,

heu nimis longo satiate ludo,
quem iuvat clamor galeaeque leves

So sahn auch wir den gelben Tibergott,
wie er gewaltsam vom Etruscischen Gestade der Wellen
Strom zurücke zwang,
daß er zertrümmere des Königs Burg
und den Tempel der Vesta.

Er warf sich stolz zum Rächer der grenzenlos klagenden
Ilia auf, und nun stürzte über das linke Ufer
selbst wider Jupiters Willen der wilde Fluß,
dienstbar dem Weibe!

Daß Bürger gegen Bürger Schwerter schärften,
weit ehrenvoller zum Verderben gefürchteter Perser
gezückt,
und Schlachten wird einst hören die durch Schuld der Väter
verminderte Nachwelt.

Wen von den Göttern ruft das Volk beim Fall des Reichs
zum Schutz herab? Welch' Flehn
der heiligen Jungfraun wird die Vesta uns versöhnen,
schon lange ihren Liedern taub?

Wem fällt vom Jupiter das Los,
die Schuld zu tilgen? Komm, wir flehen dich,
komm endlich, die blendenden Schultern in Wolken
gekleidet,
Augur Apollo, herab.

Oder willst du, süß lächelnde Erycina,
vom Jocus und Amor umflattert?
Wie? oder siehst du wieder auf dein verlaßnes
Geschlecht,
auf deine Enkel, o Vater, herab?

Endlich des, ach! allzulangen Spieles satt,
du, dem der Krieger Geschrei und der Helme Blinken

acer et Marsi peditis cruentum
voltus in hostem;

sive mutata iuvenem figura
ales in terris imitaris almae
filius Maiae patiens vocari
Caesaris ultor,

serus in caelum redeas diuque
laetus intersis populo Quirini,
neve te nostris vitiis iniquum
ocior aura

tollat: hic magnos potius triumphos,
hic ames dici pater atque princeps,
neu sinas Medos equitare inultos
te duce, Caesar.

3.

Sic te diva potens Cypri,
sic fratres Helenae, lucida sidera,
ventorumque regat pater
obstrictis aliis praeter Iapyga,

navis, quae tibi creditum
debes Vergilium: finibus Atticis
reddas incolumem precor
et serves animae dimidium meae.

illi robur et aes triplex

und des Marsischen Fußsoldaten wütender Blick auf die
Feinde geheftet
mit Lust die Seele füllt!

Oder wallest du in Jünglingsgestalt
auf der Erde, geflügelter
Sohn der allgütigen Maja? Dürfen wir dich
Cäsars Rächer nennen?

O dann kehre spät erst zum Olympus zurück!
Sei noch lange die Wonne des Romulischen Volkes,
schwinge dich, unserer Laster müde,
nicht zu früh von uns weg durch die Lüfte!

Laß dir gütig hier die Triumphe gefallen,
den Vater- und Fürsten-Namen gefallen.
Es schwärme forthin ungestraft auf seinem Roß der Meder
nicht,
weil du herrschest, o Cäsar!

3. An das Schiff, das den Virgil nach Athen bringen sollte

So leite dich denn, o Schiff, Cypriens mächtige Göttin,
so dich das leuchtende Gestirn, Helenens Brüder,
und der Vater der Winde,
er verschließe sie alle, nur den Japyx nicht.

Bringe meinen Virgil –
dir ward er anvertraut –
ungefährdet an Attikas Ufer!
Erhalte, ach! erhalte die Hälfte meiner Seele!

Der hatte den Busen Eichenbewehrt und dreifach ehern
gepanzert,

circa pectus erat, qui fragilem truci
conmisit pelago ratem
primus, nec timuit praecipitem Africum

decertantem Aquilonibus
nec tristis Hyadas nec rabiem Noti,
quo non arbiter Hadriae
maior, tollere seu ponere volt freta.

quem mortis timuit gradum
qui siccis oculis monstra natantia,
qui vidit mare turbidum et
infamis scopulos Acroceraunia?

nequiquam deus abscidit
prudens oceano dissociabili
terras, si tamen inpiae
non tangenda rates transiliunt vada.

audax omnia perpeti
gens humana ruit per vetitum nefas,
audax Iapeti genus
ignem fraude mala gentibus intulit.

post ignem aetheria domo
subductum macies et nova febrium
terris incubuit cohors
semotique prius tarda necessitas

leti corripuit gradum.
expertus vacuum Daedalus aera
pinnis non homini datis;
perrupit Acheronta Herculeus labor.

welcher zuerst sein zerbrechliches Fahrzeug
dem wilden Meere vertraute, nicht fürchtete
den reißenden Africus,

wenn er die Aquilonen bekämpft,
nicht fürchtete die trüben Hyaden, noch des Notus Wut,
dem Hadrias Wogen vor allen Winden gehorchen,
mag er Ruhe, mag er Aufruhr ihnen gebieten.

Welchen Tod fürchtete der,
der trocknen Auges die schwimmenden
Ungeheuer sah und das schwellende Meer
und die berüchtigten Ceraunischen Klippen?

Vergebens trennte die Weisheit der Götter
durch unwirtbare Meere die Länder,
wenn das trotzende Schiff
dennoch über verbotne Fluten dahin schlüpft.

Kühn, alles zu wagen,
stürmt das Menschengeschlecht von Frevel zu Frevel.
Kühn brachte Japetus Sohn
mit unseliger List das Feuer unter die Völker.

Kaum noch war es dem Äther entwandt,
als sich Dörrsucht über den Erdball verbreitete
und unbekannter Fieber Schar.
Das säumende Verhängnis

beflügelte nun den Schritt des vormals entfernteren Todes.
Dädalus schwang sich den leeren Luftkreis hinauf,
mit Gefieder, dem Menschen versagt.
Herkules Mut durchdrang den Acheron.

nil mortalibus ardui est:
caelum ipsum petimus stultitia neque
per nostrum patimur scelus
iracunda Iovem ponere fulmina.

4.

Solvitur acris hiems grata vice veris et Favoni
trahuntque siccas machinae carinas,
ac neque iam stabulis gaudet pecus aut arator igni
nec prata canis albicant pruinis.

iam Cytherea choros ducit Venus imminente luna,
iunctaeque Nymphis Gratiae decentes
alterno terram quatiunt pede, dum gravis Cyclopum
Volcanus ardens visit officinas.

nunc decet aut viridi nitidum caput impedire myrto
aut flore, terrae quem ferunt solutae.
nunc et in umbrosis Fauno decet immolare lucis,
seu poscat agna sive malit haedo.

pallida Mors aequo pulsat pede pauperum tabernas
regumque turris, o beate Sesti,
vitae summa brevis spem nos vetat inchoare longam;
iam te premet nox fabulaeque Manes

Nichts ist den Sterblichen zu schwer!
Rasend stürmen wir selbst den Olymp,
und unser Frevel duldet's nicht,
daß Jupiter die zürnenden Blitze niederlege.

4. An den Sestius

Der starre Winter zerrinnt, hold lächelnd kehren Lenz
    und Favon zurück.
Schon wälzen die Hebel den trocknen Kiel vom Strande,
es freut sich das Vieh des Stalles nicht mehr, nicht
    mehr des Herdes der Pflüger,
Reif übersilbert die Aue nicht mehr.

Seht! schon führet Cythere den Reihentanz auf im
    Mondenschimmer.
Die holden Grazien, mit den Nymphen verschlungen,
schlagen, wechselnden Fußes, den Boden, indes der
    Cyklopen mühselige Werkstatt
Vulcanus glühend besucht.

Jetzt laß das gesalbte Haar mit grüner Myrte uns
    umkränzen
oder mit Blumen, dem geöffneten Erdreich entsprossen.
Jetzt laß uns in des Haines Umschattung dem Faun
ein Böcklein opfern oder ein Lamm.

Mit gleichem Fuße pocht der bleiche Tod an des Armen
    Hütte
und an der Könige Palast. Glücklicher Sestius,
des Lebens Augenblick verbeut uns weitstrebende
    Hoffnungen.
Bald wird Nacht dich umgeben, bald dich die Schatten
    des Orcus

et domus exilis Plutonia; quo simul mearis,
nec regna vini sortiere talis
nec tenerum Lycidan mirabere, quo calet iuventus
nunc omnis et mox virgines tepebunt.

5.

Quis multa gracilis te puer in rosa
perfusus liquidis urget odoribus
grato, Pyrrha, sub antro?
cui flavam religas comam

simplex munditiis? heu quotiens fidem
mutatosque deos flebit et aspera
nigris aequora ventis
emirabitur insolens,

qui nunc te fruitur credulus aurea,
qui semper vacuam, semper amabilem
sperat, nescius aurae
fallacis. miseri, quibus

intemptata nites: me tabula sacer
votiva paries indicat uvida
suspendisse potenti
vestimenta maris deo.

und Plutons öde Burg. Ach! bist du da hinab einmal gewandert,
dann losest du nicht mehr im Knöchelspiel, König beim Weingelage zu sein,
bewunderst nicht mehr den zarten Lycidas, dem jetzt die Jünglinge glühen,
dem bald die Mädchen entgegenschmachten.

5. *An die Pyrrha*

Welcher süße Jüngling, von Salben umduftet,
umarmt dich, Pyrrha, auf Rosen gelagert
in der lieblichen Grotte?
Wem bindest du dein blondes Haar zurück,

kunstlos geschmückt? Ach! wie oft wird er deine Untreue beweinen
und die veränderten Götter!
Wie wird der Neuling die Wogen,
von düsteren Stürmen empöret, anstaunen!

Er, der, leichtgläubig, dich jetzt, sein goldnes Glück, genießt,
dich immer fremder Liebe leer, dich immer liebenswürdig
hofft und deine trügrische Laune nicht kennt. –
Die Armen, denen du,

noch ungeprüfet, glänzest! Aber ich habe
(dieses gelobte Bild an dieser heiligen Wand verkündigt es),
ich habe die triefenden Kleider
aufgehängt dem Meeregebietenden Gotte.

6.

Scriberis Vario fortis et hostium
victor Maeonii carminis alite,
quam rem cumque ferox navibus aut equis
miles te duce gesserit.

nos, Agrippa, neque haec dicere nec gravem
Pelidae stomachum cedere nescii
nec cursus duplicis per mare Ulixei
nec saevam Pelopis domum

conamur, tenues grandia, dum pudor
inbellisque lyrae Musa potens vetat
laudes egregii Caesaris et tuas
culpa deterere ingeni.

quis Martem tunica tectum adamantina
digne scripserit aut pulvere Troico
nigrum Merionen aut ope Palladis
Tydiden superis parem?

nos convivia, nos proelia virginum
sectis in iuvenes unguibus acrium
cantamus vacui, sive quid urimur,
non praeter solitum leves.

7.

Laudabunt alii claram Rhodon aut Mytilenen
aut Epheson bimarisve Corinthi

6. An den Agrippa

Mag Varius, der Sänger Mäonischer Lieder,
in dir den Helden, in dir den Sieger erheben
und singen jede Tat, welche, von dir geführt, der mutige Krieger
auf dem Schiff und auf dem Rosse vollbrachte;

ich, mein Agrippa, kann das nicht singen,
nicht des unbiegsamen Peliden wütenden Zorn,
nicht des verschlagnen Ulysses Fahrt durchs Meer,
noch Pelops Bluttrunkenes Geschlecht.

Das wag' ich nicht, für diese Höhe zu klein!
Meine verschämte Muse, nur mächtig der friedsamen Leier,
verbeut mirs, des einzigen Cäsars
Glorie und dein Lob durch matte Lieder zu schwächen.

Wer mag den Mars im diamantenen Harnisch
würdig besingen? wer den Merion,
schwarz vom Troischen Staube, oder den Tydides,
durch Pallas Beistand den Unsterblichen gleich?

Ich singe die Mahle der Freude, ich die Kämpfe der Jünglinge
und Mädchen, die mit stumpfen Nägeln sich wehren.
Mag ich ohne Liebe sein, mag mich die Lieb' entflammen:
immer bin ich der scherzende Sänger.

7. An den Munatius Plancus

Andere mögen das glänzende Rhodos, Mytilene andre
oder Ephesus oder die Mauern Korinths, von zwei Meeren bespület,

moenia vel Baccho Thebas vel Apolline Delphos
insignis aut Thessala Tempe;

sunt quibus unum opus est intactae Palladis urbem
carmine perpetuo celebrare et
undique decerptam fronti praeponere olivam;
plurimus in Iunonis honorem

aptum dicet equis Argos ditisque Mycenas:
me nec tam patiens Lacedaemon
nec tam Larisae percussit campus opimae
quam domus Albuneae resonantis

et praeceps Anio ac Tiburni lucus et uda
mobilibus pomaria rivis.
albus ut obscuro deterget nubila caelo
saepe Notus neque parturit imbris

perpetuos, sic tu sapiens finire memento
tristitiam vitaeque labores
molli, Plance, mero, seu te fulgentia signis
castra tenent seu densa tenebit

Tiburis umbra tui. Teucer Salamina patremque
cum fugeret, tamen uda Lyaeo
tempora populea fertur vinxisse corona
sic tristis adfatus amicos:

'quo nos cumque feret melior fortuna parente,
ibimus, o socii comitesque,
nil desperandum Teucro duce et auspice Teucro.
certus enim promisit Apollo

oder Theben, dem Bacchus, oder Delphi, dem Apollo
geweihet, oder Thessaliens Tempe besingen;

sei es anderer einziges Werk, im Reihengesange
die Stadt der jungfräulichen Pallas zu preisen
und überall Ölzweige zu brechen zum Kranz der
Dichterstirn.
Wer Junos Glorie begeistert singt,

der preise das Rossenährende Argos, das reiche Mykene;
aber mich hat das duldsame Sparta,
Larissas fette Fluren haben so nicht mich berauscht
als der Albunea rieselnde Grotte,

Anios Wogensturz, und Tiburnus Hain, Tiburnus Gärten,
von zitternden Bächen gewässert.
Wie der erheiternde Süd vom düstern Himmel
oft die Wolken verjagt, nicht immer Ungewitter gebiert,

also ertränke auch Du, mein Plancus, deinen Harm
und die Mühe des Lebens weise
in mildem Wein, magst du im Lager sein, von Adlern
umschimmert,
oder im dichten Schatten

deines Tiburs dich kühlen. Ob Teuker Salamis und seinen
Vater floh,
umwand er dennoch, so heißt es,
mit Pappelkränzen die Schläfe, die Lyäus ihm tränkte,
und ermunterte also seine bangen Gefährten:

«Laßt uns folgen, o meine Freunde und Genossen,
wohin das Verhängnis uns ruft, das gütiger als dieser
Vater ist.
Hofft alles, Teuker führt euch und Teukers Glück.
Mir hat es der untrügliche Apollo verheißen,

ambiguam tellure nova Salamina futuram.
o fortes peioraque passi
mecum saepe viri, nunc vino pellite curas:
cras ingens iterabimus aequor.'

8.

Lydia, dic, per omnis
te deos oro, Sybarin cur properes amando
perdere, cur apricum
oderit campum patiens pulveris atque solis,

cur neque militaris
inter aequalis equitet, Gallica nec lupatis
temperet ora frenis?
cur timet flavum Tiberim tangere? cur olivum

sanguine viperino
cautius vitat neque iam livida gestat armis
bracchia, saepe disco,
saepe trans finem iaculo nobilis expedito?

quid latet, ut marinae
filium dicunt Thetidis sub lacrimosa Troiae
funera, ne virilis
cultus in caedem et Lycias proriperet catervas?

es sollt' einst in fremden Landen mir aufblühn ein
zweites Salamis.
Auf, Helden! mit mir besiegtet ihr sonst wohl größeres
Unglück,
vertreibt jetzt mit Weine die Sorgen,
morgen befahren wir wieder das unermeßliche Weltmeer.»

8. An die Lydia

Lydia, sag mir, bei allen Göttern
beschwör' ich dich, was eilst du, durch Liebe
den Sybaris zu verderben? Denn warum haßt er nun das
Sonnenbestrahlte
Marsfeld, er, der Staub sonst nicht scheute noch
Sonnenbrand?

Warum tummelt er sich, ein rüstiger Streiter,
mit andern Jünglingen nicht mehr? Bändigt nicht mehr
durch Wolfsgebiß Galliens Roß?
Berührt – ein Feiger – den gelben Tiberstrom nicht mehr?

Meidet das Kämpferöl ärger als Otterngift?
Keine Schwiele von der Waffenlast
zeichnet mehr seinen Arm, vormals berühmt im
Diskuswurf,
und kundig, über das Ziel hin den Wurfspieß zu
schleudern.

Weswegen verbirgt er sich bei dir, wie einst,
als ihre Toten Troja beweinte, der Meeregebietenden
Thetis Sohn sich verbarg;
daß ihn die Männertracht nicht
risse zur würgenden Schlacht und zu Sarpedons
Geschwader.

9.

Vides ut alta stet nive candidum
Soracte nec iam sustineant onus
silvae laborantes geluque
flumina constiterint acuto.

dissolve frigus ligna super foco
large reponens atque benignius
deprome quadrimum Sabina,
o Thaliarche, merum diota.

permitte divis cetera, qui simul
stravere ventos aequore fervido
deproeliantis, nec cupressi
nec veteres agitantur orni.

quid sit futurum cras, fuge quaerere, et
quem Fors dierum cumque dabit, lucro
adpone, nec dulcis amores
sperne puer neque tu choreas,

donec virenti canities abest
morosa. nunc et campus et areae
lenesque sub noctem susurri
conposita repetantur hora,

nunc et latentis proditor intumo
gratus puellae risus ab angulo
pignusque dereptum lacertis
aut digito male pertinaci.

9. An den Thaliarch

Siehe, wie dort im tiefen Schnee blendend
Soracte steht, wie der seufzende Wald
seiner Bürde erliegt,
siehe die Flüsse vom Froste starr!

Häufe Holz auf dem Herde,
verjage den Frost, Thaliarch.
Reichlicher ström' aus Sabinischem Fasse
dein vierjähriger Wein.

Das Übrige vertraue den Göttern!
Haben sie auf wildem Meere der Stürme
Kampf gehemmt: dann bebt keine Zypresse,
keine bejahrte Esche bebt dann!

Was morgen geschehn wird, kümmre dich nicht.
Jeder Tag sei dir Gewinn, den das Verhängnis dir schenkt.
Verschmähe die Freuden der Liebe,
verschmäh, o Jüngling, den Reihentanz nicht,

da noch das mürrische Alter dein Jugendhaar nicht bleicht.
Auf dann, besuche das Marsfeld und die weiten Plätze
und zur versprochenen Stunde der Nacht
das flüsternde Liebeskosen.

Dort wird dir willkommnes Lachen
dein verborgenes Mädchen im innersten Winkel verraten;
dem Arme raubst du dann ein Pfand,
ein Pfand dem falsch sich sträubenden Finger.

10.

Mercuri, facunde nepos Atlantis,
qui feros cultus hominum recentum
voce formasti catus et decorae
  more palaestrae,

te canam, magni Iovis et deorum
nuntium curvaeque lyrae parentem,
callidum quidquid placuit iocoso
  condere furto.

te, boves olim nisi reddidisses
per dolum amotas, puerum minaci
voce dum terret, viduus pharetra
  risit Apollo.

quin et Atridas duce te superbos
Ilio dives Priamus relicto
Thessalosque ignis et iniqua Troiae
  castra fefellit.

tu pias laetis animas reponis
sedibus virgaque levem coerces
aurea turbam, superis deorum
  gratus et imis.

11.

Tu ne quaesieris, scire nefas, quem mihi, quem tibi
finem di dederint, Leuconoe, nec Babylonios

10. An den Mercur

Beredter Enkel des Atlas, Mercur,
der du weise der neugebornen Sterblichen wilde Sitte
durch Sprache bildetest und durch die Satzung
der Ehrenvollen Palästra.

Dich will ich singen; dich, des großen Jupiter, dich der Götter
Boten, der gewölbten Leier Erfinder.
Dich, der du, was dir beliebt, mit schalkhafter List
zu entwenden verstehst.

Einst drohte, da du ein Knabe noch warst,
dir mit schreckender Stimme Apollo, du solltest
wieder ihm geben die listig entführten Stiere;
aber er mußte lachen, von dir auch des Köchers beraubt.

Ja! die stolzen Atriden selbst täuschte, von dir geführt,
der Schätzebeladene Priam, als er Troja verließ,
entging dem Feuer Thessalischer Wachen
und der Griechen feindseligem Lager.

Du bringst die frommen Seelen zum Sitze der Seligen,
mit goldenem Stabe treibst du
das Schattenvolk zusammen, du, den Göttern des Olympus willkommen,
willkommen den Göttern des Orcus.

11. An Leuconoen

Frag nicht, Leuconoe, was du nicht wissen darfst, welch Ziel
die Götter mir bestimmten, welches dir. Versuch Babylonische

temptaris numeros. ut melius, quidquid erit, pati.
seu pluris hiemes seu tribuit Iuppiter ultimam,
quae nunc oppositis debilitat pumicibus mare
Tyrrhenum: sapias, vina liques, et spatio brevi
spem longam reseces, dum loquimur, fugerit invida
aetas: carpe diem quam minimum credula postero.

12.

Quem virum aut heroa lyra vel acri
tibia sumis celebrare, Clio?
quem deum? cuius recinet iocosa
nomen imago

aut in umbrosis Heliconis oris
aut super Pindo gelidove in Haemo?
unde vocalem temere insecutae
Orphea silvae,

arte materna rapidos morantem
fluminum lapsus celerisque ventos,
blandum et auritas fidibus canoris
ducere quercus.

quid prius dicam solitis parentis
laudibus, qui res hominum ac deorum,

Rechnungen nicht. Weit besser ist es, dulden, was uns trifft;
mag mehr der Winter noch uns Jupiter verleihn, sei dies der letzte,
welcher jetzt die Wut Tyrrhenscher Wogen an den Klippen bricht.
Sei weise und kläre den Wein, und schränke auf dies kurze Leben
deine weitstrebenden Hoffnungen ein. Indem wir sprechen, fliehn die neidischen Jahre.
Ergreif den Tag, und traue nicht leichtgläubig dem kommenden.

12. An den Augustus

Welchen Helden, welchen Halbgott wählt deine Leier,
wählt deine helltönende Flöte, Clio,
welchen Gott? – Wes Name wird
die scherzende Echo widerhallen

im schattenreichen Helikon,
am Pindus oder im beeiseten Hämus,
von dem herab taumelnd die Wälder
dem melodischen Orpheus folgten,

als er mit mütterlicher Kunst reißende Ströme
aufhielt und rascher Winde Sturm,
als er horchende Eichen durch den Zauber
seiner harmonischen Saiten verlockte.

Was säng' ich sonst zuerst als Jupiters
oft schon gesungenes Lob; welcher der Götter und Menschen

qui mare ac terras variisque mundum
temperat horis?

unde nil maius generatur ipso
nec viget quidquam simile aut secundum.
proximos illi tamen occupavit
Pallas honores

proeliis audax. neque te silebo,
Liber et saevis inimica virgo
beluis, nec te, metuende certa
Phoebe sagitta.

dicam et Alciden puerosque Ledae,
hunc equis, illum superare pugnis
nobilem; quorum simul alba nautis
stella refulsit,

defluit saxis agitatus umor,
concidunt venti fugiuntque nubes
et minax, quod sic voluere, ponto
unda recumbit.

Romulum post hos prius an quietum
Pompili regnum memorem an superbos
Tarquini fasces dubito an Catonis
nobile letum.

Regulum et Scauros animaeque magnae
prodigum Paulum superante Poeno
gratus insigni referam camena
Fabriciumque.

Schicksale lenket, Meer und Erde beherrscht
und durch den Wechsel der Zeiten die Welt regiert.

Nichts ist aus ihm erzeugt, was größer als er sei.
Unvergleichbar und ewig der Erste!
Nur Pallas erreichte nach ihm
die nächste Staffel der Ehre,

kühn in der Schlacht. Auch schweige von dir nicht mein Lied,
o Bacchus; von dir nicht, Jungfrau, des Wildes Verfolgerin;
nicht von dir, Apollo, furchtbar
durch deinen sicher treffenden Pfeil.

Auch will ich den Alciden singen und der Leda Söhne,
auf dem Rosse diesen, jenen im siegenden Faustkampf groß:
wenn ihr Silbergestirn
dem Schiffer glänzt,

dann kehrt vom Felsen zurück die aufgeworfene Flut,
Stürme verstummen, Wolken zerflattern,
und in den Ozean sinkt auf ihren Wink
die drohende Woge zurück.

Soll dann ich den Romulus erst
oder Pompilius friedliche Herrschaft besingen
oder Tarquinius edle Fasces
oder Catos ehrenvollen Tod?

Soll ich den Regulus dann und die Skaurier
oder den Paulus, der, als der Punier siegte, sein großes Leben willig dahin gab,
dankbar preisen auf hohem Saitenspiel
und den Fabricius?

hunc et incomptis Curium capillis
utilem bello tulit et Camillum
saeva paupertas et avitus apto
cum lare fundus.

crescit occulto velut arbor aevo
fama Marcelli: micat inter omnis
Iulium sidus velut inter ignis
luna minores.

gentis humanae pater atque custos,
orte Saturno, tibi cura magni
Caesaris fatis data: tu secundo
Caesare regnes.

ille seu Parthos Latio imminentis
egerit iusto domitos triumpho
sive subiectos Orientis orae
Seras et Indos,

te minor latum reget aequos orbem:
tu gravi curru quaties Olympum,
tu parum castis inimica mittes
fulmina lucis.

13.

Cum tu, Lydia, Telephi
cervicem roseam, cerea Telephi
laudas bracchia, vae meum
fervens difficili bile tumet iecur.

tum nec mens mihi nec color
certa sede manet, umor et in genas

Ihn und den Curius, mit ungekämmtem Haare,
und den Camillus bildete
drückende Armut und der Urväter Feld
und eine niedere Hütte zu Helden.

Wie Jahrhunderte durch im Verborgenen ein Baum,
so wächst Marcellus' Ruhm, vor allen
glänzet Julius' Gestirn
wie Luna unter den kleineren Sternen.

Vater und Schutzgott des Menschengeschlechts,
Saturnius, dir vertraute das Schicksal
für den erhabenen Cäsar die Sorge,
herrsch', und laß Cäsarn unter dir herrschen!

Führ' er die Parther, die Latium drohn,
im verdienten Triumphe gefesselt einher,
oder, die dem Lande des Aufgangs nahe wohnen,
Serer und Inder.

Er regiere nach dir voll Güte den breiten Weltkreis;
du erschüttre den Olympus mit deinem Donnerwagen
und schleudre auf entweihte Haine
die Blitze der Rache!

13. An die Lydia

Wenn du, Lydia, Telephus
Rosennacken erhebst, Telephus
Arme, weißer als Wachs; ach, dann
schwillt mir die Gallerfüllte Leber;

alle Besinnung verläßt mich, meine Farbe
verläßt mich; eine Zähre stiehlt sich

furtim labitur, arguens,
quam lentis penitus macerer ignibus.

uror, seu tibi candidos
turparunt umeros inmodicae mero
rixae, sive puer furens
inpressit memorem dente labris notam.

non, si me satis audias,
speres perpetuum dulcia barbare
laedentem oscula, quae Venus
quinta parte sui nectaris imbuit.

felices ter et amplius
quos inrupta tenet copula nec malis
divolsus querimoniis
suprema citius solvet amor die.

14.

O navis, referent in mare te novi
fluctus. o quid agis? fortiter occupa
portum. nonne vides, ut
nudum remigio latus

et malus celeri saucius Africo
antemnaeque gemant ac sine funibus
vix durare carinae
possint imperiosius

aequor? non tibi sunt integra lintea,
non di, quos iterum pressa voces malo.

dann die Wang' herab, des Brandes Verräterin,
der langsam schleichend mir mein Innerstes verzehrt.

Wie glüh' ich, deine glänzenden Schultern
vom Weinberauschten Zank entstellt zu sehen,
wie glüh' ich, wenn ein Wollustentflammter Jüngling
dir des Zahnes Denkmal auf die Lippe drückt!

Lydia, hörtest du mich;
würdest du Treue nicht hoffen von dem, der grausam
Küsse entweihen kann, denen Venus
ihren süßesten Nektar verlieh.

Mehr als dreimal beglückt sind die,
welche ein festeres Band verknüpft,
welche Amor, von keinem Zwiste, durch keinen Unmut
verscheuchet,
erst am letzten der Tage trennt.

14. An ein Schiff

O Schiff, sollen schon wieder die Fluten zum Meer hin
dich tragen? Ach, was beginnst du! Behaupte dich standhaft
im Hafen! Siehest du nicht
von Rudern beide Seiten entblößt?

Nicht verwundet den Mast durch des Africus Wut?
Hörest nicht deine Stangen erseufzen? Mag, seiner Seile
beraubt,
der Kiel des Meeres
Übermut bestehn?

Deine Segel zerrissen!
Ohne Götter, deren Schutz du dir bei neuen Gefahren
erflehtest!

quamvis Pontica pinus,
silvae filia nobilis,

iactes et genus et nomen inutile:
nil pictis timidus navita puppibus
fidit. tu nisi ventis
debes ludibrium, cave.

nuper sollicitum quae mihi taedium,
nunc desiderium curaque non levis,
interfusa nitentis
vites aequora Cycladas.

15.

Pastor cum traheret per freta navibus
Idaeis Helenen perfidus hospitam,
ingrato celeris obruit otio
ventos ut caneret fera

Nereus fata. 'mala ducis avi domum
quam multo repetet Graecia milite
coniurata tuas rumpere nuptias
et regnum Priami vetus.

heu, heu, quantus equis, quantus adest viris
sudor, quanta moves funera Dardanae
genti. iam galeam Pallas et aegida
currusque et rabiem parat.

nequiquam Veneris praesidio ferox
pectes caesariem grataque feminis

Wohl bist du die Tanne des Pontus,
Tochter des stolzen Waldes;

aber du trotzest auf Stamm und Namen umsonst!
Nie traute dem bunten Spiegel der scheue Seemann!
Drum hüte dich,
ein Spiel der Stürme zu werden,

o du, vormals mein inniger Kummer,
jetzt meine Lieb' und meine zärtlichste Sorge,
meide die schimmernden
Meerumfloßnen Cykladen.

15. Nereus Wahrsagung

Als der treulose Hirt die Gattin des Gastfreunds,
Helenen, auf Idäischen Schiffen entführte,
da zwang zur verhaßten Ruhe die beflügelten Winde
Nereus,
daß er sänge dem Hirten

sein schreckliches Schicksal. Unglücklicher! du führst
deiner Heimat die zu,
welche mit seinem Heere Griechenland bald sich zurücke
fordern wird,
das sich verschworen, deinen Ehebund zu brechen
und zu vernichten Priams altes Reich.

Ha! wie sind Rosse, wie Männer vom Schweiße bedeckt!
Welche Leichen bereitest du Dardanus Volke!
Schon rüstet sich Pallas mit Helm und Ägide
und Wagen und Wut.

Vergeblich schmückest du, zu stolz auf Venus Schutz,
dein schönes Haar, singst zärtliche Lieder

inbelli cithara carmina divides,
nequiquam thalamo gravis

hastas et calami spicula Cnosii
vitabis strepitumque et celerem sequi
Aiacem: tamen heu serus adulteros
crines pulvere collines.

non Laertiaden, exitium tuae
genti, non Pylium Nestora respicis?
urgent inpavidi te Salaminius
Teucer, te Sthenelus sciens

pugnae, sive opus est imperitare equis,
non auriga piger. Merionen quoque
nosces. ecce furit te reperire atrox
Tydides melior patre:

quem tu, cervus uti vallis in altera
visum parte lupum graminis inmemor,
sublimi fugies mollis anhelitu,
non hoc pollicitus tuae.

iracunda diem proferet Ilio
matronisque Phrygum classis Achillei:
post certas hiemes uret Achaicus
ignis Iliacas domos.'

16.

O matre pulcra filia pulcrior,
quem criminosis cumque voles modum
pones iambis, sive flamma
sive mari libet Hadriano.

vergeblich zur weichlichen Cither den Weibern,
verbirgst dich vergeblich in der innersten Kammer

den furchtbaren Lanzen, dem Stachel Knosischer Pfeile,
dem Schlachtentumult, dem schnellverfolgenden Ajax.
Du wirst doch endlich, Eheschänder, ach! allzuspät,
mit deinen Locken im Staube dich wälzen.

Kümmert Laertes Sohn, deines Volkes Verderber,
kümmert Nestor von Pylos dich nicht?
Unerschrocken verfolgt Teuker, der Salaminier, dich
und Sthenelus dich, der Vertraute des Kampfes,

Roß und Wagen zu lenken geschickt.
Auch wirst du empfinden Merions Arm!
Siehe, schon sucht dich voll Mordlust der wilde
Tydides auf, des großen Vaters größerer Sohn,

den wirst du (wie ein Hirsch, der fern im Tale
den Wolf erblickt, der Weide vergißt und flieht)
tiefatmend und keuchend – ein Weichling – fliehn,
dies versprachst du der Deinigen nicht.

Zwar verzögert Achilles zürnende Flotte den Tag,
der Ilium Untergang bringt und Phrygiens Müttern,
aber sie kommt nach bestimmten Jahren, die Stunde,
da das Achaische Feuer Ilium verzehrt.

16. An eine Freundin

O du der schönen Mutter schönre Tochter,
vertilge, wie du willst, die bitterkränkenden
Jamben im Feuer
oder in Adrias Flut.

non Dindymene, non adytis quatit
mentem sacerdotum incola Pythius,
non Liber aeque, non acuta
sic geminant Corybantes aera,

tristes ut irae, quas neque Noricus
deterret ensis nec mare naufragum
nec saevos ignis nec tremendo
Iuppiter ipse ruens tumultu.

fertur Prometheus addere principi
limo coactus particulam undique
desectam et insani leonis
vim stomacho adposuisse nostro.

irae Thyesten exitio gravi
stravere et altis urbibus ultimae
stetere causae, cur perirent
funditus inprimeretque muris

hostile aratrum exercitus insolens.
conpesce mentem: me quoque pectoris
temptavit in dulci iuventa
fervor et in celeres iambos

misit furentem: nunc ego mitibus
mutare quaero tristia, dum mihi
fias recantatis amica
opprobriis animumque reddas.

17.

Velox amoenum saepe Lucretilem
mutat Lycaeo Faunus et igneam

Dindymene nicht, der begeisternde Pythius
erschüttert im Heiligtum die Priester nicht so
und Bacchus nicht und selbst die Corybanten nicht,
wenn sie die schallenden Cymbeln schlagen,

als der furchtbare Zorn, den kein Norisches Schwert,
den kein Schiffezertrümmerndes Meer,
kein wütendes Feuer, selbst Jupiter nicht
zurücke schreckt, wenn er im schmetternden Donner
herabfährt.

Als Prometheus gezwungen dem Urstoff
aus Lehm von jedem Tier ein Teilchen gab,
legte er in unsre Brust
des Löwen wilde Wut.

Zorn ward dem Thyestes zum schrecklichen
Verderben; Zorn war der Urgrund, wenn stolze Städte
tief in den Staub sich bückten
und ihre Trümmer

der Feinde höhnendes Heer überpflügte.
Zähme deinen Eifer! Auch mich
verlockte er selbst in frohen Jünglingsjahren
und riß mich Rasenden zu beflügelten Jamben fort.

Nun möcht' ich die Worte des Zornes
mit sanfter Rede vertauschen:
schenktest du mir nur auf meinen Widerruf
deine Lieb' und dein Herz zurück.

17. An die Tyndaris

Der schnellfüßige Faun vertauschet oft
mit dem Lycäus den lieblichen Lucretil

defendit aestatem capellis
usque meis pluviosque ventos.

inpune tutum per nemus arbutos
quaerunt latentis et thyma deviae
olentis uxores mariti
nec viridis metuunt colubras

nec Martialis haediliae lupos,
utcumque dulci, Tyndari, fistula
valles et Usticae cubantis
levia personuere saxa.

di me tuentur, dis pietas mea
et musa cordi est. hic tibi copia
manabit ad plenum benigno
ruris honorum opulenta cornu.

hic in reducta valle caniculae
vitabis aestus et fide Teia
dices laborantis in uno
Penelopen vitreamque Circen.

hic innocentis pocula Lesbii
duces sub umbra, nec Semeleius
cum Marte confundet Thyoneus
proelia, nec metues protervum

suspecta Cyrum, ne male dispari
incontinentis iniciat manus
et scindat haerentem coronam
crinibus inmeritamque vestem.

und schützet vor des Sommers Glut meine Ziegen
und vor den Regen bringenden Winden.

Sie irren ungefährdet im sichern Walde
dem Thymus und verborgenen Sträuchen nach,
des stinkenden Gemahles Eheweiber,
auch fürchten ihre Jungen grünliche Nattern

und Wölfe nicht, dem Mars geweiht,
wenn vom süßen Flötenspiel, Tyndaris, die Täler erklingen,
am Abhang des Ustica die Täler
und die glatten Felsen erschallen.

Die Götter schützen mich, die Götter sind meiner Redlichkeit
und meiner Muse hold. Hier gießt aus seinem Füllhorn
der Überfluß die schönsten Früchte
der Fluren dir reichlich aus.

Hier sichert dich das einsame Tal
vor aller Glut des Hundstags, und hier kannst du zur Tejischen Leier
Penelopen singen, singen die Meerglänzende Circe,
beide von Einem gefesselt.

Hier sollst du im Schatten Pokale leeren
unschädlichen Lesbiers voll, hier, wo Semelens Sohn Thyoneus
keinen Zwist anhebt mit Mars,
wo du den zügellosen Cyrus,

dem du verdächtig bist, nicht fürchten darfst,
daß er um dich Wehrlose die unverschämten Arme schlinge,
dir den Kranz, der dein Haar schmückt, zerreiße
und dein unschuldiges Gewand.

18.

Nullam, Vare, sacra vite prius severis arborem
circa mite solum Tiburis et moenia Catili.
siccis omnia nam dura deus proposuit neque
mordaces aliter diffugiunt sollicitudines.
quis post vina gravem militiam aut pauperiem crepat?
quis non te potius, Bacche pater, teque, decens Venus?
ac ne quis modici transiliat munera Liberi,
Centaurea monet cum Lapithis rixa super mero
debellata, monet Sithoniis non levis Euhius,
cum fas atque nefas exiguo fine libidinum
discernunt avidi. non ego te, candide Bassareu,
invitum quatiam nec variis obsita frondibus
sub divum rapiam. saeva tene cum Berecyntio
cornu tympana, quae subsequitur caecus amor sui
et tollens vacuum plus nimio gloria verticem
arcanique fides prodiga, perlucidior vitro.

18. An den Varus

Pflanze vor allen Bäumen, mein Varus, zuerst den
heiligen Weinstock
auf Tiburs milderem Erdreich um Catilus Mauern:
denn des Weines Verächtern hat der Gott jegliches Elend
bestimmt,
auch fliehen ohne ihn die nagenden Sorgen nicht.
Wer mag beim Weine von des Krieges, von der Armut
Beschwerden reden?
Wer nicht lieber von dir, Vater Bacchus, von dir,
reizende Venus?
Aber daß niemand durch Übermaß des mäßigen Bacchus
Geschenke entweihe!
Ihn warnt der blutige Streit der Centauren mit den
Lapithen
beim Weingelage durchfochten, Evius warnt ihn, der die
Sithonier strafet,
welche im lüsternen Taumel das Recht und das Unrecht
mit schmaler Grenze nur scheiden. Nein! schöner
Bassareus, ich will nicht
zur Unzeit wach dich schütteln, nie werd' ich, was
zitterndes Laub deckt,
dem Anblick des Tages enthüllen. Laß wilddonnernde
Pauken, laß Berecyntische Hörner
nicht ertönen, vom blinden Eigendünkel begleitet
und vom Ehrdurst, der schwindelnd sein leeres Haupt
erhebt,
und vom Leichtsinn, der, durchsichtiger als Kristall,
jedes Geheimnis verrät.

19.

Mater saeva Cupidinum
  Thebanaeque iubet me Semelae puer
et lasciva Licentia
  finitis animum reddere amoribus.

urit me Glycerae nitor
  splendentis Pario marmore purius,
urit grata protervitas
  et voltus nimium lubricus adspici.

in me tota ruens Venus
  Cyprum deseruit nec patitur Scythas
et versis animosum equis
  Parthum dicere nec quae nihil attinent.

hic vivum mihi caespitem, hic
  verbenas, pueri, ponite turaque
bimi cum patera meri:
  mactata veniet lenior hostia.

20.

Vile potabis modicis Sabinum
cantharis, Graeca quod ego ipse testa
conditum levi, datus in theatro
  cum tibi plausus,

clare Maecenas eques, ut paterni
fluminis ripae simul et iocosa
redderet laudes tibi Vaticani
  montis imago.

19. An die Glycera

Der Liebesgötter grausame Mutter
und der Thebanischen Semele Sohn
und die lose Licentia
fordern mein Herz für die kaum verbannete Liebe zurück.

Entflammt hat mich die blendende Glycera,
die den Parischen Marmor überglänzt,
entflammt hat mich ihr reizendes Ungestüm
und ihr Blick voll Gefahren.

Venus hat Cyprien verlassen, hat sich ganz
in mich hineingestürzt und verbeut mirs, die Scythen
und den Parther, der auf umgelenktem Rosse noch mutig kämpft,
und alles zu singen, was Liebe nicht atmet.

Auf dann, Knaben, bringt grüne Rasen
und Opferkraut und Weihrauch her
und eine Schale zweijährigen Weines voll;
ist das Opfertier gewürgt, dann wird sie mir günstiger.

20. An den Mäcenas

Aus schlichten Kelchen sollst du den nur geringen Sabiner trinken.
Aber ich hab' ihn selbst im Griechischen Fasse
damals aufbewahrt, als im Theater dir
des Beifalls Zuruf ertönte,

hochberühmter Ritter Mäcen, als die Gestade
des vaterländischen Flusses und des Vatikanischen
Hügels scherzender Nachhall
deine Glorie zurückgab.

Caecubum et prelo domitam Caleno
tu bibes uvam: mea nec Falernae
temperant vites neque Formiani
   pocula colles.

21.

Dianam tenerae dicite virgines,
intonsum pueri dicite Cynthium,
   Latonamque supremo
      dilectam penitus Iovi.

vos laetam fluviis et nemorum coma,
quaecumque aut gelido prominet Algido
   nigris aut Erymanthi
      silvis aut viridis Gragi,

vos Tempe totidem tollite laudibus
natalemque, mares, Delon Apollinis
   insignemque pharetra
      fraternaque umerum lyra.

hic bellum lacrimosum, hic miseram famem
pestemque a populo et principe Caesare in
   Persas atque Britannos
      vestra motus aget prece.

22.

Integer vitae scelerisque purus
non eget Mauris iaculis neque arcu

Du magst Cäkuber trinken und die Traube,
die Cales Kelter zwang. Meine Becher
füllt nicht die Frucht der Falernerrebe
und der Formianischen Hügel.

21. Hymnus auf die Diana und den Apollo

Dianen singt, ihr zarten Mädchen!
Singt, Knaben, den langlockigen Cynthier!
Und Latonen, vom höchsten
Jupiter innig geliebt.

Besingt die Göttin, die die Flüsse liebt und die Schatten der Wälder
auf dem kalten Algidus
oder auf Erymanthus finstern
Höhen oder dem grünen Gragus.

Ihr Knaben, singt auch ihr lobpreisend Tempe
und Delos, die den Apollo gebar,
dessen Schultern der Köcher
schmückt und die brüderliche Leier.

Er wird den traurigen Krieg, wird Hunger
und Pest von Cäsars, des Herrschers, Volke
durch eure Gebete entfernen
und Persern senden und Briten.

22. An den Aristius Fuscus

Wer reines Herzens ist und lasterfrei,
der braucht des Mauren Wurfspieß nicht, braucht keinen Bogen,

nec venenatis gravida sagittis,
Fusce, pharetra,

sive per Syrtis iter aestuosas
sive facturus per inhospitalem
Caucasum vel quae loca fabulosus
lambit Hydaspes.

namque me silva lupus in Sabina,
dum meam canto Lalagen et ultra
terminum curis vagor expeditis,
fugit inermem,

quale portentum neque militaris
Daunias latis alit aesculetis
nec Iubae tellus generat, leonum
arida nutrix.

pone me pigris ubi nulla campis
arbor aestiva recreatur aura,
quod latus mundi nebulae malusque
Iuppiter urget,

pone sub curru nimium propinqui
solis, in terra domibus negata:
dulce ridentem Lalagen amabo,
dulce loquentem.

23.

Vitas inuleo me similis, Chloe,
quaerenti pavidam montibus aviis
matrem non sine vano
aurarum et siluae metu.

keinen Köcher, Fuscus, schwanger
von giftigen Pfeilen,

durchreis' er auch die stürmischen Syrten,
den unwirtbaren Kaukasus
oder Gestade, vom berufnen
Hydaspes bespült.

Denn jüngst, als ich im Sabinischen Walde
meine Lalage sang und sorgenlos
über die Grenze hinirrte, da floh
ein Wolf mich Unbewaffneten.

Solch Ungeheuer nährte nie
in weiten Eichenwäldern das kriegerische Daunien,
noch zeugte es Jubas Land, der Löwen
dürre Pflegerin.

Versetze mich dahin, wo auf der trägen Flur
kein Baum geletzt von Sommerlüftchen lebt,
in Erdenzonen hin, vom Nebel und düstern
Wolken gedrückt;

versetze unter den Wagen der allzu nahen
Sonne mich hin in unbewohnbare Lande:
überall werd' ich meine Lalage lieben, die lieblich lächelt,
lieblich spricht.

23. An Chloe

Du fliehst mich, Chloe, dem jungen Rehe gleich,
das seine furchtsame Mutter auf öden Bergen sucht,
nicht ohne eitle Furcht
vor jedem Lüftchen, jedem Geräusche des Waldes.

nam seu mobilibus veris inhorruit
adventus foliis seu virides rubum
dimovere lacertae,
et corde et genibus tremit.

atqui non ego te tigris ut aspera
Gaetulusve leo frangere persequor:
tandem desine matrem
tempestiva sequi viro.

24.

Quis desiderio sit pudor aut modus
tam cari capitis? praecipe lugubris
cantus, Melpomene, cui liquidam pater
vocem cum cithara dedit.

ergo Quintilium perpetuus sopor
urget; cui Pudor et Iustitiae soror
incorrupta Fides nudaque Veritas
quando ullum inveniet parem?

multis ille bonis flebilis occidit,
nulli flebilior quam tibi, Vergili.
tu frustra pius, heu, non ita creditum
poscis Quintilium deos.

quid? si Threicio blandius Orpheo
auditam moderere arboribus fidem,
num vanae redeat sanguis imagini,
quam virga semel horrida

Denn, wenn der kommende Frühling das zitternde
Laub durchschauert oder die grünliche
Eidechs die Brombeerstaude bewegt:
dann bebt ihm Herz und Knie.

Doch ich verfolge dich ja nicht, wie ein reißender Tiger
dich zu zermalmen, nicht, wie Gätuliens Löwe!
Höre, dem Manne reif, doch endlich auf,
der Mutter zu folgen!

24. An den Virgil

Wer mag um diesen Teuren sich
auch unbegrenzter Klagen schämen? Lehre, Melpomene, mich
die Lieder des Jammers. Dir gab dein Vater
zur Zither melodischen Gesang!

So fesselt denn ewiger Schlummer unsern Quintilius?
Bescheidenheit, und du, der Gerechtigkeit Schwester,
unbestechbare Treue, du, nackte Redlichkeit,
wo findet ihr einen, der ihm gliche?

Er starb, von allen Edlen beweinet,
von keinem, Virgil, von keinem gerechter als von dir!
Du forderst, ach! umsonst, mit frommem Gebete
deinen Quintil von den Göttern zurück, dir nicht für ewig geliehn.

Und wenn du schmeichelnder als Thraziens Orpheus
die Saiten rührtest, von allen Wäldern belauscht,
so kehrte nimmer in dies Schattenbild Leben zurück,
das nun einmal Merkur,

non lenis precibus fata recludere
nigro conpulerit Mercurius gregi?
durum: sed levius fit patientia
quidquid corrigere est nefas.

25.

Parcius iunctas quatiunt fenestras
iactibus crebris iuvenes protervi
nec tibi somnos adimunt amatque
ianua limen,

quae prius multum facilis movebat
cardines. audis minus et minus iam:
'me tuo longas pereunte noctes,
Lydia, dormis?'

in vicem moechos anus arrogantis
flebis in solo levis angiportu
Thracio bacchante magis sub inter-
lunia vento,

cum tibi flagrans amor et libido,
quae solet matres furiare equorum,
saeviet circa iecur ulcerosum,
non sine questu,

laeta quod pubes hedera virenti
gaudeat pulla magis atque myrto,
aridas frondes hiemis sodali
dedicet Hebro.

welchen kein Flehen, den Todesspruch zu ändern, rührt,
mit furchtbarem Stabe zu des Erebus Volke versammelte.
Hartes Schicksal! doch, was du nicht ändern kannst,
das mildert die Geduld.

25. An die Lydia

Seltner bestürmen schon jetzt mit wiederholten Würfen
ungestüme Jünglinge deine verschlossenen Fenster,
rauben dir nicht mehr den Schlaf;
in ihren Angeln ruht nun deine Tür,

die sonst so gefällig sich öffnete.
Minder und minder hörst du die Klagestimme:
«Ich, der deine, ich muß in dieser langen Nacht vergehn,
und du kannst schlafen, Lydia!»

Aber auch du wirst einst, alt und doch lüstern,
im öden Gassenwinkel die stolzen Buhler beweinen,
wenn bei der Nacht, vom Monde nicht erhellt,
Nordstürme wilder toben;

wenn glühende Wollust, wenn Brunst,
wie sie Mutterpferde durchraset,
um deine schwärende Leber wütet,
wenn du dann klagst,

daß dir die fröhliche Jugend den grünenden Efeu
und zarte Myrten vorzieht
und dürres Laub dem Hebrus weiht,
dem Gefährten des Winters.

26.

Musis amicus tristitiam et metus
tradam protervis in mare Creticum
   portare ventis, quis sub Arcto
   rex gelidae metuatur orae,

quid Tiridaten terreat, unice
securus. o quae fontibus integris
   gaudes, apricos necte flores,
      necte meo Lamiae coronam,

Piplei dulcis. nil sine te mei
prosunt honores: hunc fidibus novis,
   hunc Lesbio sacrare plectro
      teque tuasque decet sorores.

27.

Natis in usum laetitiae scyphis
pugnare Thracum est: tollite barbarum
   morem verecundumque Bacchum
      sanguineis prohibete rixis.

vino et lucernis Medus acinaces
immane quantum discrepat: inpium
   lenite clamorem, sodales,
      et cubito remanete presso.

voltis severi me quoque sumere
partem Falerni? dicat Opuntiae
   frater Megyllae, quo beatus
      volnere, qua pereat sagitta.

26. Auf den Lamia

Der Musen Liebling überlaß' ich Sorg' und Furcht
den flüchtigen Stürmen, sie hin ins Cretische
Meer zu tragen. Welchem Könige
sein kaltes Land im Norden bebt,

was den Tiridates schreckt,
das sei mein Kummer nicht! O du, den Silberquellen hold,
süße Pimpleis, winde von aufgeschlossenen Blumen
einen Strauß meinem Lamia, einen Kranz!

Ohne dich wirket mein bestes
Loblied nichts; und ihm auf nie gerührten Saiten
mit Lesbischer Laute zu huldigen,
ist deiner würdig und deiner Schwestern.

27. An seine Trinkgenossen

Becher, der Freude geweiht,
zum Kampfe brauchen, ist Thrazisch. Weg, Freunde, mit der wilden Sitte!
Entfernt vom bescheidenen Bacchus
den blutigen Zwist.

Des Meders Säbel zu Wein und Kerzen –
wie widersprechend!
Stillt, Brüder, den entweihenden Lärm,
ein jeder ruh' auf seinem Arme gestützt.

Soll ich auch trinken des strengen
Falerners? Gut dann! so sag mir an, du der Opuntischen
Megilla Bruder, welcher verwundende Pfeil
erlegte dich Glücklichen?

cessat voluntas? non alia bibam
mercede. quae te cumque domat Venus,
non erubescendis adurit
ignibus, ingenuoque semper

amore peccas. quidquid habes, age
depone tutis auribus. a miser,
quanta laborabas Charybdi,
digne puer meliore flamma.

quae saga, quis te solvere Thessalis
magus venenis, quis poterit deus?
vix inligatum te triformi
Pegasus expediet Chimaera.

28.

Te maris et terrae numeroque carentis harenae
mensorem cohibent, Archyta,
pulveris exigui prope litus parva Matinum
munera, nec quicquam tibi prodest
aerias temptasse domos animoque rotundum
percurrisse polum morituro.
occidit et Pelopis genitor, conviva deorum,
Tithonusque remotus in auras
et Iovis arcanis Minos admissus, habentque
Tartara Panthoiden iterum Orco
demissum, quamvis clipeo Troiana refixo
tempora testatus nihil ultra

Du sträubst dich? – Sieh, ich trink' um keinen andern Preis.
Welche Venus dich auch beherrschen,
dich auch durchglühen mag, erröte nicht!
Deine verliebte Schwäche

ist immer edel. Was es auch sei,
vertrau es meinem sichern Ohr. – Unglücklicher!
mit welcher Charybdis hast du zu kämpfen!
O Jüngling einer bessern Liebe wert!

Ach, welche Zauberin kann und welcher Zauberer dich mit Thessalischen
Säften erretten und welcher Gott?
Kaum mag Pegasus dich
der dreiförmigen Chimära entwinden!

28. Archytas

Der du Meer und Erde maßest und den zahllosen Sand,
Archytas, jetzt bedeckt dich
ein wenig Staub am Matinischen Ufer.
Vergebens spähtest du
die Sternenburg aus, durchliefest vergebens
mit dem Geiste des Himmels Gewölbe: – du starbst!
Auch Pelops Vater starb, der Göttermahle Mitgenoß,
auch Tithonus, durch die Lüfte entrückt,
und Minos, mit jedem Geheimnis Jupiters vertraut.
Der Tartarus umschränkt den Panthoiden, zum zweitenmal zur Unterwelt
herabgesandt; obwohl er durch den Schild, den er herabnahm,
sein Dasein zu Trojens Zeiten bewies, und nichts als

nervos atque cutem morti concesserat atrae,
iudice te non sordidus auctor
naturae verique. sed omnis una manet nox
et calcanda semel via leti.
dant alios Furiae torvo spectacula Marti,
exitio est avidum mare nautis:
mixta senum ac iuvenum densentur funera, nullum
saeva caput Proserpina fugit.
me quoque devexi rapidus comes Orionis
Illyricis Notus obruit undis.
at tu, nauta, vagae ne parce malignus harenae
ossibus et capiti inhumato
particulam dare: sic, quodcumque minabitur Eurus
fluctibus Hesperiis, Venusinae
plectantur silvae te sospite, multaque merces,
unde potest, tibi defluat aequo
ab Iove Neptunoque sacri custode Tarenti.
neglegis inmeritis nocituram
postmodo te natis fraudem conmittere? fors et
debita iura vicesque superbae
te maneant ipsum: precibus non linquar inultis,
teque piacula nulla resolvent.
quamquam festinas, non est mora longa: licebit
iniecto ter pulvere curras.

Nerv' und Haut dem furchtbaren Tode überliefert zu haben,
er, den du selbst einst ehrtest als Forscher
der Wahrheit und Natur. – Ja, eine Nacht erwartet uns alle,
wir alle müssen einmal den Weg des Todes betreten.
Manchen geben die Furien dem wilden Mars zum Schauspiel hin,
der Schiffer findet den Tod im allverschlingenden Meere.
Jünglinge und Greise werden zu Einem Leichenhaufen versammelt,
und keines Haupt entgeht der furchtbaren Proserpina! –
Auch mich begrub der stürmende Notus, des sinkenden Orions Gefährte,
in Illyrischen Wellen.
Aber du, Schiffer, schenke voll Mitleids
meinem Gebein und unbegrabenen Leichnam
ein wenig des flüchtigen Sandes. Dann mögen, wie der Eurus immer
Hesperiens Fluten droht, Venusias
Wälder fühlen seine Wut, du bleibest ungefährdet, dir ströme
von allen Seiten reicher Segen zu
durch Jupiters Milde und durch Neptuns, der sein geweihtes Tarent beschützt. –
Hältst du es für gering, ein Laster zu begehen,
das schuldlosen Enkeln einst schaden kann;
so treffe schon verdiente Strafe und hartes Schicksal
dich selbst! Die Götter hören mein Flehn und rächen mich,
kein Sühnopfer rettet dich dann!
Zwar eilest du – doch einen Augenblick – und du
hast dreimal mit Sand mich bestreut und segelst dann weiter!

29.

Icci, beatis nunc Arabum invides
gazis et acrem militiam paras
non ante devictis Sabaeae
regibus horribilique Medo

nectis catenas? quae tibi virginum
sponso necato barbara serviet,
puer quis ex aula capillis
ad cyathum statuetur unctis

doctus sagittas tendere Sericas
arcu paterno? quis neget arduis
pronos relabi posse rivos
montibus et Tiberim reverti,

cum tu coemptos undique nobilis
libros Panaeti Socraticam et domum
mutare loricis Hiberis,
pollicitus meliora, tendis?

30.

O Venus regina Cnidi Paphique,
sperne dilectam Cypron et vocantis
ture te multo Glycerae decoram
transfer in aedem.

fervidus tecum puer et solutis
Gratiae zonis properentque Nymphae

29. An den Iccius

Iccius, Arabiens Schätze wecken jetzt deinen Neid,
verderbliche Fehde bereitest du
Sabäas nie bezwungnen
Königen, schmiedest Ketten

dem furchtbaren Meder! Welche Jungfrau des Auslands wird dann,
ihres Bräutigams beraubt, dir dienen?
Welcher Fürstensohn mit gesalbetem Haar,
unterrichtet, Serische Pfeile

mit väterlichem Bogen zu schießen, wird dann beim Weingelage
den Becher dir reichen? Wer mag nun leugnen,
daß jähe Ströme die steilen Berge aufwärts steigen,
der Tiber zurückfließen könne,

da du des großen Panätius Werke,
aus allen Gegenden zusammen gekauft, und Sokrates Weisheit
mit Iberischem Panzer vertauschen kannst,
wiewohl du einst höhere Hoffnungen gabst?

30. An die Venus

O Venus, Cnidus und Paphos Königin,
entsage deinem geliebten Cypern
und komm zur reizenden Wohnung Glycerens,
die dich mit Weihrauchwolken herabfleht.

Komm eilend mit deinem feurigen Knaben,
mit gürtellosen Grazien und Nymphen,

et parum comis sine te Iuventas
Mercuriusque.

31.

Quid dedicatum poscit Apollinem
vates? quid orat de patera novum
fundens liquorem? non opimae
Sardiniae segetes feracis,

non aestuosae grata Calabriae
armenta, non aurum aut ebur Indicum,
non rura, quae Liris quieta
mordet aqua taciturnus amnis.

premant Calenam falce quibus dedit
fortuna vitem, dives ut aureis
mercator exsiccet culillis
vina Syra reparata merce,

dis carus ipsis, quippe ter et quater
anno revisens aequor Atlanticum
inpune, me pascunt olivae,
me cichorea levesque malvae.

frui paratis et valido mihi,
Latoe, dones et precor integra
cum mente nec turpem senectam
degere nec cithara carentem.

komm mit der Jugendgöttin, die ohne dich nur wenig
Reize hat,
und mit dem Merkur!

31. An den Apollo

Was fleht im neuen Heiligtum der Dichter vom Apoll?
Was fordert er, gießend aus der Schale
den jungen Rebensaft? Nicht des fruchtbaren
Sardiniens reiche Saaten,

noch fette Herden des heißen Calabriens,
nicht Gold, nicht Indiens Elfenbein,
nicht jene Fluren, die der stille Liris
mit sanfter Welle benagt.

Wem das Glück einen Calenischen Weinberg gab, der warte
sein
mit der Hippe, damit der reiche Kaufmann dann
den Wein, für Syriens Güter eingekauft,
aus goldenen Pokalen trinke,

selbst von den Göttern begünstigt: denn dreimal und
öfter
besucht er ungestraft im Jahr das Atlantische Meer.
Mein Mahl ist die Olive,
Endivium und leichte Malven.

Und du, Latonens Sohn, vergönne mir, ich bitte dich,
die leicht gefundene Kost, und dann Gesundheit
und ein reines Herz; mein Alter sei geehrt
und reich an Liedern meiner Laute.

32.

Poscimus, si quid vacui sub umbra
lusimus tecum, quod et hunc in annum
vivat et pluris, age dic Latinum,
barbite, carmen,

Lesbio primum modulate civi,
qui ferox bello tamen inter arma,
sive iactatam religarat udo
litore navim,

Liberum et Musas Veneremque et illi
semper haerentem puerum canebat
et Lycum nigris oculis nigroque
crine decorum.

o decus Phoebi et dapibus supremi
grata testudo Iovis, o laborum
dulce lenimen mihi cumque salve
rite vocanti.

33.

Albi, ne doleas plus nimio memor
inmitis Glycerae, neu miserabilis
decantes elegos, cur tibi iunior
laesa praeniteat fide.

insignem tenui fronte Lycorida
Cyri torret amor, Cyrus in asperam

32. An seine Leier

Ich rufe dich an: hab' ich je im Schatten
sorgenfrei mit dir ein Lied versucht, das jetzt
und nach Jahren noch lebt, so beginne, meine Leier,
Römischen Gesang!

Dich rührte zuerst der Lesbische Sänger,
der, ein furchtbarer Krieger, doch unter dem Waffentumulte
und wenn das umhergejagte Schiff am nassen Strande
festgebunden lag,

den Bacchus sang und die Musen und die Venus
und den Knaben, der ihr zur Seite geht,
und den Lykus mit schönen schwarzen Augen
und schwarzem Haar!

O Schmuck des Phöbus, Freude des hohen Zeus
beim Göttermahle, holde Laute, Trösterin
im Leide, sei mir willkommen,
so oft ich dir flehe!

33. An den Albius Tibullus

Nein, Albius, nein, traure nicht zu sehr bei dem Gedanken
an deine unholde Glycere, singe nicht immer
in Klagetönen, weil sie einen jüngern
Liebling treulos dir vorzieht.

So lodert die Liebe zum Cyrus im Busen einer Lycoris, des Mädchens
mit der herrlich kleinen Stirn; und Cyrus geht der unerbittlichen

declinat Pholoen; sed prius Apulis
iungentur capreae lupis,

quam turpi Pholoe peccet adultero.
sic visum Veneri, cui placet inparis
formas atque animos sub iuga aenea
saevo mittere cum ioco.

ipsum me melior cum peteret Venus,
grata detinuit compede Myrtale
libertina, fretis acrior Hadriae
curvantis Calabros sinus.

34.

Parcus deorum cultor et infrequens,
insanientis dum sapientiae
consultus erro, nunc retrorsum
vela dare atque iterare cursus

cogor relictos. namque Diespiter
igni corusco nubila dividens
plerumque, per purum tonantis
egit equos volucremque currum,

quo bruta tellus et vaga flumina,
quo Styx et invisi horrida Taenari
sedes Atlanteusque finis
concutitur. valet ima summis

mutare et insignem attenuat deus
obscura promens: hinc apicem rapax

Pholoe nach. Aber eher werden mit Apuliens
Wölfen Rehe sich gatten,

eh Pholoe dem schändlichen Bundbrüchigen sich ergibt.
So will es Venus! Bitter lachend
legt sie ungleichen Gestalten und Herzen
ein ehernes Joch auf.

Auch mir ward eine bessere Liebe geboten,
doch hält in Rosenbanden mich Myrtale fest,
die Freigelassene, wilder als Adrias Wogen,
die zu Calabriens Busen sich krümmen.

34. Der Widerruf

Unsinnige Weisheit hat mich lange verleitet,
mich seltnen und kargen Verehrer der Götter;
aber nun muß ich wenden
die Segel, muß rückkehren

auf den verlaßnen Pfad. Denn Jupiter,
des flammender Blitz sonst schwarze Wolken zerreißt,
trieb über den heitern Himmel
die Donnerrosse und den beflügelten Wagen,

daß die schwere Erde, daß die irrenden Ströme,
die Styx und die furchtbare Höhle des nie gesehnen Tänarus
tief erbebten und die Grenze des Atlas.
Ja, das Niedrigste

kann die Gottheit ins Höchste verkehren, kann beugen, was erhaben ist,
hervorziehn, was im Dunkeln lag. Dem nimmt das räuberische Glück

Fortuna cum stridore acuto
  sustulit, hic posuisse gaudet.

35.

O diva, gratum quae regis Antium,
praesens vel imo tollere de gradu
  mortale corpus vel superbos
    vertere funeribus triumphos:

te pauper ambit sollicita prece
ruris colonus, te dominam aequoris
  quicumque Bithyna lacessit
    Carpathium pelagus carina;

te Dacus asper, te profugi Scythae
urbesque gentesque et Latium ferox
  regumque matres barbarorum et
    purpurei metuunt tyranni,

iniurioso ne pede proruas
stantem columnam neu populus frequens
  ad arma, cessantis ad arma
    concitet imperiumque frangat.

te semper anteit saeva Necessitas,
clavos trabalis et cuneos manu
  gestans aena nec severus
    uncus abest liquidumque plumbum;

te Spes et albo rara Fides colit
velata panno nec comitem abnegat,
  utcumque mutata potentis
    veste domos inimica linquis,

mit scharfem Flügelrauschen die Krone
und setzt sie diesem auf.

35. An die Fortuna zu Antium

Die du in deinem geliebten Antium thronest,
o Göttin, mächtig, um aus der tiefsten Niedrigkeit
den Sterblichen zu erheben
und zu verkehren in Leichenzüge die stolzen Triumphe;

zu dir kommt mit banger Bitte der dürftige Landmann,
zu dir, der Meerebeherrscherin,
wer auf Bithynischem Schiffe
Carpathische Wellen reizet.

Dich fürchtet der rauhe Dazier, der fliehende Scythe,
Städte und Völker fürchten dich, das kriegrische Latium
und die Mütter der Fürsten des Auslands
und Tyrannen im Purpur;

daß nicht vielleicht dein zürnender Fuß
die noch stehende Säule stürze; daß keine Volksrotte
die Schlummernden hin zu den Waffen rufe
und die Herrschaft zerstöre!

Stets geht das strenge Verhängnis vor dir her,
in eherner Hand Klammer und Keil
und unwiderstehliche Haken
und flüssiges Blei.

Hoffnung und seltene Treue im weißen Gewande
verehren dich und verleugnen ihren Gefährten auch dann nicht,
wenn du in veränderter Tracht
zürnend des Mächtigen Schwelle verlässest.

at volgus infidum et meretrix retro
periura cedit, diffugiunt cadis
cum faece siccatis amici
ferre iugum pariter dolosi:

serves iturum Caesarem in ultimos
orbis Britannos et iuvenum recens
examen Eois timendum
partibus Oceanoque rubro.

heu, heu, cicatricum et sceleris pudet
fratrumque. quid nos dura refugimus
aetas? quid intactum nefasti
liquimus? unde manum iuventus

metu deorum continuit? quibus
pepercit aris? o utinam nova
incude diffingas retusum in
Massagetas Arabasque ferrum.

36.

Et ture et fidibus iuvat
placare et vituli sanguine debito
custodes Numidae deos,
qui nunc Hesperia sospes ab ultima

caris multa sodalibus,
nulli plura tamen dividet oscula
quam dulci Lamiae, memor
actae non alio rege puertiae

Aber der treulose Pöbel, die Eidvergessene Buhlerin
eilet fort, es fliehn die falschen Freunde,
sobald das Faß zusamt den Hefen geleert ist,
zu schlau, um Mitgenossen der Leiden zu sein.

Erhalt uns unsern Cäsar, welcher zu den Briten,
dem letzten Volke der Erde, hineilet! Erhalte unsre
junge Streiterschar,
den Schrecken des Aufgangs
und des roten Ozeans!

Ha! schämen müssen wir uns der Narben, des Frevels
und der Leiden unserer Brüder! – Welcher Schandtat hat
unser hartes Geschlecht sich entsehn?
Was war uns Verbrechern heilig genug?
Oder wann hatte Furcht vor den Göttern

unserer Jugend die Hände gebunden?
Welcher Altäre hat sie geschonet?
O schärfe wider Massaget und Araber
noch einmal den stumpfen Stahl.

36. Auf die Ankunft des Numida

Mit Weihrauch laßt uns und mit Saitenspiel
und mit dem Blute des gelobten Stiers
Numidas Schutzgöttern huldigen,
der glücklich vom fernsten Hesperien zurückgekehrt,

mit tausend Küssen seine Freunde empfängt,
doch keinen inniger
als seinen süßen Lamia, noch eingedenk
der Jugendzeit, wo sie Ein Lehrer bildete,

mutataeque simul togae.
Cressa ne careat pulcra dies nota,
neu promptae modus amphorae
neu morem in Salium sit requies pedum,

neu multi Damalis meri
Bassum Threicia vincat amystide,
neu desint epulis rosae
neu vivax apium neu breve lilium.

omnes in Damalin putris
deponent oculos, nec Damalis novo
divelletur adultero
lascivis hederis ambitiosior.

37.

Nunc est bibendum, nunc pede libero
pulsanda tellus, nunc Saliaribus
ornare pulvinar deorum
tempus erat dapibus, sodales.

antehac nefas depromere Caecubum
cellis avitis, dum Capitolio
regina dementis ruinas
funus et imperio parabat

contaminato cum grege turpium
morbo virorum, quidlibet inpotens
sperare fortunaque dulci
ebria. sed minuit furorem

wo sie zugleich die Toga wechselten.
Der herrliche Tag, ausgezeichnet werd' er vor allen!
Schont heute nicht der entsiegelten Fässer!
Tanzt rastlos nach Salischer Sitte!

Heut müsse Damalis, die große Zecherin,
wenn sie mit einem Zuge, Thraziern gleich, die Flasche
leert, den Bassus nicht besiegen!
Rosen her beim Mahl der Freude!
Und immergrünen Eppich und schnell verwelkende Lilien!

Da werden alle mit schwimmenden Augen
hin auf Damalis sehn; doch sie reißt nichts
aus ihres neuen Lieblings Arm,
den sie buhlender als Efeu umschlingt.

37. An seine Freunde

Nun laßt uns trinken, ihr Brüder, laßt uns mit freiem
Fuße
schlagen die Erde! Nun ist es Zeit,
mit Saliarischen Mahlen
die Tafel der Götter zu schmücken.

Ehedessen wars Frevel, den Cäkuber
aus dem Gewölbe der Urväter hervor zu holen,
denn da bereitete die Wut der Königin
dem Capitol Ruin, dem Reiche Untergang.

Mit einem Heere schändlich Verstümmelter
hoffte die Rasende alles,
berauscht vom schmeichelnden Glück.
Aber daß kaum ein Schiff den Flammen entronnen,

vix una sospes navis ab ignibus
mentemque lymphatam Mareotico
redegit in veros timores
Caesar ab Italia volantem

remis adurgens, accipiter velut
mollis columbas aut leporem citus
venator in campis nivalis
Haemoniae, daret ut catenis

fatale monstrum: quae generosius
perire quaerens nec muliebriter
expavit ensem nec latentis
classe cita reparavit oras,

ausa et iacentem visere regiam
voltu sereno, fortis et asperas
tractare serpentes, ut atrum
corpore conbiberet venenum,

deliberata morte ferocior:
saevis Liburnis scilicet invidens
privata deduci superbo
non humilis mulier triumpho.

38.

Persicos odi, puer, adparatus,
displicent nexae philyra coronae,
mitte sectari, rosa quo locorum
sera moretur.

beschränkte ihren sinnlosen Stolz;
die Bilder des Schreckens, vom Mareotischen Weine erzeuget,
wandelte Cäsar bald in wahren Schrecken um.
Von Italien aus verfolgte er schnell rudernd

die Fliehende (so verfolgt der Habicht
die zitternde Taube, so der Jäger den Hasen
in Hämoniens beschneiten Tälern),
daß er in Ketten schmiedete

das furchtbare Ungeheuer! Aber die Königin
suchte rühmlichern Tod und erbebte nicht weibisch
dem Schwerte, suchte nicht auf schneller Flotte
Schutz am entlegenen Gestade.

Sie wagte es, mit heiterem Angesicht
die gesunkene Königsstadt wieder zu sehen. Mutig ergriff sie
die wilden Schlangen, sich zu füllen
mit ihrem tötenden Gifte.

Größer noch, weil sie den Tod erwählte,
gönnte sie nicht Liburnischen Schiffen die Ehre,
grausam von ihnen, nicht Königin mehr,
zum glänzenden Triumphe getragen zu werden: kein niederes Weib.

38. An seinen Diener

Ich haß', o Knabe, Persischen Aufwand,
Lindenkränze gefallen mir nicht!
Spähe nicht aus, wo ein Röschen
spät noch verweile,

simplici myrto nihil adlabores
sedulus curo: neque te ministrum
dedecet myrtus neque me sub arta
vite bibentem.

künstle nicht am Schmuck der einfachen Myrte:
mir liegt nichts dran; denn dich, den Diener,
entehrt nicht die Myrte, und mich nicht, wenn ich trinke
in dichter Rebenlaube.

CARMINUM LIBER ALTER

I.

Motum ex Metello consule civicum
bellique causas et vitia et modos
ludumque Fortunae gravisque
principum amicitias et arma

nondum expiatis uncta cruoribus,
periculosae plenum opus aleae,
tractas et incedis per ignis
suppositos cineri doloso.

paulum severae musa tragoediae
desit theatris: mox ubi publicas
res ordinaris, grande munus
Cecropio repetes coturno,

insigne maestis praesidium reis
et consulenti, Pollio, curiae,
cui laurus aeternos honores
Delmatico peperit triumpho.

iam nunc minaci murmure cornuum
perstringis auris, iam litui strepunt,
iam fulgor armorum fugacis
terret equos equitumque voltus.

ODEN · ZWEITES BUCH

1. An den Pollio

Den Bürgerzwist, der sich entspann, als Metellus Consul war,
des Krieges Quellen, Fehler, Wechsel,
Fortunens Spiel, den unglücksvollen
Feldherrnbund und Waffen,

noch immer von ungesühntem Blut befleckt,
beschreibst du jetzt, mein Pollio, ein Werk, reich an Gefahr!
Und wandelst über Feuer dahin,
das unter trügender Asche lodert.

So möge denn des Trauerspieles ernste Muse
sich von dem Schauplatz noch entfernen; aber hast du nach weisem Plan
deine Geschichte vollendet: dann kehre bald auf Cekropischem Cothurn
zur erhabenen Bühne zurück,

du, unglücklichen Verklagten,
du, ein erlauchter Beschirmer der ratschlagenden Curia,
dem im Dalmatischen Triumphe
der Lorbeer Ruhm und Unsterblichkeit gab.

Schon erschüttert mein Ohr drohender Hörner Getöse,
schon schmettert die Trompete,
schon schreckt der Waffen Blitz das scheue Roß
und das Antlitz des Reiters;

audire magnos iam videor duces
non indecoro pulvere sordidos
  et cuncta terrarum subacta
    praeter atrocem animum Catonis.

Iuno et deorum quisquis amicior
Afris inulta cesserat inpotens
  tellure, victorum nepotes
    rettulit inferias Iugurthae.

quis non Latino sanguine pinguior
campus sepulcris inpia proelia
  testatur auditumque Medis
    Hesperiae sonitum ruinae?

qui gurges aut quae flumina lugubris
ignara belli? quod mare Dauniae
  non decoloravere caedes?
    quae caret ora cruore nostro?

sed ne relictis, Musa, procax iocis
Ceae retractes munera neniae;
  mecum Dionaeo sub antro
    quaere modos leviore plectro.

2.

Nullus argento color est avaris
abdito terris, inimice lamnae
Crispe Sallusti, nisi temperato
  splendeat usu.

schon seh ich die hohen Feldherrn,
vom rühmlichen Schlachtstaub bedecket,
sehe den Erdball unterjocht,
doch nicht des Cato Trotz.

Juno und alle Götter mit ihr, die, Africa holder,
dem ungerächeten Lande machtlos entwichen,
brachten nun Jugurthas Schatten
Totenopfer durch die Enkel der Sieger.

Zeuget nicht jede Flur, voll Grabhügel,
mit Römerblute gedüngt, von frevelhaften Schlachten,
vom Umsturz Hesperiens, den selbst
des Meders Ohr vernahm?

Welche Wasser und welche Ströme
kennen nicht den jammervollen Krieg? Welchen Ozean
röteten
Dauniens Schlachten nicht?
An welchen Küsten floß nicht unser Blut? –

Doch, verwegne Muse, vergiß nicht deiner Scherze,
hebe nicht wieder an die Ceïschen Klagegesänge;
komm zu Dionens Grotte,
da, da scherze mit mir auf sanfteren Saiten!

2. *An den Crispus Sallustius*

Silber hat keinen Glanz, in karger
Erde verschlossen, mein Crispus Sallustius, Feind des
Metalls,
wenn nicht weiser Gebrauch
demselben Schimmer erteilet.

vivet extento Proculeius aevo
notus in fratres animi paterni;
illum aget pinna metuente solvi
Fama superstes.

latius regnes avidum domando
spiritum quam si Libyam remotis
Gadibus iungas et uterque Poenus
serviat uni:

crescit indulgens sibi dirus hydrops
nec sitim pellit, nisi causa morbi
fugerit venis et aquosus albo
corpore languor.

redditum Cyri solio Prahaten
dissidens plebi numero beatorum
eximit Virtus populumque falsis
dedocet uti

vocibus, regnum et diadema tutum
deferens uni propriamque laurum,
quisquis ingentis oculo inretorto
spectat acervos.

3.

Aequam memento rebus in arduis
servare mentem, non secus in bonis
ab insolenti temperatam
laetitia, moriture Delli,

Bis zu fernen Jahrhunderten wird Proculejus noch leben,
voll Vaterliebe gegen die Brüder.
Ihn hebt auf nicht ermattenden Schwingen
der Nachruhm empor.

Zähmst du den gierigen Geist, dann bist du ein größerer Herrscher,
als wenn du Libyen mit Cadix fernen Küsten
verbändest und beide Carthagos
dir allein nur gehorchten.

Schreckliche Wassersucht wächst bei jeder Befriedigung;
ihr Durst wird nimmer gestillet, wenn nicht der Krankheit Ursach
den Adern, dem bleichen Körper
das zehrende Wasser entweicht.

Die Weisheit, im ewigen Kampfe mit dem Wahne des Pöbels,
nimmt den Phraates aus den Reihen der Glücklichen,
wiewohl ihm wurde der Thron des Cyrus wiedergegeben!
Sie entwöhnet das Volk von der Worte verkehrtem Gebrauche,

gibt die Herrschaft, das sichre Diadem
und den ewigen Lorbeer nur dem,
welcher mit ungeblendeten Blicken
auf Goldhaufen hinsieht.

3. An den Dellius

Erhalt' im Unglück dir ein Herz voll Gleichmut,
im Glücke unberauscht vom Lärm
der wilden Fröhlichkeit,
mein Dellius, des Todes Beute,

seu maestus omni tempore vixeris,
seu te in remoto gramine per dies
festos reclinatum bearis
interiore nota Falerni.

quo pinus ingens albaque populus
umbram hospitalem consociare amant
ramis? quid obliquo laborat
lympha fugax trepidare rivo?

huc vina et unguenta et nimium brevis
flores amoenae ferre iube rosae,
dum res et aetas et sororum
fila trium patiuntur atra.

cedes coemptis saltibus et domo
villaque flavos quam Tiberis lavit,
cedes et exstructis in altum
divitiis potietur heres.

divesne prisco natus ab Inacho
nil interest an pauper et infima
de gente sub divo moreris,
victima nil miserantis Orci:

omnes eodem cogimur, omnium
versatur urna serius ocius
sors exitura et nos in aeternum
exilium inpositura cumbae.

magst du voll Grams die Lebenszeit durchseufzen
oder an festlichen Tagen, auf ländlichem Rasen
gelagert, im besten Falerner
Seligkeit trinken!

Wozu reichen die Silberpappel und die erhabene
Fichte
sich traulich die Zweige zum wirtbaren Schattengewölbe?
Was müht sich zu Tale
flüchtig des Baches Welle in geschäftiger Unrast?

Dorthin laß Wein dir bringen und Salben
und die süße Blüte zu bald verwelkender Rosen,
dieweil es noch Schicksal und Alter und der drei
Schwestern
schwarze Faden gestatten.

Verlassen wirst du alle zusammengekauften Bergweiden,
wirst Haus und Villa verlassen, von den gelblichen
Fluten
des Tibers bespület; dein Erbe
erfreut sich dann der aufgetürmten Schätze.

Sei reich, sei des alten Inachus Enkel;
oder leb' arm und vom Pöbel entsprossen
unter des Himmels Gezelt:
dennoch bist du ein Opfer des unerbittlichen Orcus!

Wir alle werden dorthin zusammen getrieben,
und unser aller Los fällt, früher, fällt, später,
aus der Urne gezogen und übergibt uns
zu ewiger Verbannung dem Nachen.

4.

Ne sit ancillae tibi amor pudori,
Xanthia Phoceu: prius insolentem
serva Briseis niveo colore
movit Achillem,

movit Aiacem Telamone natum
forma captivae dominum Tecmessae,
arsit Atrides medio in triumpho
virgine rapta,

barbarae postquam cecidere turmae
Thessalo victore et ademptus Hector
tradidit fessis leviora tolli
Pergama Grais.

nescias an te generum beati
Phyllidis flavae decorent parentes;
regium certe genus et penatis
maeret iniquos.

crede non illam tibi de scelesta
plebe dilectam neque sic fidelem,
sic lucro aversam potuisse nasci
matre pudenda.

bracchia et voltum teretesque suras
integer laudo – fuge suspicari –
cuius octavum trepidavit aetas
claudere lustrum.

4. An den Xanthias

Schäme dich nicht, mein Xanthias,
deiner Liebe zur Sklavin. Schon lange vor dir
rührte der Sklavin Briseis blendende Weiße
den wilden Achilles;

und den Telamonier Ajax rührten
die Reize seiner gefangnen Tecmessa.
Der Atride entbrannte für die geraubte Jungfrau
mitten in seinem Triumphe,

als die Phrygischen Streiter fielen,
vom Thessalischen Sieger gewürget,
als Hectors Tod den erschöpften Griechen
Pergamon überließ zur leichtern Erobrung.

Weißt du's, ob nicht vielleicht der goldgelockten
Phyllis edle Eltern dir, ihrem Schwiegersohn, Ehre machen?
Sicher beweint sie die fürstliche Abkunft
und ihr unholde Penaten.

Glaub mirs, du wähltest die Teure nicht aus dem ehrlosen Haufen
des Pöbels. Wie könnt' eine schändliche Mutter
solche Tochter gebären, so treu,
so jeglichem Wucher feind?

Unentbrannt, preis' ich ihren Arm und ihr Antlitz
und den nettesten Fuß. Argwöhne bei dem nichts,
dessen Leben schon eilte,
das achte Lustrum zu schließen.

5.

Nondum subacta ferre iugum valet
cervice, nondum munia conparis
aequare nec tauri ruentis
in venerem tolerare pondus.

circa virentis est animus tuae
campos iuvencae, nunc fluviis gravem
solantis aestum, nunc in udo
ludere cum vitulis salicto

praegestientis. tolle cupidinem
inmitis uvae: iam tibi lividos
distinguet autumnus racemos
purpureo varius colore.

iam te sequetur: currit enim ferox
aetas et illi quos tibi dempserit
adponet annos; iam proterva
fronte petet Lalage maritum,

dilecta, quantum non Pholoe fugax,
non Chloris albo sic umero nitens
ut pura nocturno renidet
luna mari Cnidiusve Gyges,

quem si puellarum insereres choro,
mire sagacis falleret hospites
discrimen obscurum solutis
crinibus ambiguoque voltu.

5. *An die Lalage*

Noch vermag sie nicht, auf gebeugtem Nacken das Joch
zu tragen; noch ist sie nicht stark genug, gleichen
Dienst dem Gespanne
zu erwidern und die Last des auf sie stürzenden
brünstigen Stieres zu ertragen.

Auf grüne Felder steht ihr der Sinn,
dem jungen Tiere, das bald im Bache von beschwerlicher
Hitze sich abkühlt, bald begierig ist, im feuchten
Weidicht mit seines gleichen

zu spielen. Entsage der Begierde
zur unreifen Traube! Bald wird für dich
der bunte Herbst die grünen Beeren
mit der Farbe des Purpurs bemalen.

Bald wird Sie dir nachgehen: denn die Zeit der Jugend
eilet dahin und gibt jener die Jahre,
die sie dir nimmt; bald wird Lalage mit dreister
Stirn dich zum Gatten fordern,

mehr geliebt als die spröde Pholoe,
mehr als Chloris, deren weiße Schultern glänzen,
wie auf dem Meere bei Nacht der reine
Mond schimmert, mehr als der Knidische Gyges,

der, unter Reihen von Mädchen gestellt,
auch die scharfsichtigsten Fremden zum Erstaunen
hintergehen würde,
schwer von Mädchen zu unterscheiden wegen seines
fliegenden
Haares und zweideutigen Gesichts.

6.

Septimi, Gadis aditure mecum et
Cantabrum indoctum iuga ferre nostra et
barbaras Syrtis, ubi Maura semper
aestuat unda:

Tibur Argeo positum colono
sit meae sedes utinam senectae,
sit modus lasso maris et viarum
militiaeque.

unde si Parcae prohibent iniquae,
dulce pellitis ovibus Galaesi
flumen et regnata petam Laconi
rura Phalantho.

ille terrarum mihi praeter omnis
angulus ridet, ubi non Hymetto
mella decedunt viridique certat
baca Venafro,

ver ubi longum tepidasque praebet
Iuppiter brumas et amicus Aulon
fertili Baccho minimum Falernis
invidet uvis.

ille te mecum locus et beatae
postulant arces: ibi tu calentem

6. An den Septimius

Septimius, der du bis zu dem fernen Cadix gefolgt mir wärest,
bis hin zum Cantaber, der ungelehrig unser Joch nicht tragen will,
hin zu den barbarischen Syrten, wo rastlos die Maurische
Flut stürmt:

ach! möchte Tibur doch, vom Argivischen Fremdling gegründet,
die Ruhstätt meines Alters,
das Ziel sein mir Müden von all den Gefahren des Meers, der Reisen,
der Kriege.

Versagte mir diesen Wunsch ein zürnendes Geschick:
dann flöh ich zur süßen Tränke der Mantelschafe, dem Galäsusfluß,
hin zu den Fluren, die einst Laconiens
Phalanthus beherrschte.

Vor allen lächelt der Erdenwinkel
mich an, wo Honig, gleich dem Hymettischen,
rinnet, wo die Olive um den Vorrang mit der vom grünen
Venafrum buhlt;

wo Jupiter uns lange Frühlinge zu milden
Wintern bescheret, wo Aulon,
vom segnenden Bacchus begünstigt, nicht die Falerner-
traube beneiden darf.

Dieser Ort und diese glückseligen Burgen
laden dich ein und mich. Da magst du

debita sparges lacrima favillam
vatis amici.

7.

O saepe mecum tempus in ultimum
deducte Bruto militiae duce,
quis te redonavit Quiritem
dis patriis Italoque caelo,

Pompei, meorum prime sodalium,
cum quo morantem saepe diem mero
fregi coronatus nitentis
malobathro Syrio capillos?

tecum Philippos et celerem fugam
sensi relicta non bene parmula,
cum fracta virtus et minaces
turpe solum tetigere mento:

sed me per hostis Mercurius celer
denso paventem sustulit aere,
te rursus in bellum resorbens
unda fretis tulit aestuosis.

ergo obligatam redde Iovi dapem
longaque fessum militia latus
depone sub lauru mea nec
parce cadis tibi destinatis.

oblivioso levia Massico
ciboria exple, funde capacibus

deines geliebten Dichters glimmende Asche
mit schuldigen Zähren benetzen!

7. *An den Pompejus Varus*

O du, vom Heeregebietenden Brutus
mit mir so oft in den Todesstreit geführt,
wer hat dich als Bürger des Vaterlands Göttern
und Italiens Himmel wiedergegeben?

Pompejus, meiner Freunde Erster!
Mit dem ich oftmals beim Weinkelch
den zögernden Tag beflügelte,
umkränzt das Haar und mein Haupt mit Syriens Tamala-Öl gesalbt.

Mit dir empfand ich auch den Kampf bei Philippi
und jene schnelle Flucht, wo ich, nicht schön, den Schild
ließ, wo gebeugt der Heldenmut wurde
und gestreckt mit dem Kinn auf den schmachvollen Boden der drohende Streiter.

Da bebt' ich; aber der schnelle Mercur
trug mich, in Wolken gehüllt, fort durch die Feinde;
dich warf der Strudel des Meers auf tobenden Wogen
neuen Schlachten entgegen.

So gib dem Jupiter denn das gelobte Opfermahl,
ruhe, des ewigen Kriegens müde,
unter meinem Lorbeerbaum aus
und schone der dir aufbewahrten Fässer nicht.

Mit Massiker, dem Sorgenbrecher,
fülle den glänzenden Pokal;

unguenta de conchis. quis udo
deproperare apio coronas

curatve myrto? quem Venus arbitrum
dicet bibendi? non ego sanius
bacchabor Edonis: recepto
dulce mihi furere est amico.

8.

Ulla si iuris tibi peierati
poena, Barine, nocuisset umquam,
dente si nigro fieres vel uno
turpior ungui,

crederem: sed tu simul obligasti
perfidum votis caput, enitescis
pulchrior multo iuvenumque prodis
publica cura.

expedit matris cineres opertos
fallere et toto taciturna noctis
signa cum caelo gelidaque divos
morte carentis.

ridet hoc, inquam, Venus ipsa, rident
simplices Nymphae ferus et Cupido
semper ardentis acuens sagittas
cote cruenta.

adde quod pubes tibi crescit omnis,
servitus crescit nova nec priores

gieß aus den weiten Schalen die Salben!
Wer eilt, uns Kränze zu winden von tauigem Eppich
und Myrten?

Wen macht Venus zum König des Trinkgelages?
Denn rasen will ich, dem trunknen
Edonier gleich! Ich hab' ihn wieder, meinen Freund;
jetzt ist es Wollust, zu rasen!

8. An Barinen

Hätte dir je, Barine, des Meineids
Strafe geschadet,
hätte nur ein schwärzerer Zahn, ein schwarzer
Nagel dich entstellt:

dann wollt' ich dir trauen! Aber kaum hast du
dein treuloses Haupt durch Verwünschung verpfändet,
erhöht sich
deiner Schönheit Glanz, gehst du einher, der Jünglinge
lautes Verlangen.

Ja! dir muß frommen der Meineid beim Aschenhügel
deiner Mutter, bei dem Gewölbe des Himmels mit allen
verschwiegenen Sternen der Nacht,
bei den ewig lebenden Göttern.

Lacht doch Venus selbst darob
und die gutwilligen Nymphen und der grausame Cupido,
der immer seine glühenden Pfeile
auf blutbenetztem Steine wetzt.

Und dann – wächst nicht die ganze Jugend,
ein neues Sklavenheer dir zu? Auch verlassen die
ältern,

inpiae tectum dominae relinquunt
saepe minati.

te suis matres metuunt iuvencis,
te senes parci miseraeque nuper
virgines nuptae, tua ne retardet
aura maritos.

9.

Non semper imbres nubibus hispidos
manant in agros aut mare Caspium
vexant inaequales procellae
usque nec Armeniis in oris,

amice Valgi, stat glacies iners
mensis per omnis aut Aquilonibus
querqueta Gargani laborant
et foliis viduantur orni:

tu semper urges flebilibus modis
Mysten ademptum nec tibi vespero
surgente decedunt amores
nec rapidum fugiente solem.

at non ter aevo functus amabilem
ploravit omnis Antilochum senex
annos nec inpubem parentes
Troilon aut Phrygiae sorores

flevere semper. desine mollium
tandem querellarum et potius nova
cantemus Augusti tropaea
Caesaris et rigidum Niphaten,

wie oft sie's drohten, nicht das Haus
der treulosen Tyrannin.

Für ihre Söhne fürchten dich die Mütter,
dich die kargen Greise, dich fürchten die armen
Neuvermählten, daß, begünstigt durch dich,
die Gatten sich verspäten.

9. An den Valgius

Nicht immer strömen Regengüsse aus Wolken
auf traurende Felder herunter.
Wetter auf Wetter empören nicht immer
die Caspischen Fluten.

Nicht alle Monden durch, mein Valgius,
steht starr der Frost auf Armeniens Küsten;
nicht immer beugen Aquilonen Garganus Eichen,
entblättern die Eschen nicht immer.

Du aber klagst unablässig um deinen Mystes,
den dir der Tod nahm; die Sehnsucht deiner Liebe
verläßt dich nicht, wenn Hesperus erwacht,
und nicht, wenn der Sonne Gewalt er flieht.

Hat doch nicht der Greis, der drei Menschenalter sah,
um den Antilochus, seinen Liebling,
den Rest seiner Tage verseufzet, haben die Eltern doch
und die Phrygischen Schwestern den jungen Troilus

nicht ewig beweint. Ende nun einmal
die weichlichen Klagen; auf! singe vielmehr mit mir
Cäsar Augustus neue Trophäen
und den beeisten Niphates,

Medumque flumen gentibus additum
victis minores volvere vertices
intraque praescriptum Gelonos
exiguis equitare campis.

10.

Rectius vives, Licini, neque altum
semper urgendo neque, dum procellas
cautus horrescis, nimium premendo
litus iniquum.

auream quisquis mediocritatem
diligit, tutus caret obsoleti
sordibus tecti, caret invidenda
sobrius aula.

saepius ventis agitatur ingens
pinus et celsae graviore casu
decidunt turres feriuntque summos
fulgura montis.

sperat infestis, metuit secundis
alteram sortem bene praeparatum
pectus: informis hiemes reducit
Iuppiter, idem

submovet; non, si male nunc, et olim
sic erit: quondam cithara tacentem

den Euphrat, der, besiegten Völkern
jetzt zugesellet, sich nicht in stolzen Strudeln mehr wälzt,
und den streifenden Gelonen, der die enger bestimmten Grenzen
mit seinem Roß nicht überschreiten darf.

10. An den Licinius

Glücklicher lebst du, Licin, wenn du nicht
immer das hohe Meer befährest, nicht immer,
dem Sturm erbebend, ans treulose Ufer
scheu dich hindrängst.

Wer den goldenen Mittelstand
liebgewann, der lebt sicher, fern vom Schmutz
der verfallenen Hütte, fern vom beneideten
Palaste.

Gewaltiger wird vom Sturme die hohe
Tanne geschüttelt, hohe Türme stürzen zum schrecklichern Ruin
herab, und Blitze zerspalten der höchsten
Berge Gipfel.

Ein gefaßtes Herz hoffet im Unglück, fürchtet im Glücke
den Wechsel des Schicksals;
Jupiter führet
die schwarzen Gewitter herauf. Er verjagt

sie auch wieder. Gehts heute dir nicht wohl, es wird nicht immer
so bleiben. Apollo fordert auch oft durch die Laute zum Gesang die schlummernde

suscitat Musam neque semper arcum
tendit Apollo.

rebus angustis animosus atque
fortis adpare, sapienter idem
contrahes vento nimium secundo
turgida vela.

11.

Quid bellicosus Cantaber et Scythes,
Hirpine Quincti, cogitet Hadria
divisus obiecto, remittas
quaerere nec trepides in usum

poscentis aevi pauca. fugit retro
levis iuventas et decor, arida
pellente lascivos amores
canitie facilemque somnum;

non semper idem floribus est honor
vernis neque uno luna rubens nitet
voltu: quid aeternis minorem
consiliis animum fatigas?

cur non sub alta vel platano vel hac
pinu iacentes sic temere et rosa
canos odorati capillos,
dum licet, Assyriaque nardo

potamus uncti? dissipat Euhius
curas edacis. quis puer ocius
restinguet ardentis Falerni
pocula praetereunte lympha?

Muse auf und spannt
nicht immer den Bogen.

Im Drang der Leiden erscheine mutig
und standhaft; aber
bei allzu günstigem Winde ziehe klüglich
die schwellenden Segel ein.

11. An den Quinctius

Worauf der kriegerische Kantaber und Scythe,
getrennt von uns durch Adrias Wogen,
jetzt sinne, das, mein Quinctius,
sei deine Sorge nicht! Auch fürchte nicht

so ängstlich für ein Leben, das nur so wenig fordert!
Der Glanz der Jugend enteilt uns und die Schönheit,
dieweil das dürre Alter den tändelnden Amor verjagt
und den gefälligen Schlummer.

Nicht immer blühen des Frühlings Kinder in gleicher
Pracht,
nicht immer glänzet der Mond mit gleich erheitertem
Antlitz auf uns herab. Was ermüdest du
den Geist, der ewigen Sorgen zu klein ist?

Lagern wollen wir uns hier unter der hohen Platane
nachlässig hingegossen, hier unter dieser Fichte
und trinken, weil wir noch dürfen, von Rosen umduftet
das schon bleichende Haar und gesalbt

mit Syriens Narden. Evius zerstreut
die nagenden Sorgen! – Welcher Knabe wird eilig
unsern Falerner, der im Pokale glüht,
mit der Welle des vorüber rieselnden Baches kühlen?

quis devium scortum eliciet domo
Lyden? eburna dic age cum lyra
maturet, in comptum Lacaenae
more comam religata nodum.

12.

Nolis longa ferae bella Numantiae
nec durum Hannibalem nec Siculum mare
Poeno purpureum sanguine mollibus
aptari citharae modis

nec saevos Lapithas et nimium mero
Hylaeum domitosque Herculea manu
Telluris iuvenes, unde periculum
fulgens contremuit domus

Saturni veteris, tuque pedestribus
dices historiis proelia Caesaris,
Maecenas, melius ductaque per vias
regum colla minacium.

me dulcis dominae Musa Licymniae
cantus, me voluit dicere lucidum
fulgentis oculos et bene mutuis
fidum pectus amoribus;

quam nec ferre pedem dedecuit choris
nec certare ioco nec dare bracchia
ludentem nitidis virginibus sacro
Dianae celebris die.

Wer ruft uns Lyden aus ihrer einsamen Wohnung?
Sag, sie soll eilen mit der Zither von Elfenbein,
das Haar nach Spartischer Sitte
kunstlos zurückgebunden.

12. An den Mäcenas

Daß ich die langen Kriege der wilden Numantia,
den rauhen Hannibal, Siciliens Wogen,
vom Punischen Blute gefärbt, zur sanften Zither
dir singen soll, Mäcen, das fordre nicht.

Nimmer kann ich singen die grausen Lapithen, noch den Hyläus,
taumelnd vom Weine, noch der Tellus Brut,
durch Herkuls Arm gebändigt, vor deren Anlauf
des alten Saturnus Lichtumstrahlter Wohnsitz

erbebte. Glücklicher wirst du, frei von den Fesseln des Dichters,
im Ton der Geschichte schildern des Cäsar Augustus Siege
und trotzende Könige mit gefesseltem Nacken
im Triumphe geführet.

Ich sollte, so wollt' es die Muse, singen meiner Gebieterin, meiner Licymnia
süßen Gesang. Singen sollt' ich den Flammenblick
ihrer leuchtenden Augen und die treueste Brust,
schwellend vom Gegengefühl.

Voll Anstand schwebt sie daher in hüpfenden Reigen,
scherzet vor allen am lieblichsten, reichet
allen holdseligen Mädchen im Tanze den Arm
an der gepriesnen Diana festlichem Tage.

num tu quae tenuit dives Achaemenes
aut pinguis Phrygiae Mygdonias opes
permutare velis crine Licymniae
plenas aut Arabum domos,

cum flagrantia detorquet ad oscula
cervicem aut facili saevitia negat
quae poscente magis gaudeat eripi,
interdum rapere occupet?

13.

Ille et nefasto te posuit die,
quicumque primum, et sacrilega manu
produxit, arbos, in nepotum
perniciem opprobriumque pagi;

illum et parentis crediderim sui
fregisse cervicem et penetralia
sparsisse nocturno cruore
hospitis; ille venena Colcha

et quidquid usquam concipitur nefas
tractavit, agro qui statuit meo
te, triste lignum, te caducum
in domini caput inmerentis.

quid quisque vitet, numquam homini satis
cautum est in horas. navita Bosphorum
Poenus perhorrescit neque ultra
caeca timet aliunde fata,

Wolltest du nicht, was je der reiche Achämen besaß,
und alle Mygdonischen Schätze des fetten Phrygiens
für meiner Licymnia Locken willig vertauschen
und Arabiens Überfluß?

Wenn sie zu feurigen Küssen den schönen Nacken herabbeugt
oder sie versagt, mit leichtbezwungener Härte,
Küsse, die sie sich lieber, als du sie forderst, rauben lässet
und manchmal selbst schon voraus sich raubt.

13. An einen Baum

Der pflanzte dich am Fluchbeladnen Tage,
wer es auch war, er hat dein mit entweihender Hand
gewartet, Baum, dem Enkel
zum Verderben, der ganzen Gegend zur Schmach;

gewürgt hat er, ich glaub' es, seinen Vater,
hat mit des Gastes
nächtlichem Blute seine Kammer
bespritzt, hat Colchisches Gift

und was nur Bosheit ersann,
bereitet, der dich auf meine Fluren gesetzt hat,
unglückseliges Holz, das drohte,
aufs schuldlose Haupt seines Besitzers zu stürzen.

Der Sterbliche, welcher Gefahr er immer ausweicht,
ist doch für keinen Augenblick sicher. Dem Bosporus
erbebt Phöniziens Schiffer und fürchtet von sonst her
keinen Schlag des blinden Geschicks.

miles sagittas et celerem fugam
Parthi, catenas Parthus et Italum
robur: sed inprovisa leti
vis rapuit rapietque gentis.

quam paene furvae regna Proserpinae
et iudicantem vidimus Aeacum
sedesque discretas piorum et
Aeoliis fidibus querentem

Sappho puellis de popularibus,
et te sonantem plenius aureo,
Alcaee, plectro dura navis,
dura fugae mala, dura belli.

utrumque sacro digna silentio
mirantur umbrae dicere, sed magis
pugnas et exactos tyrannos
densum umeris bibit aure volgus.

quid mirum, ubi illis carminibus stupens
demittit atras belua centiceps
auris et intorti capillis
Eumenidum recreantur angues?

quin et Prometheus et Pelopis parens
dulci laborem decipitur sono
nec curat Orion leones
aut timidos agitare lyncas.

Der Krieger zittert vor dem Geschoß und dem schnellen Rückzug
des Parthers; der Parther vor den Ketten
und der Mannschaft Italiens. Aber der mächtige Tod hat vom Anbeginne
die ungewarnten Völker gewürgt und wird sie ewig so würgen.

Bald sah ich es, das Reich der schwarzen Proserpina,
den Richter Äakus,
der Frommen abgeschiedne Wohnungen
und die Sappho, die auf Äolischen Saiten

die Lesbischen Mädchen verklagt,
und dich, Alcäus, singend zur goldnen
Laute, in vollern Tönen, der Schiffahrt,
der Flucht, des Krieges Ungemach.

Beider Gesang, heiliger Stille wert,
bewundern die Schatten; aber gieriger trinkt noch
das Ohr zusammengedrängter Scharen
die Schlachten und verjagten Tyrannen.

Was Wunder? Neiget doch selbst das hundertköpfige
Ungeheuer, über die Lieder erstaunet,
die schwarzen Ohren, empfinden doch selbst die Schlangen,
ums Haar der Eumeniden geschlungen, Labsal.

Ja, auch Prometheus, auch Pelops Vater
vergessen der Qualen ob dem süßen Gesang,
Orion vergißt es, Löwen
und furchtsame Luchse zu jagen.

14.

Eheu fugaces, Postume, Postume,
labuntur anni nec pietas moram
rugis et instanti senectae
adferet indomitaeque morti,

non si trecenis quotquot eunt dies,
amice, places inlacrimabilem
Plutona tauris, qui ter amplum
Geryonen Tityonque tristi

conpescit unda, scilicet omnibus,
quicumque terrae munere vescimur,
enaviganda, sive reges
sive inopes erimus coloni.

frustra cruento Marte carebimus
fractisque rauci fluctibus Hadriae,
frustra per autumnos nocentem
corporibus metuemus Austrum:

visendus ater flumine languido
Cocytos errans et Danai genus
infame damnatusque longi
Sisyphus Aeolides laboris,

linquenda tellus et domus et placens
uxor, neque harum quas colis arborum
te praeter invisas cupressos
ulla brevem dominum sequetur.

absumet heres Caecuba dignior
servata centum clavibus et mero

14. An den Postumus

Ach, Postumus, Postumus! sie fließen dahin,
die flüchtigen Jahre! Kein Frommsein verzögert
die Runzeln, das kommende Alter,
den unbezwinglichen Tod.

Wolltest du auch, mein Freund, an jedem flüchtigen Tage
mit drei Hekatomben
den Pluto, den keine Zähre rühret, versöhnen,
ihn, der den dreileibigen
Geryon und den Tityos umschränkt

mit jenen traurigen Fluten, worüber wir alle,
der Erde Genossen,
schiffen müssen, mögen wir Könige sein
oder dürftige Landesbewohner.

Umsonst vermeiden wir den blutigen Mars,
umsonst die Brandung der brüllenden Hadria,
wir fürchten umsonst im Herbst
den Krankheitbringenden Auster.

Wir müssen doch alle zum schwarzen Cocytus, der mit
trägen Fluten
dahin irrt, und zum verruchten Geschlecht des Danaus,
zum Äoliden Sisyphus, welcher zur ewigen
Arbeit verdammt ist.

Verlassen mußt du Land und Haus und deine
zärtliche Gattin. Von allen Bäumen deiner Pflege
bleibt dir, nach kurzem Besitze,
nur die verhaßte Zypresse.

Ein würdigerer Erbe verzehrt den Cäcuber dann,
den hundert Schlösser verwahrten,

tinguet pavimentum superbo,
pontificum potiore cenis.

15.

Iam pauca aratro iugera regiae
moles relinquent, undique latius
extenta visentur Lucrino
stagna lacu platanusque caelebs

evincet ulmos. tum violaria et
myrtus et omnis copia narium
spargent olivetis odorem
fertilibus domino priori,

tum spissa ramis laurea fervidos
excludet ictus. non ita Romuli
praescriptum et intonsi Catonis
auspiciis veterumque norma:

privatus illis census erat brevis,
commune magnum; nulla decempedis
metata privatis opacam
porticus excipiebat arcton

nec fortuitum spernere caespitem
leges sinebant, oppida publico
sumptu iubentes et deorum
templa novo decorare saxo.

und färbt den Estrich
mit stolzem Weine, den kein Pontifex köstlicher
trinkt.

15.

Bald werden Fürstenschlösser nur wenige Hufen
dem Pfluge gönnen, bald siehet man Teiche
weiteren Umfangs als der Lukrinersee;
die unvermählte Platane

verdränget die Ulme. Aber Veilchenbeete werden
und Myrten und das ganze Volk der duftenden Blumen
wird da Wohlgerüche verbreiten,
wo sonst mit nützlichen Früchten der Ölbaum den Eigner
beschenkte.

Die dichtbelaubte Lorbeergrotte wird dann der Sonne
schärfste
Pfeile verhöhnen. Das war nicht Romuls
Gebot und des bärtigen Cato,
nicht die Richtschnur der Väter.

Des Bürgers Gut war klein,
des Staates Schätze groß. Keine Halle, nach Ruten
ausgemessen, fing dem Bürger
den Kühlungwehenden Arctos auf.

Den hingeworfenen Rasen zu verschmähen,
verboten die Gesetze. Sie forderten,
nur Stadt und Göttertempel mit Marmor
vom Schatze des Staates zu schmücken.

16.

Otium divos rogat in patenti
prensus Aegaeo, simul atra nubes
condidit lunam neque certa fulgent
sidera nautis,

otium bello furiosa Thrace,
otium Medi pharetra decori,
Grosphe, non gemmis neque purpura ve-
nale nec auro.

non enim gazae neque consularis
submovet lictor miseros tumultus
mentis et curas laqueata circum
tecta volantis.

vivitur parvo bene, cui paternum
splendet in mensa tenui salinum
nec levis somnos timor aut cupido
sordidus aufert.

quid brevi fortes iaculamur aevo
multa? quid terras alio calentis
sole mutamus? patriae quis exsul
se quoque fugit?

scandit aeratas vitiosa navis
Cura nec turmas equitum relinquit,
ocior cervis et agente nimbos
ocior Euro.

laetus in praesens animus quod ultra est

16. An den Grosphus

Um Ruhe fleht, wen der Sturm auf weitem
Ägäischen Meer ergriff, die Götter an, wenn schwarzes Gewölk
den Mond verhüllt und kein sicherer Stern
dem Schiffer mehr leuchtet.

Um Ruhe flehet der Thrazier, wütend im Kriege,
um Ruhe der Meder im Köcherschmuck,
um Ruhe, mein Grosphus, die uns nicht Gemme, nicht Purpur,
nicht Gold uns erkaufet.

Denn Schätze nicht und nicht der consularische
Lictor scheuchen den traurigen Aufruhr
der Seele hinweg und die Sorgen, die auch im Prunk-
saale schwärmen.

Mit Wenigem lebt der beglückt, dem auf dem dürftigen
Tische das väterliche Salzfaß blinkt,
wenn ihm nicht Furcht, nicht niedrige Habsucht den leichten
Schlummer entführet.

Was ringen wir bei diesem so kurzen Leben
nach weitem Ziel? Was wechseln wir Gegenden, von andern
Sonnen erwärmet? Mag, wer dem Vaterland entfloh,
sich selber entfliehen?

Sie steigt mit ihm aufs eherne Schiff, die kranke
Sorge, verläßt das Reitergeschwader nicht
und fliegt dem Rehe vor und dem Wetter-
verjagenden Eurus.

Ein Herz, zufrieden mit dem Gegenwärtigen,

oderit curare et amara lento
temperet risu: nihil est ab omni
parte beatum.

abstulit clarum cita mors Achillem,
longa Tithonum minuit senectus:
et mihi forsan, tibi quod negarit,
porriget hora.

te greges centum Siculaeque circum-
mugiunt vaccae, tibi tollit hinnitum
apta quadrigis equa, te bis Afro
murice tinctae

vestiunt lanae: mihi parva rura et
spiritum Graiae tenuem Camenae
Parca non mendax dedit et malignum
spernere volgus.

17.

Cur me querelis exanimas tuis?
nec dis amicum est nec mihi te prius
obire, Maecenas, mearum
grande decus columenque rerum.

a, te meae si partem animae rapit
maturior vis, quid moror altera,
nec carus aeque nec superstes
integer? ille dies utramque

haßt alle Sorgen für das, was künftig ist,
und lächelt des Lebens Bitterkeiten hinweg! Nichts ist vollkommen beglücket.

Den großen Achilles riß ein schneller Tod hinweg,
langwieriges Alter verzehrt den Tithonus,
und mir gibt die Zeit vielleicht,
was sie dir versagte.

Hundert Herden umblöken dich und Sicilische
Rinder. Dir wiehert das Mutterpferd zu,
dem Wagen des Wettstreits gebändigt, dich kleidet Wolle,
zweimal mit Africas

Purpur getränket. Mir gab die treue Parce ein kleines Feld,
den feinen Atem der Grajischen Camene
und Stolz genug, der Schmähsucht
des Pöbels zu lachen.

17. An den Mäcenas

Was tötest du durch deine Klagen mich?
Die Götter wollen's nicht noch ich, daß du,
Mäcen, vor mir erblassest,
du höchster Stolz, du Stütze meines Lebens.

Ach! risse dich, du Hälfte meiner Seele,
ein früher Tod gewaltsam fort, was weilte ich andre Hälfte dann?
Nicht mehr so wert und nur ein abgerißner
Überrest. Nein! jener Tag

ducet ruinam. non ego perfidum
dixi sacramentum: ibimus, ibimus,
utcumque praecedes, supremum
carpere iter comites parati.

me nec Chimaerae spiritus igneae
nec si resurgat centimanus Gyges
divellet umquam: sic potenti
Iustitiae placitumque Parcis.

seu Libra seu me Scorpios adspicit
formidolosus pars violentior
natalis horae seu tyrannus
Hesperiae Capricornus undae,

utrumque nostrum incredibili modo
consentit astrum: te Iovis inpio
tutela Saturno refulgens
eripuit volucrisque Fati

tardavit alas, cum populus frequens
laetum theatris ter crepuit sonum:
me truncus inlapsus cerebro
sustulerat, nisi Faunus ictum

dextra levasset, Mercurialium
custos virorum. reddere victimas
aedemque votivam memento:
nos humilem feriemus agnam.

sei beider Untergang! Ich breche,
was ich geschworen, nicht. Ich folg', ich folge,
wo du vorangehst, dir, bereit,
an deiner Seite selbst den Todesgang zu gehn.

Von dir soll nimmer mich Chimäras Flammenhauch,
und, ständ' er wieder auf, selbst Gyges nicht mit
seinen hundert Händen
reißen. So will es, mit den Parzen,
die mächtige Gerechtigkeit.

Ob einst die Waage, ob einst der schreckliche Skorpion
zur Stunde der Geburt mich schlimmer
anblickte, ob der Steinbock,
der mächt'ge Herrscher des Hesperischen Meers:

so stimmt, zwar wunderbar, doch immer unser beider
Gestirn zusammen. Dich entriß der Schutz
des Jupiter, der dem frevelnden Saturn entgegen
leuchtete,
dem Tod und lähmte des Schicksals

rasche Schwingen, als das gedrängte Volk
dreimal frohlockend auf dem Theater dir entgegen
jauchzete;
mich hätte des Baumes stürzender Ast
getötet, hielt Faunus nicht den Schlag

mit seiner Rechten auf, der Schutzgott
aller Lieblinge Merkurs. So spende denn die Opfer
und den gelobten Tempel;
ich schlachte ein geringes Lamm.

18.

Non ebur neque aureum
mea renidet in domo lacunar,
non trabes Hymettiae
premunt columnas ultima recisas

Africa neque Attali
ignotus heres regiam occupavi
nec Laconicas mihi
trahunt honestae purpuras clientae.

at fides et ingeni
benigna vena est pauperemque dives
me petit: nihil supra
deos lacesso nec potentem amicum

largiora flagito,
satis beatus unicis Sabinis.
truditur dies die
novaeque pergunt interire lunae:

tu secanda marmora
locas sub ipsum funus et sepulcri
inmemor struis domos
marisque Bais obstrepentis urges

submovere litora,
parum locuples continente ripa:
quid quod usque proximos
revellis agri terminos et ultra

limites clientium
salis avarus? pellitur paternos
in sinu ferens deos
et uxor et vir sordidosque natos.

18.

Kein Elfenbein, kein goldner
Himmel glänzt in meiner Wohnung,
kein Hymettisches Gebälk
drückt Säulen, in dem fernsten Afrika

gehauen. Auch hab' ich mir nicht,
ein unbekannter Erbe, Attals Fürstenburg erstritten.
Nicht spinnen sittsame Klientinnen mir
Laconsche Purpurwolle.

Nur Unschuld und ein Dichtergeist,
der nie versiegt, ward mir zuteil. Mich Armen sucht
der Reiche! Mehr
erfleh ich von den Göttern nicht;

durch mein Sabinisch Tal genug beglückt,
bitt ich um größre Güter nicht meinen mächt'gen Freund.
Du siehst es, wie ein Tag den andern drängt,
wie Monde auf- und wieder untergehn:

und doch verdingst du Marmorbrüche,
noch am Rande deiner Gruft, und türmst,
als wärst du weit vom Grab entfernt, Paläste auf.
Und ungesättiget durch alles feste Land

erweiterst du das Bajische Gestade,
wiewohl das Meer sich, dir zu weichen, sträubt.
Wie? du verrückst des nachbarlichen
Ackers Grenzen, springst voller Raubgier

über des Klienten Schwelle,
und Weib und Mann, des Hauses Götter,
im Lumpenkleid die Kinder auf dem Arm,
fliehn ausgestoßen fort.

nulla certior tamen
   rapacis Orci fine destinata
aula divitem manet
   erum. quid ultra tendis? aequa tellus

pauperi recluditur
   regumque pueris, nec satelles Orci
callidum Promethea
   revexit auro captus. hic superbum

Tantalum atque Tantali
   genus coercet, hic levare functum
pauperem laboribus
   vocatus atque non vocatus audit.

19.

Bacchum in remotis carmina rupibus
vidi docentem, credite posteri,
   Nymphasque discentis et auris
      capripedum Satyrorum acutas.

euhoe, recenti mens trepidat metu
plenoque Bacchi pectore turbidum
   laetatur, euhoe, parce Liber,
      parce gravi metuende thyrso.

fas pervicacis est mihi Thyiadas
vinique fontem lactis et uberes
   cantare rivos atque truncis
      lapsa cavis iterare mella,

fas et beatae coniugis additum
stellis honorem tectaque Penthei

Und dennoch harrt des reichen Herrn
kein Fürstenhof gewisser als
des räuberischen Orkus Burg.
Was strebst du weiter noch hinaus? Dieselbe Erde

schließt dem Armen
und schließt dem Königssohn sich auf, des Orkus Fährmann
bringt, vom Golde unverblendet,
den listigen Prometheus nie zurück. Er hält den stolzen

Tantalus und Tantals Brut
gefangen; aber gibt,
gerufen oder nicht,
dem Dürftigen Ruhe nach den Leiden.

19. Auf den Bacchus

Ich sah den Bacchus (glaub' es mir, Nachwelt!),
sah's, wie er auf fernen Felsen Lieder sang,
wie die Nymphen ihm horchten und mit gespitzten
Ohren bockfüßige Satyrn.

Evoe! noch bebt mir die ganze Seele vom Schauder!
Noch fühl' ich in Gotterfüllter Brust
taumelnde Freude! – Evoe! schone, Liber,
schone, du schrecklicher Thyrsusschwinger.

Singen darf ich die wilden Thyiaden,
singen des Weines Quelle, die überwallenden Ströme
der Milch, und den hohlen Stämmen
aufs neue Honig enttäufeln lassen.

Auch darf ich singen deiner himmlischen Gattin
Krone, zugesellet den Sternen;

disiecta non leni ruina
Thracis et exitium Lycurgi.

tu flectis amnis, tu mare barbarum,
tu separatis uvidus in iugis
nodo coerces viperino
Bistonidum sine fraude crinis.

tu, cum parentis regna per arduum
cohors gigantum scanderet inpia,
Rhoetum retorsisti leonis
unguibus horribilique mala;

quamquam choreis aptior et iocis
ludoque dictus non sat idoneus
pugnae ferebaris; sed idem
pacis eras mediusque belli.

te vidit insons Cerberus aureo
cornu decorum leniter atterens
caudam et recedentis trilingui
ore pedes tetigitque crura.

20.

Non usitata nec tenui ferar
pinna biformis per liquidum aethera
vates neque in terris morabor
longius invidiaque maior

urbis relinquam. non ego, pauperum
sanguis parentum, non ego, quem vocas,
dilecte Maecenas, obibo
nec Stygia cohibebor unda.

Pentheus tiefzertrümmerte Burg
und Lycurgus, des Thraziers, Untergang.

Ströme bezähmst du, du das barbarische Meer,
auf einsamem Gebirge
umwindest du trunken mit Nattern,
ihnen giftlos, der Bistoniden Haar.

Als frevelnder Giganten Schar auf steilen Bergen
den Wohnsitz deines Vaters erstieg,
da warfst du den Rhötus mit Löwenklauen
zurück und gräßlichem Löwenrachen.

Zwar nannte man dich zu Reihentänzen, zu Scherzen allein
und zu Spielen geschaffen, wähnte zum Kampfe
dich ungeschickt; dennoch warst du
im Streite groß, wie im Frieden.

Cerberus sah dich im Schmucke deines goldenen
Hornes, war ruhig und regte sanft
den Schweif und leckte mit dreien Zungen
den Fuß, da du heimgingst, dir und die Schenkel.

20. *An den Mäcenas*

Mit wunderbarem, mächtigem
Fittich werd' ich, der Dichter, umwandelt den reinen
Äther
durchfliegen, werde nicht länger auf der Erde verweilen;
über den Neid erhaben,

werd' ich die Städte verlassen. Nein! ich armer Eltern
Blut, ich, den du als Freund begrüßest,
geliebter Mäcenas, ich werde nicht sterben,
mich werden die Stygischen Fluten nimmer umschließen.

iam iam residunt cruribus asperae
pelles et album mutor in alitem
superne nascunturque leves
per digitos umerosque plumae.

iam Daedaleo notior Icaro
visam gementis litora Bosphori
Syrtisque Gaetulas canorus
ales Hyperboreosque campos;

me Colchus et qui dissimulat metum
Marsae cohortis Dacus et ultimi
noscent Geloni, me peritus
discet Hiber Rhodanique potor.

absint inani funere neniae
luctusque turpes et querimoniae;
conpesce clamorem ac sepulcri
mitte supervacuos honores.

Allmählich setzt sich rauhe Haut an die Schenkel,
ich verwandele mich von oben herab in einen Schwan,
und weiche Federn sprossen
an Fingern und Schultern hervor.

Bald werd' ich, bekannter als Dädals Sohn Icarus
den Strand des seufzenden Bosporus
und die Gätulischen Syrten,
die Hyperboreischen Gefilde sehen, ein melodischer Schwan.

Der Colchier lernt dann mich kennen und der Dacier, welcher die Furcht
vor den Marsischen Scharen verbirgt, und der fernste
Gelone; mich liest dann der weise
Iberier und der Rhonetrinker.

Fern sei vom leeren Leichengepränge Geseufze
und entstellende Trauer und Wimmern.
Hemme dein Klagen! Verstatte
eitlen Prunk beim Begräbnisse nicht.

CARMINUM LIBER TERTIUS

I.

Odi profanum volgus et arceo.
favete linguis: carmina non prius
audita Musarum sacerdos
virginibus puerisque canto.

regum timendorum in proprios greges,
reges in ipsos imperium est Iovis,
clari Giganteo triumpho,
cuncta supercilio moventis.

est ut viro vir latius ordinet
arbusta sulcis, hic generosior
descendat in campum petitor,
moribus hic meliorque fama

contendat, illi turba clientium
sit maior: aequa lege Necessitas
sortitur insignis et imos,
omne capax movet urna nomen.

destrictus ensis cui super inpia
cervice pendet, non Siculae dapes
dulcem elaborabunt saporem,
non avium citharaeque cantus

somnum reducent: somnus agrestium
lenis virorum non humilis domos

ODEN · DRITTES BUCH

1.

Flieh, unheiliger Pöbel, dir zürn' ich!
Aber ihr, Jünglinge und Jungfraun,
horcht und verstummet, euch sing' ich
nie gehörten Gesang, ein Priester der Musen.

Könige herrschen gefürchtet über dienstbare Völker,
über die Könige selber herrscht Jupiter,
der große Gigantenbezwinger,
durch einen Wink das Weltall erschütternd.

Mag dieser vor andern weitre Gefilde umzäunen,
dieser, edleren Stammes, Würden zu haschen,
steigen zum Marsfeld hinab,
wenn jener ihm durch Herzensadel und Ruf

den Vorrang entwindet; diesen mag ein größerer Troß Klienten
umschwärmen: dennoch fällt vom Verhängnis
dem Hohen, dem Niedern ein gleiches Los,
es wird in allumfassender Urne jedes Name geschüttelt.

Wem über Schuldbeladenem Scheitel der blinkende
Dolch hängt, dem erkünstelt kein Siculisches Mahl
die Freuden des Geschmackes,
kein Vogelgesang, kein Lied der Zither

führt ihm den Schlummer zu, den süßen Schlummer,
der nicht des Landmanns niedre Hütte

fastidit umbrosamque ripam,
non Zephyris agitata tempe.

desiderantem quod satis est neque
tumultuosum sollicitat mare
nec saevus Arcturi cadentis
impetus aut orientis Haedi,

non verberatae grandine vineae
fundusque mendax, arbore nunc aquas
culpante, nunc torrentia agros
sidera, nunc hiemes iniquas.

contracta pisces aequora sentiunt
iactis in altum molibus: huc frequens
caementa demittit redemptor
cum famulis dominusque terrae

fastidiosus; sed Timor et Minae
scandunt eodem quo dominus, neque
decedit aerata triremi et
post equitem sedet atra Cura.

quodsi dolentem nec Phrygius lapis
nec purpurarum sidere clarior
delenit usus nec Falerna
vitis Achaemeniumque costum,

cur invidendis postibus et novo
sublime ritu moliar atrium?
cur valle permutem Sabina
divitias operosiores?

verschmäht, nicht den beschatteten Bach,
nicht Tempe, von Zephyrn durchsäuselt.

Wer nur, was genug ist, begehret,
den kümmert des Meeres Aufruhr nicht,
die wilde Wut des sinkenden Arcturus,
noch des aufsteigenden Hädus,

Weinberge nicht, die der Hagel verheerte,
keine täuschende Flur, wenn ihm der Baum
die Wasserfluten verklagt, und Landversengende
Sterne und zürnende Winter.

Die Fische fühlen das Meer durch stolze Paläste,
mitten im Meere, verengt. Hier senket rastlos
mit seinen Dienern des Baues Meister
und der Besitzer, des festen Landes

müde, Lasten von Steinen hinab. Aber Furcht und Schrecken
erheben sich mit dem Besitzer zum stolzen Palaste,
und die schwarze Sorge verläßt das eherne Schiff nicht,
sie setzt sich hinter dem Reiter.

Wenn denn nicht Phrygiens Marmor,
nicht Purpurgewand, blendender als das Sternenlicht,
noch die Falerner Traube,
noch Achämenische Salben meine Schmerzen mir lindern:

was führ' ich Paläste auf, mit neiderweckendem Portale
und nie gesehenem Pomp?
Was vertausch' ich mit meinen Sabinischen Triften
des Reichtums Bürden?

2.

Angustam amice pauperiem pati
robustus acri militia puer
condiscat et Parthos ferocis
vexet eques metuendus hasta

vitamque sub divo et trepidis agat
in rebus. illum ex moenibus hosticis
matrona bellantis tyranni
prospiciens et adulta virgo

suspiret, eheu, ne rudis agminum
sponsus lacessat regius asperum
tactu leonem, quem cruenta
per medias rapit ira caedes.

dulce et decorum est pro patria mori:
mors et fugacem persequitur virum
nec parcit inbellis iuventae
poplitibus timidoque tergo.

virtus repulsae nescia sordidae
intaminatis fulget honoribus
nec sumit aut ponit securis
arbitrio popularis aurae:

virtus recludens inmeritis mori
caelum negata temptat iter via
coetusque volgaris et udam
spernit humum fugiente pinna.

2.

Der Jüngling lerne, durch strenge Kriegeszucht
gehärtet, freudig dulden den Druck beschränkter
Dürftigkeit
und sei dann, als Ritter, furchtbar im Lanzenwurf,
der Schrecken des wilden Parthers.

Oft leb' er unter dem freien Himmel, umstürmet
von Gefahren. Sieht dann von der feindlichen Burg
ihn des kämpfenden Königes Weib
und die aufgeblühete Tochter, dann müsse

tief auf sie seufzen: «ach! daß der fürstliche
Bräutigam,
noch des Streites nicht kundig, diesen grimmigen Löwen
nicht reize, welchen zermalmender Zorn
tief in das Blutfeld fortreißt!»

Süß ist's und ehrenvoll, sterben fürs Vaterland.
Auch den Flüchtling ereilet der Tod,
verschont nicht die Ferse und den feigen
Rücken weibischer Jünglinge.

Der Heldensinn, der keine beschimpfende Fehlschlagung
kennet,
glänzet in unentweiheter Glorie,
nimmt die Fasces nicht und legt sie nicht nieder
nach der Laune des Pöbels.

Er schließt dem, der der Unsterblichkeit wert ist,
den Himmel auf und wagt die Reise auf unbetretenen
Bahnen,
entflieht dem verachteten Pöbel, dem Staube
der Erde mit schnellem Gefieder.

est et fideli tuta silentio
merces: vetabo, qui Cereris sacrum
volgarit arcanae, sub isdem
sit trabibus fragilemque mecum

solvat phaselon: saepe Diespiter
neglectus incesto addidit integrum;
raro antecedentem scelestum
deseruit pede Poena claudo.

3.

Iustum et tenacem propositi virum
non civium ardor prava iubentium,
non voltus instantis tyranni
mente quatit solida neque Auster,

dux inquieti turbidus Hadriae,
nec fulminantis magna manus Iovis:
si fractus inlabatur orbis,
inpavidum ferient ruinae.

hac arte Pollux et vagus Hercules
enisus arcis attigit igneas,
quos inter Augustus recumbens
purpureo bibet ore nectar,

hac te merentem, Bacche pater, tuae
vexere tigres indocili iugum
collo trahentes, hac Quirinus
Martis equis Acheronta fugit,

Auch wartet sicherer Lohn der treuen Verschwiegenheit.
Wer das heilige Dunkel der Ceres
enthüllet, der darf nicht mit mir unter derselben Decke
atmen, nicht mit mir lösen den gebrechlichen

Nachen. Oft hat der beleidigte Jupiter
schon dem Frevler Schuldlose zugesellet,
und immer hinket die Strafe
dem Verbrechen nach.

3.

Den edlen, seinem Vorsatz treuen Mann
erschüttert nicht in seinem festen Sinn die Glut der Bürger,
welche Unrecht heischen, nicht des Tyrannen drohender Blick,
der Auster nicht,

Adrias empörender Gebieter,
selbst des Blitzeschleudernden Jupiters gewaltige Rechte nicht.
Fiel' über ihn das Weltall zusammen,
so treffen die Trümmer den Unerschrocknen.

So stieg einst Pollux, so der irrende Herkules
zur Sternenflammenden Burg hinauf;
wo, unter ihnen gelagert, Augustus
mit Purpurlippen den Nektar trinken wird.

So verdientest du dir's, Vater Bacchus, von deinen
Tigern gezogen zu werden, ihr ungelehriger Nacken
duldet dein Joch. So entfloh Quirin
mit Mavors Rossen dem Acheron,

gratum elocuta consiliantibus
Iunone divis: 'Ilion, Ilion
  fatalis incestusque iudex
    et mulier peregrina vertit

in pulverem, ex quo destituit deos
mercede pacta Laomedon, mihi
  castaeque damnatum Minervae
    cum populo et duce fraudulento.

iam nec Lacaenae splendet adulterae
famosus hospes nec Priami domus
  periura pugnaces Achivos
    Hectoreis opibus refringit,

nostrisque ductum seditionibus
bellum resedit: protinus et gravis
  iras et invisum nepotem,
    Troica quem peperit sacerdos,

Marti redonabo. illum ego lucidas
inire sedes, discere nectaris
  sucos et adscribi quietis
    ordinibus patiar deorum.

dum longus inter saeviat Ilion
Romamque pontus, qualibet exsules
  in parte regnanto beati;
    dum Priami Paridisque busto

insultet armentum et catulos ferae
celent inultae, stet Capitolium
  fulgens triumphatisque possit
    Roma ferox dare iura Medis.

als zur Freude des Götterdivans
Juno also begann: «Ilion, Ilion,
dein Schicksal, der verruchte Richter,
und das Weib des Auslands haben

in den Staub dich gestürzet, seit um den bedungenen Lohn
Laomedon die Götter hinterging, da wurdest du mir
und der keuschen Minerva mit deinem Volke,
mit deinem trugvollen Fürsten zum Untergang
überliefert.

Ha! nun pranget der Spartischen Buhlerin
berüchtigter Gast nicht mehr, und Priams
treuloses Haus, einst mächtig durch Hektors Arm,
schlägt nicht mehr zurück die Streitgewohnten Achiver.

Ausgetobt hat der Krieg, verlängert durch unsern Zwist,
und so opfr' auch ich meinen furchtbaren Groll
dem Mavors auf und schenk' ihm den mir verhaßten Enkel,
welchen die Troische Priesterin gebar.

Mag er eingehn in unsern Lichtumstrahlten
Wohnsitz, mag er versuchen den Nektartrank,
werde sein Name genennet
unter den Namen aller seligen Götter.

Wenn zwischen Ilion nur und Rom
das weite Meer wütet, dann mögen beglücket
die Flüchtlinge jeder Zone gebieten.
Nur müsse auf Priams und Paris Grabe

die höhnende Herde hüpfen und ungestraft das Wild dort
seine Jungen
verbergen: dann stehe immer das stolze Capitol,
und immer gebe das furchtbare Rom
besiegten Medern Gesetze,

horrenda late nomen in ultimas
extendat oras, qua medius liquor
secernit Europen ab Afro,
qua tumidus rigat arva Nilus.

aurum inrepertum et sic melius situm,
cum terra celat, spernere fortior
quam cogere humanos in usus
omne sacrum rapiente dextra,

quicumque mundo terminus obstitit,
hunc tanget armis, visere gestiens,
qua parte debacchentur ignes,
qua nebulae pluviique rores.

sed bellicosis fata Quiritibus
hac lege dico, ne nimium pii
rebusque fidentes avitae
tecta velint reparare Troiae.

Troiae renascens alite lugubri
fortuna tristi clade iterabitur
ducente victrices catervas
coniuge me Iovis et sorore.

ter si resurgat murus aeneus
auctore Phoebo, ter pereat meis
excisus Argivis, ter uxor
capta virum puerosque ploret.'

non hoc iocosae conveniet lyrae.
quo, Musa, tendis? desine pervicax

verbreite weit umher bis zum letzten
Winkel der Erde seinen schreckenden Namen, bis hin, wo die Fluten
von Europen Africa scheiden,
wo der geschwollene Nilstrom die Fluren bewässert.

Es sei stark genug, das unentdeckte Gold,
im Schoße der Erde wohl verwahrt, zu verschmähen
und es nimmer mit gieriger Hand, die auch Tempel nicht schonet,
zum entweihenden Gebrauch zusammenzuraffen.

Mit seinen Waffen erreich' es das Ende der Erde,
begierig, Länder zu sehen,
von glühender Sonne versenget, und Länder,
die Regen und finstrer Nebel beherrscht.

Dies Schicksal künd' ich an den tapfern Quiriten;
nur dürfen sie nimmer, zu voll von Vaterlandsliebe
oder zu stolz auf ihr Glück, die Stadt ihrer Väter,
Troja, wieder zu bauen versuchen.

Und erhübe von neuem sich das unglückliche Troja,
so soll es sein Schicksal stürzen von neuem!
Ich will die Sieggewohnten Geschwader selber führen,
ich, Jupiters Gattin und Schwester!

Stiege, vom Phöbus erbaut, die eherne Mauer
dreimal auf, sie soll dreimal in Trümmern zerfallen, von meinen
Argivern zerstöret, und dreimal soll
die gefangene Gattin Gatten und Söhne beweinen!» –

Doch, stimmt dieser Gesang zum scherzenden Spiel meiner Leier?
Wo wagst du, Muse, dich hin? – Hör' auf, zu vermessen,

referre sermones deorum et
  magna modis tenuare parvis.

4.

Descende caelo et dic age tibia
regina longum Calliope melos,
  seu voce nunc mavis acuta,
    seu fidibus citharave Phoebi.

auditis? an me ludit amabilis
insania? audire et videor pios
  errare per lucos, amoenae
    quos et aquae subeunt et aurae.

me fabulosae Volture in Apulo
nutricis extra limina Pulliae
  ludo fatigatumque somno
    fronde nova puerum palumbes

texere, mirum quod foret omnibus,
quicumque celsae nidum Aceruntiae
  saltusque Bantinos et arvum
    pingue tenent humilis Forenti,

ut tuto ab atris corpore viperis
dormirem et ursis, ut premerer sacra
  lauroque conlataque myrto,
    non sine dis animosus infans.

vester, Camenae, vester in arduos
tollor, Sabinos, seu mihi frigidum

nachzusingen die Sprüche der Götter
und ihre Hoheit durch matten Gesang zu entweihen!

4.

Komm vom Olympus herab, beginne, beginne
langen Gesang, Calliope, Königin,
auf deiner Flöte, mit deiner melodischen Stimme,
auf deinem Saitenspiel oder der Zither Apollons. –

Horcht! – oder täuschet mich die süßeste
Schwärmerei? Nein! Ich hör' ihren Gang, ich sehe sie wandeln
in geweihten Hainen, durch die sich murmelnde Bäche
winden, wo Zephyre säuseln!

Mich deckten, da ich ein Knabe noch war,
von Schlaf und Spielen ermüdet, befabelte Tauben
mit grünenden Sprößlingen zu,
unfern von meiner Amme Pullia Schwellen auf Apuliens Vultur,

ein Wunder Allen,
die Acherontias Felsennest,
Bantins Forsten, des niedern
Forentums fruchtreiche Triften bewohnen,

daß ich unter schwarzen Vipern und Bären
unverletzt schlummerte, bedeckt mit heiligen
Lorbeer- und Myrten-Sträuchen –
ein Knabe, nicht ohne Götter so kühn.

Euer Günstling, o Musen, steig ich Sabins
steile Höhen hinauf und, wenn mir die Lust kömmt,

Praeneste seu Tibur supinum
seu liquidae placuere Baiae.

vestris amicum fontibus et choris
non me Philippis versa acies retro,
devota non extinxit arbor
nec Sicula Palinurus unda.

utcumque mecum vos eritis, libens
insanientem navita Bosphorum
temptabo et urentis harenas
litoris Assyrii viator,

visam Britannos hospitibus feros
et laetum equino sanguine Concanum,
visam pharetratos Gelonos
et Scythicum inviolatus amnem.

vos Caesarem altum, militia simul
fessas cohortes abdidit oppidis,
finire quaerentem labores
Pierio recreatis antro;

vos lene consilium et datis et dato
gaudetis, almae. scimus, ut inpios
Titanas immanemque turbam
fulmine sustulerit caduco,

qui terram inertem, qui mare temperat
ventosum et urbis regnaque tristia,
divosque mortalisque turmas
imperio regit unus aequo.

magnum illa terrorem intulerat Iovi
fidens iuventus horrida bracchiis

zu dem kühlen Präneste, zu Tiburs Hügeln hinauf,
wandle nach Bajäs klaren Küsten.

Mich, den Freund eurer Quellen, eurer Chöre,
vernichtete nicht die Flucht bei Philippi,
nicht der Fluchbeladene Baum,
noch Palinurus in Siciliens Fluten.

An euerer Seite segl' ich sonder Grauen
durch den rasenden Bosporus,
irre, als Pilger, durch Assyriens
alles versengenden Sand;

besuche die unwirtbaren Britten
und den Conkaner, der am Blut der Rosse sich letzt,
besuche die Köchergeschmückten Gelonen
und ungefährdet den Scythischen Strom.

Ihr erquickt den erhabenen Cäsar
in Pierischer Grotte, wenn er die müden Cohorten
in die Städte verlegt und Ruhe
nach der Arbeit des Krieges sucht.

Mildern Rat gebt ihr, friedselige Wesen,
und liebt milderen Rat. Aber wir wissen es auch,
wie frevelnder Titanen wilden Schwarm
mit seinem schnellen Blitze der niederschlug,

welcher den trägen Erdball beherrschet und das
Windebestürmte Meer
und die Städte und die Reiche der Nacht;
der mit gerechtem Szepter
Götter und Menschen allein regiert.

Wohl erschreckte gewaltig den Jupiter
jene grausvolle Rotte, trotzend auf ihres Armes Macht,

fratresque tendentes opaco
Pelion inposuisse Olympo.

sed quid Typhoeus et validus Mimas
aut quid minaci Porphyrion statu,
quid Rhoetus evolsisque truncis
Enceladus iaculator audax

contra sonantem Palladis aegida
possent ruentes? hinc avidus stetit
Volcanus, hinc matrona Iuno et
numquam umeris positurus arcum,

qui rore puro Castaliae lavit
crinis solutos, qui Lyciae tenet
dumeta natalemque silvam,
Delius et Patareus Apollo.

vis consili expers mole ruit sua,
vim temperatam di quoque provehunt
in maius, idem odere viris
omne nefas animo moventis.

testis mearum centimanus Gyges
sententiarum, notus et integrae
temptator Orion Dianae
virginea domitus sagitta.

iniecta monstris Terra dolet suis
maeretque partus fulmine luridum
missos ad Orcum; nec peredit
inpositam celer ignis Aetnen

incontinentis nec Tityi iecur
reliquit ales, nequitiae additus

ihn schreckten die Brüder, auf den finstern
Olympus kühn den Pelion wälzend.

Doch, was vermochte Typhóeus, was der starke Mimas,
Porphyrion drohenden Anblicks,
was Rhötus und Enceladus,
der entwurzelte Bäume, wie Lanzen, warf?

Was vermochten die wilden Empörer
gegen Pallas tönender Ägide? Vulcan stand
glühend ihr dort zur Seite und dort die Königin Juno
und der Gott, des Schulter sich nie des Bogens
entledigt,

der die wallenden Locken in Castaliens
reine Wellen tauchet und Lyciens
Haine bewohnt und den Wald seiner Geburt,
der Delier und der Patareer, Apollo.

Macht ohne Weisheit sinkt unter der eignen Last,
Macht, durch Weisheit regieret, heben die Götter selbst
höher noch empor; aber sie strafen den Gewaltigen,
der Frevel im Herzen nährt.

Das bezeuget mir Gyges, der hunderthändige,
und der berüchtigte Orion,
welcher Dianens Keuschheit versuchte,
vom Pfeile der Jungfrau gezüchtigt.

Tellus beweinet noch ihre frevelnden Kinder,
seufzt über ihre Brut, zum bleichen Orkus
hinabgedonnert, und Feuerströme
verzehren nimmer den auf sie gewälzten Ätna.

Nimmer verläßt die Leber des unenthaltsamen Tityus
der Geier, dem Frevler zum Wächter gesetzet;

custos; amatorem trecentae
Pirithoum cohibent catenae.

5.

Caelo tonantem credidimus Iovem
regnare: praesens divus habebitur
Augustus adiectis Britannis
imperio gravibusque Persis.

milesne Crassi coniuge barbara
turpis maritus vixit et hostium
– pro curia inversique mores! –
consenuit socerorum in armis,

sub rege Medo Marsus et Apulus,
anciliorum et nominis et togae
oblitus aeternaeque Vestae,
incolumi Iove et urbe Roma?

hoc caverat mens provida Reguli
dissentientis condicionibus
foedis et exemplo trahenti
perniciem veniens in aevum,

si non periret inmiserabilis
captiva pubes: 'signa ego Punicis
adfixa delubris et arma
militibus sine caede' dixit

'derepta vidi, vidi ego civium
retorta tergo bracchia libero

dreihundert Ketten fesseln
den verbuhlten Perithous.

5.

Im Himmel herrschet, so weiß unser Glaube, der
donnernde Jupiter;
aber Augustus ist der Erde sichtbarer Gott,
wenn er den Britten selbst und den verderblichen Perser
seiner Herrschaft zugesellt hat.

Wie? Crassus Streiter konnte, ein geschändeter Gatte,
leben im Arme des Parthischen Weibes,
und der Marser ward und der Apulier
auf des feindlichen Schwähers Gefilden grau?

Konnte, o Curia, o des entarteten Volkes! –
dem Medischen König untertan, seines Namens, seiner
Toga
vergessen und der Ancilien und der ewigen Vesta?
Obwohl noch Capitol und Rom noch unerschüttert stand.

Das wollte Regulus weisere Vorsicht verhüten,
als er den schändenden Antrag verwarf,
nicht willigte, ein Beispiel zu geben,
welches Verderben brächte der Nachwelt:

wenn in den Fesseln nicht die gefangene Mannschaft
sonder Mitleid Untergang fände. «Roms Adler», so
sprach er, «und Waffen,
entrissen nicht erschlagenen Streitern,
sah ich aufgehängt in Punischen Tempeln,

sah freier Bürger Arme
auf den Rücken gefesselt,

portasque non clausas et arva
Marte coli populata nostro.

auro repensus scilicet acrior
miles redibit: flagitio additis
damnum. neque amissos colores
lana refert medicata fuco

nec vera virtus, cum semel excidit,
curat reponi deterioribus;
si pugnat extricata densis
cerva plagis, erit ille fortis,

qui perfidis se credidit hostibus,
et Marte Poenos proteret altero,
qui lora restrictis lacertis
sensit iners timuitque mortem.

hic unde vitam sumeret inscius,
pacem duello miscuit: o pudor!
o magna Carthago probrosis
altior Italiae ruinis!'

fertur pudicae coniugis osculum
parvosque natos ut capitis minor
ab se removisse et virilem
torvus humi posuisse voltum,

donec labantis consilio patres
firmaret auctor numquam alias dato
interque maerentis amicos
egregius properaret exul.

atqui sciebat, quae sibi barbarus
tortor pararet: non aliter tamen
dimovit obstantis propinquos
et populum reditus morantem,

unverschlossen die Tore, von unsern
Heeren verwüstete Felder wieder bebaut.

Ha! kehrt der eingelösete Krieger mutiger heim?
Ihr häuft zur Schande Verderben!
Kein Kraut gibt der Wolle
verloschnen Purpurglanz zurück.

Nie drängt, entwich er einmal, der echte Heldensinn
sich in das entwürdigte Herz.
Ja! kämpft die Hindin, dem Garn entgangen,
dann wird auch der Held sein,

welcher sich treulosen Feinden ergab,
im erneuerten Kampfe wird der den Punier schlagen,
der am gefesselten Arm ohnmächtig Banden trug,
der dem Tod erbebte,

und, statt zu streiten, sich Gnade
erbat, als wüßt' er nicht besser sein Leben zu sichern.
O Schande! o großes Carthago!
größer noch durch Italiens beschimpfende Trümmer!»

Also sprach er, und, als wär' er nicht Bürger mehr,
wies er der keuschen Gattin Kuß,
wies er die kleinen flehenden Kinder ab.
Den Heldenblick starr auf den Boden geheftet,

so stärkte er endlich Roms zweifelnde Väter,
den beispiellosen Vorschlag zu billigen;
entfloh dann, glorreich sich selber verbannend,
der Wehklage aller ihn Liebenden.

Obwohl ers wußte, was ihm der Punische Henker
bereitete, drängte er sich doch durch den Schwarm
widerstrebender Freunde und des Volkes,
das ihm die Rückkehr verzögerte,

quam si clientum longa negotia
diiudicata lite relinqueret
tendens Venafranos in agros
aut Lacedaemonium Tarentum.

6.

Delicta maiorum inmeritus lues,
Romane, donec templa refeceris
aedisque labentis deorum et
foeda nigro simulacra fumo.

dis te minorem quod geris, imperas.
hinc omne principium, huc refer exitum:
di multa neglecti dederunt
Hesperiae mala luctuosae.

iam bis Monaeses et Pacori manus
inauspicatos contudit impetus
nostros et adiecisse praedam
torquibus exiguis renidet;

paene occupatam seditionibus
delevit urbem Dacus et Aethiops,
hic classe formidatus, ille
missilibus melior sagittis.

fecunda culpae saecula nuptias
primum inquinavere et genus et domos:
hoc fonte derivata clades
in patriam populumque fluxit.

motus doceri gaudet Ionicos
matura virgo et fingitur artibus

nicht anders, als ob er, nach geschlichteter Sache,
der Klienten ermüdenden Rechtsstreit verließe
und nun Venafrums Fluren zueilte
oder Spartas Tarent.

6.

Du büßest, Römer, unverdient, der Väter Missetaten,
bis du die Tempel wieder baust,
der Götter verfallene Wohnungen,
und ihre Bildnisse, vom schwarzen Rauch entstellt.

Du herrschest, wenn du dich den Göttern unterwirfst.
Damit beginne nur und damit ende nur dein Werk.
Verschmähte Götter sandten viel
des Unheils schon dem jammervollen Hesperien.

Schon zweimal schlug Monäses und Pacorus Macht
Roms Angriff, wider der Olympier Geheiß gewagt,
zurück und schmückte mit der Beute dann
ihr dürft'ges Halsgeschmeid', und lachten drob.

Bald wäre jüngst das aufruhrvolle Rom
vom Dacier, geübt im Wurf des Pfeils,
vom Äthiopier zerstört,
gefürchtet auf dem Meer.

An Lastern fruchtbar hat erst diese Zeit
das Ehebett befleckt, Stamm und Geschlecht:
aus dieser Quell' ergoß Verderben sich
auf Vaterland und Volk.

Begierig lernt und früh die Tänze Joniens
das Mädchen, wird geübt in jeder Buhlerkunst

iam nunc et incestos amores
de tenero meditatur ungui.

mox iuniores quaerit adulteros
inter mariti vina neque eligit
cui donet inpermissa raptim
gaudia luminibus remotis,

sed iussa coram non sine conscio
surgit marito, seu vocat institor
seu navis Hispanae magister,
dedecorum pretiosus emptor.

non his iuventus orta parentibus
infecit aequor sanguine Punico
Pyrrhumque et ingentem cecidit
Antiochum Hannibalemque dirum,

sed rusticorum mascula militum
proles, Sabellis docta ligonibus
versare glaebas et severae
matris ad arbitrium recisos

portare fustis, sol ubi montium
mutaret umbras et iuga demeret
bubus fatigatis, amicum
tempus agens abeunte curru.

damnosa quid non inminuit dies?
aetas parentum peior avis tulit
nos nequiores, mox daturos
progeniem vitiosiorem.

und sinnt auf Freuden unerlaubter Lust,
wenn weich noch sind des Kindes Nägel.

Bald sucht sie bei des Gatten Weingelage
sich jüngre Buhlen aus; da wählt sie nicht,
wem sie verstohlen bei den ausgelöschten Kerzen
verbotne Freuden schenke;

ihr wird, dem Mann nicht unbewußt, gewinkt,
sie stehet auf, wenn ihr der Krämer ruft,
wenn ihr des Spanischen Schiffes Kapitän befiehlt,
der teuer ihre Schand' erkauft.

Aus dieser Eltern Schoß entsprungen nicht die Helden,
die einst das Meer mit Blut der Punier
gefärbt, durch deren Hand einst Pyrrhus fiel,
der mächtige Antiochus, der wilde Hannibal!

Ein männliches Geschlecht streitbarer Landbebauer,
gelehrt, den Acker mit Sabellischer Hacke
zu lockern, auf der strengen
Mutter Wink gespaltne

Scheite heimzutragen, dann, wann die Sonne der Berge
Schatten verlängerte, dem matten Stier
das Joch entnahm und niederfahrend
den Feierabend brachte.

Wie sanken wir mit jeglichem verderbenschwangern Tage
nicht tiefer noch!
Die Vorwelt war so schlecht als unsre Väter nicht;
wir, lasterhafter noch wie sie,
erzeugen ein verderbteres Geschlecht.

7.

Quid fles, Asterie, quem tibi candidi
primo restituent vere Favonii
Thyna merce beatum,
constantis iuvenem fide

Gygen? ille Notis actus ad Oricum
post insana Caprae sidera frigidas
noctis non sine multis
insomnis lacrimis agit.

atqui sollicitae nuntius hospitae,
suspirare Chloen et miseram tuis
dicens ignibus uri,
temptat mille vafer modis.

ut Proetum mulier perfida credulum
falsis inpulerit criminibus nimis
casto Bellerophontae
maturare necem refert,

narrat paene datum Pelea Tartaro,
Magnessam Hippolyten dum fugit abstinens,
et peccare docentis
fallax historias movet,

frustra: nam scopulis surdior Icari
voces audit adhuc integer. at tibi
ne vicinus Enipeus
plus iusto placeat cave,

7. An Asterien

Warum weinest du, meine Asterie,
um den Gyges, den treuesten Jüngling?
Siehe! Favonius erheiternde Lüfte geben beim kommenden Lenz ihn dir,
mit Bithyniens Schätzen bereichert, zurück.

Als der rasende Ziegenstern aufstieg,
warf ihn Notus an Epirus Gestade.
Da durchwacht er die kalten Nächte
nicht ohne Tränen.

Zwar versucht ihn durch tausend Ränke
der schmachtenden Wirtin Bote,
sagt's, wie Chloe ihm seufze und wie von deinem
Feuer die Ärmste glühe.

Dann erzählt er ihm, wie den leichtgläubigen Prötus ein tückisches Weib
mit falschem Vorwurf bewegte,
dem zu keuschen Bellerophon
schnellern Tod zu bereiten.

Wie der enthaltsame Peleus bald zum Tartarus hinab gewandert sei,
als er die Magnesierin Hippolyte verschmähte,
und andere Wollustweckende
Geschichten nennt ihm der Kuppler.

Doch umsonst! denn tauber als die Icarischen Klippen
hört er die Rede, noch unverführt.
Aber du scheue den nachbarlichen Enipeus,
daß er nicht über Gebühr dir gefalle!

quamvis non alius flectere equum sciens
aeque conspicitur gramine Martio
nec quisquam citus aeque
Tusco denatat alveo.

prima nocte domum claude neque in vias
sub cantu querulae despice tibiae
et te saepe vocanti
duram difficilis mane.

8.

Martiis caelebs quid agam kalendis,
quid velint flores et acerra turis
plena miraris positusque carbo in
caespite vivo,

docte sermones utriusque linguae:
voveram dulcis epulas et album
Libero caprum prope funeratus
arboris ictu.

hic dies anno redeunte festus
corticem adstrictum pice dimovebit
amphorae fumum bibere institutae
consule Tullo.

sume, Maecenas, cyathos amici
sospitis centum et vigiles lucernas
perfer in lucem: procul omnis esto
clamor et ira.

Zwar lenkt keiner sein Roß
auf des Marsfelds grünendem Rasen geschickter als er,
und keiner schwimmet rascher
den Tuscischen Strom hinab.

Dennoch verschließ dein Haus beim Dämmern der Nacht,
blick' auf die Straße nicht hin, wenn seine Flöte dir klaget.
Schilt er dich immer hart,
bleib dennoch unbewegt.

8. An den Mäcenas

Was ich, ein Hagestolz, am ersten März so rüstig bin?
Wozu die Blumen hier, wozu hier dies Gefäß
mit Weihrauch angefüllt und auf
dem grünen Rasenaltar dieses Feuer?

Das wundert dich, den Kundigen der Weisheit Griechenlands und Roms?
Ich hatt' ein Freudenmahl und einen weißen
Bock dem Liber einst gelobt, als mich beinah
der Sturz des Baums erschlug.

Nun! dieser Tag ist mir bei jedem neuen Jahr ein Tag des Fests,
und jetzt soll er das Faß entsiegeln,
das schon seit Tullus Consulat
den Rauch zu trinken ward gelehrt.

Auf dann, Mäcenas, trinke hundert Becher Weins
dem unverletzten Freund zu Ehren, laß bis zum Morgen hin
die wachen Kerzen schimmern, entfernt sei
jeder Lärm und Zwist.

mitte civilis super urbe curas:
accidit Daci Cotisonis agmen,
Medus infestus sibi luctuosis
   dissidet armis,

servit Hispanae vetus hostis orae
Cantaber sera domitus catena,
iam Scythae laxo meditantur arcu
   cedere campis.

neglegens, ne qua populus laboret,
parce privatus nimium cavere et
dona praesentis cape laetus horae:
   linque severa.

9.

Donec gratus eram tibi
   nec quisquam potior bracchia candidae
cervici iuvenis dabat,
   Persarum vigui rege beatior.

'donec non alia magis
   arsisti neque erat Lydia post Chloen,
multi Lydia nominis
   Romana vigui clarior Ilia.'

me nunc Thressa Chloe regit,
   dulcis docta modos et citharae sciens,

Die Sorgen für die Stadt – was kümmern die dich jetzt?
Gefallen ist die Heerschar Cotisons, des Daciers;
der Meder, furchtbar sonst, hat nun
die blutgen Dolche wider sich gezückt.

Der Cantaber, der alte Feind am Rande Spaniens,
dient auch, zu spät in Fesseln eingeschmiedet,
der Scythe hat abgespannt den Bogen und sinnt
auf Flucht vom Schlachtgefild.

So frage denn nicht mehr, ob wo Gefahr dem Volke noch drohe.
Lebe dir nun selbst und sorge nicht.
Genieß mit frohem Mut, was dieser Augenblick dir schenket,
und verscheuche jetzt der Geschäfte Ernst.

9. Horaz und Lydia

Horaz
Als ich dir lieb noch war,
als noch um deinen Marmornacken
kein andrer Jüngling statt meiner seine Arme wand,
kein Perserkönig war da glücklicher als ich.

Lydia
Als du noch für kein andres Mädchen branntest,
noch Lydia dir mehr als Chloe war,
da, da war Lydia berühmt,
war größer als Roms Ilia!

Horaz
Nun herrscht in meinem Herzen Chloe, die Thracierin,
des süßesten Gesanges und der Laute Meisterin,

pro qua non metuam mori,
si parcent animae fata superstiti.

'me torret face mutua
Thurini Calais filius Ornyti,
pro quo bis patiar mori,
si parcent puero fata superstiti.'

quid si prisca redit Venus
diductosque iugo cogit aeneo,
si flava excutitur Chloe
reiectaeque patet ianua Lydiae?

'quamquam sidere pulcrior
ille est, tu levior cortice et inprobo
iracundior Hadria,
tecum vivere amem, tecum obeam lubens.'

10.

Extremum Tanain si biberes, Lyce,
saevo nupta viro, me tamen asperas
porrectum ante foris obicere incolis
plorares Aquilonibus.

audis, quo strepitu ianua, quo nemus
inter pulcra satum tecta remugiat
ventis et positas ut glaciet nives
puro numine Iuppiter?

für sie scheu ich den Tod selbst nicht,
schont sie, mein Leben, das Schicksal nur!

Lydia
Ich glühe jetzt für Calaïs,
des Thurischen Ornytus Sohn; er glüht für mich.
Zweimal stürb' ich mit Lust für ihn:
schonte den Jüngling das Schicksal nur!

Horaz
Wie? wenn die alte Liebe wiederkehrte
und die Getrennten wieder in ehrne Bande zwänge?
Wenn ich die blonde Chloe verstieße
und der verschmähten Lydia die Tür sich öffnete?

Lydia
Zwar ist er schöner als der Morgenstern,
du leichter als Kork und wilder
als die böse Adria.
Doch lebt' ich gern mit dir, doch stürb' ich mit dir gern!

10. An Lycen

Tränkest du den entfernten Tanais, Lyce,
einem wilden Manne vermählt, du würdest dennoch
über mich weinen, der ich von Thrazischen Winden umstürmt
vor deiner harten Tür kniee!

Hörst du nicht, wie vom Sturme die Tür knarrt? Der Lusthain,
zwischen der reizenden Wohnung gepflanzt, heult?
Siehst du, wie der Schnee gefriert
von der heiteren Winterluft?

ingratam Veneri pone superbiam,
ne currente retro funis eat rota:
non te Penelopen difficilem procis
   Tyrrhenus genuit parens.

o quamvis neque te munera nec preces
nec tinctus viola pallor amantium
nec vir Pieria paelice saucius
   curvat, supplicibus tuis

parcas, nec rigida mollior aesculo
nec Mauris animum mitior anguibus:
non hoc semper erit liminis aut aquae
   caelestis patiens latus.

11.

Mercuri – nam te docilis magistro
movit Amphion lapides canendo –
tuque testudo resonare septem
   callida nervis,

nec loquax olim neque grata, nunc et
divitum mensis et amica templis:
dic modos, Lyde quibus obstinatas
   adplicet auris,

quae velut latis equa trima campis
ludit exsultim metuitque tangi
nuptiarum expers et adhuc protervo
   cruda marito.

Lege den Übermut ab, den Venus haßt,
daß vom schnellaufenden Rade das Seil nicht
zurückspringt.
Dich zeugte ja nicht dein Tyrrhenischer Vater
zur Penelope, unerbittlich den Freiern.

Und wenn Geschenke dich auch und Bitten
und Violenblässe der Liebenden
und ein Gatte, den eine Pierische Buhlerin entzündet,
nicht beugen; so schone doch

deiner Verehrer, du, beugsamer nicht als die zähe Eiche,
sanfteren Sinnes nicht als Maurische Nattern.
Nicht immer duld' ich diese Schwelle,
nicht immer die triefenden Wolken.

11. An den Mercur

Mercur! – denn, von dir unterrichtet,
beseelte gelehrig Amphion durch seine Gesänge die
Steine –
und du, meine Leier, unterwiesen,
auf sieben Saiten zu tönen,

ungesprächig vordem und sonder Wohllaut; nun aber
bei Mahl der Reichen willkommen, willkommen in Tempeln,
o lehre mich Melodien, die Lydens taubes Ohr
zum Horchen zwingen.

Gleich dem jungen dreijährigen Füllen auf weiten Auen
hüpft sie umher und spielt und scheut den leisesten
Angriff,
Hymens nicht kundig und widerspenstig
dem brünstigen Manne.

tu potes tigris comitesque silvas
ducere et rivos celeres morari;
cessit immanis tibi blandienti
ianitor aulae;

[Cerberus, quamvis furiale centum
muniant angues caput eius atque
spiritus taeter saniesque manet
ore trilingui;]

quin et Ixion Tityosque voltu
risit invito; stetit urna paulum
sicca, dum grato Danai puellas
carmine mulces.

audiat Lyde scelus atque notas
virginum poenas et inane lymphae
dolium fundo pereuntis imo
seraque fata,

quae manent culpas etiam sub Orco:
inpiae – nam quid potuere maius? –,
inpiae sponsos potuere duro
perdere ferro.

una de multis face nuptiali
digna periurum fuit in parentem
splendide mendax et in omne virgo
nobilis aevom,

'surge' quae dixit iuveni marito,
'surge, ne longus tibi somnus unde
non times detur; socerum et scelestas
falle sorores,

Tiger konntest du ja und Wälder mit Dir
entführen, aufhalten reißender Ströme Sturz;
und Cerberus, des Orkus wütender Torwart,
gab deinen schmeichelnden Liedern nach;

[ob sein Furienhaupt gleich hundert
Schlangen bewaffnen, sein Rachen
Verderben haucht und Geifer
die dreigespaltne Zunge herabschäumt.]

Ja, dem Ixion selbst und dem Tityos
zwangst du ein Lächeln ab; auf Augenblicke stand
der Danaiden Urne leer, so lange dein süßes
Spiel sie erquickte.

Lyde mag nur hören die Schandtat und die berüchtigte Strafe
der Jungfraun; bodenlose Fässer,
denen ewig ihr Wasser entrinnet;
mag hören das endliche Schicksal,

das des Verbrechers noch in der Unterwelt wartet.
Die Verruchten konnten (was konnten sie Ärgres?),
konnten drücken den Mordstahl
in die Brust des Verlobten.

Nur eine von allen, würdig
der Hochzeitfackel, täuschte rühmlich
den treulosen Vater, erwarb sich
den Preis der spätesten Nachwelt.

«Erwache», rief sie dem jungen Gatten,
«erwache, daß nicht ewiger Schlaf,
woher du ihn nicht fürchtest, dir komme, entflieh dem Schwäher, entflieh
den mordenden Schwestern,

quae velut nactae vitulos leaenae
singulos eheu lacerant: ego illis
mollior nec te feriam neque intra
claustra tenebo.

me pater saevis oneret catenis,
quod viro clemens misero peperci,
me vel extremos Numidarum in agros
classe releget:

i pedes quo te rapiunt et aurae,
dum favet nox et Venus, i secundo
omine et nostri memorem sepulcro
scalpe querelam.'

12.

Miserarum est neque amori dare ludum neque dulci mala vino lavere, aut exanimari metuentis patruae verbera linguae.

tibi qualum Cythereae puer ales, tibi telas operosaeque Minervae studium aufert, Neobule, Liparaei nitor Hebri,

simul unctos Tiberinis umeros lavit in undis, eques ipso melior Bellerophonte, neque pugno neque segni pede victus,

catus idem per apertum fugientis agitato grege cervos iaculari et celer arto latitantem fruticeto excipere aprum.

deren jegliche jetzt ihren Gatten zerfleischet,
wie die Löwin das ergriffne Kalb. Aber ich,
weicher als sie, will dich nicht töten,
in diesen Mauern nicht halten.

Mich mag mein Vater beladen mit furchtbaren Banden,
weil ich mitleidvoll des unglücklichen Gatten schonte,
mich mag er in Numidiens fernste Wüsten
übers Meer verweisen.

Geh, wohin dein Fuß, wohin die Winde dich führen,
von der Nacht und Venus begünstigt! Geh und sei glücklich,
und auf meinen Grabstein setz' einst
ein klagendes Denkmal!»

12. An die Neobule

Unglücklich sind, die dem Amor kein Spiel erlauben, noch ihren Harm in süßem Wein ertränken und die des Oheims Drohn mit Todesangst erfüllt.

Dir aber raubt Cytherens geflügelter Knabe den Korb, dir, Neobule, der Reiz des Liparischen Hebrus Gewebe und Lust zu Minervens Kunst,

wenn er in den Tiberwellen die gesalbten Schultern wäscht; er ein Reiter, dem selbst Bellerophon weichen muß, im Faustkampf nimmer besiegt, und nimmer im Wettlauf;

auch ist er geschickt, der Hirsche aufgejagtes Volk, das durch die offenen Felder flieht, mit dem Wurfspieß zu töten, und rasch, den im Dickicht versteckten Eber aufzufangen.

13.

O fons Bandusiae, splendidior vitro,
dulci digne mero non sine floribus,
   cras donaberis haedo,
      cui frons turgida cornibus

primis et venerem et proelia destinat –
frustra, nam gelidos inficiet tibi
   rubro sanguine rivos
      lascivi suboles gregis.

te flagrantis atrox hora Caniculae
nescit tangere, tu frigus amabile
   fessis vomere tauris
      praebes et pecori vago.

fies nobilium tu quoque fontium
me dicente cavis inpositam ilicem
   saxis, unde loquaces
      lymphae desiliunt tuae.

14.

Herculis ritu modo dictus, o plebs,
morte venalem petiisse laurum
Caesar Hispana repetit penatis
   victor ab ora.

unico gaudens mulier marito
prodeat iustis operata sacris
et soror clari ducis et decorae
   supplice vitta

13. An den Bandusischen Quell

O Bandusiens Quell, glänzender als Kristall,
würdig des süßesten Weines, der Blumenkränze wert!
Dir weih' ich morgen ein Böcklein,
dem schon die Stirn von jungen Hörnern schwillet,

zu brünstigen Kämpfen gerüstet.
Umsonst! denn bald wird der Sprößling der scherzenden Herde
deine kühlen Wellen mit seinem
Purpurblut färben.

Dich kann des Hundgestirnes verzehrender Brand
nicht treffen; labende Kühlung gewährst du
den vom Pflug ermüdeten Stieren,
der irrenden Herde.

Auch du wirst der berühmten Quellen eine sein!
Denn singen will ich den Eichbaum,
der die Felsengrotte beschattet, aus welcher
deine geschwätzige Welle rinnt.

14. Auf Augustus Rückkehr

Der dem Herkules gleich (so sagte der Ruf jüngst), o Rom,
sein Leben zu zahlen bereit, den Lorbeer erkaufte,
Cäsar kehrt nun von Iberiens Küsten
Siegprangend zu seinen Penaten zurück.

Auf! Gattin, frohlockend ob des besten Gemahls,
geh hin, gerechte Opfer darzubringen,
und du, des ruhmvollen Helden Schwester,
und ihr, im Schmuck der Opferbinden,

virginum matres iuvenumque nuper
sospitum; vos, o pueri et puellae
iam virum expertae, male nominatis
parcite verbis.

hic dies vere mihi festus atras
exiget curas: ego nec tumultum
nec mori per vim metuam tenente
Caesare terras.

i pete unguentum, puer, et coronas
et cadum Marsi memorem duelli,
Spartacum siqua potuit vagantem
fallere testa.

dic et argutae properet Neaerae
murreum nodo cohibere crinem:
si per invisum mora ianitorem
fiet – abito.

lenit albescens animos capillus
litium et rixae cupidos protervae:
non ego hoc ferrem calidus iuventa
consule Planco.

15.

Uxor pauperis Ibyci,
tandem nequitiae fige modum tuae
famosisque laboribus;
maturo propior desine funeri

Mütter der Jungfraun und jüngst geretteter Söhne,
ihr Jünglinge und Mädchen,
schon bekannt mit Hymens Freuden, enthaltet euch jegliches
Worts und nennet kein schlechtes.

Dieser mir festliche Tag wird die schwarzen
Sorgen verjagen; ich fürchte forthin nicht
Aufruhr, gewaltsamen Tod nicht, da Cäsar
den Erdkreis beherrschet.

Geh, Knabe, und hole mir Salben und Kränze,
hol' einen Weinkrug mir, der noch der Marserfehde gedenket,
wenn wo den Streifereien des Spartakus
ein Tontopf entging.

Sag' der melodischen Neära, daß sie eilig
ihr braunes Haar im Knoten schürze!
Wehrt dirs der verhaßte Pförtner,
nun, so kehre zurück!

Das bleichende Haar besänftigt den Zorn
und ungestüme Hadersucht.
Wär' ich der feurige Jüngling noch, wie unter Plankus Consulat,
ich duldete das nicht.

15. An die Chloris

Du, des armen Ibykus Weib,
setze nun endlich Schranken deiner Frechheit
und deinen berüchtigten Buhlerkünsten.
Dem Grabe nah, hör' auf,

inter ludere virgines
   et stellis nebulam spargere candidis.
non, siquid Pholoen satis,
   et te, Chlori, decet: filia rectius

expugnat iuvenum domos,
   pulso Thyias uti concita tympano.
illam cogit amor Nothi
   lascivae similem ludere capreae:

te lanae prope nobilem
   tonsae Luceriam, non citharae decent
nec flos purpureus rosae
   nec poti vetulam faece tenus cadi.

16.

Inclusam Danaen turris aenea
robustaeque fores et vigilum canum
tristes excubiae munierant satis
   nocturnis ab adulteris,

si non Acrisium virginis abditae
custodem pavidum Iuppiter et Venus
risissent: fore enim tutum iter et patens
   converso in pretium deo.

aurum per medios ire satellites
et perrumpere amat saxa potentius
ictu fulmineo; concidit auguris
   Argivi domus ob lucrum

demersa exitio; diffidit urbium
portas vir Macedo et subruit aemulos

in den Reihen der Mädchen zu tanzen
und Nebel unter die Sterne zu mischen.
Was Pholoen kleidet,
steht einer Chloris nicht an. Die Tochter mag immer,

gleich der Thyiade vom Paukenklang geweckt,
der Jünglinge Wohnung stürmen,
sie zwingt Liebe zum Nothus
zu hüpfen, gleich dem buhlenden Reh.

Aber dir ziemt es, des edlen Luceria Wolle
zu spinnen; nicht Zitherspiel,
nicht der Rose Purpur sind für das Alter,
noch der Krug, der bis auf die Hefen geleert wird.

16. An den Mäcenas

Der eherne Turm, die starken Tore
und wachsamer Hunde traurige Obhut
hätten vor nächtlichen Buhlern genugsam
verwahrt die verschlossene Danaë.

Jupiter aber und Venus lachten des Akrisius,
des bangen Hüters der tiefverborgnen Jungfrau.
Es müsse, sie wußten's, einem in Gold
verwandelten Gotte jeglicher Weg sich sicher öffnen.

Gold geht mitten durch alle Trabanten,
spaltet die Felsen, mächtiger
als der Blitzstrahl. Des Gewinstes wegen fiel
des Argivischen Sehers Haus

und wurde zertrümmert. Durch Geschenke sprengte
der Macedonier die Tore der Städte und stürzte

reges muneribus; munera navium
  saevos inlaqueant duces.

crescentem sequitur cura pecuniam
maiorumque fames: iure perhorrui
late conspicuum tollere verticem,
  Maecenas, equitum decus.

quanto quisque sibi plura negaverit,
ab dis plura feret: nil cupientium
nudus castra peto et transfuga divitum
  partis linquere gestio,

contemptae dominus splendidior rei,
quam si quidquid arat inpiger Apulus
occultare meis dicerer horreis,
  magnas inter opes inops.

purae rivos aquae silvaque iugerum
paucorum et segetis certa fides meae
fulgentem imperio fertilis Africae
  fallit sorte beatior.

quamquam nec Calabrae mella ferunt apes
nec Laestrygonia Bacchus in amphora
languescit mihi nec pinguia Gallicis
  crescunt vellera pascuis,

inportuna tamen pauperies abest
nec, si plura velim, tu dare deneges.
contracto melius parva cupidine
  vectigalia porrigam,

eifersüchtige Fürsten. Geschenke fesseln
selbst der Flotte rauhen Gebieter.

Dem wachsenden Reichtum folgt die Sorge
und Durst nach größerem Gut. Ich scheute mich weislich,
mein Haupt vor andern zu erheben,
o du, des Ritterstandes Ehre, Mäcenas!

Je mehr sich jemand versagt,
desto mehr erteilen die Götter ihm. Mit Freuden entlauf' ich
dem Haufen der Reichen und eile nackt zu dem Lager
derer, die nichts begehren.

Ehrenvoller besitz' ich verachtetes Gut,
als wenn ich die ganze Ernte des unverdroßnen Apuliers
in meinen Scheuren verwahrte,
bei allen Schätzen arm.

Ein reiner Silberbach, ein Wald von wenigen Morgen,
mein Saatfeld, das meine Hoffnung nicht täuscht,
macht mich weit glücklicher, als der mich glaubt,
der mit der Herrschaft des fruchtbaren Afrika pranget.

Zwar tragen Kalabriens Bienen mir ihren Honig nicht zu,
zwar wird kein Wein mir mild im Lästrygonischen Fasse,
und fette Wollenherden weiden
mir nicht auf Galliens Triften.

Doch ist drückende Armut fern von mir.
Und du würdest mir nicht, wenn ichs wünschte, mehr zu geben versagen.
Wenn ich meine Begierden beschränke,
so vergrößre ich mein Einkommen mehr,

quam si Mygdoniis regnum Alyattei
campis continuem. multa petentibus
desunt multa: bene est cui deus obtulit
parca quod satis est manu.

17.

Aeli vetusto nobilis ab Lamo –
quando et priores hinc Lamias ferunt
denominatos et nepotum
per memores genus omne fastus

auctore ab illo ducit originem,
qui Formiarum moenia dicitur
princeps et innantem Maricae
litoribus tenuisse Lirim

late tyrannus –: cras foliis nemus
multis et alga litus inutili
demissa tempestas ab Euro
sternet, aquae nisi fallit augur

annosa cornix: dum potes, aridum
conpone lignum: cras genium mero
curabis et porco bimenstri
cum famulis operum solutis.

18.

Faune, Nympharum fugientum amator,
per meos finis et aprica rura

als wenn ich Mygdonische Fluren, verbunden mit Alyattes
Reiche,
besäße. Wer viel wünscht,
dem fehlt viel. Glücklich, wem, was genug ist,
mit sparsamer Hand die Gottheit erteilte.

17. An den Älius Lamia

Älius, edler Sprößling des alten Lamus –
denn es heißt, daß nach ihm die früheren Lamier
benannt sind, und auch der Enkel
ganzes Geschlecht leitet die Geschichtskalender hindurch

von jenem Ahnherrn seinen Ursprung her,
der zuerst Formias Burg
und den Liris, welcher Marikas
Küsten bespület,

weit herrschend besaß –: vom Eurus gesendet wird morgen
ein Ungewitter die Wälder entblättern
und mit nutzlosem Meergras das Ufer
bedecken, wenn sonst die Regenprophetin,

die bejahrte Krähe, nicht täuscht; drum lege, da du's noch
kannst,
das trockne Holz an. Morgen magst du deinen Genius
und deine feiernden Sklaven laben mit Wein und dem
Frischling,
der erst zwei Monate lebte.

18. An den Faunus

Der du die Nymphen liebst, die dich fliehen, Faunus,
durchwandle gütig mein Gefilde

lenis incedas abeasque parvis
aequus alumnis,

si tener pleno cadit haedus anno
larga nec desunt Veneris sodali
vina creterrae, vetus ara multo
fumat odore.

ludit herboso pecus omne campo,
cum tibi nonae redeunt Decembres;
festus in pratis vacat otioso
cum bove pagus;

inter audacis lupus errat agnos,
spargit agrestis tibi silva frondes,
gaudet invisam pepulisse fossor
ter pede terram.

19.

Quantum distet ab Inacho
Codrus pro patria non timidus mori,
narras et genus Aeaci
et pugnata sacro bella sub Ilio:

quo Chium pretio cadum
mercemur, quis aquam temperet ignibus,
quo praebente domum et quota
Paelignis caream frigoribus, taces.

da lunae propere novae,
da noctis mediae, da, puer, auguris
Murenae: tribus aut novem
miscentur cyathis pocula commodis.

und sonnigen Täler, verlaß sie
deinen kleinen Zöglingen günstig.

Siehe, dir blutet am Ende des Jahres das zarte Böckchen.
Voll sind des Liebe-begleitenden Weines die Becher:
dir dampfet vom Wohlgeruch
der moosige Altar.

Kehrt dein alljähriger Festtag zurück,
dann scherzen die Herden auf grünenden Auen,
das feiernde Landvolk ruhet im Grase
bei müßigen Stieren.

Wölfe wandeln dann unter den kühnen Lämmern;
der Wald streut dir dann sein Laub hin,
mit tanzendem Fuß stampft dreimal der Winzer
den verhaßten Boden.

19.

Wie lange Inachus vor Kodrus herrschte,
der furchtlos für das Vaterland dem Tod entgegen ging,
vom Stamm des Äakus,
vom Kriege, beim heilgen Ilium geführt, erzählst du.

Doch, um welchen Preis man sich ein Fäßchen
Chiers kaufe, wer das Bad uns heize,
wer sein Haus uns leihe und wann ich
den Pelignischen Frost nicht mehr fühlen darf: davon schweigst Du!

Wein her, Knabe, dem Neumond
und der Mitternacht und dem Augur
Murena! Der Becher werde mit drei Schalen oder mit neun
Schalen Weins gemischt!

qui Musas amat imparis,
   ternos ter cyathos attonitus petet
vates; tris prohibet supra
   rixarum metuens tangere Gratia

nudis iuncta sororibus:
   insanire iuvat: cur Berecyntiae
cessant flamina tibiae?
   cur pendet tacita fistula cum lyra?

parcentis ego dexteras
   odi: sparge rosas. audiat invidus
dementem strepitum Lycus
   et vicina seni non habilis Lyco.

spissa te nitidum coma,
   puro te similem, Telephe, Vespero
tempestiva petit Rhode:
   me lentus Glycerae torret amor meae.

20.

Non vides, quanto moveas periclo,
Pyrrhe, Gaetulae catulos leaenae?
dura post paulo fugies inaudax
   proelia raptor,

cum per obstantis iuvenum catervas
ibit insignem repetens Nearchum,
grande certamen, tibi praeda cedat,
   maior an illa.

Der begeisterte Dichter, der neun Musen liebt,
mag auch neun Schalen fordern;
die Grazie mit ihren nackten Schwestern,
Gezänk verwehrend,

untersaget mehr als drei.
Heut laßt uns rasen! Was zaudern
die Phrygischen Hörner?
Was hängen die Flöten neben der schweigenden Leier?

Ich hasse müßige Hände!
Streu Rosen! Und den wilden Lärm
vernehme Neidhardt Lycus
und die Nachbarin, die für den Alten sich nicht schickt.

Dir aber, mit vollen Locken geschmückt, dir, Telephus,
dem heitern Abendsterne gleich,
dir schmachtet die reife Rhode nach;
mich durchglüht verzehrende Liebe für meine Glycera!

20. *An den Pyrrhus*

Siehst du nicht, Pyrrhus, mit welcher Gefahr du
einer Gätulischen Löwin die Jungen zu entreißen wagst?
Bald sollst du dem schweren Kampf –
ein mutloser Räuber – entfliehn!

Wenn, um den schönen Nearch sich wieder zu holen,
sie durch der Jünglinge widerstehende Scharen sich dränget;
hart wird dann der zweifelhafte Kampf sein: Ob dir die kostbare Beute zufällt
oder sie die stärkere ist.

interim, dum tu celeris sagittas
promis, haec dentis acuit timendos,
arbiter pugnae posuisse nudo
sub pede palmam

fertur et leni recreare vento
sparsum odoratis umerum capillis,
qualis aut Nireus fuit aut aquosa
raptus ab Ida.

21.

O nata mecum consule Manlio,
seu tu querellas sive geris iocos
seu rixam et insanos amores
seu facilem, pia testa, somnum,

quocumque lectum nomine Massicum
servas, moveri digna bono die
descende Corvino iubente
promere languidiora vina.

non ille, quamquam Socraticis madet
sermonibus, te neglegit horridus:
narratur et prisci Catonis
saepe mero caluisse virtus.

tu lene tormentum ingenio admoves
plerumque duro, tu sapientium
curas et arcanum iocoso
consilium retegis Lyaeo,

Wenn du den flüchtigen Pfeil dann
hervorlangst, sie die furchtbaren Zähne wetzt,
dann steht des Kampfes entscheidender Richter,
den Palmzweig unter dem nackten Fuß, da

und fächelt sanftkühlende Luft
seinen Schultern zu, um welche süßduftende Locken
wallen,
er, dem Nireus vergleichbar oder dem Jüngling,
vom quellenreichen Ida entführet.

21. An meine Flasche

O du, mit mir geboren unter dem Consul Manlius,
holde Flasche, magst du nun Klagen, magst du Scherze
oder Zwist oder ungestümere Liebe
oder sanften Schlummer erzeugen,

oder zu welcher Bestimmung du deinen Massiker
verwahrst: immer bist du's doch wert, an einem frohen
Tage entkerkert zu werden.
So komm denn herab, und spend' uns
deinen milderen Wein; Corvinus gebeut es.

Er, obwohl er von Socrates Reden getränkt ist,
wird dich dennoch nicht, mürrisch, verschmähen.
Wurde des ältern Kato Tugend doch auch wohl
oftmals vom Weine erwärmt.

Du zwingst das fühllose Herz nicht selten
zur sanfteren Freude, du verrätst
bei den Scherzen Lyäens die Sorgen der Weisen
und ihre geheimsten Gedanken.

tu spem reducis mentibus anxiis
virisque et addis cornua pauperi
post te neque iratos trementi
regum apices neque militum arma.

te Liber et si laeta aderit Venus
segnesque nodum solvere Gratiae
vivaeque producent lucernae,
dum rediens fugat astra Phoebus.

22.

Montium custos nemorumque, virgo,
quae laborantis utero puellas
ter vocata audis adimisque leto,
diva triformis,

imminens villae tua pinus esto,
quam per exactos ego laetus annos
verris obliquom meditantis ictum
sanguine donem.

23.

Caelo supinas si tuleris manus
nascente Luna, rustica Phidyle,
si ture placaris et horna
fruge Lares avidaque porca,

nec pestilentem sentiet Africum
fecunda vitis nec sterilem seges

Hoffnung führst du und Kraft zurück in die bange Brust,
gibst Kühnheit dem Armen,
daß, von dir berauschet, er nicht vor dem Diadem des zürnenden Fürsten
und den Waffen des Kriegers erzittert.

Liber und Venus, wenn sie uns hold ist,
und die unzertrennlich verbundenen Grazien
und die wachen Kerzen müssen dir Dauer verleihen,
bis der rückkehrende Phöbus die Sterne verscheucht.

22. *An die Diana*

Jungfrau, die du Wälder und Berge beschützest,
die du, dreimal beschworen, gebärende Mädchen
hörst und dem Tode entreißest,
dreifachgestaltete Göttin!

Dein sei diese Fichte, die mein Landhaus beschattet,
froh will ich ihr an jedem geendeten Jahre
das Blut eines Ebers weihen, dessen Zahn schon
zum Kampfe sich rüstet.

23. *An die Phidyle*

Ländliche Phidyle, hebst du beim Neumond
bittende Hände zum Himmel empor,
versöhnst du die Laren mit Weihrauch, mit heurigen Früchten und dem gierigen Frischling,

dann wird dein fruchtbarer Weinstock den giftigen Afrikus,
dann deine Saat den verderblichen Mehltau

robiginem aut dulces alumni
pomifero grave tempus anno.

nam quae nivali pascitur Algido
devota quercus inter et ilices
aut crescit Albanis in herbis
victima, pontificum securis

cervice tinguet; te nihil attinet
temptare multa caede bidentium
parvos coronantem marino
rore deos fragilique myrto.

inmunis aram si tetigit manus,
non sumptuosa blandior hostia,
mollivit aversos Penatis
farre pio et saliente mica.

24.

Intactis opulentior
thesauris Arabum et divitis Indiae
caementis licet occupes
terrenum omne tuis et mare publicum:

si figit adamantinos
summis verticibus dira Necessitas
clavos, non animum metu,
non mortis laqueis expedies caput.

campestres melius Scythae,
quorum plaustra vagas rite trahunt domos,

nicht empfinden und die holden Zöglinge nicht
die gefahrvolle Witterung des obstreichen Herbstes.

Von dem geweihten Opfertier, welches auf dem beschneiten Algidus
unter den Eichen weidet
oder auf den Albanischen Triften emporwächst,
wird nur des Pontifex Beil

mit Blute gefärbt. Dir ist's nicht Pflicht,
mit dem Blutbad vieler Lämmer
die kleinen Götter zu bestechen, die du mit Rosmarin
und schwachen Myrten zu kränzen pflegst.

Berührt eine schuldlose Hand nur den Altar,
so wird heiliges Mehl und ein hüpfendes Körnlein Salz
eben so sicher die zürnenden Götter besänftigen
als ein kostbares Opfer.

24.

Sei reicher, als des Arabers,
des reichen Indiers noch unberührte Schätze sind.
Mit deinen Prachtgebäuden decke
das ganze Ackerland nur zu und noch den Allgemeinbesitz, das Meer:

Das wilde Schicksal schlägt
auch in die höchsten Gipfel die diamantnen Nägel ein.
Und so vermag dein Geist sich nicht der Furcht,
des Todes Banden nicht dein Haupt sich zu entwinden.

Wie weit beglückter lebt der Scythen Hirtenvolk,
das Volk der rauhen Geten!

vivunt et rigidi Getae,
inmetata quibus iugera liberas

fruges et Cererem ferunt
nec cultura placet longior annua
defunctumque laboribus
aequali recreat sorte vicarius.

illic matre carentibus
privignis mulier temperat innocens
nec dotata regit virum
coniunx nec nitido fidit adultero;

dos est magna parentium
virtus et metuens alterius viri
certo foedere castitas,
et peccare nefas, aut pretium est mori.

o quisquis volet inpias
caedis et rabiem tollere civicam,
si quaeret pater urbium
subscribi statuis, indomitam audeat

refrenare licentiam,
clarus postgenitis, quatenus, heu nefas,
virtutem incolumem odimus,
sublatam ex oculis quaerimus invidi.

quid tristes querimoniae,
si non supplicio culpa reciditur,
quid leges sine moribus
vanae proficiunt, si neque fervidis

Es führt sein wandernd Haus auf Karren mit sich fort,
ein ungeteiltes Feld zollt ihnen

zu freier Nutzung Frucht und Brot.
Nicht länger als ein Jahr bebauen sie das Feld,
und hat der eine dann sein zugeteiltes Werk vollbracht,
so löst ein andrer ihn in gleicher Hoffnung ab.

Da nimmt das treugesinnte Weib
mit Mutterliebe sich des mutterlosen Stiefkinds an.
Das Weib mit großem Heiratsgut beherrscht da nicht
den Mann, trotzt auf den schönern Buhlen nicht.

Ihr großer Brautschatz ist der Eltern Tugend
und Keuschheit, die dem Bunde treu
des fremden Mannes Liebe scheut.
Und treulos sein ist Frevel, und sein Preis der Tod.

O du, wer du auch seist, der du dem frevelhaften
Morden, der Bürgerwut jetzt steuern willst,
den Ehrensäulen einst des Vaterlandes Vater
noch nennen sollen, wag' es und bändige

die zügellose Frechheit;
dann wirst du der Nachwelt wenigstens noch ewig teuer sein;
denn wir, mißgünstig hassen wir (o Schande!) die Tugend, weil sie lebt,
und wünschen nur, ist sie dem Aug' entschwunden, sie zurück.

Doch was nützt bittre Klage,
wofern nicht Strafe das Verbrechen tilgt?
Was helfen uns Gesetze,
ganz unnütz ohne Sittenbesserung, wenn nicht

pars inclusa caloribus
mundi nec Boreae finitimum latus
durataeque solo nives
mercatorem abigunt, horrida callidi

vincunt aequora navitae,
magnum pauperies opprobrium iubet
quidvis et facere et pati
virtutisque viam deserit arduae?

vel nos in Capitolium,
quo clamor vocat et turba faventium,
vel nos in mare proximum
gemmas et lapides aurum et inutile,

summi materiem mali,
mittamus, scelerum si bene paenitet.
eradenda cupidinis
pravi sunt elementa et tenerae nimis

mentes asperioribus
formandae studiis. nescit equo rudis
haerere ingenuus puer
venarique timet, ludere doctior,

seu Graeco iubeas trocho
seu malis vetita legibus alea,
cum periura patris fides
consortem socium fallat et hospites

indignoque pecuniam
heredi properet. scilicet inprobae
crescunt divitiae, tamen
curtae nescio quid semper abest rei.

die Zone, die von heißer Sonne glüht,
nicht jene, wo der nachbarliche Boreas rast
und den tiefen Schnee in Eis verkehrt,
den Handelsmann wegschrecken kann, wenn vor dem schlauen

Schiffer sich die wilde Woge schmiegt
und Armut schimpflich ist und alles
zu bestehn, zu leiden uns gebeut
und selbst der Tugend steilen Pfad verlassen heißt?

Hin in das Kapitol,
wohin der Menge lauter Beifall ruft,
hin in das nächste Meer
laßt uns Juwelen, Steine und das nichtswürd'ge Gold,

des größten Elends Urstoff werfen,
wenn unsre Lastertaten uns wahrhaftig reun.
Ausrotten müssen wir
der Habsucht Wurzel;

durch ernste Arbeit stähle sich
das nur zu weiche Herz. Der edle Jüngling kann,
ganz ungeübt, nicht fest auf seinem Rosse sitzen;
er scheut die Jagd, dafür versteht er jedes Spiel,

willst du den Griechischen Trochus
oder Würfelspiel, das die Gesetze verbieten.
Sein Vater täuscht indessen durch Verrat und Trug
den Handlungsfreund, des Hauses Freunde,

für den unwürd'gen Erben
rafft er Schätze auf. Zwar wächst stets
sein erwuchert Gut; doch scheints ihm klein,
und stets fehlt ihm, ich weiß nicht, was.

25.

Quo me, Bacche, rapis tui
plenum? quae nemora aut quos agor in specus
velox mente nova? quibus
antris egregii Caesaris audiar

aeternum meditans decus
stellis inserere et consilio Iovis?
dicam insigne, recens, adhuc
indictum ore alio. non secus in iugis

exsomnis stupet Euhias
Hebrum prospiciens et nive candidam
Thracen ac pede barbaro
lustratam Rhodopen, ut mihi devio

ripas et vacuum nemus
mirari libet. o Naiadum potens
Baccharumque valentium
proceras manibus vertere fraxinos,

nil parvum aut humili modo,
nil mortale loquar. dulce periculum est,
o Lenaee, sequi deum
cingentem viridi tempora pampino.

26.

Vixi puellis nuper idoneus
et militavi non sine gloria:
nunc arma defunctumque bello
barbiton hic paries habebit,

25. An den Bacchus

Wohin, Bacchus, wohin reißt du mich
Trunknen von dir? In welche Haine und in welche Klüfte
zaubern mich so ungewohnte Gefühle? In welchen
Grotten wird man mich singen hören, des einzigen Cäsars

ewige Glorie zu den Sternen,
zum Divan der Götter erheben?
Singen will ich, was herrlich, was neu ist,
von Keines Lippen gesungen! So staunt auf den Gipfeln

der Berge Evias, wenn sie, ohne Schlaf,
den Hebrus erblickt und Thraziens beschneite Gefilde und Rhodope,
vom Fuße des Barbarn durchirret:
So erblick' ich mit frohem Erstaunen

die unbetretenen Ufer, den einsamen Hain.
O du, der Najaden Beherrscher
und der Bacchantinnen, welche mit gewaltiger Hand
die hohen Eschen entwurzeln!

Nichts Geringes und nicht im niedrigen Ton,
nichts Sterbliches sing' ich. Reizvoll ist,
o Lenäus, der Versuch, einem Gotte zu folgen,
der sich mit grünendem Weinlaub die Schläfen umkränzt hat!

26. An die Venus

Jüngst noch war ich der Mädchen Liebling,
war ein nicht ruhmloser Kämpfer:
nun empfange meine Waffen und meine Dienstentlaßne
Leier diese Wand,

laevom marinae qui Veneris latus
custodit: hic, hic ponite lucida
funalia et vectis et arcus
oppositis foribus minacis.

o quae beatam diva tenes Cyprum et
Memphin carentem Sithonia nive,
regina, sublimi flagello
tange Chloen semel arrogantem.

27.

Inpios parrae recinentis omen
ducat et praegnans canis aut ab agro
rava decurrens lupa Lanuvino
fetaque volpes;

rumpat et serpens iter institutum,
si per obliquom similis sagittae
terruit mannos. ego cui timebo
providus auspex,

antequam stantis repetat paludes
imbrium divina avis imminentium,
oscinem corvum prece suscitabo
solis ab ortu.

sis licet felix, ubicumque mavis,
et memor nostri, Galatea, vivas
teque nec laevos vetet ire picus
nec vaga cornix.

die die linke Seite der Meerentsproßnen Venus
bedecket. Hieher, hieher legt die leuchtenden
Fackeln und Hebel und Bogen,
verschlossenen Türen furchtbar.

O die du das glückliche Cyprus bewohnest
und Memphis, das des Sithonischen Schnees entbehret,
himmlische Königin, berühre nur einmal
mit hochgeschwungener Geißel die übermütige Chloe!

27. An die Galatea

Den Frevler müsse des Unglücks Bote, ein krächzender
Kiebitz,
führen und eine trächtige Hündin oder
funkelnden Auges eine Wölfin, die von den Lanuvinischen
Feldern herabläuft,
und eine säugende Füchsin.

Seinen begonnenen Pfad unterbrech' eine Schlange,
die pfeilschnell schräg vor ihm dahinschießt
und die Ponys schreckt. Für wen mein ängstliches Herz
schlägt,
dem erfleh' ich – ein sorgsamer Auspex –

einen laut krächzenden Raben, welcher vom Aufgang
der Sonne kommt, bevor noch
der nahe Gewitter weissagende Vogel
die stehenden Sümpfe besucht. –

Wohin du auch gehn willst, sei glücklich,
und, Galatea, denke da meiner!
Es müsse kein Unglück verkündender Specht,
keine unstete Krähe deine Reise verhindern.

sed vides, quanto trepidet tumultu
pronus Orion? ego quid sit ater
Hadriae novi sinus et quid albus
peccet Iapyx.

hostium uxores puerique caecos
sentiant motus orientis Austri et
aequoris nigri fremitum et trementis
verbere ripas.

sic et Europe niveum doloso
credidit tauro latus et scatentem
beluis pontum mediasque fraudes
palluit audax.

nuper in pratis studiosa florum et
debitae Nymphis opifex coronae
nocte sublustri nihil astra praeter
vidit et undas.

quae simul centum tetigit potentem
oppidis Creten, 'pater, o relictum
filiae nomen pietasque' dixit
'victa furore!

unde quo veni? levis una mors est
virginum culpae. vigilansne ploro
turpe conmissum an vitiis carentem
ludit imago

vana, quae porta fugiens eburna
somnium ducit? meliusne fluctus
ire per longos fuit an recentis
carpere flores?

Siehst du nicht, zu welchem Aufruhr
der sinkende Orion sich rüstet! Ach! ich kenne
Adrias schwarzen Busen, kenne des heitern
Japyx Tücken!

Der Feinde Weiber und Knaben mögen
des aufsteigenden Austers finstre Stürme erfahren
und der schwarzen Wogen Gebrüll und die von den Fluten
gepeitschten Gestade. –

So vertraute einst Europe die schneeweißen Hüften
dem falschen Stiere, und, da sie das Meer sah,
wimmelnd von Ungeheuern, sich von Gefahren umringt sah,
da erblaßte die Kühne!

Jüngst noch hatte sie Blumen gesucht auf den Wiesen,
hatte den Nymphen gelobte Kränze gewunden,
aber jetzt sah sie beim Schimmerlichte der Nacht
nichts als Fluten und Sterne.

Als sie nun ankam auf Kreta, prangend
mit hundert Städten, «O du, den Vater ich nenne,
von deiner Tochter verlassen! Kindliche Zärtlichkeit» rief sie,
«von Leidenschaft überwältigt!

Woher kam ich? Wohin? o Ein Tod ist zu wenig
für Jungfrauenschuld! Wie? bewein' ich wachend
die schändliche Tat? Oder täuscht ein leeres Bild
mich Schuldlose,

welches einen Traum, dem elfenbeinernen Tor enteilend,
mir zugeführt hat? Warum mußt' es mir besser
dünken, die weiten Fluten zu durchschwimmen, als frische
Blumen zu pflücken?

siquis infamem mihi nunc iuvencum
dedat iratae, lacerare ferro et
frangere enitar modo multum amati
cornua monstri.

inpudens liqui patrios penates:
inpudens Orcum moror. o deorum
siquis haec audis, utinam inter errem
nuda leones;

antequam turpis macies decentis
occupet malas teneraeque sucus
defluat praedae, speciosa quaero
pascere tigris.

vilis Europe, pater urget absens,
quid mori cessas? potes hac ab orno
pendulum zona bene te secuta
laedere collum.

sive te rupes et acuta leto
saxa delectant, age te procellae
crede veloci; nisi erile mavis
carpere pensum

regius sanguis dominaeque tradi
barbarae paelex.' aderat querenti
perfidum ridens Venus et remisso
filius arcu.

mox ubi lusit satis, 'abstineto'
dixit 'irarum calidaeque rixae,

Ha! gäbe mir Zürnenden Jemand nur jetzt den fluchwürdigen Stier,
durchbohren sollt' ihn mein Stahl,
zerbrechen wollt' ich die Hörner des jüngst
so geliebten Ungeheuers!

Schamlos verließ ich des Vaterlands Götter,
schamlos säum' ich, zum Orkus zu wandern! O wenn einer von Euch, ihr Götter,
es höret, laßt mich
nackend irren unter den Löwen;

ehe noch scheußliche Dürre diese blühenden
Wangen bedecket, eh' noch das Blut in der zarten
Beute vertrocknet, in meinen Reizen wünsch' ich,
der Tiger Speise zu sein. –

Nichtswürd'ge Europe, so droht der entfernte Vater,
was säumst du zu sterben? Du kannst mit dem Gürtel,
der dir zum Glücke gefolgt ist, an dieser Esche
hangend dich erwürgen!

Oder reizen dich Felsen und schroffe
Klippen zum Tode; wohl! überlaß dich
den reißenden Stürmen! Wenn du, Königstochter, nicht lieber
als Sklavin dein Tagewerk spinnen

oder als Kebsweib der wilden Gebieterin
unterjocht sein willst.» – Also jammerte Europe,
neben ihr standen boshaft lächelnd Venus und mit abgespanntem
Bogen ihr Knabe.

Als sie genug gelacht, begann also die Göttin:
Laß nur fahren den Grimm und die entflammte Wut,

cum tibi invisus laceranda reddet
cornua taurus.

uxor invicti Iovis esse nescis.
mitte singultus; bene ferre magnam
disce fortunam: tua sectus orbis
nomina ducet.'

28.

Festo quid potius die
Neptuni faciam? prome reconditum,
Lyde, strenua Caecubum
munitaeque adhibe vim sapientiae.

inclinare meridiem
sentis et, veluti stet volucris dies,
parcis deripere horreo
cessantem Bibuli consulis amphoram?

nos cantabimus invicem
Neptunum et viridis Nereidum comas:
tu curva recines lyra
Latonam et celeris spicula Cynthiae:

summo carmine, quae Cnidon
fulgentisque tenet Cycladas et Paphon
iunctis visit oloribus,
dicetur merita Nox quoque nenia.

wenn der verhaßte Stier seine Hörner
zu zerbrechen dir darbeut.

Du bist, ohne es zu wissen, des unüberwindlichen
Jupiters Gattin!
Jammre nicht! lerne weislich ein großes
Glück tragen, der halbe Erdkreis
wird deinen Namen führen.

28. An Lyden

Was könnt' ich am Festtag
Neptuns besser beginnen? Lyde! wohlan! Rasch lange den
tiefverwahrten
Cäcuber hervor
und entwaffne die gerüstete Weisheit!

Du siehst den Mittag sich neigen
und säumst doch, als stände der fliegende Tag still,
die lange schon harrende Flasche,
unter dem Consul Bibulus gefüllt, aus ihrem Lager zu
reißen?

Wir wollen im Wechselgesange
den Neptunus singen und der Nereiden meergrüne Locken.
Du singst zur gewölbten Leier
Latonen und die Pfeile der schnellen Cynthierin,

und im krönenden Lied die Göttin, welche Cnidus
und die schimmernden Cykladen beherrscht und Paphos
mit ihrem Schwanengespann besucht.
Auch empfange die Nacht ihre verdiente Klage!

29.

Tyrrhena regum progenies, tibi
non ante verso lene merum cado
cum flore, Maecenas, rosarum et
pressa tuis balanus capillis

iamdudum apud me est: eripe te morae,
ne semper udum Tibur et Aefulae
declive contempleris arvom et
Telegoni iuga parricidae.

fastidiosam desere copiam et
molem propinquam nubibus arduis:
omitte mirari beatae
fumum et opes strepitumque Romae.

plerumque gratae divitibus vices
mundaeque parvo sub lare pauperum
cenae sine aulaeis et ostro
sollicitam explicuere frontem.

iam clarus occultum Andromedae pater
ostendit ignem, iam Procyon furit
et stella vesani Leonis
sole dies referente siccos;

iam pastor umbras cum grege languido
rivomque fessus quaerit et horridi
dumeta Silvani caretque
ripa vagis taciturna ventis:

29. *An den Mäcenas*

Enkel Tyrrhenischer Fürsten, Mäcenas,
lange schon harret deiner bei mir ein unberührtes Faß
voll milden Weines
und blühende Rosen und
Salben für dein Haupt gepreßt.

Entreiß dich den Fesseln
und hefte nicht immer den Blick auf das wasserreiche
Tibur, auf Äfulas
abhängige Fluren,
auf des Vatermörders Telegonus Hügel.

Verlaß den Ekelerzeugenden Überfluß
und den Wolkenanstrebenden Palast.
Bewundre nicht immer
den Rauch und die Schätze und das Geräusch des üppigen
Roms.

Auch den Reichen ist oftmals der Wechsel süß,
und ein reinliches Mahl in der niedrigen Hütte des Armen
ohne Teppich und Purpur
entfaltete oft schon die sorgenvolle Stirn.

Feurig leuchtet nun wieder, lange verborgen, Andromedas
glänzender Vater,
Procyon wütet
und das Gestirn des rasenden Löwen,
und die Sonne bringt lechzende Tage zurück.

Der müde Hirt sucht mit seiner schmachtenden Herde
Schatten
und Bach und des rauhen
Silvanus Gesträuche. Kein flatterndes Lüftchen
weht am schweigenden Ufer.

tu civitatem quis deceat status
curas et urbi sollicitus times,
quid Seres et regnata Cyro
Bactra parent Tanaisque discors.

prudens futuri temporis exitum
caliginosa nocte premit deus
ridetque, si mortalis ultra
fas trepidat. quod adest memento

conponere aequos: cetera fluminis
ritu feruntur, nunc medio alveo
cum pace delabentis Etruscum
in mare, nunc lapides adesos

stirpisque raptas et pecus et domos
volventis una, non sine montium
clamore vicinaeque silvae,
cum fera diluvies quietos

inritat amnis. ille potens sui
laetusque deget, cui licet in diem
dixisse 'vixi'. cras vel atra
nube polum pater occupato

vel sole puro; non tamen inritum
quodcumque retro est efficiet neque
diffinget infectumque reddet
quod fugiens semel hora vexit.

Fortuna saevo laeta negotio et
ludum insolentem ludere pertinax
transmutat incertos honores,
nunc mihi nunc alii benigna.

Du sorgst indes für des Reiches Wohl;
für den Staat bekümmert, fürchtest du
des Serers, des unruhigen Tanais
und des Bactriers Rüsten, der ehmals vom Cyrus
beherrscht ward.

Weise hüllte die Gottheit der Zukunft Entwicklung
in ein nächtliches Dunkel
und lacht des Sterblichen,
der hoffnungslos zittert. Brauche, was da ist,

mit ruhiger Seele. Alles Übrige führt
gleichsam ein Strom fort, der bald
friedlich in seinem Bette zum Etruscischen
Meer fällt, bald, wenn wild Überschwemmung

die stillen Gewässer aufbringt,
Felsentrümmer und entwurzelte Stämme
und Herden und Häuser fortwälzt,
daß Berge und Wälder umher widerhallen.

Der lebt seiner selbst mächtig
und froh, der an jeglichem Tage
sich sagen darf: Ich habe gelebt! Morgen mag
Jupiter mit Nacht den Himmel schwärzen

oder mit Sonnenglanz erheitern; was hinter uns ist,
wird er doch nicht ungeschehn machen,
was einmal die fliehende Stunde mit sich fortgeführt
hat,
wird er nicht umzuwandeln, nicht zu vereiteln vermögen.

Fortuna, ihres grausamen Geschäftes froh
und beharrlich in ihrem übermütigen Spiele,
wechselt die unsichern Würden,
bald mir günstig, bald andern.

laudo manentem: si celeris quatit
pinnas, resigno quae dedit et mea
virtute me involvo probamque
pauperiem sine dote quaero.

non est meum, si mugiat Africis
malus procellis, ad miseras preces
decurrere et votis pacisci,
ne Cypriae Tyriaeque merces

addant avaro divitias mari:
tunc me biremis praesidio scaphae
tutum per Aegaeos tumultus
aura feret geminusque Pollux.

30.

Exegi monumentum aere perennius
regalique situ pyramidum altius,
quod non imber edax, non aquilo impotens
possit diruere aut innumerabilis

annorum series et fuga temporum.
non omnis moriar multaque pars mei
vitabit Libitinam: usque ego postera
crescam laude recens, dum Capitolium

scandet cum tacita virgine pontifex:
dicar, qua violens obstrepit Aufidus

Bleibt sie mir treu: ich werde sie preisen! Doch hebt
sie die flüchtigen
Schwingen, so entsag' ich ihren Geschenken
und hülle mich in meine Tugend und suche
redliche Armut ohne ihre Mitgift.

Mein Geschäft ist's nicht, zu elenden Bitten
meine Zuflucht zu nehmen, wenn von Africus Stürmen der
Mastbaum erseufzt,
noch sie mit Gelübden
auszusöhnen, daß nicht Tyrus und Cypriens Güter

das gierige Meer bereichern.
Dann wird mich, in einem Nachen gesichert,
ein günstiger Wind und das Zwillingsgestirn
retten aus dem Aufruhr Ägäischer Wogen.

30.

Errichtet hab' ich mir ein Denkmal, ewiger als Erz,
erhabner als der königlichen Pyramiden Bau,
unzerstörbar dem nagenden Schnee, dem wütenden Aquilo,
der Reihe zahlloser Jahre,

dem Strome der Zeit!
Ich werde nicht ganz sterben! Ein großer Teil von mir
entrinnet Libitinen. So lange
der Pontifex noch und mit ihm die feierlich
schweigende Jungfrau

das Capitol besteigt, so lange wächst mein Lob, ewig
neu im Munde der Nachwelt.
Man wird mich nennen, wo gewaltsam Aufidus strömet,

et qua pauper aquae Daunus agrestium
regnavit populorum, ex humili potens

princeps Aeolium carmen ad Italos
deduxisse modos. sume superbiam
quaesitam meritis et mihi Delphica
lauro cinge volens, Melpomene, comam.

wo Daunus wasserarm sein ländliches
Volk beherrschte, sagen wird man von mir: «Er, aus dem Staub erhoben,
vertraute zuerst ein Äolisches Lied der Römischen Leier.»
So nimm denn, Melpomene, den stolzen Delphischen Lorbeer,
den mein Verdienst mir errungen,
und umkränze mit ihm mir gütig die Stirne.

CARMINUM LIBER QUARTUS

I.

Intermissa, Venus, diu
   rursus bella moves? parce precor, precor.
non sum qualis eram bonae
   sub regno Cinarae. desine, dulcium

mater saeva Cupidinum,
   circa lustra decem flectere mollibus
iam durum imperiis; abi,
   quo blandae iuvenum te revocant preces.

tempestivius in domum
   Pauli purpureis ales oloribus
comissabere Maximi,
   si torrere iecur quaeris idoneum.

namque et nobilis et decens
   et pro sollicitis non tacitus reis
et centum puer artium
   late signa feret militiae tuae,

et quandoque potentior
   largi muneribus riserit aemuli,
Albanos prope te lacus
   ponet marmoream sub trabe citrea.

ODEN · VIERTES BUCH

1. An die Venus

Venus, weckest du wieder die lange schon
schlummernden Kämpfe? Schone, ich bitte, schone!
Ich bin nicht mehr, der ich war, als die gefäll'ge
Cinara mich beherrschte. Laß ab, du der süßen

Liebesgötter grausame Mutter!
in dein sanftes Joch den zu zwingen, welchen zehn Lustra
unlenksam machten. Eile dorthin,
wo der Jünglinge schmeichelndes Flehen dich zurückruft.

Willkommner schwebst du,
von Silberschwänen gezogen, zum nächtlichen Schmause
in Paulus Maximus Wohnung herab,
wenn du ein empfängliches Herz zu entzünden suchst.

Denn edler Abkunft ist er und schön,
ist für den leidenden Verklagten nicht stumm,
ein Jüngling, ausgerüstet mit hundert Künsten,
wird er weit umher deine Siege verbreiten.

Und wenn er, mächtiger
als des Nebenbuhlers reichliche Geschenke, einst frohlocken darf,
dann wird er im Tempel von Zedernholz
am Albanischen See ein Marmorbildnis dir setzen.

illic plurima naribus
   duces tura lyraque et Berecyntia
delectabere tibia
   mixtis carminibus non sine fistula;

illic bis pueri die
   numen cum teneris virginibus tuum
laudantes pede candido
   in morem Salium ter quatient humum.

me nec femina nec puer
   iam nec spes animi credula mutui
nec certare iuvat mero
   nec vincire novis tempora floribus.

sed cur heu, Ligurine, cur
   manat rara meas lacrima per genas?
cur facunda parum decoro
   inter verba cadit lingua silentio?

nocturnis ego somniis
   iam captum teneo, iam volucrem sequor
te per gramina Martii
   campi, te per aquas, dure, volubilis.

2.

Pindarum quisquis studet aemulari,
Iulle, ceratis ope Daedalea
nititur pinnis, vitreo daturus
   nomina ponto.

Dort duften dann Weihrauchwolken zu dir auf,
und entzücken wird dort dich
der Leier und Berecynthischer Hörner
harmonischer Klang, von der Flöte begleitet.

Dort werden zweimal des Tags
mit den zarten Mädchen die Knaben
dir Loblieder singen
und nach Salischer Sitte dreimal mit weißem Fuße zur Erde stampfen.

Mich reizt nun kein Mädchen, kein Jüngling mehr,
nicht die leichtgläubige Hoffnung wechselseitiger Liebe,
nicht mehr der Wettstreit beim Becher,
kein frischer Blumenkranz mehr um die Schläfe gewunden.

Doch – warum, Ligurin, ach! warum
schleicht noch jetzt diese Träne mir die Wange verstohlen herab?
Warum stockt in der Rede
die sonst beredte Zunge und verstummet unrühmlich?

Ach dich umschling' ich in nächtlichen Träumen,
bald stürz' ich dir, Flüchtling, nach
durch die Auen des Marsfelds,
bald, Unerbittlicher, dir durch die schnellstrudelnden Wellen.

2. *An den Iullus Antonius*

Wer Pindarn nachzueifern strebt,
Iullus, den tragen Dädalus wächserne Schwingen,
der wird dem kristallnen Meere
Namen geben.

monte decurrens velut amnis, imbres
quem super notas aluere ripas,
fervet inmensusque ruit profundo
   Pindarus ore,

laurea donandus Apollinari,
seu per audacis nova dithyrambos
verba devolvit numerisque fertur
   lege solutis,

seu deos regesque canit, deorum
sanguinem, per quos cecidere iusta
morte Centauri, cecidit tremendae
   flamma Chimaerae,

sive quos Elea domum reducit
palma caelestis pugilemve equomve
dicit et centum potiore signis
   munere donat,

flebili sponsae iuvenemve raptum
plorat et viris animumque moresque
aureos educit in astra nigroque
   invidet Orco.

multa Dircaeum levat aura cycnum,
tendit, Antoni, quotiens in altos
nubium tractus: ego apis Matinae
   more modoque,

grata carpentis thyma per laborem
plurimum, circa nemus uvidique
Tiburis ripas operosa parvos
   carmina fingo.

Wie vom Gebirge der Strom stürzt,
den Regengüsse über sein Bett anschwellten,
so brauset, so stürmet des unerreichbaren Pindars
vollströmender Gesang.

Er verdient den Lorbeer Apollos,
wenn er neue Worte durch kühne Dithyramben
fortwälzt und in regellosen
Rhythmen dahinrauscht;

oder Götter singt und Heroen,
der Götter Blut, durch deren Hand die Centauren
verdienten Tod fanden und die scheußliche
Flammenhauchende Chimära fiel;

oder wenn er Streitroß und Kämpfer preiset, welche der Elische
Palmzweig vergöttert nach ihrer Heimat zurückführt
und sie mit dem Geschenke beehret, das köstlicher ist
als hundert Ehrensäulen;

oder den Jüngling beweint, welcher der jammernden Braut
entrissen ward, seine Stärke und Mut und goldenen Sitten
zu den Sternen erhebt und dem schwarzen
Orkus neidet.

Mächtig hebt die Luft den Dircäischen Schwan,
so oft er die hohen Wolken-
Regionen hinanfleucht. Ich aber, Antonius,
gleich der Matinischen Biene,

welche mit sauerer Arbeit dem lieblichen
Thymian Honig entsaugt, dichte ich, klein wie sie,
im Hain und am Ufer des quellenreichen Tiburs
mühsame Lieder.

concines maiore poeta plectro
Caesarem, quandoque trahet ferocis
per sacrum clivum merita decorus
   fronde Sygambros,

quo nihil maius meliusve terris
fata donavere bonique divi
nec dabunt, quamvis redeant in aurum
   tempora priscum;

concines laetosque dies et urbis
publicum ludum super inpetrato
fortis Augusti reditu forumque
   litibus orbum.

tum meae, si quid loquar audiendum,
vocis accedet bona pars et 'o sol
pulcer, o laudande' canam recepto
   Caesare felix.

teque, dum procedis, io Triumphe,
non semel dicemus, io Triumphe,
civitas omnis dabimusque divis
   tura benignis.

te decem tauri totidemque vaccae,
me tener solvet vitulus, relicta
matre qui largis iuvenescit herbis
   in mea vota,

fronte curvatos imitatus ignis

Du wirst zum höheren Saitenspiel
Cäsarn singen, wenn er, mit verdientem Lorbeer geschmückt,
die wilden Sygambrer einst über
den heiligen Hügel führt.

Nichts so Großes und Gutes schenkte das Schicksal,
schenkten die gütigen Götter jemals der Welt, als er ist,
und könnten nichts Besseres schenken, wenn auch die Zeiten
würden, was einst die goldene Vorwelt war.

Singen wirst du die frohen Tage,
die Feierspiele der Stadt ob des tapfren
Augustus erhaltener Rückkehr und singen
den fehdelosen Gerichtsplatz.

Dann tönt (falls mein Ruf gehört wird)
auch meiner Stimme lauter Jubel in deinen!
Und «Schönster, preiswürdigster Tag!» werd' ich dann singen,
durch Cäsars Rückkehr beglückt.

Und auch dich, Triumph, während du voranziehst,
rufen wir mehr als einmal an: «io Triumph!»
ruft das ganze Volk. Und den wohltätigen Göttern
opfern wir Weihrauch.

Dich entbinden zehn Stiere, zehn Kühe
deiner Gelübde, mich ein zartes Kalb,
das, seiner Mutter entzogen, im wuchernden Grase für meine
Gelübde heranwächst.

Auf der Stirn schimmert es gleich dem sichelförmigen Lichte

tertium lunae referentis ortum,
qua notam duxit, niveus videri,
cetera fulvos.

3.

Quem tu, Melpomene, semel
nascentem placido lumine videris,
illum non labor Isthmius
clarabit pugilem, non equos inpiger

curru ducet Achaico
victorem, neque res bellica Deliis
ornatum foliis ducem,
quod regum tumidas contuderit minas,

ostendet Capitolio:
sed quae Tibur aquae fertile praefluunt
et spissae nemorum comae
fingent Aeolio carmine nobilem.

Romae, principis urbium,
dignatur suboles inter amabilis
vatum ponere me choros,
et iam dente minus mordeor invido.

o testudinis aureae
dulcem quae strepitum, Pieri, temperas,
o mutis quoque piscibus
donatura cycni, si libeat, sonum,

totum muneris hoc tui est,
quod monstror digito praetereuntium

des Mondes, wenn er das drittemal aufgeht,
wo es ein Mal hat, ist es schneeweiß anzuschaun,
sonst ist es bräunlich.

3. An die Melpomene

Auf wen du einst, Melpomene, als er geboren ward,
mit freundlichem Blicke herabsahst,
den verherrlicht der mühvolle Isthmische Kampf nicht,
den führt kein rasches Roß

auf Achaischem Wagen als Sieger einher;
keine Kriegestat zeigt ihn
als Feldherrn mit Delischem Laube geschmückt
dem Capitol, weil er

den Stolz drohender Könige brach.
Aber ihr rieselnden Bäche in Tiburs fruchtbaren Auen,
ihr dunklen Haine, bildet
ihn zum Dichter groß in Äolischen Liedern.

Die Söhne Roms, der Städte-Königin,
nehmen in die reizenden Chöre
ihrer Sänger willig mich auf,
und kaum noch fühl' ich des Neides giftigen Zahn.

O du, die du der goldnen
Leier süße Töne stimmest, Pieridin,
die du stummen Fischen sogar,
wenn du es wolltest, Schwanengesang zu geben vermagst,

dein Geschenk ist dies alles!
Daß der Finger des, der vorübergeht,

Romanae fidicen lyrae;
quod spiro et placeo, si placeo, tuum est.

4.

Qualem ministrum fulminis alitem,
cui rex deorum regnum in avis vagas
permisit expertus fidelem
Iuppiter in Ganymede flavo,

olim iuventas et patrius vigor
nido laborum propulit inscium
vernique iam nimbis remotis
insolitos docuere nisus

venti paventem, mox in ovilia
demisit hostem vividus impetus,
nunc in reluctantis dracones
egit amor dapis atque pugnae,

qualemve laetis caprea pascuis
intenta fulvae matris ab ubere
iam lacte depulsum leonem
dente novo peritura vidit:

videre Raetis bella sub Alpibus
Drusum gerentem Vindelici; quibus
mos unde deductus per omne
tempus Amazonia securi

dextras obarmet, quaerere distuli,
nec scire fas est omnia; sed diu

auf mich als den Meister der Römischen Leier zeigt,
daß ich schon lebend gefalle (wofern ich gefalle), ist
dein Werk!

4. Drusus Lob

Wie der Adler, der Donnerträger Jupiters,
welchem der König der Götter über die unsteten Vögel
die Herrschaft verlieh ob seiner erprobten Treue
bei des goldgelockten Ganymedes Entführung,

unerfahren zuerst, von Jugend und angebornem Mut
aus dem Neste getrieben,
wann der Winter entflohn ist, durch die Frühlings-
Winde den ungewohnten Flug

zitternd lernt, dann auf die Hürden der Schafe
voll feurigen Ungestüms feindlich herabstürzt,
dann mit entgegensträubenden Drachen kämpft,
begierig nach Raub und Streit.

Wie der Löwe, nur kaum erst den vollen Brüsten
der gelbbemähnten Mutter entwöhnt, sich dem Reh zeigt,
das den lachenden Wiesen nachgeht,
dem jungen Zahne zum Raube bestimmt.

So zeigte sich Drusus, als er auf Rätischen Alpen
stritt,
den Vindeliciern, dem Volk,
dem altgewohnter Brauch für alle Zeiten
die Rechte mit dem Beil der Amazonen

bewehrt. Woher dies kommt, hab' ich zu forschen
unterlassen,
nicht frommt es, alles zu wissen. Doch ihre Heere,

lateque victrices catervae
consiliis iuvenis revictae

sensere, quid mens rite, quid indoles
nutrita faustis sub penetralibus
posset, qui Augusti paternus
in pueros animus Nerones.

fortes creantur fortibus et bonis;
est in iuvencis, est in equis patrum
virtus neque inbellem feroces
progenerant aquilae columbam.

doctrina sed vim promovet insitam
rectique cultus pectora roborant;
utcumque defecere mores,
indecorant bene nata culpae.

quid debeas, o Roma, Neronibus,
testis Metaurum flumen et Hasdrubal
devictus et pulcher fugatis
ille dies Latio tenebris

qui primus alma risit adorea,
dirus per urbis Afer ut Italas
ceu flamma per taedas vel Eurus
per Siculas equitavit undas.

post hoc secundis usque laboribus
Romana pubes crevit et inpio
vastata Poenorum tumultu
fana deos habuere rectos,

dixitque tandem perfidus Hannibal:
'cervi, luporum praeda rapacium,
sectamur ultro quos opimus
fallere et effugere est triumphus.

welche des Sieges lange schon und weit umher gewohnt,
sahn sich durch eines Jünglings Klugheit nun besiegt.

Sie fühlten es, was Geist und Herz vermag,
in beglückten Wohnungen gehörig genährt,
was über die jungen Neronen Augustus
Vatergesinnung vermag.

Helden werden von edelmütigen Helden erzeugt,
im Stier und im Rosse wohnt der Väter Kraft,
und streitbare Adler zeugen
keine friedliche Taube.

Doch weckt Unterricht die angestammte Kraft,
und weise Bildung stählt die Heldenbrust.
Sobald Erziehung ermangelt,
so entstellen Laster das beste Naturgeschenk.

Was du, o Rom, deinen Neronen schuldig bist,
davon zeugt der Metaurus und der besiegte
Hasdrubal und jener schöne Tag,
der nach verscheuchter Finsternis für Latium erschien.

Es war der erste Tag, der segensreich uns lachte,
seit der wilde Punier Italiens Provinzen
wie Feuer den Fichtenwald, wie Eurus
Siciliens Fluten, durchwütete.

Nun wurde an glücklichen Siegen
die römische Jugend stark, aufgerichtet wurden
die Götter nun wieder in den Tempeln,
durch der Punier frevelnde Wut so lange verwüstet.

Da brach endlich der treulose Hannibal aus:
«Wie Hirsche, reißender Wölfe Beute,
greifen wir die Streiter an, denen verborgen zu bleiben
und zu entrinnen, der höchste Triumph ist.

gens, quae cremato fortis ab Ilio
iactata Tuscis aequoribus sacra
natosque maturosque patres
pertulit Ausonias ad urbis,

duris ut ilex tonsa bipennibus
nigrae feraci frondis in Algido,
per damna, per caedis ab ipso
ducit opes animumque ferro.

non hydra secto corpore firmior
vinci dolentem crevit in Herculem
monstrumve submisere Colchi
maius Echioniaeve Thebae.

merses profundo, pulcrior evenit;
luctere, multa proruet integrum
cum laude victorem geretque
proelia coniugibus loquenda.

Carthagini iam non ego nuntios
mittam superbos: occidit, occidit
spes omnis et fortuna nostri
nominis Hasdrubale interempto.

nil Claudiae non perficient manus,
quas et benigno numine Iuppiter
defendit et curae sagaces
expediunt per acuta belli.'

5.

Divis orte bonis, optume Romulae
custos gentis, abes iam nimium diu:

Das Volk, das von Iliums Asche
mutig durch tobende Tuscische Wellen seine Götter
und Kinder und bejahrte Väter
zu Ausoniens Städten führte,

gewinnet, der Eiche gleich
auf Algidus dämmerndem Gipfel von der Axt behauen,
durch Verlust und Niederlagen vom Stahle selbst
neue Stärke und Mut.

Mächtiger wuchs die verstümmelte Hydra
nicht gegen Herkules empor, der besiegt zu werden
ergrimmte.
Nicht Colchis, nicht Echions Theben brachten
ein fürchterlicheres Ungeheuer hervor.

Stürz' es in den Ocean, es steiget schöner herauf!
Bekämpf' es, und es wird glorreich den unüberwundenen
Sieger schlagen und einen Kampf beginnen,
der Frauen Jammergespräch.

Ach! nun werd' ich nicht stolze Botschaft mehr
nach Carthago senden! Gefallen, gefallen
ist all unsre Hoffnung, der Glanz unsres Namens;
denn Hasdrubal ist erschlagen!

Alles vermag der Claudier Arm,
die Jupiter huldreich schützt
und eigner Scharfsinn aus des Krieges
Gefahren rettet.»

5. An den Augustus

Du, von den allgütigen Göttern gesandt, der Romuliden
wohltätiger Schirmer, zu lange schon von uns entfernt.

maturum reditum pollicitus patrum
  sancto concilio, redi.

lucem redde tuae, dux bone, patriae.
instar veris enim voltus ubi tuus
adfulsit populo, gratior it dies
  et soles melius nitent.

ut mater iuvenem, quem Notus invido
flatu Carpathii trans maris aequora
cunctantem spatio longius annuo
  dulci distinet a domo,

votis ominibusque et precibus vocat
curvo nec faciem litore dimovet,
sic desideriis icta fidelibus
  quaerit patria Caesarem.

tutus bos etenim rura perambulat,
nutrit rura Ceres almaque Faustitas,
pacatum volitant per mare navitae,
  culpari metuit fides,

nullis polluitur casta domus stupris,
mos et lex maculosum edomuit nefas,
laudantur simili prole puerperae,
  culpam poena premit comes.

quis Parthum paveat, quis gelidum Scythen,
quis Germania quos horrida parturit
fetus incolumi Caesare? quis ferae
  bellum curet Hiberiae?

condit quisque diem collibus in suis
et vitem viduas ducit ad arbores;

Frühere Rückkehr gelobtest du ja der Väter geweihten Versammlung.
Kehre wieder!

Ja, Bester der Fürsten, gib deinem Volke sein Licht wieder!
Denn, lächelt dein Antlitz uns hold wie der Lenz,
heitrer entschwindet uns dann jeglicher Tag,
schöner leuchtet die Sonne uns dann!

Wie die Mutter den Sohn, welchen der neidische Notus
jenseits des Carpathischen Meers,
wo er schon über ein Jahr hinaus verweilte,
von der geliebten Heimat trennet,

mit Gelübden, mit Wünschen und mit Gebeten zurückfleht,
nie vom krummen Ufer den Blick verwendet:
so schmachtet, durchdrungen vom treusten Verlangen,
um seinen Cäsar das Vaterland.

Sicher durchwandelt der Stier die Fluren,
Ceres und der segensreiche Friede nähren die Felder,
Schiffe fliegen durch das beruhigte Meer,
und gewissenhafte Treue besteht.

Keine Schandtat befleckt das keusche Haus,
das unreine Laster wird durch Sittengesetze gebändigt,
Mütter werden ob gleichgearteter Kinder gepriesen,
Strafe folgt der Schuld auf dem Fuß nach.

Cäsar lebt! Wen schreckt noch der Parther?
Wen der beeisete Scythe? Wen die wilde Brut
des rauhen Germaniens? Wen kümmert
der Krieg mit dem wilden Iberien?

Jeder rundet den Tag auf seinen Hügeln,
er führt Reben hinauf an den einsamen Ulmbaum,

hinc ad vina redit laetus et alteris
te mensis adhibet deum.

te multa prece, te prosequitur mero
defuso pateris, et Laribus tuum
miscet numen, uti Graecia Castoris
et magni memor Herculis.

'longas o utinam, dux bone, ferias
praestes Hesperiae' dicimus integro
sicci mane die, dicimus uvidi,
cum sol Oceano subest.

6.

Dive, quem proles Niobaea magnae
vindicem linguae Tityosque raptor
sensit et Troiae prope victor altae
Pthius Achilles,

ceteris maior, tibi miles inpar,
filius quamvis Thetidis marinae
Dardanas turris quateret tremenda
cuspide pugnax –

ille, mordaci velut icta ferro
pinus aut inpulsa cupressus Euro,
procidit late posuitque collum in
pulvere Teucro;

ille non inclusus equo Minervae

dann eilt er fröhlich zum Wein und opfert
beim Schlusse des Mahles dir, seinem Schutzgott.

Zu dir fleht er empor, dir gießt er voll Ehrfurcht
aus dem Becher den Most, und unter seinen Laren
nimmt er auch dich auf, wie einst das dankbare Griechenland
den großen Alciden und Castor.

Gönne, Bester der Fürsten, gönne noch lange
diese Feste deinem Hesperien! so sagen wir nüchtern
beim Anfang des Tages, so sagen wir trunken,
wenn sich die Sonne in den Ocean taucht.

6. An den Apollo

Du Göttlicher! der du, des Übermutes Rächer,
die Brut Niobens züchtigtest und Tityos, der Unschuld Räuber,
und den Achilles aus Pthia, der, halb schon
des hohen Troja Erobrer,

ein Streiter war, größer als alle, nur dir nicht gewachsen;
wiewohl er, ein Sohn der Meerbeherrscherin Thetis,
Dardaniens stolze Mauern, mit seiner furchtbaren Lanze
kämpfend, erschütterte.

Aber er fiel weit ausgestreckt, wie die Fichte
von den Schlägen der Axt fällt und die Zypresse,
vom Sturme gestürzt; Troischer Staub
bedeckte sein Haupt.

Nimmer hätte er, im Rosse verschlossen, welches der Pallas

sacra mentito male feriatos
Troas et laetam Priami choreis
falleret aulam,

sed palam captis gravis, heu nefas, heu
nescios fari pueros Achivis
ureret flammis, etiam latentem
matris in alvo,

ni tuis flexus Venerisque gratae
vocibus divom pater adnuisset
rebus Aeneae potiore ductos
alite muros:

doctor argutae fidicen Thaliae,
Phoebe, qui Xantho lavis amne crinis,
Dauniae defende decus Camenae,
levis Agyieu.

spiritum Phoebus mihi, Phoebus artem
carminis nomenque dedit poetae:
virginum primae puerique claris
patribus orti,

Deliae tutela deae, fugacis
lyncas et cervos cohibentis arcu,
Lesbium servate pedem meique
pollicis ictum,

rite Latonae puerum canentes,
rite crescentem face Noctilucam,

heilig zu sein log, die töricht feiernden
Troer und Priams Fürstenhof
voll froher Reihentänze getäuscht;

mit offenbarer Gewalt hätte er, der Gefangenen Schrecken,
wehe! wehe! die lallenden Knaben in Griechischen Flammen
verbrannt, selbst Ungeborne im Schoße
der Mutter verbrannt,

hätte nicht, durch dein Flehn und durch das Flehen der holden Venus
bezwungen, der Göttervater dem Schicksal Äneas
zugewinkt neue Mauern, unter bessern
Vorbedeutungen erbaut.

Phöbus, Meister der Laute, Lehrer der beredten Thalia!
der du in Xanthus Wellen dein Haar wäschest,
schütze, Jüngling Agyieus, schütze den Ruhm der
Daunischen Camena!

Phöbus gab mir den Geist, Phöbus gab mir die Kunst
des Gesanges, gab den Dichterruhm mir.
Edelste Mädchen, Jünglinge von berühmten
Vätern entsprossen,

ihr, von der Delischen Gottheit geschützt, welche die flüchtigen
Luchse, welche die Hirsche mit ihrem Bogen bezwingt,
folget dem Lesbischen Rhythmus, folget
meinem Lautenschlage.

Singet würdig Latonens Sohn, singet
würdig mit ihrer Fackel die wachsende Nachterleuchtende Göttin,

prosperam frugum celeremque pronos
volvere mensis.

nupta iam dices 'ego dis amicum,
saeculo festas referente luces,
reddidi carmen docilis modorum
vatis Horati.'

7.

Diffugere nives, redeunt iam gramina campis
arboribusque comae;
mutat terra vices, et decrescentia ripas
flumina praetereunt.

Gratia cum Nymphis geminisque sororibus audet
ducere nuda choros.
inmortalia ne speres, monet annus et almum
quae rapit hora diem.

frigora mitescunt Zephyris, ver proterit aestas,
interitura, simul
pomifer autumnus fruges effuderit, et mox
bruma recurrit iners.

damna tamen celeres reparant caelestia lunae:
nos ubi decidimus
quo pius Aeneas, quo dives Tullus et Ancus,
pulvis et umbra sumus.

welche die Fluren segnet und die eilenden Monate
schnell vor sich her wälzt.

Als Gattin wirst du einst sagen: «Ich sang den Göttern
ein willkommnes Lied, als das Jahrhundert
die festlichen Tage zurückbrachte, in den Weisen
des Sängers Horaz unterrichtet!»

7. An den Torquat

Entflohn ist der Schnee! den Fluren entkeimet junges
Grün,
den Bäumen neues Laub;
Tellus wandelt ihre Gestalt, die niedersinkenden Flüsse
gehn in ihren Ufern fort.

Schon wagt mit den Nymphen und ihren
Zwillingsschwestern
die nackte Grazie den Reihentanz. –
Hoffe nichts Ewiges! ruft das Jahr, ruft die Stunde,
die den holden
Tag mit sich fortführt, dir zu.

Zephyre zerschmelzen den Frost, den Lenz vertreibt der
Sommer,
auch dieser schwindet dahin, sobald der
Früchtebeladne Autumnus sein Füllhorn ausgeschüttet
hat. Und bald
kehrt der tote Winter zurück.

Doch bald ersetzen, was sie am Himmel verloren, die
wiederkehrenden Monde.
Wir nur, sanken wir einmal hinab,
wo der fromme Äneas, der reiche Tullus und Ankus ruhn,
wir sind Staub dann und Schatten.

quis scit an adiciant hodiernae crastina summae
 tempora di superi?
cuncta manus avidas fugient heredis, amico
 quae dederis animo.

cum semel occideris et de te splendida Minos
 fecerit arbitria,
non, Torquate, genus, non te facundia, non te
 restituet pietas.

infernis neque enim tenebris Diana pudicum
 liberat Hippolytum
nec Lethaea valet Theseus abrumpere caro
 vincula Pirithoo.

8.

Donarem pateras grataque commodus,
Censorine, meis aera sodalibus,
donarem tripodas, praemia fortium
Graiorum, neque tu pessuma munerum
ferres, divite me scilicet artium
quas aut Parrhasius protulit aut Scopas,
hic saxo, liquidis ille coloribus
sollers nunc hominem ponere, nunc deum.
sed non haec mihi vis, nec tibi talium
res est aut animus deliciarum egens:
gaudes carminibus; carmina possumus
donare, et pretium dicere muneri.
non incisa notis marmora publicis,

Wer weiß, ob an die Reihe der schon entflohenen Tage
die himmlischen Götter den morgenden knüpfen?
Was du frohem Genusse weihtest, das nur entrinnet
den gierigen Händen des Erben.

Bist du einmal tot, hat Minos sein feierliches
Urteil dir gesprochen,
dann gibt, mein Torquat, kein Adel und keine
Beredsamkeit und keine
Frömmigkeit dich dieser Erde zurück.

Nicht Diana rettete den keuschen Hippolytus
aus den Finsternissen des Orkus,
nicht Theseus vermochte, seines geliebten Pirithous
Lethäische
Bande zu zerbrechen.

8. An den Marcus Censorinus

Gern schenkt' ich meinen Freunden Pokale
und manch schönes Gefäß von Erz, Censorin!
Gern Tripoden, den Preis tapferer Griechen,
und dir gäb' ich vor allen das Schlechteste nicht.
Wär' ich nur an Kunstwerken reich,
die Parrhasius schuf und Scopas,
dieser geschickt in Stein, jener mit Farben
bald Menschen darzustellen, bald Götter.
Doch, das vermag ich nicht, auch bedarf dein Haus,
auch verlangt dein Herz solches Prunkes nicht.
Lieder sind dir willkommen, Lieder kann ich dir
schenken
und kann für den Wert solcher Geschenke stehn.
Öffentliche Denkmäler nicht, aus Marmor gehauen,

per quae spiritus et vita redit bonis
post mortem ducibus, [non celeres fugae
reiectaeque retrorsum Hannibalis minae
non incendia Karthaginis inpiae
eius qui domita nomen ab Africa
lucratus rediit] clarius indicant
laudes quam Calabrae Pierides, neque
si chartae sileant quod bene feceris,
mercedem tuleris. quid foret Iliae
Mavortisque puer, si taciturnitas
obstaret meritis invida Romuli?
ereptum Stygiis fluctibus Aeacum
virtus et favor et lingua potentium
vatum divitibus consecrat insulis.
dignum laude virum Musa vetat mori,
caelo Musa beat. sic Iovis interest
optatis epulis inpiger Hercules,
clarum Tyndaridae sidus ab infimis
quassas eripiunt aequoribus ratis,
ornatus viridi tempora pampino
Liber vota bonos ducit ab exitus.

9.

Ne forte credas interitura quae
longe sonantem natus ad Aufidum
non ante volgatas per artis
verba loquor socianda chordis:

non, si priores Maeonius tenet
sedes Homerus, Pindaricae latent
Ceaeque et Alcaei minaces
Stesichorique graves Camenae,

wodurch biedern Feldherrn noch nach dem Tode
Geist und Leben wiederkehrt, [nicht Hannibals schnelle
Flucht, nicht sein gebändigter Trotz, nicht
des treulosen Carthagos Verwüstung]
kündigen [des] Ruhm [,welcher von Afrikas
Erobrung den Namen davon trug,] so laut an
als die Calabrischen Pieriden!
Preiset kein Lied dein Verdienst,
dann bleibst du unbelohnt. Was wäre der Ilia
und Mavors Sohn, hätte neidisches Schweigen
uns Romulus Taten vertilgt?
Aus den Stygischen Fluten rettet den Äakus
die Kraft und Gunst und Zunge gewaltiger Sänger
und weiht ihn den glückseligen Inseln.
Den ruhmwürdigen Mann läßt die Muse nicht sterben,
zum Himmel erhebt ihn die Muse. Held Herkules
sitzet durch sie an Zeus gewünschter Tafel.
Der Tyndariden helles Gestirn reißet durch sie
aus dem Abgrund des Meeres das lecke Schiff,
und Liber, die Schläfe mit frischem Weinlaub umkränzt,
erfüllt der Sterblichen Wünsche.

9. An den Lollius

Fürchte nicht etwa den Untergang meiner Lieder,
die ich, geboren an des weittönenden Aufidus Ufern,
mit vormals nie gewagter Kunst
zum Saitenspiel gesellte.

Nimmt gleich der Mäonide Homerus
den obersten Sitz ein, verborgen ist doch nicht Pindars
und Simonides Muse und des strafenden Alcäus
und des erhabenen Stesichorus.

nec, siquid olim lusit Anacreon,
delevit aetas; spirat adhuc amor
vivuntque conmissi calores
Aeoliae fidibus puellae.

non sola comptos arsit adulteri
crinis et aurum vestibus inlitum
mirata regalisque cultus
et comites Helene Lacaena,

primusve Teucer tela Cydonio
direxit arcu, non semel Ilios
vexata, non pugnavit ingens
Idomeneus Sthenelusve solus

dicenda Musis proelia, non ferox
Hector vel acer Deiphobus gravis
excepit ictus pro pudicis
coniugibus puerisque primus.

vixere fortes ante Agamemnona
multi; sed omnes inlacrimabiles
urgentur ignotique longa
nocte, carent quia vate sacro.

paulum sepultae distat inertiae
celata virtus. non ego te meis
chartis inornatum silebo
totve tuos patiar labores

inpune, Lolli, carpere lividas
obliviones: est animus tibi
rerumque prudens et secundis
temporibus dubiisque rectus,

Auch hat, was je der scherzende Anakreon sang,
kein Alter vertilgt; noch atmet die Liebe,
noch lodert die Flamme, die das Äolische
Mädchen der Leier vertraute.

Nicht Spartas Helena allein ward
von dem Lockenschmuck des Buhlen entbrannt,
nicht sie allein bewunderte das von Golde strotzende Gewand,
die Pracht und die Trabanten des Fürsten.

Nicht Teuker drückte zuerst vom Cydonischen Bogen
den Pfeil ab; nicht Einmal wurde Ilium
berannt, nicht der furchtbare
Idomeneus, nicht Sthenelus kämpften allein in Schlachten,

des Gesanges der Muse wert. Und der kühne
Hektor, der tapfre Deiphobus fingen
nicht zuerst die blutigen Streiche auf
für Kinder und keusche Gattinnen.

Auch vor Agamemnon lebten der Helden
viele; aber unbeweint
und unbekannt werden alle von ewiger Nacht bedeckt,
denn sie pries kein heiliger Sänger.

Wenig ist verborgenes Verdienst von tiefschlummernder Trägheit
verschieden. Nein! nicht schweige von dir mein Gesang!
Preisen soll dich mein Lied,
und nimmer werd' ichs dulden, daß deine mühvollen Taten,

Lollius, die neidische Vergessenheit ungezüchtigt
benage. Dich belebt ein Geist,
mit Weisheit geschmückt, im Glücke
und im Unglück sich gleich,

vindex avarae fraudis et abstinens
ducentis ad se cuncta pecuniae,
   consulque non unius anni,
      sed quotiens bonus atque fidus

iudex honestum praetulit utili,
reiecit alto dona nocentium
   voltu, per obstantis catervas
      explicuit sua victor arma.

non possidentem multa vocaveris
recte beatum; rectius occupat
   nomen beati, qui deorum
      muneribus sapienter uti

duramque callet pauperiem pati
peiusque leto flagitium timet,
   non ille pro caris amicis
      aut patria timidus perire.

10.

O crudelis adhuc et Veneris muneribus potens,
insperata tuae cum veniet pluma superbiae
et quae nunc umeris involitant, deciderint comae,
nunc et qui color est puniceae flore prior rosae,
mutatus, Ligurine, in faciem verterit hispidam,
dices 'heu', quotiens te speculo videris alterum,

ein Geist, der räuberische Arglist rächt
und den alles fesselnden Reichtum verschmäht,
nicht Consul für Ein Jahr,
sondern so oft du, ein biedrer, redlicher

Richter, deinen Vorteil der Pflicht aufopferst,
mit hohem Blicke des Schuldigen Geschenke verwirfst
und die widersträubenden Scharen
mit siegenden Waffen zerstreuest.

Nicht den, der viel besitzet, nennst du
mit Recht glücklich; der behauptet
den Namen des Glücklichen, welcher der Götter
Geschenke weislich zu nutzen,

aber auch drückende Armut zu dulden versteht
und ärger als den Tod das Laster scheut.
Der nur hat Mut, für geliebte Freunde zu sterben
oder fürs Vaterland.

10. An den Ligurin

O du, durch Venus Geschenke so mächtig und doch so grausam noch,
wenn, ehe du Eitler es fürchtest, ein Bart dir entkeimt,
wenn die Locken sich mindern, die jetzt deine Schultern umflattern,
und die Farbe, die jetzt den Purpur der blühenden Rose beschämt,
weicht, Ligurin, und dein Antlitz entstellet:
dann wirst du, so oft du im Spiegel dich verwandelt erblickest,

'quae mens est hodie, cur eadem non puero fuit,
vel cur his animis incolumes non redeunt genae?'

11.

Est mihi nonum superantis annum
plenus Albani cadus, est in horto,
Phylli, nectendis apium coronis,
est hederae vis

multa, qua crinis religata fulges;
ridet argento domus, ara castis
vincta verbenis avet immolato
spargier agno;

cuncta festinat manus, huc et illuc
cursitant mixtae pueris puellae,
sordidum flammae trepidant rotantes
vertice fumum.

ut tamen noris, quibus advoceris
gaudiis, Idus tibi sunt agendae,
qui dies mensem Veneris marinae
findit Aprilem,

iure sollemnis mihi sanctiorque
paene natali proprio, quod ex hac
luce Maecenas meus adfluentis
ordinat annos.

sagen: ‘Ach! Was fühl’ ich jetzt? Warum fühlt’ ich als Jüngling das nicht?
Oder warum kehrt diesen Gefühlen der Wangen Schönheit nicht wieder?’

11. An Phyllis

Ich hab’ ein volles Faß Albaner-Weins, der länger
als neun Jahre lag, ich habe,
Phyllis, Eppich im Garten, um Kränze zu winden,
und viel des Efeus,

dein aufgebundnes Haar zu schmücken.
Von Silber lacht mein Haus; der Altar,
schon umwunden mit heiligen Kräutern, freut sich des Opferlamms,
des Blut ihn färben soll.

Die ganze Dienerschar ist geschäftig; hierhin und dorthin
eilen Mädchen und Knaben im bunten Gemische;
die lodernden Flammen treiben
den schwarzen Rauch wirbelnd empor.

Doch, daß du wissest, zu welcher Lust ich dich lade,
die Iden sollst du feiern! denn dieser
Tag teilt den April, den Monat
der Meergeborenen Venus.

Mit Recht mir ein Festtag! und heiliger fast
als der Tag meiner Geburt, denn von diesem
Morgen an rechnet mein Mäcenas
die Zahl der im zuströmenden Jahre.

Telephum, quem tu petis, occupavit
non tuae sortis iuvenem puella
dives et lasciva tenetque grata
compede vinctum.

terret ambustus Phaethon avaras
spes et exemplum grave praebet ales
Pegasus terrenum equitem gravatus
Bellerophontem,

semper ut te digna sequare et ultra
quam licet sperare nefas putando
disparem vites. age iam, meorum
finis amorum

– non enim posthac alia calebo
femina –, condisce modos, amanda
voce quos reddas: minuentur atrae
carmine curae.

12.

Iam veris comites, quae mare temperant,
inpellunt animae lintea Thraciae,
iam nec prata rigent nec fluvii strepunt
hiberna nive turgidi.

nidum ponit Ityn flebiliter gemens
infelix avis et Cecropiae domus

Den Telephus, welchem du nachgehst,
diesen Jüngling hat schon, nicht gleichen Standes mit dir,
ein reiches, schalkhaftes Mädchen erobert
und hält ihn in holden Banden gefesselt.

Phaethon, vom Blitze getroffen, muß jede
ehrgeizige Hoffnung verscheuchen, ein warnendes Beispiel gibt der geflügelte
Pegasus dir, welcher den Bellerophon, einen sterblichen Reiter,
zu tragen sich sträubte:

daß du stets nur suchest, was dir geziemet,
daß du zu kühne Hoffnungen für Frevel haltest
und den dir ungleichen Liebhaber meidest.
Wohlan! du meine letzte Liebe

(denn forthin werd' ich für kein anderes Mädchen entbrennen)
lerne die Lieder, sie nachzusingen mit deiner
liebreizenden Stimme! Durch Lieder
werden die schwarzen Sorgen gemindert.

12. An einen Gast namens Virgil

Schon wehn des Frühlings Gefährten, die Meerebeherrschenden
Thrazischen Winde in die Segel, schon starren
vom Frost die Wiesen nicht mehr, vom Schnee des Winters geschwollen
rauschen die Flüsse nicht mehr.

Ihr Nest baut wieder, den Itys bejammernd,
die unglückselige Schwalbe, des Cekropischen Hauses

aeternum opprobrium, quod male barbaras
regum est ulta libidines.

dicunt in tenero gramine pinguium
custodes ovium carmina fistula
delectantque deum, cui pecus et nigri
colles Arcadiae placent.

adduxere sitim tempora, Vergili.
sed pressum Calibus ducere Liberum
si gestis, iuvenum nobilium cliens,
nardo vina merebere.

nardi parvus onyx eliciet cadum,
qui nunc Sulpiciis accubat horreis,
spes donare novas largus amaraque
curarum eluere efficax.

ad quae si properas gaudia, cum tua
velox merce veni: non ego te meis
inmunem meditor tinguere poculis,
plena dives ut in domo.

verum pone moras et studium lucri
nigrorumque memor, dum licet, ignium
misce stultitiam consiliis brevem:
dulce est desipere in loco.

13.

Audivere, Lyce, di mea vota, di
audivere, Lyde: fis anus; et tamen

ewige Schande, denn sie rächte zu grausam
des Fürsten wilde Brunst.

Auf zartem Grase gelagert spielen die Hirten
der fetten Wollenherden auf der Flöte Lieder
und ergötzen den Gott, dem die Herden
und Arkadiens schwarze Hügel gefallen.

Virgil, die Jahreszeit hat den Durst herbeigeführt;
aber wenn du Kalener begehrest,
o du, erlauchter Jünglinge Klient,
so verdien' ihn dir durch Narden.

Ein Onyxfläschchen mit Narden locket den Wein heraus,
der jetzt noch in Sulpicius Gewölbe ruht
und neue Hoffnungen reichlich schenket und alle
bittren Sorgen wegzuspülen vermag.

Begehrest du solcherlei Freuden, so eile
mit deiner Ware herbei. Denn umsonst will ich nicht
mit meinen Pokalen dich tränken,
wie ein Reicher im Hause des Überflusses.

Laß jegliches Hindernis, laß die Künste des Wuchers dahinten,
der schwarzen Flamme eingedenk, mische, da es noch dir vergönnt ist,
kurzdauernde Torheit in deine Weisheit:
süß ists, zur rechten Stunde zu rasen.

13. An Lycen

Erhört, o Lyce, haben die Götter meine Wünsche,
die Götter, Lyce, haben sie erhört! Du wirst ein altes Weib

vis formosa videri
ludisque et bibis inpudens

et cantu tremulo pota Cupidinem
lentum sollicitas: ille virentis et
doctae psallere Chiae
pulcris excubat in genis.

inportunus enim transvolat aridas
quercus et refugit te, quia luridi
dentes, te quia rugae
turpant et capitis nives.

nec Coae referunt iam tibi purpurae
nec cari lapides tempora, quae semel
notis condita fastis
inclusit volucris dies.

quo fugit venus, heu, quove color, decens
quo motus? quid habes illius, illius,
quae spirabat amores,
quae me surpuerat mihi,

felix post Cinaram notaque et artium
gratarum facies? sed Cinarae brevis
annos fata dederunt,
servatura diu parem

cornicis vetulae temporibus Lycen,
possent ut iuvenes visere fervidi
multo non sine risu
dilapsam in cineres facem.

und willst doch noch schön sein
und scherzest und zechest noch schamlos

und neckest trunken mit bebender Stimme
den zögernden Cupido. Der lauert
nun auf den schönen Wangen der blühenden
Lautenschlägerin Chia.

Denn der Stolze flattert verdorrten
Eichen vorüber und flieht dich, weil gelbe
Zähne, weil Runzeln
und ein beschneites Haupt dich entstellen.

Nicht Coischer Purpur, nicht kostbare Steine
bringen die Jahre dir wieder,
die die beflügelte Zeit nun einmal
den Jahrbüchern einverleibt hat.

Wohin ist Venus geflohn? ach! wohin deine Farbe?
Wohin dein edler Anstand? was hast du noch übrig von
jener, ach! jener Gestalt,
die nach Cinarens die glücklichste war,
so berühmt, so voller Liebreiz war?

und lauter Liebe atmete und mich mir selbst entriß?
Aber das Schicksal gab Cinaren
nur wenige Jahre,
und Lycen gab es ein Alter,

gleich dem Alter der bejahrten Krähe,
daß die feurigen Jünglinge
nicht ohne lautes Gelächter die Fackel sähen
in Asche verwandelt.

14.

Quae cura patrum quaeve Quiritium
plenis honorum muneribus tuas,
Auguste, virtutes in aevum
per titulos memoresque fastus

aeternet, o qua sol habitabilis
inlustrat oras, maxime principum,
quem legis expertes Latinae
Vindelici didicere nuper,

quid Marte posses. milite nam tuo
Drusus Genaunos, inplacidum genus,
Breunosque velocis et arces
Alpibus inpositas tremendis

deiecit acer plus vice simplici,
maior Neronum mox grave proelium
conmisit immanisque Raetos
auspiciis pepulit secundis,

spectandus in certamine Martio
devota morti pectora liberae
quantis fatigaret ruinis,
indomitas prope qualis undas

exercet Auster Pleiadum choro
scindente nubis, inpiger hostium
vexare turmas et frementem
mittere equum medios per ignis.

sic tauriformis volvitur Aufidus,

14. An den Augustus

Welche Sorgfalt der Väter und der Quiriten
wird deine Tugenden, Augustus,
nach Würden ehren und auf Denkmälern
des Ruhms und in Jahrbüchern

verewigen? O du, so weit die Sonne bewohnte
Küsten bestrahlet, der Fürsten Erster!
Des Streiterarm jüngst die Vindelicier empfanden,
die nie sonst Römischen Gesetzen gehorchten.

Denn mit deinem Kriegesheer warf der Held Drusus
die Genauner in den Staub, ein wildes Volk,
und die schnellen Breunen und die Schlösser,
auf furchtbaren Alpen getürmt,

in mehrfacher Vergeltung.
Der Ältre der Neronen wagte drauf den blutigen Kampf
und schlug, vom Glücke geleitet,
die gräßlichen Rätier.

Ruhmwürdig war er da, als er, im Schlachtgetümmel,
den Mut der Feinde, welche dem freigewählten Tod
entgegen gingen,
durch schreckliche Niederlagen ermüdete.
Dem Auster vergleichbar, welcher die ungebändigten
Wogen

durcheinander jagt, sobald der Plejaden Chor
die Wolken durchbricht, drang er rastlos
in die Geschwader der Feinde und stürzte sein
schäumendes
Roß ins Feuer der Schlacht.

So wälzt der gehörnte Aufidus sich fort,

qui regna Dauni praefluit Apuli,
cum saevit horrendamque cultis
diluviem meditatur agris,

ut barbarorum Claudius agmina
ferrata vasto diruit impetu
primosque et extremos metendo
stravit humum sine clade victor,

te copias, te consilium et tuos
praebente divos. nam tibi quo die
portus Alexandrea supplex
et vacuam patefecit aulam,

Fortuna lustro prospera tertio
belli secundos reddidit exitus
laudemque et optatum peractis
imperiis decus adrogavit.

te Cantaber non ante domabilis
Medusque et Indus, te profugus Scythes
miratur, o tutela praesens
Italiae dominaeque Romae.

te fontium qui celat origines
Nilusque et Hister, te rapidus Tigris,
te beluosus qui remotis
obstrepit Oceanus Britannis,

te non paventis funera Galliae
duraeque tellus audit Hiberiae,
te caede gaudentes Sygambri
conpositis venerantur armis.

der des Apulischen Daunus Reiche vorbeiströmt,
wenn er wütet und mit furchtbarer
Überschwemmung die Fluren bedroht:

So zerriß die gepanzerten Reihen des feindlichen Heeres
im weit sich erstreckenden Angriff Claudius,
mähte vom Ersten bis Letzten alles hinweg
und bedeckte mit Leichen das Feld, ein Sieger ohne Verlust.

Denn du liehst ihm dein Heer, deinen Rat, deiner
Gottheit Schutz. An dem Tag,
als Alexandria dir unterwürfig seine Hafen
öffnete und das verlassene Königsschloß,

gab nach drei Lustren dir die holde Fortuna
auch dieses Krieges glücklichen Ausgang
und verherrlichte deine errungenen Siege
mit Ruhm und gewünschter Glorie.

Dich, den Schutzgott
Italiens und des allesbeherrschenden Roms,
bewundert der Kantaber, vordem noch nie gebändigt,
der Meder und Inder und der flüchtige Scythe.

Dir gehorchet der Nil, der seines Stromes Urquell verbirgt,
und der Ister und reißende Tigris gehorcht dir,
und der Ocean, der, von Ungeheuern bewohnet,
Britanniens ferne Gestade beschäumt;

und Gallien, das keinem Tode erzittert,
und das rauhe Iberien;
die Sygambrer, voll Mordlust,
beten dich an, mit niedergelegten Waffen.

15.

Phoebus volentem proelia me loqui
victas et urbis increpuit lyra,
ne parva Tyrrhenum per aequor
vela darem. tua, Caesar, aetas

fruges et agris rettulit uberes
et signa nostro restituit Iovi
derepta Parthorum superbis
postibus et vacuum duellis

Ianum Quirini clausit et ordinem
rectum evaganti frena licentiae
iniecit emovitque culpas
et veteres revocavit artis,

per quas Latinum nomen et Italae
crevere vires famaque et imperi
porrecta maiestas ad ortus
solis ab Hesperio cubili.

custode rerum Caesare non furor
civilis aut vis exiget otium,
non ira, quae procudit ensis
et miseras inimicat urbis;

non qui profundum Danuvium bibunt
edicta rumpent Iulia, non Getae,
non Seres infidique Persae,
non Tanain prope flumen orti;

15. Augustus Lob

Schlachten wollt' ich singen
und eroberte Städte; da warnte mich Phöbus mit seiner Leier,
daß ich mein schwaches Segel nicht Tyrrhenischen Wogen
vertraute. Dein Zeitalter, Augustus,

hat reiche Saaten den Äckern wiedergeschenkt
und die Adler, der Parther stolzen
Pfosten entrissen, unserm Jupiter
wiedergegeben, und den fehdelosen

Janus des Quirin verschlossen und der Recht und Ordnung
spottenden Frechheit die Zügel
angelegt, die Laster verbannet
und der Vorwelt Tugenden zurückgerufen,

durch welche Roms Name wuchs und Italiens
Macht, durch welche der Ruf
und die Majestät der Römischen Herrschaft sich von Hesperien,
dem Ruhbett der Sonne, bis zum Aufgang verbreitete.

Nun Cäsar über den Erdkreis wacht,
verscheucht keine Bürgerwut, keine Feindesgewalt uns die Ruhe,
kein Zorn, der Schwerter schmiedet
und unglückliche Städte entzweiet.

Nicht die Völker, welche die tiefe Donau trinken,
zerreißen die Bande Julischer Gesetze mehr, die Geten nicht,
noch die Serer, noch die treulosen Perser,
noch die, welche am Tanais geboren wurden.

nosque et profestis lucibus et sacris
inter iocosi munera Liberi
cum prole matronisque nostris
rite deos prius adprecati

virtute functos more patrum duces
Lydis remixto carmine tibiis
Troiamque et Anchisen et almae
progeniem Veneris canemus.

Wir aber wollen an ungeweihten wie an geweihten Tagen
bei den Bechern des fröhlichen Liber
mit unsern Gattinnen und Kindern
zuerst die Götter gebührend anflehen

und dann der Vorzeit Helden, die Väterart groß gemacht,
besingen, vom Klange Lydischer Flöten begleitet,
und Troja und den Anchises
und den Abkömmling der allgütigen Venus.

CARMEN SAECULARE

Phoebe silvarumque potens Diana,
lucidum caeli decus, o colendi
semper et culti, date quae precamur
    tempore sacro,

quo Sibyllini monuere versus
virgines lectas puerosque castos
dis, quibus septem placuere colles,
    dicere carmen.

alme Sol, curru nitido diem qui
promis et celas aliusque et idem
nasceris, possis nihil urbe Roma
    visere maius.

Rite maturos aperire partus
lenis, Ilithyia, tuere matres,
sive tu Lucina probas vocari
    seu Genitalis:

diva, producas subolem patrumque
prosperes decreta super iugandis

DER SÄKULARGESANG

Du, Phöbus, und du, Beherrscherin der Wälder, Diana,
glänzender Schmuck des Himmels, o ihr allzeit anbetungswürdigen
und allzeit angebeteten Gottheiten, gewähret, was wir bitten
in der heiligen Zeit,
in welcher die Sibyllinischen Bücher
auserkorne Jungfrauen und unbefleckte Knaben
den Göttern, die sich die sieben Hügel gefallen lassen,
ein Loblied singen heißen!

Wohltätiger Gott des Lichtes, der du auf strahlendem Wagen den Tag
heraufbringst und hinwegführest, immer neugeboren wirst und immer
derselbe bist, möchtest du doch nichts Größeres
erblicken können als Rom!

Du, die zu rechter Zeit die reifen Geburten
huldreich ans Licht bringt, beschütze die Mütter, Ilithyia,
oder willst du lieber Lucina genannt werden
oder Erzeugerin!

Göttin, laß es nicht an nachwachsender Jugend fehlen und gib Gedeihen
zu den Schlüssen des Senates über Beförderung der Heiraten

feminis prolisque novae feraci
lege marita,

certus undenos deciens per annos
orbis ut cantus referatque ludos
ter die claro totiensque grata
nocte frequentis.

Vosque, veraces cecinisse Parcae,
quod semel dictum est stabilisque rerum
terminus servet, bona iam peractis
iungite fata.

fertilis frugum pecorisque Tellus
spicea donet Cererem corona;
nutriant fetus et aquae salubres
et Iovis aurae.

condito mitis placidusque telo
supplices audi pueros, Apollo;
siderum regina bicornis, audi,
Luna, puellas.

Roma si vestrum est opus Iliaeque
litus Etruscum tenuere turmae,
iussa pars mutare lares et urbem
sospite cursu,

cui per ardentem sine fraude Troiam
castus Aeneas patriae superstes
liberum munivit iter, daturus
plura relictis:

und über jenes Ehegesetz, die reiche Quelle
neuer Nachkommen:

damit der bestimmte Kreislauf von zehnmal elf Jahren
die Gesänge und die Spiele wieder bringe,
die in dreien glänzenden Tagen und eben so vielen holden
Nächten die Freude des zudrängenden Volkes sind.

Und ihr, in euren Aussprüchen nie trügende Parcen,
lasset, denn ihr habt es einmal verkündigt, und der Ausgang der Dinge
müsse unveränderlich es halten, lasset das Glück der schon verlebten Zeiten
ununterbrochen auf die Zukunft fortdauern.

An Früchten und Herden fruchtbar, beschenke Tellus
mit einer Krone von Ähren die Ceres,
und was die Erde gebiert, ernähre erquickender Regen
und gesunde Luft vom Jupiter!

Huldreich und gütig, nicht schrecklich durch verderbliche Pfeile,
erhöre die flehenden Jünglinge, Apollo!
Zweihörnige Königin der Sterne,
Luna, erhöre die Jungfrauen!

Ist Rom euer Werk und haben Ilische
Scharen auf euer Geheiß ihre Wohnungen und ihre Stadt verlassen
und durch eine von Euch begünstigte Fahrt
das Etruscische Ufer erreicht,

sie, denen durch das brennende Troja
der unsträfliche Äneas, sein Vaterland überlebend,
einen sichern Weg gebahnt hat, um ihnen mehr zu geben,
als sie verlassen:

di, probos mores docili iuventae,
di, senectuti placidae quietem,
Romulae genti date remque prolemque
   et decus omne.

Quaeque vos bobus veneratur albis
clarus Anchisae Venerisque sanguis,
impetret, bellante prior, iacentem
   lenis in hostem.

iam mari terraque manus potentis
Medus Albanasque timet securis,
iam Scythae responsa petunt, superbi
   nuper et Indi.

iam Fides et Pax et Honos Pudorque
priscus et neglecta redire Virtus
audet adparetque beata pleno
   Copia cornu.

Augur et fulgente decorus arcu
Phoebus acceptusque novem Camenis,
qui salutari levat arte fessos
   corporis artus,

si Palatinas videt aequos aras,
remque Romanam Latiumque felix
alterum in lustrum meliusque semper
   prorogat aevum,

quaeque Aventinum tenet Algidumque,
quindecim Diana preces virorum

Götter! so gebt gute Sitten gelehriger Jugend,
Ruhe, ihr Götter, dem die Stille liebenden Alter,
gebt dem Volke des Romulus Reichtum und Kinder
und alle Arten der Ehre!

Und was erbittet, der euch mit Opfern von weißen Rindern verehrt,
der ruhmvolle Abkömmling des Anchises und der Venus,
erlange er, siegend über den streitbaren,
gelind gegen den überwundenen Feind.

Schon fürchtet der Meder unsere zu Land und Wasser
mächtigen Heere und die Albanischen Fasces,
schon holen die Scythen und die vor kurzem noch stolzen
Indier von Rom Befehle.

Schon wagt es die Treue und der Friede und die Ehre
und die alte Ehrbarkeit und die verschmähte Tugend zurückzukommen,
und der reiche Überfluß zeiget sich
mit seinem vollen Horne.

Der weissagende Phöbus, den der glänzende Bogen schmückt,
Er, die Lust der neun Camenen,
der durch die heilende Kunst den geschwächten
Körper stärket,

müsse, wenn er mit Huld auf die Palatinischen Altäre herabsieht,
den Römischen Staat und das beglückte Latium
auf ein abermaliges Lustrum und auf immer bessere
Zeiten hinaus erhalten.

Und Diana, die den Aventinischen Berg und den Algidus bewohnt,
merke auf das Bitten der Fünfzehnmänner

curat et votis puerorum amicas
adplicat auris.

Haec Iovem sentire deosque cunctos
spem bonam certamque domum reporto,
doctus et Phoebi chorus et Dianae
dicere laudes.

und neige ein gnädiges Ohr
zu dem Flehen der Jünglinge!

Ja! Jupiter und alle Götter lassen sich unser Gebet gefallen,
und diese gute, diese gewisse Hoffnung nehmen wir mit nach Hause,
wir jugendlicher Chor, der unterwiesen worden, dem Phöbus und der Diana
ein Loblied zu singen.

EPODON LIBER

I.

Ibis Liburnis inter alta navium,
amice, propugnacula,
paratus omne Caesaris periculum
subire, Maecenas, tuo:
quid nos, quibus te vita si superstite,
iucunda, si contra, gravis?
utrumne iussi persequemur otium
non dulce, ni tecum simul,
an hunc laborem, mente laturi decet
qua ferre non mollis viros?
feremus et te vel per Alpium iuga
inhospitalem et Caucasum
vel occidentis usque ad ultimum sinum
forti sequemur pectore.
roges, tuum labore quid iuvem meo
inbellis ac firmus parum?
comes minore sum futurus in metu,
qui maior absentis habet,
ut adsidens inplumibus pullis avis
serpentium adlapsus timet,

EPODEN

Epode 1. An den Mäcen

Auf Liburnischen Schiffen ziehest du, Freund, den hohen
Türmen der feindlichen entgegen,
bereit, jede Gefahr des Cäsars
zu deiner eigenen zu machen, Mäcen!
Was sollen wir tun, denen das Leben, wenn du lebst,
angenehm, ohne dich eine Last ist?
Sollen wir, wie uns befohlen worden, in einer Ruhe
fortleben,
die uns nicht süß ist, als nur mit dir?
Oder sollen wir diese Arbeit des Krieges mittragen,
mit dem Mute eines Mannes, der kein Weichling ist?
Ja! wir wollen sie mittragen! wir wollen dir von Alpen
zu Alpen
und über den unwirtbaren Caucasus
oder bis zur äußersten Küste des westlichen Oceans
standhaft folgen!
Du wirst fragen, was ich dir helfen könne,
der ich unkriegerisch und schwach von Körper bin.
Wenn ich dich begleite, wird bei mir die Sorge geringer
sein,
die allezeit bei Abwesenden größer ist:
Wie ein Vogel, der über seinen unbefiederten Jungen
sitzt,
für solche den Anfall der Schlangen dann am meisten
fürchtet,

magis relictis, non, ut adsit, auxili
latura plus praesentibus.
libenter hoc et omne militabitur
bellum, in tuae spem gratiae,
non ut iuvencis inligata pluribus
aratra nitantur meis
pecusve Calabris ante sidus fervidum
Lucana mutet pascuis
neque ut superni villa candens Tusculi
Circaea tangat moenia.
satis superque me benignitas tua
ditavit, haud paravero
quod aut avarus ut Chremes terra premam,
discinctus aut perdam nepos.

2.

Beatus ille qui procul negotiis,
ut prisca gens mortalium,
paterna rura bobus exercet suis
solutus omni faenore
neque excitatur classico miles truci
neque horret iratum mare
forumque vitat et superba civium
potentiorum limina.
ergo aut adulta vitium propagine
altas maritat populos

wann er sie verlassen muß: ob er ihnen gleich, wann sie um ihn sind,
durch seine Gegenwart nicht mehr Hilfe schaffen kann.
Gern will ich diesen und jeden andern Krieg
aushalten, dir zu Liebe,
nicht daß mir mehrere Stiere
die arbeitenden Pflüge ziehen
oder daß meine Herde vor dem Aufgang des brennenden Gestirns
Calabrische Triften gegen Lucanische vertausche,
noch daß mein Landhaus, von Marmor glänzend,
bis an die Circäischen Mauern des hochliegenden Tusculum reiche.
Überflüssig reich hat mich deine Güte gemacht,
und ich möchte nicht Schätze erwerben,
um sie wie ein geiziger Chremes in die Erde zu verscharren
oder wie ein liederlicher Erbe durchzubringen.

Epode 2. Lob des Landlebens

Glücklich! wer ferne von Geschäften,
wie das erste Geschlecht der Sterblichen,
die väterlichen Felder mit eignen Rindern pflügt
und frei von allem Wucher ist;
ihn weckt kein fürchterlicher Lärm der Trompeten zur Schlacht,
ihn schreckt kein erzürntes Meer;
er meidet die Gerichtshöfe und die stolzen Schwellen
mächtiger Bürger!
Dafür vermählt er hohe Pappelbäume
mit erwachsenen Reben

aut in reducta valle mugientium
prospectat errantis greges
inutilisque falce ramos amputans
feliciores inserit
aut pressa puris mella condit amphoris
aut tondet infirmas ovis.
vel cum decorum mitibus pomis caput
Autumnus agris extulit,
ut gaudet insitiva decerpens pira
certantem et uvam purpurae,
qua muneretur te, Priape, et te, pater
Silvane, tutor finium.
libet iacere modo sub antiqua ilice,
modo in tenaci gramine:
labuntur altis interim ripis aquae,
queruntur in silvis aves
fontesque lymphis obstrepunt manantibus,
somnos quod invitet levis.
at cum tonantis annus hibernus Iovis
imbris nivisque conparat,
aut trudit acris hinc et hinc multa cane
apros in obstantis plagas
aut amite levi rara tendit retia
turdis edacibus dolos
pavidumque leporem et advenam laqueo gruem
iucunda captat praemia.
quis non malarum quas amor curas habet
haec inter obliviscitur?

oder schaut im entlegenen Winkel des Tales
auf die schweifenden Herden der brüllenden Rinder,
schneidet mit krummem Messer unnütze Zweige weg
und pfropfet edlere ein;
oder verwahrt geläuterten Honig in reinen Gefäßen
oder scheret die zarten Schafe.
Wenn dann in den Feldern der Herbst sein mit reifem
Obste prangendes Haupt
emporhebt,
wie freut er sich, wenn er Birnen pflücket, die er
selbst gepfropft,
und die Traube, die den Purpur übertrifft,
dich zu beschenken, Priap, und dich, Vater
Sylvan, Beschützer der Felder!
Es fällt ihm ein, bald unter einer alten Eiche sich
hinzustrecken,
bald im dichten Grase:
Indes fließen die Wasser in hohen Ufern dahin,
die Vögel klagen in den Wäldern,
die sprudelnden Quellen rauschen ihm entgegen,
und alles lädt den willigen Schlaf ein.
Wenn aber der donnernde Jupiter mit dem Winter
Regengüsse und Schnee herbeiführt,
treibt er entweder hier und dort mit seiner Hunde-
meute
hauende Schweine in die aufgestellten Netze
oder spannt an glatten Stäben ein dünnes Garn aus,
die gierigen Drosseln zu berücken,
und fängt in Schlingen den furchtsamen Hasen und den
streichenden Kranich,
für ihn eine angenehme Belohnung.
Wer sollte nicht hiebei die unseligen Sorgen
der Liebe vergessen?

quodsi pudica mulier in partem iuvet
  domum atque dulcis liberos,
Sabina qualis aut perusta solibus
  pernicis uxor Apuli,
sacrum vetustis exstruat lignis focum
  lassi sub adventum viri
claudensque textis cratibus laetum pecus
  distenta siccet ubera
et horna dulci vina promens dolio
  dapes inemptas adparet:
non me Lucrina iuverint conchylia
  magisve rhombus aut scari,
siquos Eois intonata fluctibus
  hiems ad hoc vertat mare,
non Afra avis descendat in ventrem meum,
  non attagen Ionicus
iucundior quam lecta de pinguissimis
  oliva ramis arborum
aut herba lapathi prata amantis et gravi
  malvae salubres corpori
vel agna festis caesa Terminalibus
  vel haedus ereptus lupo.
has inter epulas ut iuvat pastas ovis
  videre properantis domum,
videre fessos vomerem inversum boves
  collo trahentis languido
positosque vernas, ditis examen domus,
  circum renidentis Lares. –

Wenn ihres Teils eine keusche Gattin
für Haus und werte Kinder sorgt,
gleich einer Sabinerin oder dem von der Sonne verbrannten
Weibe eines schnellen Apuliers,
zur Heimkunft des müden Mannes den heiligen Herd
mit altem Holze belegt,
das frohe Vieh in die geflochtenen Hürden einschließt
und die gespannten Euter leeret,
aus süßem Fasse heurigen Wein hervorgibt
und ungekaufte Speisen zubereitet:
dann sollten mich Lucrinische Austern nicht so sehr ergötzen,
nicht der teure Rhombus oder der köstliche Scarus,
wenn irgendeinen ein gewaltiger Sturm
aus Morgenländischen Fluten in dieses Meer treibt.
Keine Afrikanische Henne, kein Jonisches Birkhuhn
soll mit mehr Genuß in meinen Bauch hinabsteigen
als die von den fettesten
Zweigen abgelesene Olive
oder das grüne Lapathum, welches die Wiese liebt,
und die Malven, die dem schweren Körper wohl bekommen,
oder als ein Lamm, das an dem Feste des Terminus geschlachtet wird,
oder ein dem Wolf entrissenes Böcklein.
Bei solchen Mahlzeiten, wie angenehm ist es da, zu sehen,
wie die satten Schafe heim eilen,
zu sehen, wie die müden Rinder den umgekehrten Pflug
mit schlaffem Halse schleppen
und der im begüterten Hause geborne Schwarm von Sklaven
um die glänzenden Laren herum gelagert ist!

haec ubi locutus faenerator Alfius,
iam iam futurus rusticus,
omnem redegit idibus pecuniam,
quaerit kalendis ponere.

3.

Parentis olim siquis inpia manu
senile guttur fregerit,
edit cicutis alium nocentius.
o dura messorum ilia.
quid hoc veneni saevit in praecordiis?
num viperinus his cruor
incoctus herbis me fefellit? an malas
Canidia tractavit dapes?
ut Argonautas praeter omnis candidum
Medea mirata est ducem,
ignota tauris inligaturum iuga
perunxit hoc Iasonem,
hoc delibutis ulta donis paelicem
serpente fugit alite.
nec tantus umquam siderum insedit vapor
siticulosae Apuliae
nec munus umeris efficacis Herculis
inarsit aestuosius.
at siquid umquam tale concupiveris,
iocose Maecenas, precor,
manum puella savio opponat tuo
extrema et in sponda cubet.

So sprach Alfius der Wucherer
und wollte schon ein Landmann werden:
am fünfzehnten trieb er alle seine Gelder ein,
mit dem ersten sucht er sie wieder auszuleihen.

Epode 3. An den Mäcen

Hat jemand einst mit verruchter Hand
seinen alten Vater erwürgt,
so müsse er Knoblauch essen, der schädlicher ist als Schierling!
Was für ein Eingeweide müssen die Schnitter haben!
Wie wütet dieses Gift in meinem Leibe!
Hat, unter diese Kräuter gekocht,
Vipernblut mich hintergangen? oder hat
Canidia diese verwünschte Speise zubereitet?
Als Medea den unter allen Argonauten hervorglänzenden
Anführer liebgewonnen, den Jason,
hat sie ihn, der den Stieren ungewohnte Joche aufzwingen wollte,
mit diesem Kraute bestrichen.
Hiermit hat sie die Geschenke vergiftet, durch die sie sich an der Nebenbuhlerin rächte,
und dann mit geflügelten Schlangen entfloh.
So heftig wütete nie das brennende Gestirn
in dem dürstenden Apulien,
und so sehr brannte nicht jenes Geschenk
auf die Schulter des alles vermögenden Herkules.
Aber sollte dich jemals nach so etwas gelüsten,
scherzhafter Mäcen, so wünsche ich,
daß die Schöne deinem Kusse die Hand vorhalte
und sich an den äußersten Rand des Bettes lege.

4.

Lupis et agnis quanta sortito obtigit,
tecum mihi discordia est,
Hibericis peruste funibus latus
et crura dura compede.
licet superbus ambules pecunia,
fortuna non mutat genus.
videsne, sacram metiente te viam
cum bis trium ulnarum toga,
ut ora vertat huc et huc euntium
liberrima indignatio?
'sectus flagellis hic triumviralibus
praeconis ad fastidium
arat Falerni mille fundi iugera
et Appiam mannis terit
sedilibusque magnus in primis eques
Othone contempto sedet.
quid attinet tot ora navium gravi
rostrata duci pondere
contra latrones atque servilem manum
hoc, hoc tribuno militum?'

5.

'At o deorum quidquid in caelo regit
terras et humanum genus,
quid iste fert tumultus? aut quid omnium
voltus in unum me truces?

Epode 4

So groß von Natur die Feindschaft zwischen Wölfen und Lämmern ist,
so groß ist mein Haß gegen dich,
du, dem Iberische Stricke die Lenden
und harte Ketten die Füße gezeichnet haben.
Geh immer stolz einher, stolz auf dein Geld!
Das Glück ändert die Abkunft nicht.
Siehst du nicht, wenn du die Heilige Straße
mit einer Toga von zweimal drei Ellen ausmissest,
wie ein edel freier Unwille die Gesichter
der Vorbeigehenden verändert?
«Wie? dieser Mensch, der von den triumviralischen Geißeln
bis zur Ermüdung des Ausrufers zerfleischet worden,
baut jetzt tausend Morgen Falernisches Feld,
nutzt mit raschen Pferden den Appischen Weg ab
und sitzt, als ein vornehmer Ritter,
dem Otho zum Trotz, auf den ersten Plätzen!
Wozu werden so viele
schwer bewaffnete Schiffe
wider Räuber und Sklavengesindel ausgeschickt,
wenn dieser, dieser ein Befehlshaber ist?»

Epode 5. Auf die Zauberin Canidia

«Aber, um aller Götter willen, die im Himmel
die Erde und das Geschlecht der Menschen regieren,
was soll dieser Lärm? Was sollen dieser Aller
auf mich allein gerichtete grimmige Blicke?

per liberos te, si vocata partubus
   Lucina veris adfuit,
per hoc inane purpurae decus precor,
   per inprobaturum haec Iovem,
quid ut noverca me intueris aut uti
   petita ferro belua?'
ut haec trementi questus ore constitit
   insignibus raptis puer,
inpube corpus, quale posset inpia
   mollire Thracum pectora,
Canidia brevibus inplicata viperis
   crinis et incomptum caput
iubet sepulcris caprificos erutas,
   iubet cupressos funebris
et uncta turpis ova ranae sanguine
   plumamque nocturnae strigis
herbasque quas Iolcos atque Hiberia
   mittit venenorum ferax,
et ossa ab ore rapta ieiunae canis
   flammis aduri Colchicis.
at expedita Sagana per totam domum
   spargens Avernalis aquas
horret capillis ut marinus asperis
   echinus aut currens aper.
abacta nulla Veia conscientia
   ligonibus duris humum
exhauriebat, ingemens laboribus,
   quo posset infossus puer

Bei deinen Kindern, wenn dir jemals bei einer wahren Niederkunft
die angerufene Lucina beigestanden,
bei dieser unnützen Pracht des Purpurs, beschwöre ich dich,
bei dem Jupiter, der dieses gewiß nicht billigen wird,
was blickest du mich an, wie eine Stiefmutter oder wie
ein verwundetes wildes Tier?»
So klagte mit zitternden Lippen der Knabe,
und, nun seines Kleiderschmuckes beraubt, stund er da,
der schönste jugendliche Leib, der die wildesten
Gemüter der Thracier hätte erweichen können.
Canidia, mit kleinen Vipern
in den wildfliegenden Haaren ihres Hauptes,
heißt die von Gräbern ausgerissenen wilden Feigenbäume,
heißt Leichen-Zypressen
und die in das Blut einer scheußlichen Kröte getauchten Eier
und die Federn eines nächtlichen Uhu
und Kräuter, welche das giftreiche
Jolcos und Hiberien sendet,
und die dem Rachen einer nüchternen Hündin entrissenen Knochen
mit Colchischem Feuer verbrennen.
Aber die hochaufgeschürzte Sagana,
mit fürchterlich borstenden Haaren
gleich einem Meerigel oder einem verfolgten Eber,
sprengt durch das ganze Haus die Avernalischen Wasser.
Durch kein Gewissen abgehalten,
höhlte mit schweren Hacken Veja,
keuchend bei ihrer Arbeit, die Erde aus,
wo der Knabe, eingegraben,

longo die bis terque mutatae dapis
  inemori spectaculo,
cum promineret ore, quantum exstant aqua
  suspensa mento corpora;
exsecta uti medulla et aridum iecur
  amoris esset poculum,
interminato cum semel fixae cibo
  intabuissent pupulae.
non defuisse masculae libidinis
  Ariminensem Foliam
et otiosa credidit Neapolis
  et omne vicinum oppidum,
quae sidera excantata voce Thessala
  lunamque caelo deripit.
hic inresectum saeva dente livido
  Canidia rodens pollicem
quid dixit aut quid tacuit? 'o rebus meis
  non infideles arbitrae,
Nox et Diana, quae silentium regis,
  arcana cum fiunt sacra,
nunc, nunc adeste, nunc in hostilis domos
  iram atque numen vertite.
formidulosis dum latent silvis ferae
  dulci sopore languidae,
senem, quod omnes rideant, adulterum
  latrent Suburanae canes

beim tagelangen Anschauen oft veränderter Gerichte
sterben sollte,
nur mit dem Angesichte hervorragend, so weit Leiber
hervorragen,
die mit dem Kinne über dem Wasser hängen,
damit, herausgeschnitten, das Mark und die verdorrte
Leber
ein Liebestrank werden möchten,
wenn einmal die auf untersagte Speise starr gerichteten
Augen verschmachtet sein würden.
Es soll auch, wie das müßige Neapel
und alle umliegenden Örter glauben,
die mit ihrem eigenen Geschlechte buhlende
Ariminensische Folia zugegen gewesen sein,
welche mit Thessalischen Zauberworten die Sterne
und den Mond vom Himmel herunter reißt.
Und nun, indem die grimmige Canidia mit schwarzgelbem
Zahne
an dem unbeschnittenen Nagel ihres Daumens nagte,
was sprach sie, oder was verschwieg sie? «O ihr meines
Tuns
getreue Vertrauten,
du Nacht und du Diana, die du Stille gebietest,
wenn unsere heiligen Geheimnisse anfangen,
jetzt, jetzt steht mir bei! Jetzt wendet wider die
Häuser meiner Feinde
euern Zorn und eure Macht!
Nun da das Wild in den schreckensdunklen Wäldern
versteckt
liegt, vom süßen Schlaf überwältigt,
müssen die Suburanischen Hunde den zu jedermanns
Gelächter
noch verbuhlten Alten anbellen,

nardo perunctum, quale non perfectius
meae laborarint manus.
quid accidit? cur dira barbarae minus
venena Medeae valent,
quibus superbam fugit ulta paelicem,
magni Creontis filiam,
cum palla, tabo munus inbutum, novam
incendio nuptam abstulit?
atqui nec herba nec latens in asperis
radix fefellit me locis:
indormit unctis omnium cubilibus
oblivione paelicum.
a a, solutus ambulat veneficae
scientioris carmine.
non usitatis, Vare, potionibus,
o multa fleturum caput,
ad me recurres nec vocata mens tua
Marsis redibit vocibus:
maius parabo, maius infundam tibi
fastidienti poculum,
priusque caelum sidet inferius mari
tellure porrecta super,
quam non amore sic meo flagres uti
bitumen atris ignibus.'
sub haec puer iam non, ut ante, mollibus
lenire verbis inpias,

der mit einem Nardenöle gesalbt ist, dem besten,
das meine Hände jemals verfertigten!
Wie kommt das? warum vermag jetzt das furchtbare Gift
der barbarischen Medea weniger,
durch das sie fliehend an der stolzen Nebenbuhlerin sich rächte,
an des großen Creons Tochter,
als der Rock, das vergiftete Geschenk, die Neuvermählte
durch Feuer verzehrte?
Und doch ist mir kein Kraut, keine an unzugänglichen
Örtern versteckte Wurzel entwischt!
Er schläft, und sein Schlafgemach ist zum Vergessen aller
meiner Nebenbuhlerinnen eingesalbt.
Ha! durch die Macht einer geschicktern Beschwörerin
geht er losgezaubert herum!
Aber durch die Kraft ganz ungewöhnlicher Tränke, Varus,
sollst du mir wieder zulaufen, Elender!
den es viele Tränen kosten wird, und dein Verstand soll,
von Marsischen Worten zu mir gerufen, nicht wieder zurückkommen.
Einen stärkern Trank will ich dir bereiten, einen stärkern will ich dir einschenken,
der du mich verschmähest;
und eher soll der Himmel unter das Meer herabsinken
und die Erde über ihn empor steigen,
als daß du nicht von Liebe gegen mich entbrennen solltest wie
Harz von schwarzen Flammen!»
Hier stieß der Knabe, nun nicht mehr, wie vorher, bemüht,
diese Verruchten durch flehende Worte zu besänftigen,

sed dubius unde rumperet silentium,
misit Thyesteas preces:
'venena magnum fas nefasque, non valent
convertere humanam vicem.
diris agam vos: dira detestatio
nulla expiatur victima.
quin, ubi perire iussus exspiravero,
nocturnus occurram furor
petamque voltus umbra curvis unguibus,
quae vis deorum est Manium,
et inquietis adsidens praecordiis
pavore somnos auferam.
vos turba vicatim hinc et hinc saxis petens
contundet obscaenas anus.
post insepulta membra different lupi
et Esquilinae alites
neque hoc parentes, heu mihi superstites,
effugerit spectaculum.'

6.

Quid inmerentis hospites vexas canis,
ignavus adversum lupos?
quin huc inanis, si potes, vertis minas
et me remorsurum petis?
nam qualis aut Molossus aut fulvos Lacon,
amica vis pastoribus,

sondern ungewiß, mit welchen Worten er sein Stillschweigen brechen sollte,
Thyesteische Flüche aus:
«Eure Zauberkünste können alles, was heilig ist,
nicht aber das Recht der Wiedervergeltung aufheben.
Mit Flüchen will ich euch verfolgen: Die schreckliche Verwünschung
wird durch kein Opfer ausgesöhnt.
Ja! wenn ich auch nach euerm Willen sterben muß,
will ich euch ein nächtlicher Schreckgeist werden,
und mein Schatten soll mit krummen Nägeln eure Angesichter anfallen;
dies können die Manen,
und an euern unruhvollen Herzen sitzend,
will ich euch durch Beängstigungen den Schlaf rauben.
Euch soll, von Gassen zu Gassen, von allen Seiten her, der Pöbel
mit Steinen zerschmeißen, euch schändliche Vetteln!
und dann sollen Wölfe und die Esquilinischen Vögel
eure unbegrabenen Glieder hin und her streuen!
Auch meinen Eltern, die mich, ach! überleben,
müsse dieses Schauspiel nicht entgehen!»

Epode 6

Warum fällst du unschuldige Fremde an, Hund,
der du wider Wölfe ohne Mut bist?
Warum wendest du nicht lieber, wenn du Herz hast, deine leeren Drohungen hieher
und gehst auf mich los, der ich wieder beißen kann?
Denn wie ein Molossischer Hund oder ein Lacedämonischer mit gelben Haaren,
die Lust und Stärke der Hirten,

agam per altas aure sublata nivis,
quaecumque praecedet fera;
tu, cum timenda voce complesti nemus,
proiectum odoraris cibum.
cave cave, namque in malos asperrimus
parata tollo cornua,
qualis Lycambae spretus infido gener
aut acer hostis Bupalo.
an si quis atro dente me petiverit,
inultus ut flebo puer?

7.

Quo, quo scelesti ruitis? aut cur dexteris
aptantur enses conditi?
parumne campis atque Neptuno super
fusum est Latini sanguinis,
non ut superbas invidae Karthaginis
Romanus arces ureret
intactus aut Britannus ut descenderet
sacra catenatus via,
sed ut secundum vota Parthorum sua
urbs haec periret dextera?
neque hic lupis mos nec fuit leonibus
umquam nisi in dispar feris.
furorne caecus an rapit vis acrior
an culpa? responsum date.
tacent et albus ora pallor inficit
mentesque perculsae stupent.

verfolge ich mit hochgestrecktem Ohre, durch tiefen Schnee,
jedes wilde Tier, das mir aufstößt.
Du hast kaum mit fürchterlicher Stimme den Wald erfüllt,
so beriechst du die vorgeworfene Speise.
Hüte, hüte dich! Denn gegen Boshafte voll Grimm,
erhebe ich die streitbaren Hörner,
gleich jenem vom treulosen Lycambes verschmähten Eidam
oder dem unversöhnlichen Feinde des Bupalus.
Soll ich etwa, wenn jemand mit giftigem Zahne mich anfällt,
wie ein Kind, ohne mich zu rächen, weinen?

Epode 7. An das römische Volk

Wohin, wohin rennt ihr Unmenschen? Warum zückt ihr von neuem eure Schwerter?
Ist noch zu wenig Römisches Blut
auf Feldern und Meeren vergossen worden?
Nicht damit der Römer des neidischen Carthago
stolze Schlösser verbrennen
oder der unbezwungene Britannier
in Ketten die Heilige Straße herabgehen sollte,
sondern damit, nach dem Wunsche der Parther,
diese Stadt durch ihre eigene Hand umkäme.
So tun weder Wölfe noch Löwen,
die nur wüten wider Tiere andrer Art.
Reißt blinde Wut euch hin? oder höhere Gewalt?
oder die Schuld eines Verbrechens? Antwortet!
Sie schweigen. Eine Totenblässe überzieht ihre Angesichter,
und wie vom Donner ist ihre Seele betäubt.

sic est: acerba fata Romanos agunt
   scelusque fraternae necis,
ut inmerentis fluxit in terram Remi
   sacer nepotibus cruor.

8.

Rogare longo putidam te saeculo,
   viris quid enervet meas,
cum sit tibi dens ater et rugis vetus
   frontem senectus exaret
hietque turpis inter aridas natis
   podex velut crudae bovis.
sed incitat me pectus et mammae putres,
   equina quales ubera,
venterque mollis et femur tumentibus
   exile suris additum.
esto beata, funus atque imagines
   ducant triumphales tuum
nec sit marita quae rotundioribus
   onusta bacis ambulet.
quid, quod libelli Stoici inter Sericos
   iacere pulvillos amant:
inlitterati num minus nervi rigent
   minusve languet fascinum?
quod ut superbo provoces ab inguine,
   ore adlaborandum est tibi.

So ist's! Ein strenges Verhängnis
und das Verbrechen eines Brudermords verfolgt die Römer,
seitdem das Blut des unschuldigen Remus zur Erde geflossen,
für die Enkel ein Fluch.

Epode 8. An eine verbuhlte Alte

Und du fragst noch, du hundertjähriges moderndes Weib,
was mich so kalt mache,
da der einzige Zahn, den du noch hast, schwarz ist, das hohe Alter
auf deiner Stirne tiefe Furchen zieht
und ekelhafte Magerkeit
dich zu einem Gerippe macht?
Aber der Busen erhitzt mich vielleicht,
die welken Brüste,
der schlappe Leib und die geschwundenen Schenkel
auf schwellenden Waden?
Sei reich, deine Leiche prange mit den vorangetragenen Bildern
siegreicher Ahnen.
Es gehe keine Römerin mit rundern
Perlen behangen einher!
Sieh doch, sogar stoische Bücher hast du auf seidenen
Kissen um dich herliegen?
Wird denn aber durch Gelehrsamkeit
die schlafende Liebe bei mir wach werden?

9.

Quando repostum Caecubum ad festas dapes
victore laetus Caesare
tecum sub alta – sic Iovi gratum – domo,
beate Maecenas, bibam
sonante mixtum tibiis carmen lyra,
hac Dorium, illis barbarum?
ut nuper, actus cum freto Neptunius
dux fugit ustis navibus
minatus urbi vincla, quae detraxerat
servis amicus perfidis.
Romanus eheu – posteri negabitis –
emancipatus feminae
fert vallum et arma miles et spadonibus
servire rugosis potest
interque signa turpe militaria
sol adspicit conopium.
at huc frementis verterunt bis mille equos
Galli canentes Caesarem
hostiliumque navium portu latent
puppes sinistrorsum citae.
io Triumphe, tu moraris aureos
currus et intactas boves?
io Triumphe, nec Iugurthino parem
bello reportasti ducem

Epode 9. An den Mäcen

Wann werde ich, durch Cäsars Sieg erfreut, den zu festlichen Mahlzeiten
aufgesparten Cäcuberwein
mit dir, glücklicher Mäcen, in deiner hohen Burg
zu Jupiters Wohlgefallen trinken,
indes die Leier erschallt und Flöten mit einstimmen,
jene in Dorischer, diese in Phrygischer Weise;
so, wie jüngst, da der Neptunische Heerführer, zur See überwunden,
sich der Flucht und seine Schiffe dem Feuer überlassen müssen,
er, der unsrer Stadt mit Fesseln gedrohet, die er freundschaftlich
treulosen Sklaven abgenommen hatte!
Nachwelt! wirst du es glauben? Der Römer,
einem Weibe verkauft,
trägt in ihrem Dienste Kriegsgeräte und Waffen und mag
von runzligen Verschnittenen Befehle annehmen?
Und unter römischen Adlern erblickt
die Sonne ein schändliches Conopium?
Aber hierher wandten zweitausend Gallier ihre schäumenden Pferde
und jauchzten dem Cäsar zu;
und die feindlichen Schiffe liegen nun im Hafen versteckt,
bereit rückwärts zu segeln.
Auf, großer Triumph! Du zögerst mit dem goldnen Wagen
und mit den Opferrindern, die noch kein Joch getragen!
Auf! großer Triumph! Einen solchen Feldherrn
hast du weder aus dem Jugurthinischen Kriege zurückgebracht

neque Africanum, cui super Carthaginem
virtus sepulcrum condidit.
terra marique victus hostis punico
lugubre mutavit sagum,
aut ille centum nobilem Cretam urbibus
ventis iturus non suis,
exercitatas aut petit Syrtis Noto
aut fertur incerto mari.
capaciores adfer huc, puer, scyphos
et Chia vina aut Lesbia,
vel quod fluentem nauseam coerceat
metire nobis Caecubum.
curam metumque Caesaris rerum iuvat
dulci Lyaeo solvere.

10.

Mala soluta navis exit alite
ferens olentem Mevium.
ut horridis utrumque verberes latus,
Auster, memento fluctibus;
niger rudentis Eurus inverso mari
fractosque remos differat;
insurgat Aquilo, quantus altis montibus
frangit trementis ilices;
nec sidus atra nocte amicum adpareat,
qua tristis Orion cadit;

noch aus dem Afrikanischen, hat gleich die Tapferkeit dem Scipio
auf den Ruinen von Carthago ein Grabmal aufgebauet.
Der zu Wasser und zu Land überwundene Feind hat seinen Purpurrock
mit einem Trauerkleide verwechselt:
entweder nach Creta, das mit hundert Städten pranget,
wird er mit widrigen Winden segeln,
oder er eilt zu den Syrten, wo der Notus wütet,
oder er irrt auf ungewissem Meere herum.
Bring räumigere Becher her, Knabe,
und Chier- oder Lesbierwein,
oder miß uns Cäcuber dar,
der den geschwächten Magen stärke!
Sorge und Furcht um den Cäsar
will ich durch holden Lyäus vertreiben.

Epode 10. Auf den Mevius

Im Zeichen unheilvollen Vogelflugs läuft das losgemachte Schiff aus,
das den stinkenden Mevius trägt.
Vergiß nicht, Auster, es an seinen beiden Seiten
mit schrecklichen Wellen zu bestürmen.
Es zerstreue der schwarze Eurus auf dem empörten Meer die Taue
und zerbrochenen Ruder.
Aquilo erhebe sich so gewaltig, als wenn er auf hohen Bergen
die bebenden Eichen zerbricht!
Kein günstiges Gestirn erscheine in der schwarzen Nacht,
da der traurige Orion untergeht;

quietiore nec feratur aequore
  quam Graia victorum manus,
cum Pallas usto vertit iram ab Ilio
  in inpiam Aiacis ratem.
o quantus instat navitis sudor tuis
  tibique pallor luteus.
et illa non virilis heiulatio
  preces et aversum ad Iovem,
Ionius udo cum remugiens sinus
  Noto carinam ruperit.
opima quodsi praeda curvo litore
  porrecta mergos iuverit,
libidinosus immolabitur caper
  et agna Tempestatibus.

11.

Petti, nihil me sicut antea iuvat
  scribere versiculos amore percussum gravi,
amore, qui me praeter omnis expetit
  mollibus in pueris aut in puellis urere.
hic tertius December, ex quo destiti
  Inachia furere, silvis honorem decutit.
heu me, per urbem – nam pudet tanti mali –
  fabula quanta fui, conviviorum et paenitet,

und die See sei ihm nicht minder ungestüm
als dem Heer der sieghaften Griechen,
da Pallas ihren Zorn von dem verbrannten Ilion
auf das unheilige Schiff des Ajax kehrte!
O welcher Schweiß erwartet deine Schiffleute,
welche erdfarbige Blässe erwartet dich,
welch unmännliches Geheul
und Flehen zum tauben Jupiter,
wann, brüllend unter der Wut des nassen Notus, das Jonische Meer
den Boden deines Schiffes zerrissen hat!
Wirst du dann, am krummen Ufer hingestreckt,
die Seevögel laben, für sie eine fette Beute:
so soll ein geiler Bock
und ein Lamm den Ungewittern geopfert werden.

Epode 11. An den Pettius

O Pettius, es ist nicht mehr, wie sonst, meine Lust,
Verse zu machen, nun, da ich unter der Tyrannei der Liebe seufze,
der Liebe, die ein Vergnügen daran findet, vor allen andern mich
gegen schöne Knaben und Mädchen zu entflammen.
Dies ist nun der dritte Winter, der, seit meine rasende Liebe
zur Inachia aufgehört hat, den Wäldern ihren Schmuck abstreift.
Wehe mir! denn ich schäme mich so großer Torheit;
wie sehr bin ich das Märchen der Stadt gewesen! Mit Verdruß denke ich an jene Gastmahle,

in quis amantem languor et silentium
arguit et latere petitus imo spiritus.
'contrane lucrum nil valere candidum
pauperis ingenium' querebar adplorans tibi,
simul calentis inverecundus deus
fervidiore mero arcana promorat loco.
'quodsi meis inaestuet praecordiis
libera bilis, ut haec ingrata ventis dividat
fomenta volnus nil malum levantia,
desinet inparibus certare summotus pudor.'
ubi haec severus te palam laudaveram,
iussus abire domum ferebar incerto pede
ad non amicos heu mihi postis et heu
limina dura, quibus lumbos et infregi latus.
nunc gloriantis quamlibet mulierculam
vincere mollitia amor Lycisci me tenet;
unde expedire non amicorum queant
libera consilia nec contumeliae graves,
sed alius ardor aut puellae candidae
aut teretis pueri longam renodantis comam.

wo Schmachten und Stillschweigen
und tiefgeholte Seufzer den Verliebten verrieten.
«Soll denn vor Geschenken der Arme mit dem besten Herzen
nicht aufkommen können?» klagte ich gegen dich, weinend,
sobald der allzu offenherzige Gott
durch feurigen Wein mich erhitzte und mir meine Geheimnisse entrückte.
«Wenn einmal ein edler Unwille in meiner Brust aufkocht
und alle die unnützen Arzeneien,
die doch meine böse Wunde nicht heilen, den Winden preis gibt,
dann wird mein beleidigter Stolz aufhören, sich in ungleichen Streit einzulassen.»
Wenn ich dies in vollem Ernst zu dir gesprochen
und du mich erinnertest, nach Hause zu gehen; so trugen meine ungewissen Füße mich,
ach! zu den mir ungünstigen Pfosten, ach!
zu den harten Schwellen, wo ich meine Lenden und Seiten wund lag.
Nun hält mich Lyciscus, der stolz darauf ist, es jedem Mädchen
an Weichlichkeit zuvorzutun, in seinen Banden,
woraus weder der freimütige Rat meiner Freunde
noch ihr schärfster Tadel mich losmachen kann,
bloß eine neue Liebe zu einem schneeweißen Mädchen
oder wohlgebildeten Knaben, der sein langes Haar in einen Knoten schlägt.

12.

Quid tibi vis, mulier nigris dignissima barris?
  munera quid mihi quidve tabellas
mittis nec firmo iuveni neque naris obesae?
  namque sagacius unus odoror,
polypus an gravis hirsutis cubet hircus in alis,
  quam canis acer ubi lateat sus.
qui sudor vietis et quam malus undique membris
  crescit odor, cum pene soluto
indomitam properat rabiem sedare neque illi
  iam manet umida creta colorque
stercore fucatus crocodili iamque subando
  tenta cubilia tectaque rumpit,
vel mea cum saevis agitat fastidia verbis:
  'Inachia langues minus ac me;
Inachiam ter nocte potes, mihi semper ad unum
  mollis opus. pereat male quae te
Lesbia quaerenti taurum monstravit inertem,
  cum mihi Cous adesset Amyntas,
cuius in indomito constantior inguine nervus
  quam nova collibus arbor inhaeret.
muricibus Tyriis iteratae vellera lanae
  cui properabantur? tibi nempe,
ne foret aequalis inter conviva, magis quem
  diligeret mulier sua quam te.

Epode 12. An eine verbuhlte Alte

Was willst du denn, Alte?
Warum schickst du mir Geschenke und Briefe?
da ich doch weder von den starken Jünglingen einer bin
noch eine dicke Nase habe;
denn kein Spürhund riecht geschwinder
das Wild,
als ich deine Atmosphäre.
Welcher Schweiß, welcher unerträgliche Geruch
bricht immer ärger hervor aus ihren welken Gliedern,
wenn sie eilt, ihre unbändige Brunst zu stillen, und nun
an ihrem Gesicht die feuchtgewordene Schminke nicht mehr hält
und sie sich brünstig
auf ihrem Bette herum wirft,
oder wenn sie meinen Ekel vor ihren Küssen mit diesen zornigen Worten bestraft:
«Gegen die Inachia bist du minder kalt als gegen mich.
In ihren Armen hältst du ganze Nächte aus, kaum Minuten
in den meinigen. Verwünscht sei
Lesbia, die mir, da ich einen feurigen Liebhaber suchte, dich Frostigen zuwies,
da mir doch der Coische Amyntas zu Gebote stund,
der die Geliebte fester umschlingt
als ein junger Weinstock die Ulme.
Für wen wurden immerfort die zweimal mit Tyrischem Purpur getränkten Stoffe
herbeigeschafft? Für dich!
Nur damit bei Gastmahlen unter den Jünglingen deines Alters keiner wäre,
den seine Schöne mehr liebte als ich dich.

o ego non felix, quam tu fugis, ut pavet acris
agna lupos capreaeque leones.'

13.

Horrida tempestas caelum contraxit et imbres
nivesque deducunt Iovem; nunc mare, nunc siluae
Threicio Aquilone sonant. rapiamus, amici,
occasionem de die, dumque virent genua
et decet, obducta solvatur fronte senectus.
tu vina Torquato move consule pressa meo.
cetera mitte loqui: deus haec fortasse benigna
reducet in sedem vice. nunc et Achaemenio
perfundi nardo iuvat et fide Cyllenaea
levare diris pectora sollicitudinibus,
nobilis ut grandi cecinit Centaurus alumno:
'invicte, mortalis dea nate puer Thetide,
te manet Assaraci tellus, quam frigida parvi
findunt Scamandri flumina lubricus et Simois,
unde tibi reditum certo subtemine Parcae
rupere, nec mater domum caerula te revehet.

O ich Unglückliche! vor der du fliehest wie ein scheues
Lamm vor reißenden Wölfen oder wie ein Rehkalb vor
den Löwen.»

Epode 13. An die Freunde

Die schauervolle Witterung hat den Himmel verhüllt, und
Jupiter
ist herabgestürzt mit Regen und Schnee. Nun tönet das
Meer, tönen die Wälder
vom Thracischen Nordwinde. Laßt uns die Gelegenheit
haschen, Freunde,
ohne zu zaudern, und da unsere Knie noch feste sind
und es sich für uns noch schickt, die Stirne von den
Runzeln des Alters entwölken!
Du, gib den Wein her, der, unter dem Consul Torquatus
gekeltert, so alt ist als ich!
Von andern Dingen rede mir nichts! Vielleicht wird
durch fröhlichen
Wechsel die Gottheit alles wieder gut machen. Nun
wollen wir uns mit Achämenischer
Narde salben und durch das Cyllenische Saitenspiel
die ängstlich bekümmerte Brust erleichtern,
wie dort der berühmte Centaur seinem großen Schüler
vorsang:
Unüberwindlicher! Sterblicher Sohn der Göttin Thetis!
dich erwartet das Land des Assaracus, welches die
kalten Ströme des kleinen
Scamanders und der schnelle Simois durchschneiden;
von wannen dir der Parcen kurzgesponnener Faden die
Rückkunft
versagt hat und deine meerfarbige Mutter dich nicht
zurückführen wird.

illic omne malum vino cantuque levato,
deformis aegrimoniae dulcibus adloquiis.'

14.

Mollis inertia cur tantam diffuderit imis
oblivionem sensibus,
pocula Lethaeos ut si ducentia somnos
arente fauce traxerim,
candide Maecenas, occidis saepe rogando:
deus, deus nam me vetat
inceptos olim, promissum carmen, iambos
ad umbilicum adducere.
non aliter Samio dicunt arsisse Bathyllo
Anacreonta Teium,
qui persaepe cava testudine flevit amorem
non elaboratum ad pedem.
ureris ipse miser. quodsi non pulcrior ignis
accendit obsessam Ilion,
gaude sorte tua: me libertina nec uno
contenta Phryne macerat.

15.

Nox erat et caelo fulgebat Luna sereno
inter minora sidera,

Dort erleichtere dir alle Plagen durch Wein und Gesang,
die süßeste Linderung des entstellenden Kummers!

Epode 14. An den Mäcen

Warum Vergessenheit meiner weichlich trägen Seele
sich so sehr bemächtiget habe,
als hätte ich Becher, die Lethäischen Schlaf bringen,
mit dürstender Kehle ausgeleeret,
dies dein ewiges Fragen tötet mich, gütiger Mäcen!
Denn ein Gott, ein Gott verbietet mir
die angefangenen Jamben, dies längst versprochene Gedicht,
zu vollenden.
Nicht anders soll für den Samischen Bathyll
der Tejische Anakreon gebrannt haben,
der so oft zur tönenden Leier seine verliebten Klagen sang
in ungekünsteltem Silbenmaße.
Auch dich verzehrt eine heftige Glut; und da selbst das belagerte Ilion von keiner reizendern Schönen
in Flammen gesetzt worden,
so freue dich deines Glückes! Mich martert die Liebe zu einer Freigelassenen,
zur Phryne, die nicht einmal mit Einem Liebhaber sich begnüget.

Epode 15. An die Neära

Es war Nacht, und am heitern Himmel glänzte Luna
unter den kleinern Gestirnen,

cum tu, magnorum numen laesura deorum,
  in verba iurabas mea,
artius atque hedera procera adstringitur ilex
  lentis adhaerens bracchiis,
dum pecori lupus et nautis infestus Orion
  turbaret hibernum mare
intonsosque agitaret Apollinis aura capillos,
  fore hunc amorem mutuum,
o dolitura mea multum virtute Neaera:
  nam siquid in Flacco viri est,
non feret adsiduas potiori te dare noctes
  et quaeret iratus parem,
nec semel offensi cedet constantia formae,
  si certus intrarit dolor.
et tu, quicumque es felicior atque meo nunc
  superbus incedis malo,
sis pecore et multa dives tellure licebit
  tibique Pactolus fluat
nec te Pythagorae fallant arcana renati
  formaque vincas Nirea,
heu heu, translatos alio maerebis amores,
  ast ego vicissim risero.

als du, schon entschlossen, die großen Götter zu beleidigen,
meinen Worten nachschwurest,
enger, als Efeu um die hohe Eiche sich windet,
mit umschlingenden Armen an mir hangend:
daß, so lang der Wolf ein Feind der Herden sein, Orion, der Schrecken der Schiffer,
zur Zeit des Winters die See beunruhigen
und die Luft in den vollen Locken des Apollo spielen würde,
diese Liebe von beiden Seiten dauern sollte!
O Neära, wie wird mein Mut dich schmerzen!
denn, wofern Flaccus nicht ganz aufgehört hat, ein Mann zu sein,
so wird er nicht vertragen, daß du einem andern vor mir ganze Nächte schenkest,
und erzürnt wird er sich ein Mädchen seines gleichen suchen,
und seine Standhaftigkeit wird einer Schönheit, die ihn einmal beleidigt hat, nicht nachgeben,
wann ein gerechter Schmerz in seiner Brust sich fest gesetzt hat.
Und du, Glücklicherer, wer du auch bist,
der du jetzt stolz auf mein Unglück einhergehst,
sei, ich gönne es dir, reich an Herden und vielen Ländereien,
und dir fließe der Paktolus,
sei kundig der Geheimnisse des zum andernmal gebornen Pythagoras
und schöner als Nireus.
Ach! du wirst über die Unbeständigkeit ihrer Liebe klagen,
und dann wird das Lachen an mir sein.

16.

Altera iam teritur bellis civilibus aetas,
suis et ipsa Roma viribus ruit.
quam neque finitimi valuerunt perdere Marsi
minacis aut Etrusca Porsenae manus
aemula nec virtus Capuae nec Spartacus acer
novisque rebus infidelis Allobrox,
nec fera caerulea domuit Germania pube
parentibusque abominatus Hannibal:
inpia perdemus devoti sanguinis aetas
ferisque rursus occupabitur solum;
barbarus heu cineres insistet victor et urbem
eques sonante verberabit ungula;
quaeque carent ventis et solibus ossa Quirini,
– nefas videre – dissipabit insolens.
forte quid expediat communiter aut melior pars,
malis carere quaeritis laboribus.
nulla sit hac potior sententia: Phocaeorum
velut profugit exsecrata civitas
agros atque lares patrios, habitandaque fana
apris reliquit et rapacibus lupis,

Epode 16. An das römische Volk

Schon geht ein zweites Menschenalter unter bürgerlichen Kriegen dahin,
und Rom fällt durch seine eigenen Kräfte;
Rom, das weder die angrenzenden Marser
oder des drohenden Porsenna Etruscisches Heer zu Grunde zu richten vermochten,
noch die Macht des eifersüchtigen Capua, noch der grimmige Spartacus
und der unruhige Geist des treulosen Allobrogiers;
das weder des wilden Germaniens blauaugige Söhne,
noch der von unsern Vätern verfluchte Hannibal bezwungen haben,
das werden Wir zu Grunde richten, wir verruchtes und mit Fluch beladenes Geschlecht;
und die Stätte, wo es stund, wird den wilden Tieren wieder heimfallen.
Ach! ein Barbar wird als Überwinder über der Asche stehen
und als Reiter mit tönendem Hufe auf Rom schlagen,
und die vor Wind und Sonne verschlossenen Gebeine des Quirinus,
abscheulicher Anblick! wird er übermütig zerstreuen.
Vielleicht fragt ihr insgesamt, oder doch der klügere Teil,
welches Mittel uns von so großen Drangsalen befreien könne?
Der beste Rat ist dieser: Wie die Phocäer
unter schrecklichen Verwünschungen aus ihrem Lande geflüchtet
und die väterlichen Felder und Häuser und die Tempel
den Ebern und räuberischen Wölfen zur Wohnung überlassen:

ire, pedes quocumque ferent, quocumque per undas
  Notus vocabit aut protervos Africus.
sic placet? an melius quis habet suadere? secunda
  ratem occupare quid moramur alite?
sed iuremus in haec: simul imis saxa renarint
  vadis levata, ne redire sit nefas;
neu conversa domum pigeat dare lintea, quando
  Padus Matina laverit cacumina,
in mare seu celsus procurrerit Appenninus
  novaque monstra iunxerit libidine
mirus amor, iuvet ut tigris subsidere cervis,
  adulteretur et columba miluo,
credula nec ravos timeant armenta leones
  ametque salsa levis hircus aequora.
haec et quae poterunt reditus abscindere dulcis
  eamus omnis exsecrata civitas,
aut pars indocili melior grege; mollis et exspes
  inominata perpremat cubilia.
vos, quibus est virtus, muliebrem tollite luctum,
  Etrusca praeter et volate litora.
nos manet Oceanus circumvagus: arva beata

so laßt uns gehen, wohin uns die Füße tragen werden,
wohin uns durch die Fluten
der Notus oder ungestüme Africus rufen wird.
Seid ihrs zufrieden? Oder weiß jemand bessern Rat?
Was säumen wir, unter glücklichen Vorbedeutungen, uns
in ein Schiff zu werfen?
Aber laßt uns diese Bedingungen beschwören: so bald
diese Steine aus der Tiefe wieder empor
schwimmen werden,
dann soll es uns nicht verboten sein zurückzukehren;
und dann soll es uns keine Schande sein, nach Hause zu
segeln, wann
der Padus die Matinischen Gipfel waschen
oder der hohe Appennin ins Meer sich stürzen
und seltsame Liebe durch eine neue Brunst ungleiche
Tiere paaren wird,
daß Tiger sich gerne mit Hirschen gatten,
Geier mit Tauben buhlen,
leichtgläubige Herden sich nicht mehr vor gelben Löwen
fürchten
und der nicht mehr zottige Bock das salzige Meer
liebgewinne.
Unter diesen und andern Verwünschungen, welche uns die
süße Rückkunft abschneiden können,
laßt uns forteilen, die ganze Stadt,
oder der Teil, der besser denkt als der ungelehrige Pöbel!
Der Weichling und der Hoffnungslose
mag immerhin auf seinem unglücklichen Lager liegen
bleiben!
Ihr, die ihr Mut habt, verbannet das weibische Trauern
und fliegt die Etruscischen Ufer vorbei!
Uns erwartet der Ocean, der rings die Erde umströmt.
Den glücklichen Gefilden,

petamus, arva divites et insulas,
reddit ubi cererem tellus inarata quotannis
et inputata floret usque vinea,
germinat et numquam fallentis termes olivae
suamque pulla ficus ornat arborem,
mella cava manant ex ilice, montibus altis
levis crepante lympha desilit pede.
illic iniussae veniunt ad mulctra capellae
refertque tenta grex amicus ubera,
nec vespertinus circumgemit ursus ovile
nec intumescit alta viperis humus;
nulla nocent pecori contagia, nullius astri 61
gregem aestuosa torret inpotentia. 62
pluraque felices mirabimur, ut neque largis 53
aquosus Eurus arva radat imbribus,
pinguia nec siccis urantur semina glaebis,
utrumque rege temperante caelitum. 56
non huc Argoo contendit remige pinus
neque inpudica Colchis intulit pedem;
non huc Sidonii torserunt cornua nautae,
laboriosa nec cohors Ulixei.
Iuppiter illa piae secrevit litora genti, 63
ut inquinavit aere tempus aureum,
aere, dehinc ferro duravit saecula, quorum
piis secunda vate me datur fuga.

den reichen Inseln, laßt uns zueilen,
wo die Erde ungebaut jährlich die Gaben der Ceres liefert,
der unbeschnittene Weinstock immer grünet,
der niemals trügende Ölbaum immer Früchte trägt
und die braune Feige immer ihren Baum ziert,
Honig aus hohlen Eichen rinnt und von hohen Bergen
flüchtige Wasser mit rauschendem Fuße herabspringen.
Dort kommen ungeheißen die Ziegen zum Melkkübel,
und die wohltätige Herde bringt gespannte Euter heim;
kein Bär brummt zur Abendzeit um die Schafställe herum,
und keine Viper schwillt am Erdboden auf,
61 keine Seuche drohet dem Vieh, keines Gestirnes
62 wütende Hitze brennet die Herden.
53 Noch viel ein mehreres werden wir Glückliche bewundern,
wie weder der wasserreiche Eurus mit häufigen Regengüssen der Felder Erdreich wegschwemmet,
noch der fette Same durch dürren Boden verbrannt wird,
da der König der Götter beides verhütet.
Hier hat das Schiff der Argonauten nicht gelandet,
auch hat die unkeusche Colcherin hieher ihren Fuß nicht gesetzt,
hieher haben die Sidonischen Schiffer ihre Segel nicht gerichtet,
nicht die geplagte Schar des Ulysses.
63 Jupiter hat diese Gestade für ein frommes Volk abgesondert,
als er das goldene Weltalter durch Erz verunedelte;
mit Erz, hernach mit Eisen die Zeiten härtete, denen
Fromme glücklich entfliehen können, wenn sie meinem Ausspruch folgen wollen.

17.

Iam iam efficaci do manus scientiae,
supplex et oro regna per Proserpinae,
per et Dianae non movenda numina,
per atque libros carminum valentium
refixa caelo devocare sidera,
Canidia, parce vocibus tandem sacris
citumque retro solve, solve turbinem.
movit nepotem Telephus Nereium,
in quem superbus ordinarat agmina
Mysorum et in quem tela acuta torserat,
unxere matres Iliae additum feris
alitibus atque canibus homicidam Hectorem,
postquam relictis moenibus rex procidit
heu pervicacis ad pedes Achillei;
saetosa duris exuere pellibus
laboriosi remiges Ulixei
volente Circa membra; tunc mens et sonus
relapsus atque notus in voltus honor.
dedi satis superque poenarum tibi,
amata nautis multum et institoribus:
fugit iuventas et verecundus color
reliquit ossa pelle amicta lurida,

Epode 17. An die Canidia

Jetzt, jetzt erkenne ich die alles vermögende Kunst für meine Überwinderin
und flehe bei dem Reich der Proserpina
und Dianens Gottheit, die kein Sterblicher reizen muß,
und bei den Büchern eurer Gesänge,
die die am Himmel befestigten Sterne herunter zu rufen vermögen,
Canidia, laß endlich nach mit deinen Zauberflüchen
und laß rückwärts, rückwärts den geschwinden Kreisel laufen!
Der Enkel des Nereus hat sich vom Telephus erbitten lassen,
der übermütig die Mysischen Scharen
wider ihn angeführt und scharfe Pfeile auf ihn abgedrückt hatte.
Den Würger Hektor, der räuberischen Vögeln und Hunden zugesagt war,
haben doch die Ilischen Matronen noch gesalbt,
nachdem ihr König seine Mauern verlassen
und ach! dem hartnäckigen Achill zu Füßen gefallen.
Circe hat zugegeben, daß die geplagten Gefährten des Ulysses
die borstigen Glieder und die harte Haut
ablegten: Dann kam ihnen Verstand und Sprache
und ihren Gesichtern die vorige Schöne wieder.
Genug und allzusehr hast du mich schon gestraft,
du Geliebte der Bootsleute und Krämer!
Die Jugend ist entflohen, und die Farbe der Schamhaftigkeit
hat meine Gebeine verlassen, die eine gelbe Haut bekleidet.

tuis capillus albus est odoribus;
nullum a labore me reclinat otium,
urget diem nox et dies noctem neque est
levare tenta spiritu praecordia.
ergo negatum vincor ut credam miser,
Sabella pectus increpare carmina
caputque Marsa dissilire nenia.
quid amplius vis? o mare et terra, ardeo,
quantum neque atro delibutus Hercules
Nessi cruore nec Sicana fervida
virens in Aetna flamma: tu, donec cinis
iniuriosis aridus ventis ferar,
cales venenis officina Colchicis?
quae finis aut quod me manet stipendium?
effare: iussas cum fide poenas luam,
paratus expiare, seu poposceris
centum iuvencos, sive mendaci lyra
voles sonare: ‘tu pudica, tu proba
perambulabis astra sidus aureum.’
infamis Helenae Castor offensus vice
fraterque magni Castoris victi prece
adempta vati reddidere lumina:
et tu – potes nam – solve me dementia,

Mein Haar ist weiß geworden durch deine Salben.
Kein Augenblick der Ruhe schläfert meinen Kummer ein:
Die Nacht verdrängt den Tag und der Tag die Nacht,
aber meine beklemmte Brust findet keine Erleichterung.
So werde ich denn gezwungen, ich Elender, was ich geleugnet, zu glauben,
daß die Sabellischen Gesänge das Herz erschüttern
und von dem Marsischen Liede der Kopf zerspringe.
Was willst du weiter? O Meer und Erde! Ich brenne,
und so heftig brannte nicht, mit des Nessus schwarzem
Blute bestrichen, Herkules, brennt nicht die in Siciliens glühendem
Ätna tobende Flamme. Du, eine Werkstätte Colchischer Zaubermittel,
arbeitest immer auf mich los, bis ich, zu Asche verbrannt,
ein Spiel frecher Winde werde?
Was wird das Ende oder was soll meine Buße sein?
Sprich! getreulich will ich die auferlegte Strafe leiden,
bereit zu büßen, du magst nun
hundert Stiere fordern oder verlangen, daß die lügende Leier
von deinem Lobe erschalle: «Du, ein Muster der Keuschheit und der Frömmigkeit,
sollst als ein goldenes Gestirn unter den Sternen herum wandeln.»
Der durch die Beschimpfung der Helena aufgebrachte Castor
und des großen Castors Bruder haben, durch Bitten besiegt,
dem Dichter das geraubte Gesicht wiedergegeben.
So mache denn auch du, denn du kannst es, mich los von dem Wahnsinn,

o nec paternis obsoleta sordibus
neque in sepulcris pauperum prudens anus
novendialis dissipare pulveres;
tibi hospitale pectus et purae manus
tuusque venter Pactumeius et tuo
cruore rubros obstetrix pannos lavit,
utcumque fortis exsilis puerpera.
'quid obseratis auribus fundis preces?
non saxa nudis surdiora navitis
Neptunus alto tundit hibernus salo.
inultus ut tu riseris Cotytia
volgata, sacrum liberi Cupidinis,
et Esquilini pontifex venefici
inpune ut urbem nomine inpleris meo?
quid proderat ditasse Paelignas anus
velociusve miscuisse toxicum?
sed tardiora fata te votis manent:
ingrata misero vita ducenda est in hoc,
novis ut usque suppetas laboribus.
optat quietem Pelopis infidi pater
egens benignae Tantalus semper dapis,
optat Prometheus obligatus aliti,

du, der keine schmutzige Abkunft Schande macht
und die du keine von jenen Alten bist, die in den Gräbern der Armen
die noch heiße Asche herum zu streuen pflegen.
Du hast ein gastfreies Herz und unbefleckte Hände,
Frucht deines Leibes ist Pactumeius, und
die Wehemutter hat die durch dein Geblüt rotgefärbten Lumpen gewaschen,
so oft du aus dem Wochenbette mit vollen Kräften hervorspringst.

Canidia:

Was schüttest du dein Flehen vor verschlossenen Ohren aus?
Nicht tauber sind gegen nackte Schiffer die Klippen,
auf die der stürmende Neptun mit hohen Fluten schlägt.
Wie? du solltest, ohne dafür zu büßen, die Cotytischen Geheimnisse,
die dem ausgelassenen Cupido heilig sind, unter die Leute gebracht und verlacht,
und als hättest du das Recht, über die Esquilinischen Zaubereien zu urteilen,
ungestraft die Stadt mit meinem Namen erfüllt haben?
Aber was half es mir, die Paelignischen alten Mütter bereichert
und ein schneller wirkendes Gift gekocht zu haben?
Doch ein Tod erwartet dich, der für deine Wünsche zu langsam kommt!
Wider deinen Willen sollst du dich, Elender, mit deinem Leben schleppen, bloß dazu,
daß du zu immer neuer Pein fortlebest!
Ruhe wünscht der Vater des treulosen Pelops,
Tantalus, der die erquickende Speise niemals genießt;
wünscht der jenem Vogel auf ewig übergebene Prometheus;

optat supremo conlocare Sisyphus
in monte saxum; sed vetant leges Iovis.
voles modo altis desilire turribus,
modo ense pectus Norico recludere,
frustraque vincla gutturi nectes tuo
fastidiosa tristis aegrimonia.
vectabor umeris tunc ego inimicis eques
meaeque terra cedet insolentiae.
an quae movere cereas imagines,
ut ipse nosti curiosus, et polo
deripere lunam vocibus possim meis,
possim crematos excitare mortuos
desiderique temperare pocula,
plorem artis in te nil agentis exitus?'

es wünschet Sisyphus, seinen Stein
auf die Spitze des Bergs zu bringen: aber Jupiters Gesetze gestatten es nicht.
Du wirst bald von hohen Türmen herabspringen,
bald mit Norischem Schwerte dir die Brust öffnen wollen
und vergebens einen Strick um deine Kehle schlingen,
aus Überdruß des jammervollen Lebens.
Dann will ich auf den Schultern meines Feindes reiten,
und die Erde soll meiner Übermacht weichen!
Soll ich, die, wie du Neugieriger selber weißt,
wächserne Bilder beleben, durch Gesänge
den Mond vom Himmel herunter reißen,
die zu Asche verbrannten Toten erwecken
und Tränke zubereiten kann, die schmachtende Liebe wirken,
soll ich weinen müssen, daß meine Kunst an dir nichts vermag?

ANHANG

ZUM LATEINISCHEN HORAZTEXT

Der lateinische Text der horazischen Oden und Epoden in diesem Band ist der der Teubnerausgabe von Friedrich Klingner (Leipzig 1959[3]). Die Textdifferenzen zwischen Klingner und Ausgaben des 18. Jhs. sind nicht erheblich; Herzlieb und Uz lasen den gleichen Horaz wie wir (vgl. u.). Der Abdruck folgt der Klingnerschen Textgestaltung auch in der Interpunktion und in der graphischen Binnengliederung der Gedichte wie der Strophen.

Die wenigen Abweichungen von Klingner sind die folgenden:

c. 1, 25, 20: «Hebro», d.h. Rückkehr zur (guten) Überlieferung gegenüber (entstellender) Gelehrtenkonjektur.

c. 2, 16, 21–24: keine eckigen Klammern; Str. 6 wird als echt betrachtet.

c. 3, 12: Fortfall der Zeilenzählung am Rand (da hier allein nicht mit Verszählung übereinstimmend).

c. 3, 27, 34: statt Gedankenstrich Komma nach «pater».

c. 4, 8: nicht strophisch gegliedert, v. 28 und 34 nicht athetiert, d.h. ohne eckige Klammern.

c. 4, 10: nicht strophisch gegliedert (Klingners Auffassung wegen Seitenwechsels nur aus K. Büchner, Zur Form und Entwicklung der horazischen Ode und zur Lex Meinekiana, SB Leipzig 1939 = K. Büchner, Horaz, Wiesbaden 1962, S. 52–101 zu erschließen, dem er sonst folgt).

ZUM DEUTSCHEN TEXT DER ODEN

Der hier vorgelegte deutsche Text der horazischen Oden ist die von den Herausgebern behutsam redigierte Prosaübersetzung von Christian Friedrich Karl Herzlieb, die der früh verstorbene Domprediger zu Brandenburg (geb. 1760, gest. 1794) in drei Teilen in Stendal 1787, 1788 und 1791 herausbrachte.

I. GESICHTSPUNKTE DER BEARBEITUNG

1. Interpunktion.

a) Die Zeichensetzung ist nahezu durchaus der heute gültigen angeglichen worden.

b) Sie folgt dem Satzverständnis, wie es sich in der Interpunktion des lateinischen Textes in Klingners Ausgabe ausspricht (z. B. bei der Entscheidung zwischen Frage- und Ausrufungszeichen) (vgl. dazu auch u. 3).

c) Entgegen heutigem Usus folgt der Nachdruck dem Verzicht Herzliebs auf den Apostroph als Zeichen für den artikellosen Genitiv bei Namen auf -s (also z. B.: «mit Icarus Fluten»), es sei denn, eine Irreführung des Lesers lasse sich nicht ausschließen (vgl. auch 2 d).

2. Bei der Orthographie betrifft die Angleichung an die heutige Praxis (neben Einzelwörtern veränderter Schreibweise, die auch nicht eigens nachgewiesen werden) folgende Punkte:

a) Herzliebs deutsches -th- und -dt-, Doppelvokale, -ey- und -ay- sind durch -t-, einfache Vokale, -ei- und -ai- ersetzt worden (z. B. «Armuth», «Schwerdter», «Schaar», «Heerde», «Loos», «feyern», «Sayte»).

b) Intervokalisches -ß- ist nach kurzem Vokal in -ss- geändert worden (z. B. «Überflußes»), die Endsilbe -niß («Verhängniß») hat die heutige Schreibweise erhalten.

c) Die Pluralbildung ist heutiger Praxis angeglichen worden (z. B. «Pokale» statt «Pokäle»).

d) Herzliebs (nicht mit rigoroser Konsequenz durchgeführte) Hiatvermeidung wurde dort aufgegeben, wo sie heute künstlich erscheint (also z. B. statt «seine treuen Hund' ein Reh...» hier «...Hunde ein...» oder statt «Viel' entzückt...» hier «Viele entzückt»), aber beibehalten, wo das Sprachgefühl nicht befremdet ist oder die gesprochene Rede ihr folgt (also z. B. «berühr' ich» beibehalten). Der Apostroph für elidiertes Dativ- «-e» fehlt (statt z. B. «im...Kiel' ein...» hier «im...Kiel...»).

e) Die (von Herzlieb allerdings nicht ganz konsequent durchgeführte) Großschreibung von Namensadjektiven ist beibehalten und konsequent angewandt worden wegen des gleichsam substantivischen und individualisierenden Charakters (Nähe zum Namensgenitiv) dieser Adjektive in der horazischen Lyrik (z. B. «Myrtoische Wellen»).

f) Auch die Großschreibung zusammengesetzter Adjektive des Typs «Meerentsproßne (Venus)» wurde beibehalten, ihre gelegentliche Trennung bei Herzlieb stillschweigend geändert.

3. Die Übersetzung wurde an den lateinischen Text von Friedrich Klingner angeglichen. Die von Herzlieb benutzte Horazausgabe des Magisters Jani (Q. Horatii Flacci Opera recensuit varietate lectionis et perpetua adnotatione illustravit M. Christianus David Iani, 2 Bände, Lipsiae Sumtibus S.L.Crusii 1778 und 1782) unterscheidet sich an einigen sehr wenigen Stellen (ungefähr 55, von Interpunktionen und Orthographie abgesehen) von Klingners Text. Sofern davon die Übersetzung berührt ist, wurde sie geändert. Diese Stellen werden in der Liste (II) mitaufgeführt und durch (J) gekennzeichnet.

4. Versehen sind korrigiert, die Genauigkeit der Übersetzung gelegentlich gesteigert worden; diese Eingriffe werden in der Liste (II) einzeln nachgewiesen.

5. Schriftbild. In der Strophenabsetzung und Zeilenaufteilung ist der hier abgedruckte Text dem Original bei Klingner angeglichen. In Herzliebs Ausgabe waren fast alle Gedichte als ein Block ohne strophische Gliederung gesetzt, und die Anzahl seiner Zeilen übertraf oft die Verszahl des lateinischen Gedichts.

Die Zeilenanfänge sind hier im Unterschied zu Herzliebs Praxis nicht durch Kapitale ausgezeichnet, da einer Prosaübersetzung Kleinschreibung am Zeilenanfang besser ansteht.

II. LISTE DER IN HERZLIEBS ÜBERSETZUNG GEÄNDERTEN STELLEN

Zum jeweiligen Ersatz vgl. den Text. Die Eingriffe in der Orthographie und Interpunktion erscheinen hier nicht.

⟨ ⟩ = fehlt bei Herzlieb

[ ] = in dieser Ausgabe fortgelassen

(J) = Herzliebs Text folgt einer Lesung von Jani, die bei Klingner verworfen ist.

c. 1, 1

11 angestorbnen · 15 ⟨der⟩ · 31 Chöre · 32–34 Vom Pöbel. Und versagt mir Euterpe ihre Flöte / Nicht, besaytet Polyhymnia mir hold / Die lesbische Laute, nimmst unter die lyrischen Sänger

c. 1, 2

37 Schauspiels · 39f. Und des Mauern (Mauri, J) wüthender Blick auf die Feinde geheftet

c. 1, 3

9f. Der hatt' im Busen ein ehernes Herz,

c. 1, 4

8 Der glühende Vulkan in Flammen setzt (urit, J) · 18 ⟨im Knöchelspiel⟩

c. 1, 5

4f. Wem bindest du, kunstlos geschmückt, / Dein blondes Haar zurück? –

c. 1, 7

5 Burg (J) · 6 in Hymnen · 7 ihren Oehlzweig vor allen Zweigen zu wählen · ⟨zum Kranz der Dichterstirn⟩ · 22 ⟨die Lyäus ihm tränkte⟩ · 23 ⟨so heißt es⟩

c. I, 9
12 Ulme · 18–20 geweihete Stäte, wo...leise die flüsternde Liebe kos't.

c. I, 10
4 ⟨Satzung der⟩ Ehrenvolle ⟨n⟩

c. I, 11
6 laß rinnen deinen

c. I, 12
17 ⟨aus ihm erzeugt⟩ · 19–22 ...Staffel der Ehre. / Auch schweige von dir nicht mein Lied; / O Bacchus, kühn in der Schlacht; (J) · 55f. Oder gebändigte Serer, und Inder, / Die Völker des Aufgangs. · 57 jauchzenden (laetum)

c. I, 14
An den Staat · 14 Pilot

c. I, 15
22 ⟨von Pylos⟩ · 23 ⟨der Salaminier⟩

c. I, 16
11 tödtender Blitz · 14 von Leimen

c. I, 17
7 ⟨des stinkenden Gemahles Eheweiber,⟩ · 10 ⟨Tyndaris,⟩ · 17 Syrius · 20 meerebewohnende · 23 ⟨mit Mars⟩ · 23 ⟨Thyoneus⟩

c. I, 18
3 haben die Götter · 10f. des Rechts und des Unrechts / Schmale Gränze verkennen. · 12 frevelnd deinen Dienst entweihn

c. I, 19
14 Jünglinge · 15 und Becher

c. I, 20
1f. kleinen Krügen · trinken, [theurer (care, J) Ritter Mäcen!–] · 5 ⟨hochberühmter Ritter Mäcen,⟩ · 12 des...Hügels.

c. I, 21
2 schönen · 13 Sie (haec, J) müsse..., [er] müsse · 14 J: a populo, principe Caesare,

c. I, 22
4 ⟨,Fuscus,⟩ · 17f. kein Sommerlüftchen die Bäume lezt (Herzlieb verstand wohl irrtümlich «nullā»)

c. I, 23
8 Schenkel

c. I, 24
13 J: quod si · 15 J: non

c. I, 25
2 Schlägen (ictibus, J) · 18 ⟨und⟩ · 20 Eurus (Euro) überläßt

c. I, 26
4 ⟨sein kaltes Land im⟩ [der] · 10 vermag (possunt, J) · 12 deiner Schwestern würdig und deiner!

c. I, 27
14 Liebe

c. I, 28
5 ⟨mit dem Geiste⟩ · 11 ein abgerißnes Schild · 25–28 mag der Eurus... Fluten drohn; / Venusiums Wälder fühlen seine Wuth, / Du bleibst..., dir strömt...

c. I, 29
1 ⟨jetzt⟩

c. I, 31
1 ⟨neuen⟩ · 9f. einen Weinberg gab, ... mit Calenischer Hippe (J) · 15 sey (J) [nur]

c. I, 32
1 Man heischt Gesang! (poscimur, J) -- / Auf dann, hab' ich je in sorgenfreyen Schatten · 7f. ⟨am nassen Strande⟩ vor Anker lag

c. 1, 33
4 Treulosen Liebling · 7f. eh werden Apuliens Wölfe mit Ziegen · 15 ⟨die Freigelassene,⟩

c. 1, 34
2 Lehre · 7 durch den heitern Olympus · 9 sinnlose · 10 Der Styx, die · 11 Wurzeln · 15 lautem Geräusche

c. 1, 35
7 befähret · 9 unstäte · 22 folgen dir auch dann, wenn · 32 sonnenrothen · 34 und dieses Brudergeschlechtes · 35 unsre Zeit

c. 1, 37
12f. Aber ein Schiff, nur kaum den Flammen entronnen, · 18 das Wild · 21 ⟨furchtbare⟩ · 30f. ⟨grausam⟩ Von ihnen, wie ein niedres Weib, / Zum ... werden.

c. 1, 38
3f. noch ein Röschen verweile · 5f. ⟨mir liegt nichts dran;⟩

c. 2, 1
5 ⟨noch immer⟩ mit unversöhntem Blute besprützet

c. 2, 2
3 ⟨Sallustius⟩

c. 2, 3
9f. Da, wo (J) die Silberpappel ... die Zweige reichen · 11f. Da, wo (J) durch sein schlängelndes Ufer / Der Gießbach sich mühsam windet: · 14 J: amoenos · 17 Forsten

c. 2, 4
8 geraubte Cassandra · 10 [Als,] · 10f. als Hector den unermüdeten ... Pergama ... · 23 eilet

⟨*c. 2, 5*⟩
Text hier nach Uz²
Auf Lalagen · 16 sich einen Gatten suchen: Uz²

c. 2, 6
3 Lybiens Sirten · 10f. nach Galesus holdseligem Strande, wo Wollenheerden irren, · 22 Hügel

c. 2, 7
3 ⟨als Bürger⟩ · 8 ⟨Tamala-⟩ · 10 wo mir, unglücklich! der Schild entfiel · 12 ⟨mit dem Kinn⟩ in das Blutfeld · 25 der Würfel

c. 2, 8
13 selbst Venus · 15 ⟨immer⟩

c. 2, 9
5 verzeucht · 8 den Ulmbaum · 12 er vor Phöbus eilenden Rossen fleucht · 20 ⟨Cäsar⟩

c. 2, 11
6 Die fröhliche Jugend · 13 dem... Ahorn · 14–17 umdüftet, das... Haar gesalbt mit... · 20 Bacchus (Druckfehler)

c. 2, 12
7 ⟨vor⟩

c. 2, 13
19 dem Eichblock · 31 [Alcäus Lieder von] ⟨die⟩ · 38 J: laborum

c. 2, 14
20 ⟨Sisyphus⟩ · 25 besserer · 27f. den prächtigen (superbum, J) Aestrich mit Weine

c. 2, 15
3f. Lukriner⟨see⟩ · 4 der unvermählete Ahorn · 12 Sitte

c. 2, 16
33 ⟨Hundert⟩ · 38 ein wenig vom Geiste

c. 2, 17
17–19 der Scorpion, / Der schreckliche Gefährte meiner Geburt / Auf mich herabsah

c. 2, 18
6 falscher · 8 edle · 26–28 die nakten Kinder, / Des Hauses Götter · 34 Und Pluto's Fährmann

c. 2, 19
7 ⟨Liber,⟩ · 9 will · 11 f. und es nacherzählen, / Wie den hohlen Stämmen Honig entträufelte. · 13 will · 17 und Indiens Wogen

c. 2, 20
3 ⟨der Dichter⟩ · 7 ⟨geliebter⟩ · 13 schneller (ocior, J) / · ⟨Icarus⟩ · 18 ⟨und⟩ · 19 f. ⟨mich liest dann⟩

c. 3, 1
45 neiderweckenden Säulen

c. 3, 2
1 [Ja! Freund,] der Jüngling ... / ..., ⟨freudig⟩ ...

c. 3, 3
12 trinkt (J) · 20 ⟨und⟩ · 37 f. Der weite Ocean rauschet · 54 J: tangat · 60 ⟨Troja,⟩

c. 3, 4
2 Ewigen · 10 [Muttererde, J] ⟨Amme Pullia Schwellen⟩ · 17 Wie · 24 quellenreichen Auen · 51 ihre · 64 Delius, Patareus Apollo.

c. 3, 5
1 Olympus · ⟨so weiß unser Glaube⟩ · 3 Seit · 9 Dem Meder unterthan · 20 Ohne Schwerdtschlag dem Streiter entrissen,

c. 3, 6
2 wenn · 23 f. Und sinnt vom Flügelkleide an / Auf Freuden unerlaubter Lust. · 30 Mäkler · 31 wenn der Pilot des Spanischen Schiffes ruft · 32 seine

c. 3, 7
6 der wüthende Steinbok · 10 f. der Liebe Feuer · 13 treuloses · 14 ⟨mit falschem Vorwurf⟩ · 17 Orkus · 18 ⟨die Magnesierin⟩ · 22 Hört der Unverführte die Rede.

c. 3, 8
4 Rasen⟨altar⟩

c. 3, 9
2 beßrer Jüngling seine · 9 ⟨die Thracierin,⟩ · 12 Schont' ihres Lebens · 16 Schonten die Parzen des Jünglings nur! · 22 f. wankender, als Rohr, / Auffahrend, wie das wilde Meer

c. 3, 11
15 denen · 39 ⟨nicht⟩ · 41 Lamm · 48 ⟨übers Meer⟩

c. 3, 12
2 Spindel

c. 3, 14
1–4 Dem Herkules gleich kehrt nun, o Rom, von Iberiens Küsten / Siegprangend Cäsar zu seinen Penaten zurück. / Er, der sich, so sagte der Ruf jüngst, / Mit seinem Tode den Lorbeer erkaufte. · 6 den gerechten Göttern zu opfern, (J) · 7 f. im frommen Schleyerschmuck · 11 f. Worts, das Unglück deutet (J, ominatis) · 14 verjage die... Sorgen; · 18 Hole den Wein · 19 f. wenn wo ein Eymer / Den Streifereyen

c. 3, 15
10 Thyas · 13 ⟨des edlen⟩ · 14 Lucerias · 16 Kelch

c. 3, 16
25 den verachteten Reichthum

c. 3, 17
⟨2–5⟩ (J) übersetzt von E.A. Schmidt

c. 3, 18
3f. Den Jünglingen

c. 3, 19
[An den Telephus.] · 5 Man einen Eimer · 16 befahrend,

c. 3, 20
7 ⟨zufällt,⟩ · 8 ob sie ihr zufällt (J)

c. 3, 21
9f. obwol Socrates Rede seinen Lippen entströmet, · 10 J: negleget

c. 3, 24
3f. Und füll' Apuliens und das Tyrrhensche Meer / Mit deinen Prachtgebäuden aus: (J) · 12 Freywillig · 24 für Frevel hält, und lieber stirbt. · 44 J: deserere · 46 [wilden] · 60 Freund (J)

c. 3, 25
9 aufgeschreckt

c. 3, 27
2f. oder fahlgelbe Wölfin · 4 Oder die · 6 ⟨schräg⟩ · 7 Rosse · 26 Aber, da · 34–36 «Vater, o Name, der Tochter für immer verloren! / «Kindliche Zärtlichkeit» rief sie, / Von Wuth überwältigt. · 37f. der Tod... / Für diese Schuld eines Mädchens! 42 Ein Traum...vorgeführt... · 58 Buche

c. 3, 28
6 eilende · 12 Diana · 13 in erhabnen Tönen · 16 ihr verdientes Lob!

c. 3, 29
35f. aus seinem Bette / In das Etruscische · 51 verwechselt

c. 4, 2
23f. den...beneidet · 45 ein Lied mir gelingt · 48–50 beglückt, / Indeß du (J) dem Helden voranzeuchst. – dann jauchzen / Wir mehr als einmal: Triumph! Triumph! ruft · 57 schimmert ein Silbermal · 59 ⟨wo es ein Mal hat, ist es schneeweiß anzuschaun,⟩ · 60 übrigens

c. 4, 3
18 Pieris,

c. 4, 4
17f./22 So zeigte sich Drusus den Vindeliciern, / Als er auf Rhätischen Alpen stritt, und (J) ihren Heeren, / Welche.../ Sich nun durch...besiegt sahn. · 18–22 ⟨dem Volk, /.../.../.../...wissen.⟩ («quibus...omnia» fehlt bei J) · 45f. wuchs unter...Jugend auf,

c. 4, 5
2 Schuzgeist · 27f. kümmern / Des wilden Iberiers Kriege? · 29 Jedem entschlüpft der · 31 Weingelage · 35 Gräcien

c. 4, 6
23–24 Glück zugewinkt, und neue · 25 Argivischen (Argivae: J) · 28 gütiger Agyieus

c. 4, 7
8 ruft Hora, (J) · 13 was der stürmende Himmel verheert hat,

c. 4, 9
33 ⟨, Lollius,⟩

c. 4, 10
5 Weicht, und das Antliz des Ligurinus (J) · 6f. Ach! dann... / Sagen: Was fühl'ich (J)

c. 4, 11
9 Jedes Hand ist · 21f. Jüngling, nicht gleichen Standes mit dir, / Hat schon ein (J)

c. 4, 12
An den Virgil · 5–8 Sein... / Der unglückselige Vogel,... / ..., denn er... · 11 schattige · 15 Liebling · 27 ertausch, ..., / Mit ernster Weisheit kurzdauernde Thorheit,

c. 4, 13
10 schwarze · 14 blitzende (clari, J) · 25 der bejahrten Rabe (sic!)

c. 4, 14
9 Kriegsherr (Druckfehler) · 12–15 gethürmt. / In mehr als einem Angriff wagte drauf / Der Aeltre der Neronen den blutigen Kampf, (J)

c. 4, 15
9 Janus Quirinus (J) · 29f. Und dann, nach väterlicher Sitte, / Vom Klange Lydischer Flöten begleitet, der Vorzeit / Helden besingen,...

ZUM DEUTSCHEN TEXT DES CARMEN SAECULARE UND DER EPODEN

Da vom Sakulärlied und dem Epodenbuch keine Übersetzung Herzliebs vorliegt, der Verlag diese Texte aber mit den Odenbüchern zusammen herausbringen wollte, haben die Herausgeber sich für die ungefähr gleichzeitige Übersetzung von J.P. Uz (1773) entschieden, die zwar die Herzliebsche an Geschmack, Feinheit und Melodie nicht erreicht, dabei aber solide und nicht ohne Mark ist. Zugrunde gelegt wurde der Text der 2. Auflage: Die Gedichte des Horaz, aus dem Lateinischen übersezt von D.J.Z.L. Junkheim, J.P. Uz u. G.L. Hirsch. In zwei Theilen. Erster Theil, welcher die Oden enthält. Neue, sehr veränderte [...] Ausgabe. Ansbach, 1827. Die Epoden 8 und 12 waren in der Erstausgabe unterdrückt, ihre beschönigende Übersetzung ein halbes Jahrhundert später ist hier ohne substantielle Eingriffe wiedergegeben.

I. GESICHTSPUNKTE DER BEARBEITUNG

Vgl. oben: «Zum deutschen Text der Oden, I. Gesichtspunkte der Bearbeitung».

Die Uz'sche Übersetzung war fortlaufend wie ein Prosatext gedruckt. Der Zeilenumbruch für jeden Vers und der Einzug jeder zweiten Zeile (Epodenmaß) wurde von den Bearbeitern dieser Ausgabe zur Angleichung an das Textbild des Originals nach Klingners Ausgabe vorgenommen.

II. LISTE DER IN DER ÜBERSETZUNG VON UZ GEÄNDERTEN STELLEN DER 2. AUFLAGE

Aufgeführt sind nur die Stellen (in der Fassung der 2. Auflage), an denen unser Text sowohl von der 2. als auch von der 1. Auflage abgeht; die (seltene) Rückkehr zum Text der 1. Auflage wird hier nicht vermerkt. Zu den Sigla vgl. oben (Zum deutschen Text der Oden: II).

c. s.

Der sekularische Gesang · 16 Genityllis! · 26f. Terminus, die unveränderliche Gottheit, müsse es halten · 35 des Gestirns · 49–51 Und Er, der …, herrsche, siegend…

epod. 2

11f. sieht von ferne, wie im gekrümmten Thale die brüllenden Heerden herum irren, · 13, 14, 11, 12 in dieser Reihenfolge · 31 seinen Hunden · 32 Tücher · 44 gegen die · 51 den Eoischen · 53 meinem Gaumen besser schmecken · 57f. gesunden Malven, oder

epod. 4

[An Menas, des Pompejus Freygelassenen.] · 9 von dir wegwendet? · 14 vernützt

epod. 5

21 Iberien und Iolcos · 37 damit das vertrocknende Mark · 45 das Gestirn · 55 das scheue Wild in den Wäldern · 69f. meiner uneingedenk, auf den Betten aller meiner Nebenbuhlerinnen. · 74 dem · 75f. auf den Ruf marsischer Worte,

epod. 6

[Auf Cassius Severus.]

epod. 8

10 Füssen · 11 prange einst

epod. 9

17 Hierüber ergrimmt wandten die Gallier mit zwey tausend Pferden um,

epod. 10

1 In unglücklicher Stunde · 4 Südwind · 7 Der Nordwind

epod. 12

1f. Was will sie von mir, die Alte? Warum schickt sie mir · 6 ihre · 10 fruchtgewordene (Druckfehler)

epod. 13
12 Unüberwindlicher Sterblicher! Sohn

epod. 15
1f. glänzte unter ... Gestirnen der Mond · 3 vielleicht schon · 5f. fester in meinen umschlingenden Armen hangend, als Epheu um hohe Eichen sich windet, · 13 einem vornehmern Liebhaber · 16 fest setzen wird. · 17 Du aber, der du der glücklichere bist, und stolz · 20 ⟨der⟩

epod. 16
11f. stehen, sein Pferd wird · 41f. Ocean, der die glücklichen Gefilde umschließt. Diesen Gefilden · 49 zur Gelte (schles. = Melkkübel)

epod. 17
5 das ... befestigte Gestirn · 20 Mäkler · 41 goldener Stern unter dem Gestirn · 50 dein Leib speyt Kinder aus, · 65 treulose Vater des Pelops

ANMERKUNGEN

EINLEITUNG

1 Zu Horazens Biographie vgl. die auf Sueton zurückgehende Vita, welche die Horazhandschriften überliefern und die in der Teubnerausgabe des Dichters (rec. Fr. Klingner, Leipzig 1939[1] und spätere Auflagen) vor den Dichtungen abgedruckt ist, sowie Eduard Fraenkel, Horace, Oxford 1957, S. 1–23.

2 Eine Ausnahme mag epod. 13 sein.

3 In lateinischer und griechischer Sprache. – Die in sat. 1, 10, 31 ff. erwähnten angeblichen griechischen Dichtungsversuche gehören dagegen der Zeit nach der Rückkehr aus der Niederlage von Philippi an.

4 So mit Ulrich Knoche, Die römische Satire, Göttingen 1971[3], S. 10f. gegen Otto Weinreich (Hrsg.), Römische Satiren, Zürich 1949[1] (1962[2]) S. VII ff., der mit vorliterarischen volkstümlichen Vorformen dramatischer Natur rechnet.

5 Vgl. E. A. Schmidt, Amica vis pastoribus. Der Jambiker Horaz in seinem Epodenbuch, Gymn. 84 (1977), S. 401–423.

6 Vgl. Hans Joachim Krämer, Die Sage von Romulus und Remus in der lateinischen Literatur. In: Synusia. Festgabe für W. Schadewaldt, Pfullingen 1965, S. 355–402, hier: S. 362 ff.

7 Vgl. Viktor Pöschl, Horaz und die Politik (SB Heidelb. Ak. 1956). Wieder abgedruckt in: V. P., Kunst und Wirklichkeitserfahrung in der Dichtung. Kleine Schriften I, Heidelberg 1979, S. 145–177.

8 Neben die Widmung der ganzen Ausgabe in c. I, 1 treten die «Unterwidmungen» an Maecenas in den Eröffnungsgedichten der zweiten Buchhälften in I und III, die ihn – nur sie – jeweils als Ritter anreden: c. I, 20 und c. III, 16.

9 Die Gedichtanzahl augusteischer Gedichtbücher ist in der Regel ein Vielfaches von Fünf oder Zehn.

10 Außer c. I, 1, 35 in der Odenedition I–III «vates» nur noch in c. I, 31, 2 und c. II, 20, 3, einem gegenüber c. I, 1–c. III, 30 inneren

Großring um den Zyklus (je das achte Gedicht außer ihm), sowie in c. III, 19, 15 (fünf Belegen in den 88 Oden der ersten Edition stehen vier in den 15 Oden des vierten Buches gegenüber).

11 Eine Ode von 40 Versen, 3 Oden mit 28 und 8 mit 24 Versen, unter den übrigen 76 Oden in I–III gibt es nur noch 6 Stücke der zuletzt genannten Versanzahl.

12 Vgl. zu diesem Zyklus Walther Ludwig, Zu Horaz, c. 2, 1–12, Hermes 85 (1957), S. 336–345.

DIE GESCHICHTE DES DEUTSCHEN HORAZ

1 Oden des Horatius Flaccus. Übersetzt und mit Anmerkungen begleitet von Christian Friedrich Karl Herzlieb, 3 Theile, Stendal 1787–1791

2 Die Werke des Horaz, aus dem Lateinischen übersetzt. Theil 1–3, Ansbach 1773–1775

3 Herzlieb, Oden, a. a. O., Vorrede zu Theil 1

4 Hans-Georg Gadamer, Wahrheit und Methode, 3. Aufl., Tübingen 1972, S. 365

5 R. Storrs, Ad Pyrrham, A polyglot Collection of Translations, London 1959

6 Deß Hochberühmten Lateinischen Poetens Q. Horatii Flacci Vier Bücher Odarum / oder Gesänge in Teutsche Poesi übersetzet... Dresden 1656 (Joh. Bohemus)

7 ebenda, Theil 1, S. 28

8 G. Benn, Gesammelte Werke, hg. von D. Wellershoff, München 1975, Bd. 4, S. 1074

9 V. Pöschl. Horazische Lyrik. Interpretationen. Heidelberg 1970, S. 21

10 Goethes Sämtliche Werke, Jubiläums-Ausgabe, Stuttgart und Berlin o. J., Bd. 3, S. 219

11 C.F. Weiße, Kleine Lyrische Gedichte, Karlsruhe 1778, Bd. 2, S. 64

12 Quinti Horatii Flacci Opera (ed. Chr. Guil. Mitscherlich, mit der Übersetzung von J. H. Voß), Wien und Triest 1817, Bd. 1, S. 364

13 Herders Sämmtliche Werke, hg. von B. Suphan, Berlin 1877ff, Bd. 1, S. 404

14 Goethe, a. a. O., Bd. 37, S. 22

15 Ungebundene Übersetzungen der Gedichte des Q. Horatius Flaccus nebst den nöthigsten Anmerkungen..., Cassel 1749, 1. Theil, Vorbericht (F. Groschuf)

16 Horatius Enucleatus, Leipzig 1698 (hg. von J. Rulff)

17 J. Bohemus, a. a. O. (Vorrede zum 2. Buch), vgl. Anm. 6

18 ebenda

19 ebenda, 1. Buch (das Werk ist nicht paginiert)

20 ebenda, Vorrede zum 2. Buch

21 F. Groschuf, a. a. O., Vorrede, vgl. Anm. 15

22 Die Oden des Quintus Horatius Flaccus in freier Nachdichtung von Alfred Hesse, Hannover 1906 (Vorwort)

23 ebenda, S. 7f.

24 Goethe, a. a. O., Bd. 23, S. 70

25 Herder, a. a. O., Bd. 24, S. 203f.

26 Karl Wilhelm Ramlers Oden aus dem Horaz, Berlin 1769

27 Goethe, a. a. O., Bd. 5, S. 304

28 Des Quintus Horatius Flaccus Werke von Johann Heinrich Voss, Braunschweig 1820, Bd. 1, S. 23f.

29 W. v. Humboldts gesammelte Schriften, 1. Abt., Bd. 8, Berlin 1909, S. 133

30 Die Gedichte des Horaz, Deutsch von R. A. Schröder, Wien 1935, S. 13

31 Walter Benjamin, Gesammelte Schriften, Frankfurt 1972, Bd. IV[1], S. 16

32 J. G. v. Herders sämmtliche Werke. Zur schönen Literatur und Kunst. Schriften zur griechischen Literatur, hg. durch Chr. G. Heyne, 10. Theil, Carlsruhe 1821, S. XII

33 J. F. Degen, Versuch einer vollständigen Litteratur der deutschen Übersetzungen der Römer, Altenburg, 1. Abth. 1794, S. 165f.

34 ebenda, S. 187

35 Goethe, a. a. O. Bd. 1, S. 94

36 Christiane Friederike Wilhelmine Herzlieb, geb. 22. 5. 1789, gest. 10. 7. 1865. Seit Frühjahr 1798 im Frommannschen Hause.

37 Goethe, a. a. O., Bd. 2, S. 12

38 Die ausführlichste Biographie findet sich in: Christian Friedrich Carl Herzliebs Predigten an Sonn- und Festtagen... Mit einer Vorrede und Lebensbeschreibung des Verstorbenen von D. W. A. Teller, Züllichau 1795, bei Friedrich Frommann

39 Diese und die folgenden Mitteilungen verdanke ich den Kopien

der Akten, die mir das Domstiftsarchiv zu Brandenburg/H. freundlichst überließ. (Domstiftsarchiv IV B 6 und VI R 10)

40 Herzlieb, Oden, a.a.O., Theil 3, S. IV

41 ebenda, Theil 1, S. 127

42 ebenda, Theil 2, S. 295

43 ebenda, Theil 2, S. 297

44 Vgl. u.a. Freundliches Begegnen. Goethe, Minchen Herzlieb und das Frommannsche Haus... hg. von Günther H. Wahnes, Stuttgart und Jena 1927

45 Herzlieb, Predigten, a.a.O., S. XXVIII

46 Herzlieb, Oden, a.a.O., Theil 2, Vorrede

47 Briefwechsel zwischen Gleim und Uz, hg. von Carl Schüddekopf, Tübingen 1899, S. 401

48 ebenda, S. 402

GEDICHTE

Vorbemerkung

1. Die deutsche Übersetzung ist mit dem lateinischen Text zeilengerecht und hat zur Orientierung eigene Verszählung. Die Einzelerklärungen gelten Stichworten der deutschen Übersetzung, ganzen Versen oder Versgruppen (Strophen). Trotz eigener Verszählung erscheinen die deutschen Lemmata jedoch mit der Verszahl des lateinischen Textes (die gelegentlich nicht übereinstimmt) und in der Reihenfolge ihrer lateinischen Äquivalente.

2. In Querverweisen ist nicht zwischen Horaztext und Anmerkung dazu unterschieden; es sollte daher immer beides konsultiert werden.

3. Horaz ist der Meister der «callida iunctura», der «gewitzten Wortverbindung», der Herstellung pointierter Wortnachbarschaften (ars 47f.). Auf solche Fügungen wird, wenn sie besonders auffällig sind, durch bloße Aufführung als Lemma ohne Kommentar aufmerksam gemacht.

4. Zitierweise: Die Quellen-, Stellen- und Literaturangaben folgen dem Abkürzungsverzeichnis des Kleinen Pauly, Band 1, S. IX–XXVI.

5. Griechische Zitate werden in Übersetzung gegeben, griechische Termini transkribiert.

6. Auf die Nennung von Gelehrtennamen bei übernommenen, geteilten oder abgelehnten Ansichten ist wie in der Einleitung auch

in den Anmerkungen verzichtet; ohnehin ist einerseits jede Einsicht irgendwie verdankt und muß andererseits doch allein verantwortet werden. Das durch diesen Verzicht auf einen Usus in wissenschaftlicher Literatur unbefriedigte Bedürfnis kann der Leser stillen, indem er durch Studium der angegebenen Literatur die Herkunft der Erklärungen nachweist. Alles solcherart nicht Nachweisbare entstammt entweder den Lexika wie RE, Kleinem Pauly, Oxford Classical Dictionary, Artemis Lexikon der Alten Welt, Roscher, Hunger, u.ä., wird vom verantwortlichen Bearbeiter für Allgemeingut gehalten, ist nicht genannten weniger wichtigen Publikationen zu dem jeweiligen Horazgedicht verdankt oder stellt Meinung und Fund des Bearbeiters dar.

1, 1

Widmungsgedicht an Maecenas. Reihenvergleich (Priamel) von neun Lebensformen, der in Horazens lyrisches Dichten und seinen Dichterruhm mündet. Dichtersein und Selbstgefühl des Dichters als Geschenk der Musen und des Maecenas.

Vgl.: c. 3, 30.

Der kleinere Asclepiadeus, stichisch verwendet (36 Verse); im gleichen Maß nur noch das Schlußgedicht der ersten Odensammlung (c. 3, 30) und das Mittelgedicht der zweiten (c. 4, 8).

1 «Mäcenas»: Das erste Wort der Odensammlung: ihm ist sie gewidmet, dem Freund des Augustus und kultivierten Förderer von Dichtung und Dichtern, insbes. des Vergil und Horaz (vgl. s. 1, 6). Horaz, seit 38/37 v.Chr. im Maecenaskreis, hat seinem Patron schon das erste Satirenbuch und das Epodenbuch (vgl. epod. 1, 4) gewidmet. Vgl. c. 1, 20, 5; c. 2, 12, 11; c. 2, 17, 3; c. 2, 20, 7; c. 3, 8, 13; c. 3, 16, 20; c. 3, 29, 3.

1 «königlicher Ahnen»: Maecenas entstammte etruskischem Adel aus Arretium; vgl. c. 3, 29, 1.

3–6 Olympisches Wagenrennen.

4 «Ziel»: Die eng zu umfahrende Wendesäule im Stadion.

9–10 Latifundienbesitz in der Kornkammer des Reiches, der Provinz Africa (Libyen).

12 «Attalus»: Name der prachtliebenden Herrscher von Pergamon.

13 «Cyprischen Kiel»: Auf Zypern blühte der Schiffsbau.

14 «Myrtoische Wellen»: Das stürmische Meer zwischen Peloponnes und Kykladen, nach der Euböa im Süden vorgelagerten Insel Myrto oder nach dem Wagenlenker Myrtilos benannt, der den Verrat an seinem Herrn Oinomaos durch Sturz von den Geraistischen Klippen (Südspitze Euböas) büßte.

15 «Icarus Fluten»: Die Ägäis östlich der Kykladen, benannt nach der Insel Ikaria (oder Ikaros) bzw. nach Ikaros, der von seinem sonnennahen Flug auf Flügeln, die sein Vater Daidalos gebaut hatte, in dieses Meer abstürzte.

15 «Africus»: Stürmischer Südwestwind.

19 «Massikers»: Berühmter Wein des gleichnamigen Berges zwischen Latium und Kampanien, südlich des Falernergebietes (vgl. c. 1, 20, 9–12; c. 1, 31, 7–10)

22 «des heiligen Baches» «aquae ... sacrae»: Heilig, göttlich und Gottheiten sind der Antike alle Quellen und Ströme.

28 «Marsischer Eber»: Das bewaldete Marsische Bergland im Hinterland von Latium mit Höhen um 2000 m (Westabruzzen), Quellgebiet der Flüsse Anio und Liris.

28 «das schwache Garn»: Gedacht ist an eine Treibjagd in eine Netzabsperrung.

29 «Mich»: Nicht «ich» (so erst im letzten Vers), denn diese Lebenswahl ist Erwähltsein.

29 «Efeukranz»: Der Efeu ist Dionysos heilig und ordnet den Dichter diesem zu; vgl. c. 2, 19; c. 3, 25.

30–32 «mich trennen ... vom Pöbel»: Einsamkeit und Überlegenheit des Dichters als Distanz.

31 «die scherzenden Reigen der Nymphen und Satyrn»: Der dionysische Dichter wird ein Glied des Thiasos, des dionysischen Gefolges, zu dem Nymphen und Satyrn gehören (vgl. c. 2, 19, 3 f.); «scherzenden» = «leichtfertig, locker», nämlich den Satyrn gegenüber.

32 «Flöte»: «tibia» (griech.: aulos), ein oboenartiges Blasinstrument; «Flöte» als Übersetzungswort in poetischem Kontext eingebürgert.

33 «Euterpe»: Eine der neun Musen, noch ohne spezifische Kompetenz; sie ist um ihres Namens willen – «die Erfreuerin» – gewählt.

33 «Polyhymnia»: Eine andere Muse; ihr Name bedeutet: «die Vielpreisende», nach der Vielfältigkeit der Lieder.

34 «die Lesbische Laute»: «Lesbisch» heißt der «barbitos», eine vielsaitige Laute, weil Terpander von Lesbos (7. Jh. v. Chr.) ihn erfunden hat; zugleich ist auf die äolisch-lesbische Musik und Dichtung, insbes. Metrik, der Sappho und des Alkaios angespielt (vgl. c. 1, 32, 3 ff.; c. 1, 26, 10 f.; c. 3, 30, 13).

32–34 «... Euterpe ... Lesbische Laute»: Zwei Musen, zwei Instrumente, das erste im Plural («tibias»), das zweite vielsaitig, die zweite Muse «liederreich», der «barbitos» lesbisch: Horaz spricht von vielseitiger Musik und mannigfaltiger lesbischer Metrik, eine Vorbereitung der Eröffnung des Buches durch Metrenvorstellung. Ich nenne daher die Oden 1, 1–11 Horazens «‹poly-hymnischen› Katalog ‹lyrischer› Gedichte in ‹lesbischen› Maßen».

35 «Nimmst ... unter die lyrischen Sänger du mich auf»: Einreihung in den (alexandrinischen) Kanon der 9 griechischen Lyriker Sappho, Alkaios, Anakreon, Alkman, Stesichoros, Ibykos, Simonides, Pindar, Bakchylides. Hierin zugleich der Anspruch, der erste römische Lyriker zu sein.

I, 2

Das Ende der Bürgerkriege, Schuld und Heil Roms.

Vgl.: Verg. georg. 1, 466–514; Hor. epod. 7 und 16; c. 1, 35; c. 2, 1; c. 3, 5.

Lit.: G. Rohde, Deutungen zu vier Augustus-Gedichten des Horaz (c. 3, 25; c. 1, 2; c. 1, 31; c. 4, 5). In: G. R., Studien und Interpretationen, Berlin 1963, S. 176–185.

13 sapphische Strophen.

2 «Jupiter»: Der Himmels- und Wettergott, der Herr des Blitzes, zugleich der höchste Gott des römischen Staates.

3 «die geweihten Höhen»: «Die «Burg» («arx») und den Jupitertempel auf dem Kapitol.

6 «der Pyrrha Unglückszeit»: In der griechischen Sintflutsage überlebt das Menschenpaar Deukalion (Sohn des Prometheus) und Pyrrha (Tochter der Pandora).

7–12 Reihung von Paradigmen verkehrter Welt (adynata).

7 f. «Proteus»: Der göttliche Robbenhirt als Senner.

13 «sahn ... wir«: Bezeugung der unmittelbaren Erfahrung

eines Gottes (Epiphanie): hier einer Überschwemmung, wohl der vom Januar 27 v. Chr.

13 «gelben Tibergott»: Wie alle Flüsse in der Antike ist auch der Fluß Roms ein (männlicher) Gott, der einerseits der Fluß selbst (so auch hier: «gelb» ist festes Beiwort des lehmgefärbten Flusses), andererseits eine Person neben dem Wasser ist.

14 «Etruscischen Gestade»: Das rechte Ufer des «Tuscischen Stromes» (c. 3, 7, 28): der Gott drängt seine Wellen vom südöstlich verlaufenden jenseitigen Ufer gegenüber der Ostspitze der Tiberinsel (auf dieser befand sich das einzige Heiligtum des Gottes in Rom) über das linke Ufer (v. 18 f.) auf die Senke des Forum Boarium und des Velabrum und bis zum Forum Romanum.

15 «des Königs Burg»: Die Regia, der Amtssitz des Pontifex maximus, der Tradition nach ursprünglich von Numa gebauter Königspalast, wo die Lanze des Mars und die Schilde («ancilia») der religiösen Bruderschaft der tanzenden Salier aufbewahrt wurden.

16 «den Tempel der Vesta»: «templaque Vestae», Rundtempel der Vesta («aedes») und das sog. «atrium Vestae» (ebenfalls auf Numa zurückgeführt). Die jungfräulichen Vestalinnen bewachten das heilige Herdfeuer; das «atrium» beherbergte daneben die Penaten. Königsburg und Vestatempel sind gewählt als Symbole und Garanten («pignora») Roms als gottgewollter ewiger Institution und Idee; sie präfigurieren so c. 3, 30, 8 f. («pontifex» und «virgo»).

17–20 Von Mars Mutter der Zwillinge Romulus und Remus hatte sich die Vestalin (vgl. v. 16) Ilia oder Rhea Silvia gegen ihr Keuschheitsgelübde vergangen und wurde im Tiber ertränkt; dem gilt ihre Klage. Der Flußgott, hier ihr Gatte, will sie durch Zerstörung des Vestatempels rächen, gegen Jupiters Willen, dessen Schnee und Hagel die Überschwemmung ausgelöst und dessen eigene Blitze Arx und Jupitertempel des Kapitols getroffen hatten. D. h. in Rom steckt Schuld vom Ursprung her; der Bürgerkrieg ist deren Aktualisierung als Verwirklichung eines fatum und darin Sühne und Schuld zugleich. Die ominöse Naturkatastrophe als Symbol genommen ist wiederum Strafe (Jupiter) – für neue Schuld – und Schuld (in zerstörerischer Parteinahme für eine Schuldige: Tiber) zugleich. Die Erbsünde in der Romidee bedroht in ihrer Aktualisierung in den Bürgerkriegen die Existenz dieser Idee selbst, die Jupiter jedoch retten will.

19f. «Dienstbar dem Weibe»: «u-/ xorius amnis». Gatte der Vestalin konnte der Tiber (diese Version wohl zuerst hier) natürlich erst nach ihrem Fehltritt (und ihrer Verstoßung) werden.

21–24 Der Bürgerkrieg, insbes. der Krieg zwischen Antonius und Octavian, symbolisch identisch mit dem Tun des römischen Flusses, der gegen römische Heiligtümer aufsteht (v. 13–20).

22 «Perser»: So für die gefürchteten Parther (Niederlage des Crassus 53 v. Chr. mit Verlust der Feldzeichen; das als Debakel ausgelegte Ausbleiben eines großen Erfolges bei Antonius' Unternehmungen: 40–36 v. Chr.), um der aktuellen außenpolitischen Bedrohung die allgemeinere Bedeutung des ideell Antirömischen zu geben.

28 «Vesta»: Wie in v. 16 Symbol und Garant Roms; die Vestalinnen, «die heiligen Jungfrauen» (Gegenbilder zu Ilia und Tiber) beten für das Heil des Staates.

29 «Schuld»: Nicht nur des Bürgerkrieges, sondern Roms überhaupt (vgl. o.).

30–44 Gebete zu vier Göttern, Apollo, Venus Erycina, Mars, Merkur, deren erste drei die Götter sind, die in den drei großen Schlachten des Bürgerkriegs, Pharsalus (48), Philippi (42) und Actium (31 v. Chr.) den Sieg verliehen hatten und von den julischen Siegern Caesar und Octavian Tempel erhielten; das Gebet zu ihnen ist Bitte um Präsenz in verwandelter Gestalt und «augusteische» Wirkungsweise.

31 «Schultern in Wolken»: So schon in der Ilias (5, 186; 15, 308); Ausdruck der Unsichtbarkeit.

32 «Augur Apollo»: Der Gott des julischen Hauses und Octavians, der Sieger von Actium und Herr des von Octavian gelobten und geweihten Tempels (28 v. Chr.) auf dem Palatin neben der Wohnung des Herrschers vertritt eine Seite Octavians. «Augur» ist er als der delphische Herr der «Seherkunst» und als der palatinische Herr der sibyllinischen Bücher. Zugleich wird auf das 29 v. Chr. im Zusammenhang mit der Schließung des Janustempels

erneuerte «augurium salutis» angespielt, dessen Voraussetzung Friede war und das schon in Ciceros Konsulatsjahr mit Bürgerkrieg zu tun gehabt hatte («bellum domesticum triste ac turbulentum», Cic. div. 1, 105).

33 «süß lächelnde Erycina»: Die Venus vom Berg Eryx in Sizilien als Mutter des Aeneas, Stammutter der Römer und insbes. des Julischen Hauses, die Siegerin von Pharsalus (48 v.Chr.), welcher Caesar in Erfüllung seines Gelübdes vor der Schlacht als Venus Genetrix einen Tempel 46 v.Chr. weihte. «Lächelnd» («ridens») heißt sie homerisierend, so daß sie hier die Elemente vereint, die auch die Venusgestalt der Aeneis ausmachen.

34 «Jocus und Amor»: Zwei geflügelte Eroten als Begleitung der Julischen Venus auch auf julischen Münzen. «Jocus» offenbar ein ad hoc gegebener Name zur Hervorhebung der durch «lächelnd» bezeichneten Wesensseite der Venus.

36 «o Vater»: «auctor». Mars, als Vater des Romulus Stammvater der Römer (obwohl für Romulus kein Nachkomme bezeugt ist), seines «Geschlechts», seiner «Enkel»; zugleich Ahnherr des Divus Iulius. Auch Mars war Gegenstand julischer Religionspolitik, indem Octavian ihm vor der Schlacht von Philippi (42 v.Chr.) «pro ultione paterna» (Suet. Aug. 29, 1 f.) einen Tempel gelobte, den er auf seinem Forum (Augustusforum) 2 v.Chr. einweihte: dort wurde Mars Ultor in Kultgemeinschaft mit der Venus Genetrix verehrt.

37 «Spieles»: Wegen des Fehlens auswärtiger Kriege: mag Mars bei Philippi auch als Helfer in einem Bürgerkrieg beansprucht worden sein, sein Wesen ist äußerer Krieg. «Spiel» vielleicht erotisch: der nichtkämpfende Mars gibt sich der Liebe zu Venus hin.

39 «Marsischen»: Das kriegerische Bergvolk in den Abruzzen, dessen Name an Mars anklingt, als Rückgrat der römischen Infanterie.

41–44 Augustus als der in menschliche Jünglingsgestalt verwandelte und auf Erden weilende Gott Merkur, Sohn des Jupiter und der Atlastochter und Pleiade Maja, der an Knöcheln und Kappe geflügelt vorgestellt wurde. Literarische Parallelen fehlen, eine numismatische scheint es zu geben. Überraschend ist sowohl die aktuelle Vergöttlichung zu dieser Zeit als auch die Identifikation mit einem bestimmten Gott und speziell mit Merkur. Einerseits knüpft Horaz wohl an den hellenistischen Herrscherkult (Alexander der Große und Ptolemäerkönige als Hermes) und östliche Heilserwartung an, andererseits macht er, nach der Trias der Siegesgötter der julischen Dynastie, mit der Identifikation des Herrschers mit einem Gott durch die Wahl *dieses* Gottes eine spezifische Aussage, an der diese Aspekte wichtig zu sein scheinen: Mercurius-Hermes ist als der Götterbote hier Mittler zwischen jener Göttertrias und den Menschen, den Römern; er ist Friedensbringer; er ist der älteste Gott Latiums, von Euander aus Arkadien übertragen; er ist Gott des Horaz, so daß Augustus gegenüber dem Bürgerkrieg eine horazisch-merkurialische Welt repräsentiert. Horazens Merkur-Ode, c. 1, 10, das zweitletzte Gedicht des polyhymnischen Katalogs, als einziges Gedicht ein Versmaß wiederholend, nämlich das unserer Ode, des zweiten Gedichts, verbände so über Merkur den Dichter mit dem Herrscher dieses Gedichts. Vgl. c. 3, 4.

42 «allgütigen Maja»: «allgütig» («alma») ist Maia als die altrömische Wachstumsgöttin «Maia», von der der Monatsname abgeleitet ist; mit ihr wurde die Atlantide schon früh identifiziert.

44 «Cäsars Rächer»: Octavian stilisierte seine Politik bis zum Sieg im Bürgerkrieg als Rache für seinen Adoptivvater. Der Zusammenhang zwischen vollzogener Rache und Merkur (statt Mars; vgl. o. zu v. 36) ist offenbar der in «almae filius Maiae» anklingende: die Saaten gedeihen wieder.

46 «Romulischen»: Eigentlich: «des Quirinus»: sabinischer Gott, mit Jupiter und Mars die älteste stadtrömische Göttertrias bildend; wohl erst seit Julius Caesar mit Romulus identifiziert.

49 «die Triumphe»: In Zukunft, wie bisher schon 29 v. Chr. den dreifachen Triumph über Dalmatien, Actium, Alexandrien.

50 «den Vater-Namen»: Die Bezeichnung «pater patriae», die offiziell erst 2 v. Chr. verliehen wurde; vgl. A. Alföldi, Vater des Vaterlandes.

50 «Fürsten-Namen»: «princeps«, ein republikanischer Eh-

rentitel, in dem die verschiedenen Vollmachten, auf deren Bündelung die Macht des Augustus beruhte, zusammengefaßt waren.

51 «der Meder»: So hier für «Parther» (wie ähnlich v. 22), um die aktuelle Kriegspropaganda zu transzendieren in Richtung auf geistigen Gegensatz zu Rom und Augustus; vgl. c. 2, 9, 18–24; c. 1, 27, 5 f. Zu «Perser», «Marser», «Meder» hier v. 22, v. 39, v. 51 vgl. c. 3, 5, 4 und 9.

52 «Cäsar»: Erst hier wird eindeutig, daß Augustus angeredet war und ist.

1, 3

Griechenlandreise des Freundes Vergil als Anlaß zu Reflexionen über die titanischen Grenzüberschreitungen des Menschen. Gegenstück («wir Menschen») zu c. 1, 2 («wir Römer»).
Vgl.: Soph. Ant. v. 332–375 (Erstes Stasimon).
Lit.: R. Harder, Horaz Carmen 1, 3 (1948). In: R. H., Kleine Schriften, hrsg. v. W. Marg, München 1960, S. 431–437.
10 (2–4–4) Strophen im 4. asklepiadeischen Maß.

1 «Cypriens mächtige Göttin»: Aphrodite-Venus, auf Zypern verehrt (vgl. c. 1, 30, 1 f.), als Göttin der Seefahrt (vgl. c. 3, 26, 5).

2 «Helenens Brüder»: Die Dioskuren (Kastor und Pollux), die antiken Nothelfer zur See als schützendes Elmsfeuer auf Mastspitze und Takelage.

3 «Vater der Winde»: Aiolos.

4 «verschließe sie alle, nur den ... nicht». Im Anschluß an Hom. Od. 10, 20–26 und 5, 383–385 traditionelles Motiv eines Geleitgedichts (Propemptikon).

4 «Japyx»: Der Wind von Brindisi nach Griechenland (WNW); Iapygia ist die messapische (heute: apulische) Halbinsel Unteritaliens («Stiefelferse»), benannt nach Iapyx, einem Sohn des Daidalos.

6 «Virgil»: Der Dichter:
a) Stellung der Ode: drittes Gedicht der Sammlung nach c. 1, 1 an Maecenas und c. 1, 2 an Octavian;
b) Ausdruck innigster Freundschaft (vgl. v. 8);
c) Antwort auf Virgils 4. Ekloge.

6 «Attikas Ufer»: Das Hauptziel der Bildungsreisen nach Griechenland ist Athen.

8 «Hälfte meiner Seele»: Liebesmetapher, welche das Angewiesensein auf den Geliebten, seine Lebensnotwendigkeit für den Liebenden («Teil des Lebens») zum Bild macht. Zur Freundschaft zwischen Virgil und Horaz vgl. s. 1, 5, 39–44; s. 1, 6, 54f.; s. 1, 10, 81.

9–24 Str. 3–6: Verfluchung des «Erfinders» der Seefahrt, wobei kaum an Iason und die Argo zu denken ist.

12 «Africus»: Vgl. c. 1, 1, 15.

13 «Aquilonen»: Nordwinde.

14 «trüben Hyaden»: Schwarm von Sternen in der Stirn des Stiers, deren Abenduntergang Ende Oktober als Regenzeichen galt.

14 «Notus»: (Griech.) Südwind (S, SW), entspricht dem (lat.) Auster.

15f. «dem Hadrias Wogen ... gehorchen». Der Südwind als Herr der Adria auch c. 3, 3, 4f. und epod. 10, 19f.

19 «sah»: Es über sich brachte (vermochte, aushielt od. ähnl.) zu sehen (vgl. v. 25: «omnia perpeti»).

20 «Ceraunischen Klippen»: Akrokeraunia, ein berüchtigtes Vorgebirge südlich von Orikos im Epirus (heute in Albanien).

21–24 Seefahrt als Verletzung («inpiae», «non tangenda») gottgewollter Grenzen.

25–40 Str. 7–10 Fluch titanischer Grenzüberschreitungen: Die Schranken der Erde als gottgewollten Bereichs des Menschen durchbricht wie der Seefahrer (Meer) Prometheus (Äther, Feuer), Daidalos (Luft), Herkules (Unterwelt). «Die großen Kulturbringer – Prometheus der Kulturheros, Daedalus der vielfache Erfinder, Hercules der Befrieder der Welt – sind Vermessene» (R. Harder).

27 «Japetus Sohn»: Der Sohn des Titanen Iapetos stahl Zeus das von diesem verborgene Feuer für die Menschen in einem hohlen Narthexstengel (Hes. erg. 50–2).

29 «Äther»: Der himmlischen Götterwohnung, dem feurigen Ätherhaus als eigentlicher Heimat des Feuers.

30–33 Zur Strafe für den Feuerraub schickt Zeus den Menschen Pandora und ihre Büchse mit den Übeln (Hes. erg. 47–105).

32f. Vgl. Hes. erg. 90–92: «Nämlich zuvor (vor Pandora, d.h.

vor dem Feuerraub des Prometheus), da lebten der Menschen Stämme auf Erden / Frei von allen den Übeln und frei von elender Mühsal / Und von quälenden Leiden, die Sterben bringen den Menschen».

34 «Dädalus»: Der erste Künstler, Erbauer des Labyrinths auf Kreta, flieht mit selbstgebauten Flügeln nach Sizilien. Sein Flug, nicht der seines abstürzenden Sohnes Ikaros (vgl. c. 1, 1, 15), ist Symbol menschlicher Erfindungsgabe: ihre Größe, ihr Erfolg ist Horazens Thema, nicht ihr Scheitern, wohl aber der Tod in ihrem Gefolge: dazu gehört Ikaros.

36 Herakles raubte den Unterweltshund Kerberos (letzte Tat): selbst die Auflehnung gegen den Tod gerät dem Menschen noch titanisch.

36 «Acheron»: Als Unterweltsfluß auch für die Unterwelt stehend.

38 «selbst den Olymp»: Wie die Giganten; vgl. c. 3, 4, 42 ff.

39 «unser Frevel»: «Zitat» von Verg. ecl. 4, 13; vgl. auch c. 1, 2, 29.

40 «Jupiter ... Blitze»: Vgl. c. 1, 2, 2 f.; c. 1, 12, 58 f.; c. 3, 4, 42–44.

1, 4

Frühling und Tod lehren leben als freudig-festliches Ergreifen der Gegenwart.

Vgl.: Leonidas epigr. 85 G.-P. = A. P. 10, 1 u. andere hellenistische Frühlingsgedichte (A. P. 10, 2 ff.); Lucr. 1, 1–20; 5, 737–740; c. 4, 7 und 4, 12.

5 (2–1–2) Strophen im 3. archilochischen Maß (nur hier).

1 «Favon»: Ein lauer («tepidus») fruchtbarer («fecundus», «genitabilis») Westwind, mit dessen Wehen Frühling und Schiffahrt beginnen (vgl. c. 3, 7, 1 f.); statt des Zephyr gewählt wegen «fav-» (Gunst) und (in der Antike) etymolog. Identität mit «Faunus» (v. 11).

2 Während des Winters liegen die Schiffe auf Böcken, auf Rädern oder Walzen vermittels einer Winde oder eines Flaschenzuges auf den Strand gezogen.

2 «wälzen»: Ziehen auf Walzen.

2 «Hebel»; «machinae», Hebemaschinen (Winden, Flaschenzüge).

3 «Pflüger»: Das Pflügen setzt mit Frühlingsbeginn ein.

5–7 Reigen von Venus, Grazien und Nymphen schon Hom. Od. 18, 193; vgl. Hom. h. 3, 194–196; Kypria, fr. 5 Allen, S. 119f. (=Athen. 682 F); c. 4, 7, 5 f., c. 1, 30.

5 «Cythere»: Venus-Aphrodite nach ihrer Insel Kythera.

7 «schlagen»: Antiker Tanz ist ein Stampfen, Stoßen (vgl. c. 1, 37, 1 f.; c. 3, 18, 15 f.), auch der Nymphen und Grazien.

7f. «Cyklopen ... Vulcanus»: Der göttliche Schmied Vulcanus-Hephaistos, Gemahl der Venus, begibt sich zu den Kyklopen, seinen Dienern, in ihre Werkstatt auf den Liparischen Inseln , weil im Frühling besonderer Bedarf an Blitzen ist, die von ihnen geschmiedet werden.

9f. «gesalbte Haar ... Myrte ... Blumen»: Elemente des Symposions.

9 «grüner»: Leben, Jugend.

9 «grüner Myrte»: Der immergrüne Strauch ist der Aphrodite heilig und gehört auch zu Faunus.

11f. Vgl. c. 3, 18 (Faunusfest), bes. v. 1: «Nympharum amator» und v. 6: «Veneris sodali».

11 «Haines Umschattung»: Der Waldgott hatte u.a. im Hain von Albunea ein Heiligtum.

13 «pocht der ... Tod»: Der Tod als Gestalt kommt aus griech. Mythos: vgl. z.B. Hom. Il. 16, 671 f.; Eur. Alc. 24ff.

13 «Mit gleichem Fuße»: Pochen mit dem Fuß als Ausdruck der Ungeduld (Ter. Eun. 284f.). «Gleich» (‹keine Unterschiede machend›) ist am Tod insbes. seine Einkehr, daher die Enallage (vgl. c. 1, 37, 1.; c. 3, 25, 11).

14 «Sestius»: L. Sestius Quirinus, Anhänger der Caesarmörder (aus dem Krieg 42 v. Chr. wird Horaz ihn kennen), auch nach seiner Amnestie republikanisch gesinnt und Verehrer des Brutus, Mitte 23 v. Chr. consul suffectus. Diese Würde des Sestius zur Zeit der Publikation der ersten drei Bücher bestimmt wohl die Stellung der Ode (Buchanfang nach Maecenas, Octavian, Vergil), über ihr Abfassungsdatum sagt sie nichts.

15 «Augenblick»: Für Horazens «kurze Summe».

16f. «Schatten des Orcus ... Plutons ... Burg»: Die Manen (die Totengeister der römischen Religion), die in der Dichtung der Zeit den Hadesschatten angenähert werden, und Plutons Burg: das Totenreich des griechischen Mythos, der

Hades als Palast des Unterweltherrschers Pluton (mit dem Gott Hades identifiziert).

17 «gewandert»: Die Verdoppelung der Todes‹metapher› (Nacht-Hades) diente der Überführung des catullischen Lakonismus (c. 5: Todesnacht als Negation schlechthin von Leben) in die horazische Kadenz: Totenreich als Negation von Fest und Liebe, d.h. konkreter und gegenwärtiger Lebenslust.

18 «König beim Weingelage»: Ein Amt bei jedem Symposion.

18 «Knöchelspiel»: «tali» (griech.: astragaloi), das beliebte Spiel mit vierseitigen Knöchelwürfeln; der beste Wurf hieß «Venus»: Er macht hier (wie in c. 2, 7, 25 f.) zum Symposiarchen und deutet so auch Liebesglück an.

19 «zarten»: Bartlos-jungen.

19 «Lycidas»: Knabenliebe ist gewählt, weil ihre Vergänglichkeit krasser als die der Frauenliebe ist.

20 «... Mädchen ...»: Weil er dann selbst ein Jüngling ist.

1, 5

Erstes eigentliches (nach c. 1, 4, 19f.) Liebesgedicht der Odensammlung, programmatisch: das Weib wie das Meer und Liebe eine wunderbare Illusion; Huldigung an die frühere Geliebte durch den befreiten Liebhaber.

Vgl.: c. 3, 26 (Pendant in Buch 3); c. 3, 28 (letztes Liebesgedicht der Odensammlung 1–3); epod. 15.

Lit.: Ad Pyrrham: A polyglot collection of translations of Horace's Ode to Pyrrha ... assembled with an introduction by R. Storrs, ed. by Ch. Tennyson, London 1959 (= Auswahl aus 451 gesammelten Übersetzungen; unter den 12 abgedruckten deutschen Übersetzungen die von Herzlieb nicht).

V. Pöschl, Horaz. Lyrik, S. 18–28. F. Kuhn, Illusion S. 8–33.

4 Strophen im 3. asklepiadeischen Maß.

3 «Pyrrha»: (Griech.) «die Rotblonde», aufgenommen in v. 4 und 9; zugleich der Name der Tochter der Pandora und Frau des Deukalion (vgl. c. 1, 2, 6), insofern Prototyp des Weibes.

3 «Grotte»: «antro»; «antrum» (griech.) zu «caverna» wie «Grotte» (ital.) zu «Höhle»: Assoziiert werden Kunst

(Künstlichkeit) und Literatur (Bukolik, Elegie), nicht Natur und Wirklichkeit.

4 «bindest ... Haar zurück»: Einfacher Knoten als schlichte Frisur; vgl. z. B. c. 2, 11, 24 (Spartanerin).

5 «simplex munditiis»!

10 «liebenswürdig»: «amabilem» ist hier Synonym zu «vacuam»: «die sich lieben läßt». Auch nach dem ‹Schiffbruch› hört Pyrrha nicht auf, der Liebe wert zu sein und geliebt zu werden.

11 «Laune»: Eigtl. «Wind» («aurae»).

13–16 Horaz verbindet Votivtafel an Tempelwand und Aufhängen der Gewänder (beides bei Rettung aus einem Schiffbruch üblich), indem die Tafel nicht die Rettung, sondern die Dedikation der Gewänder darstellt. – Die Rettung ist nicht Abschied von Liebe überhaupt, sondern Befreiung aus Liebesleid um Pyrrha und Einsicht in den Illusionscharakter von Liebesglück und -leid.

16 «Meeregebietenden Gotte»: Der Gott auch eines metaphorischen (für Liebe) Meeres ist Neptun. – Das erste Liebesgedicht der Odensammlung endet mit Neptun und Befreiung aus einer Liebe, das letzte Liebesgedicht (c. 3, 28) beginnt mit Neptun und lockt in Liebe hinein.

1, 6

In der Form der «recusatio» («Ablehnung») epischer Verherrlichung des Feldherrn Agrippa Gegenüberstellung von Tatenleben und eigenem Dichtersein.

Vgl.: c. 2, 12.

Lit.: P. L. Smith, Poetic Tensions in the Horatian Recusatio, AJPh 89 (1968), S. 56–65.

5 Strophen im 2. asklepiadeischen Maß.

1 «Varius»: L. Varius Rufus, Epiker (Hor. s. 1, 10, 43 f.) und Tragödiendichter («Thyestes», 29 v. Chr.), Mitglied des Maecenaskreises, Freund Vergils und des Horaz.

2 «Mäonischer»: Homerischer, nach Mäonien = Lydien als Heimat Homers.

5 «Agrippa»: M. Vipsanius Agrippa (geb. 64/63 v. Chr.), der große Feldherr in Land- und Seeschlachten (vgl. v. 3; z. B. Actium 31 v. Chr.) des Augustus.

6 f. Inhalt der Ilias und der Odyssee.

6 «Peliden»: Achills, des Sohns des Peleus.

6 «Zorn»: Vgl. Hom. Il. 1, 1.

7 «Ulysses»: Aus der italischen Namensform «Ulixes» (so Horaz) für Odysseus entstanden.

8 «Pelops Bluttrunkenes Geschlecht»: Der blutige Streit zwischen seinen beiden Söhnen Atreus und Thyestes (in der Tragödie des Varius).

9 «verschämte»: «pudor» als moralisches Selbstbewußtsein, hier des Dichters, im Hinblick auf zukünftiges Tun.

15 «Merion»: In einem kyklischen Epos wohl Gefolgsmann oder Freund des Diomedes.

16 «Tydides»: Diomedes, der Sohn des Tydeus, verwundete, von Pallas Athene unterstützt, Aphrodite und Ares.

17 ff. Fiktives Selbstverständnis der horazischen Lyrik als sympotischer und erotischer Dichtung, relativiert durch dieses Gedicht selbst, das charakteristische horazische Lyrik ist, ohne ein Gedicht von Wein oder Liebe zu sein.

17 «Kämpfe»: Liebeskämpfe, auch in Gegenüberstellung mit epischen und realen Schlachten, sind in der antiken Liebesdichtung, insbesondere der Elegie, ein beliebtes Motiv.

1, 7

Horaz tröstet Plancus; die verwandelnde Kraft von Dichtung (das Gedicht vermag das ländliche Tibur über den Glanz der berühmtesten Stätten Griechenlands zu heben) und Wein (Lösen der Sorgen, Unabhängigkeit vom Ort, Hoffnung), Symbolen menschlicher Seelenkraft und Lebensbewältigung.
Vgl.: epod. 13.
8 Strophen im 1. archilochischen Maß.

1 f. «Rhodos, Mytilene ... Ephesus«: Die berühmtesten Städte des griechischen Kleinasien.

3–9 Berühmte griechische Kultorte bzw. Göttersitze.

3 «Theben»: Wo die Königstochter Semele die Mutter des Zeussohns Bacchus wurde.

4 «Tempe»: Eine Schlucht des Peneios in Thessalien, Urbild landschaftlicher Schönheit für die Antike, mit dem Apollonmythus verbunden (vgl. c. 1, 21, 9).

5 «Stadt der jungfräulichen Pallas»: Athen (mit Akropolis und Parthenon), die Stadt der Parthenos.

6/7 «im Reihengesange» / «überall»: In einem ununterbrochen fortlaufenden Großgedicht, das allen Ruhm Athens aus Geschichte und Kunst zusammenträgt.

7 «...Ölzweige...Kranz der Dichterstirn»: Gedicht und Dichterruhm als Kranz; statt des Efeus (c. 1, 1, 29) hier der Ölbaum, der Athene als der Herrin Attikas heilig ist.

8 f. «Junos...Argos...Mykene»: Der Juno-Hera gehört die Argolis (berühmter Heratempel: Heraion) mit Argos (Königsstadt, Hauptstadt) und Mykene (größte Burg).

9 «Rossenährende»: Schon homerisches Epitheton, das Ebenen charakterisiert.

9 «reiche»: Sagenhafter Goldreichtum.

10 «duldsame»: Diszipliniert im Ertragen von Entbehrungen, Anstrengungen, Schmerz usf.

11 «Larissas»: Hauptstadt der fruchtbaren Ebene Nord-Thessaliens.

12 «Albunea»: Eine prophetische Quellnymphe (Sibylle), die in Tibur eine Quelle mit Wasserfall und eine Grotte besaß.

13 «Tiburnus»: Tibur, die alte Stadt in Latium nahe Rom, an den Wasserfällen des Anio, das heutige Tivoli, dessen Kühle und Gärten den Stadtrömer anlockten, war der Sage nach von einem Tiburnus gegründet worden; vgl. c. 2, 6, 5.

19 «Plancus»: L. Munatius Plancus (cos. 42; vgl. c. 3, 14, 28) aus Tibur, ein typischer Opportunist der Revolutionszeit, den Velleius Paterculus (2, 83, 1) einen «krankhaften Verräter» («morbo proditor») nennt, ein fähiger Offizier und zur Zeit der Odendichtung geachteter Konsular, schlägt 27 v. Chr. den Namen «Augustus» für Octavian vor.

21 ff. «Teuker»: Nach der Heimkehr aus dem trojanischen Krieg von seinem Vater Telamon aus seiner Heimat Salamis verbannt, gründet Teuker ein zweites Salamis auf Zypern.

22 «Lyäus»: Der Weingott als Löser und Befreier.

23 «Pappelkränzen»: Kranz vom Laub der Silberpappel, die dem Herakles heilig ist; Teuker stellt sich, sein vom Weingott befreites Denken, in den Schutz des Gottes (auch Hauptgott von Tibur und auf einer Münze des Plancus), der Symbol einer alle Mühen überwindenden virtus ist.

30 f. Nach Hom. Od. 12, 208 und 20, 18.

1, 8

Aus einem alles ausschließenden Liebesengagement lockt Horaz, durch Vergegenwärtigung der männlichen Gegenwelt des früheren Lebens und Glanzes, einen Jüngling heraus – wie der schlaue Odysseus Achill unter den Mädchen.
4 Strophen im größeren sapphischen Maß.

1 «Lydia»: Ursprünglich Ethnikon (die Lyderin) als Hetärenname; hier mit der Andeutung von Luxus und ausschweifender Sinnlichkeit, wie man sie mit dem kleinasiatischen Volk verband.

2 «Sybaris»: Fiktiver griechischer Jünglingsname, zugleich Name der wegen ihrer sprichwörtlichen Üppigkeit schon 510 v. Chr. zerstörten achäischen Kolonie am Golf von Tarent. Über die zeitgenössischen lasziven Novellen «Sybaritica» auch erotische Anspielung.

4 «Marsfeld»: Übungsgelände für gymnastische Spiele zwischen Rom und Tiber.

6f. «Galliens Roß»; Da die Römer ihre Kutschen von Ponys aus Gallien ziehen ließen (vgl. c. 3, 27, 7), ist nach dem Reiten in v. 5 f. hier vielleicht Wagenlenken gemeint.

6f. «Wolfsgebiß»: Der Name der gezähnten Trense, des in der Antike verwendeten Zuchtgebisses.

8 «gelben»: Festes Beiwort des lehmgefärbten Tiber.

8 «Kämpferöl»: Mit dem sich vor allem Ringer ölten; steht auch synekdochisch für den athlet. Sport überhaupt.

13–16 Bei Ausbruch des trojanischen Krieges versteckt die Seenymphe Thetis ihren Sohn Achill, als Mädchen verkleidet, unter den Töchtern des Königs Lykomedes auf Skyros. Odysseus entdeckt den Jüngling, indem er Waffen vor den Mädchen ausbreiten und die Kriegsposaune ertönen läßt: da verrät sich Achill.

16 «Sarpedons Geschwader»: Die Lykier, Bundesgenossen der Trojaner.

1, 9

Aufruf zu leben.
Vgl.: Alk. fr. 90 D. = 157 L.G.S. (= ed. Treu, S. 62 f.): «Regen schickt Zeus, vom Himmel großer / Wintersturm, gefroren sind die

Wasserläufe / . . . / . . . / wirf den Winter nieder und lege / Feuer auf, mische den Wein mir, ohne zu geizen / den honigsüßen . . .».
Lit.: V. Pöschl, Horaz. Lyrik, S. 30–51.
6 alkäische Strophen. Dieses häufigste horazische Maß hier zuerst; Odenanfang nach einem Gedicht des Alkaios in alkäischen Strophen.

2 «Soracte»: Knapp 40 km (Luftlinie) nördl. von Rom isoliert aus dem Tibertal aufsteigender Berg von 700 m Höhe, von höheren Teilen Roms aus sichtbar.
7 «aus Sabinischem Fasse»: Ein sabinischer (und also einfacher) Wein; vgl. c. 1, 20, 1.
8 «Thaliarch»: Festlicher Name (griech.: «Herr des Festes» oder «der mit der Festfreude anfängt»).
13–15 Epikureische Lebensbilanz.
18 «Auf dann»: «nunc», Gegenwart natürlich nicht des Trinkfestes am Wintertag, sondern der Jugend; sie ist die Zeit für Sport und Liebe.
18 «Marsfeld»: Vgl. c. 1, 8, 4.

1, 10

Hymnus auf Merkur als den Gott des Dichters Horaz.
Vgl.: Hom. h. 4; Alk. fr. 2 D. = 143 L.G.S. (= ed. Treu, S. 24f.). W.F. Otto, Götter Griechenlands, S. 105–126.
Lit.: Ch. Neumeister, Horaz und Merkur, AuA 22 (1976), S. 185–194.
5 sapphische Strophen.

1 «Beredter»: Gott der Rede (Sprache) und Redekunst.
1 «Enkel des Atlas»: Hermes-Merkur ist der Sohn des Zeus und der Atlastochter Maia (vgl. c. 1, 2, 41–44).
1 «Enkel»: Singuläre genealogische Prädikation, weil «Sohn der Maia» nach c. 1, 2, 43 vermieden werden mußte (Identifikation mit Octavian).
2–4 Taten des Gottes im Relativstil der Prädikation; ästhetisch-ethische Paideia (Menschenbildung) von Geist und Körper durch Merkur.
2 «wilde»: Lat. «feros», indem die Sprache den Menschen vom wilden Tier («fera») unterscheidet.

3 «durch Sprache bildetest»: Merkur gilt als Erfinder der Sprache und Gott der Rede und Überredungskunst.

4 «Palästra»: Merkur ist der Patron der Ringschule, auch des Gymnasiums und der athletischen Wettkämpfe.

6 «gewölbten Leier Erfinder»: Am Tage seiner Geburt macht Hermes aus dem Panzer einer Schildkröte die erste Lyra.

9–11 «... Stiere ...»; Vgl. Hom. h. 4, 20ff.

10 «Knabe»: Am Tag seiner Geburt.

11f. «lachen ... Köchers beraubt»: Nicht im hom. Hermeshymnus, viell. von Alkaios.

13–16 «Priam»: Hermes geleitet Priamos durch die griechischen Linien, um ihn den Leichnam seines Sohnes Hektor von Achilles lösen zu lassen (Hom. Il. 24, 322ff.). Vgl. c. 2, 7, 13f.

15 «Thessalischer»: Achilles und seine Leute, die Myrmidonen, kommen aus Phthia in Thessalien.

17–19 «Du bringst die frommen Seelen»: Hermes Psychopompos.

18f. «mit goldenem Stabe»: Seit Homer.

19f. «... willkommen ...»: Als Bote und Mittler beider göttlicher Bereiche.

I, 11

Unterweisung in epikureischer Lebens- und Liebesauffassung als Liebeswerbung.

Vgl.: Catull c. 7.

Lit.: F. Kuhn, Illusion, S. 139ff.

8 größere Asklepiadeen (stichisch).

1 «Frag nicht»: D. h. «frage mich nicht»: Das Gedicht fingiert eine Dialogsituation zwischen Horaz und Leuconoe.

1 «was du nicht wissen darfst»: Weil die Götter in weiser Voraussicht die Zukunft (nicht allein die Todesstunde) den Menschen verborgen haben (c. 3, 29, 29ff.).

2 «Leuconoe»: Sprechender griechischer Name der Geliebten, die «klaren heiteren Sinnes» sein soll.

2f. «Babylonische Rechnungen»: Astrologische Berechnungen; die Babylonier (Chaldäer) Begründer der Astrologie.

3 «was uns trifft»: Unglück, z. B. Liebesenttäuschung (nicht: Tod).

4–6 Meeresbrandung im Gedichtzentrum als Bild der Liebeswerbung.

6 «Sei weise... Wein»: Vgl. c. 3, 28, 2–4.
6 «kläre»: «Filtriere».
7 «weitstrebenden Hoffnungen»: (Vgl. c. 1, 4, 15 und c. 1, 5, 10f.) Treueerwartung.

1, 12

Augustus-Enkomion und Fürstenspiegel.
Vgl.: c. 3, 4–6; Verg. Aen. 6, 752–886 («Heldenschau»).
15 sapphische Strophen.

1–3 «Welchen Helden, welchen Halbgott..., welchen Gott?»; Nach Pind. O. 2, 1 f., in umgekehrter Reihenfolge.
1 f. «Leier... Flöte»: Vgl. c. 1, 1, 32–34.
2 «Clio»: Die Muse Kleio, die «Rühmerin» (noch nicht in der Spezialkompetenz der Muse der Geschichte).
3 f. «die scherzende Echo»: (Vgl. c. 1, 20, 6–8) Echo als Nymphe (Horaz aber ist hier unmythologisch).
5 «Helikon»: Berg in Böotien, bei Hesiod und Kallimachos Musenberg mit Inspirationsquellen.
6 «Pindus»: Gebirge in Thessalien, ohne traditionelle musische Assoziation.
6 «Hämus»: Thrakisches Gebirge, Lokal des Orpheusmythos.
8 «Orpheus»: Der mythische Sänger, dessen Kunst die belebte und unbelebte Natur bezaubert und selbst den Elementen gebietet; die wilden Tiere (vgl. c. 3, 11, 13; ars 393) fehlen hier.
9 «mütterlicher Kunst»: Orpheus ist der Sohn der Muse Kalliope, der «Schönstimmigen».
17 Jupiters Herrschaft besteht seit dem Sturz seines Vaters Kronos-Saturn; er selbst ist mächtiger als seine Nachkommen.
20 «Pallas»: Die mutterlos Zeus' Haupt entsprungene jungfräuliche Stadtgöttin Athena, in Rom mit Minerva gleichgesetzt; ihre Wesensverwandtschaft mit Zeus (bes. in boulê, consilium) dokumentiert sich auch in häufiger Kultgemeinschaft.
21 «kühn in der Schlacht»: Als Göttin des geordneten städteschützenden Kampfes; ihre Waffe die Aigis (vgl. c. 3, 4, 57).

22 «Wildes Verfolgerin»: Artemis-Diana als wohltätige schützende Göttin.

25 «Alciden»: Herakles, den Sohn des Zeus von Alkmene: Ihr Gemahl Amphitryon ist Sohn des Alkeus. Der Alkide ist hier als der Wohltäter genannt.

25 «der Leda Söhne»: Die Dioskuren Kastor und Pollux, Söhne des Zeus und der Leda, den Reiter und Faustkämpfer.

27–32 die Dioskuren als Helfer zur See; vgl. c. 1, 3, 2.

33 f. «Romulus» – «Pompilius»: Die beiden ersten Könige Roms, deren Gegenüberstellung die des ersten und des zweiten Gründers der Stadt ist, des Krieger- und des Priesterkönigs (Sakralgesetzgebung, Friedensherrschaft).

34 f. «Tarquinius edle Fasces»: Tarquinius Priscus soll die fasces, das Rutenbündel, als Herrschaftssymbol aus Etrurien eingeführt haben. Das Adjektiv «superbos» soll wohl aber auch Tarquinius Superbus, den letzten römischen König, assoziieren lassen, mit dessen Vertreibung 509 v. Chr. durch Brutus der Freistaat beginnt.

35 f. «Catos ehrenvollen Tod»: M. Porcius Cato Uticensis, der nach Caesars Sieg bei Thapsos sich 46 v. Chr. in Utica das Leben nahm, Muster römischer virtus und republikanischer Unabhängigkeit. Vgl. c. 2, 1, 24.

37 «Regulus»: Vgl. die Regulusode c. 3, 5.

37 «Skaurier»: M. Aemilius Scaurus (cos. 115) und sein Sohn, der sich infolge der Kritik seines Vaters an seiner Flucht in einer Schlacht gegen die Cimbern (102 v. Chr.) das Leben nahm, dazu wohl noch M. Aurelius Scaurus (cos. 108), dem sein trotziger Mut in Gefangenschaft der Cimbern den Tod brachte.

38 «Paulus»: L. Aemilius Paullus, der im 2. Punischen Krieg in der Schlacht bei Cannae (216 v. Chr.) fiel.

40 «Fabricius»: C. Fabricius Luscinus, Sieger über Pyrrhus bei Benevent (275 v. Chr.), gehört (vgl. v. 41) zur nächsten Gruppe der Exempel römischer Einfachheit.

41 «ungekämmtem»: Symptom archaischer Schlichtheit gegenüber modernem kosmetischem Luxus.

41 «Curius»: M.' Curius Dentatus, ein Held der Samniten- und Pyrrhuskriege.

42 «Camillus»: M. Furius Camillus, der Eroberer von Veii und

«zweite Gründer der Stadt» (Liv. 5, 49, 7) nach der Einnahme Roms durch die Gallier (390 v. Chr.).

43 «Armut»: Vgl. c. 3, 2, 1.

45 f. «wächst Marcellus' Ruhm»: Der Ruhm des M. Claudius Marcellus, des Siegers über die Insubrer bei Clastidium (222 v. Chr.) und Eroberers von Syrakus (212 v. Chr.) im 2. Punischen Krieg, wächst in den Marcellern der Gegenwart, insbes. im 42 v. Chr. geborenen Neffen (Sohn der Octavia minor) und Schwiegersohn (Heirat Julias 25 v. Chr.) des Augustus, als dessen Nachfolger er auch angesehen wurde. Teilnahme am Kantabrischen Krieg 25 v. Chr., als Ädil 23 v. Chr. glänzende Spiele; Tod Ende des Jahres. c. 1, 12 ist vor seinem Tod, wohl nach seiner Hochzeit gedichtet (25–23 v. Chr.).

47 «Julius' Gestirn»: Augustus durch testamentarische Adoption Caesars Julier; die Sternmetapher sowohl aus panegyrischer Tradition als auch aus der Beanspruchung des Kometen des Jahres 44 v. Chr. («Caesaris astrum» Verg. ecl. 9, 47) durch Octavian für sich und seine Friedenspolitik.

49 f. Vgl. v. 13 ff.

50 «Saturnius»: Sohn Saturns.

53 «Parther»: Vgl. c. 1, 2, 22.

56 «Serer»: Chinesen, gerade erst bekannt geworden; die Eroberung Indiens und Chinas erschien panegyrisch als bloße Abrundung der römischen Weltherrschaft.

58 «Donnerwagen»: Vgl. c. 1, 34, 7 f.

1, 13

Liebeswerbung um das Glück ewiger Liebe, sich entwickelnd aus dem Jähzorn der Eifersucht und der Vergegenwärtigung von Schönheitsreiz, der barbarischer Leidenschaft ausgesetzt ist.

Lit.: H. Storch, Freundschaft, Freundlichkeit und Liebe in den Oden des Horaz, AU 13, 5 (1970), S. 5–26; hier: S. 20–26.

5 Strophen im 4. asklepiadeischen Maß.

1 «Telephus»: Sprechender griechischer Name (têle, phôs): «der weithin Leuchtende».

4 «schwillt ... Gallerfüllte Leber»: «Leber» als Sitz der Lei-

denschaft, «Galle» = «Zorn». Hier Jähzorn (vgl. c. 1, 16, 22–25) aus Leidenschaft (Eifersucht, Liebe).

5–12 Symptome des Zorns (aus Eifersucht, aus Liebe).

14 «grausam»: Eigtl. «barbarisch» (vgl. v. 9–12 mit c. 1, 27, 1 ff.).

15 f. «Venus... Nektar». Venusnektar muß Unsterblichkeit durch Liebe und in der Liebe sein. Anteil daran bedeutet dann a) gottähnliches Liebesglück (vgl. Catull c. 51, 1 ff.) und, angesichts des Kontexts (v. 14: «perpetuum», v. 17–20), hier mehr noch b) Liebesdauer.

20 «Amor»: Horaz aber spricht unmythologisch von der Lösung der Liebenden durch Zerreißen der Liebe.

1, 14

Der Dichter als liebender Warner gegenüber einem personifizierten Schiff: Warnung der betroffenen Leser und betroffene Sorge um sie in neuer Gefahr.

Vgl.: Alk. fr. 46a D. = 148 L.G.S. (ed. Treu, S. 40 f.); fr. 119/120/122 D. = 326 und 6 P Lesb. Frg. (ed. Treu, S. 42 f.); epod. 7.

Lit.: E. Schäfer, Das Staatsschiff. Zur Präzision eines Topos. In: Toposforschung. Eine Dokumentation. Hrsg. v. P. Jehn. Respublica Literaria. Bd. 10, Frankfurt 1972, S. 259–292, hier: S. 280–284.

5 Strophen im 3. asklepiadeischen Maß.

1 «O Schiff»: Personifikation eines Schiffes (auch in Antike üblich), das als handlungsfähig (v. 1–3. 16), mit Sinnen begabt (v. 3), redend (10 und 13: «betend» und «prahlend»), als Tochter (12) vorgestellt wird. Die Apostrophe des personifizierten Schiffes unterscheidet die Ode von allen Allegorien des Staatsschiffes, die vor der allegorischen Deutung dieses Gedichts entstanden sind; die vertraute Metapher des Steuermannes für die Regierenden fehlt und läßt sich auch nicht ergänzen. Die Ode ist nicht das allegorische Unicum, als das sie immer gilt, sondern symbolisch.

2 «Fluten zum Meer hin»: Schiffahrt, Sturm, Hafen als Metaphern und Symbole für Lebensweg, Gefahr, bergendes Ziel des einzelnen wie der Gemeinschaft sind dem antiken Denken vertraut. Die zeitgenössischen Leser erkannten ihre eigene Situation wieder und verstanden sie durch das Gedicht.

5 «Africus»: Stürmischer Südwestwind.

6 «seiner Seile beraubt»: Umgürtendes Tauwerk gab antiken Schiffsleibern zusätzliche Festigkeit.

10 «Götter»: Götterbilder am Heck.

11 «Tanne»: Lat. «pinus» (= griech. pitys, peuke; ≠ lat. abies, griech. elate) = Pinie oder Kiefer. Die waldreiche kleinasiatische Landschaft Pontus am Schwarzen Meer (Pontus) als Herkunftsland von Schiffsbauholz, «pinus» als eines der bevorzugten Hölzer.

14 «bunten Spiegel»: Die schräg aufsteigende Fläche des Hecks, der sog. Spiegel, konnte verziert oder bemalt sein.

17f. «inniger Kummer … Lieb' … zärtlichste Sorge»: Lat. sollicitum taedium, desiderium, cura: Wörter der Liebessprache.

19f. «schimmernden … Cykladen»: Vgl. c. 3, 28, 14; Inselgruppe der Ägäis, berüchtigt wegen ihrer Stürme.

1, 15

Nereus prophezeit Paris, dem Entführer der Helena, seinen Tod und Trojas Untergang als Strafe.
Vgl.: Alk. fr. 283 LP (= ed. Treu, S. 6f.) = 134 L.G.S.
9 Strophen im 2. asklepiadeischen Maß.

1 «Hirt»: Der trojanische Prinz Paris, der als Hirt auf dem Idagebirge in der Troas den Schönheitswettstreit der Göttinnen entschied, woraus der Raub der Helena folgte.

1f. «Idäischen Schiffen»: Auf einer von Paris aus Holz vom Ida gebauten Flotte.

2 «treulose»: Rechtsbrüchig durch Verstoß gegen das Gastrecht.

2 «Gattin des Gastfreunds»: Des Menelaos, Königs von Sparta.

5 «Nereus»: Ein prophetischer Meergott. Eine Prophezeihung durch ihn und an diesem Punkt des Geschehens (beides hängt zusammen: Meerfahrt – der weissagende Meeralte) sonst nicht im Mythos; die dramatische Situation des Gedichts ist Horazens Erfindung: die «Windstille» zwischen Tat und bösen Folgen.

5 «Unglücklicher!» Im Zeichen unheilvollen Vogelflugs; vgl. epod. 10, 1.

7 «verschworen»: Das von Agamemnon abgenommene Gelöbnis der verbündeten Griechen in Aulis (Hom. Il. 2, 286–288), nach Art des röm. Treueids im Heer vorgestellt.

8 «Priams altes Reich»: Troja, über das der alte Priamos als König herrscht.

9f. «... Schweiße ...»: Vgl. Hom. Il, 2, 388–390.

10 «Dardanus»: Sohn des Zeus, Ahnherr der trojanischen Königsdynastie, sein Enkel ist Tros, dessen Enkel Laomedon, dessen Sohn Priamos.

11f. Vgl. Hom. Il. 5, 738–747.

11 «Pallas»: Athene und Hera als von Paris verschmähte Göttinnen Hauptfeindinnen der Trojaner (vgl. c. 3, 3, 18–24), Athene, allein genannt, Rächerin der Vergehen des Paris und moralische Gegenkraft (vgl. epod. 10, 13).

11 «Ägide»: Charakteristisches Rüstungsstück der Athene, ein kurzer Umhang mit Quasten, der schildartig auch den linken Arm bedeckt.

13–20 Vgl. Hom. Il. 3, 54f.

13/16 «Venus Schutz», «Kammer»: Vgl. Hom. Il. 3, 380–382: Aphrodite rettet Paris vor Menelaos und bringt ihn in seine Kammer.

13 «zu stolz»: Vgl. Hom. Il. 3, 439f.

15 «weichlichen»: Vgl. c. 1, 6, 10.

17 «Knosischer Pfeile»: Die Kreter kämpften als Bogenschützen, z. B. Meriones (vgl. v. 26).

18f. «schnellverfolgenden Ajax»: Dem sog. Kleinen Ajax, dem «schnellen Sohn des Oileus» von Lokroi, dem schnellsten Griechen vor Troja (Hom. Il. 14, 520–522).

20 «Locken im Staube»: Vgl. Hom. Il. 16, 795f.

21 «Laertes Sohn»: Odysseus

21f. «Verderber»: Weil er durch List das hölzerne Pferd nach Troja hineinbrachte (Hom. Od. 8, 494).

22 «Nestor»: Der weise Ratgeber vor Troja.

24 «Teuker»: Sohn des Telamon, Halbbruder des salaminischen Ajax und dessen Kriegsgefährte (Il. 15, 436–483), bester Bogenschütze der Griechen vor Troja (vgl. c. 4, 9, 17f.), in der Ilias nicht Paris gegenübergestellt. Vgl. auch c. 1, 7, 21ff.

24–26 Sthenelus erscheint in der Ilias nur als Wagenlenker des Diomedes.

24f. «Vertraute des Kampfes»: Nach einer epischen Formel.

26 «Merions»: Des Meriones; vgl. c. 1, 6, 15; tritt im Epos nicht als Gegner des Paris auf.

27 «Siehe, schon sucht»: Präsens lebendiger Vergegenwärtigung des Prophezeiten.

27f. «Tydides»: Diomedes, Sohn des Tydeus: In der Ilias verfolgt und verwundet er Aphrodite (vgl. c. 1, 6, 15 f.), nicht Paris. Die Verse nach Hom. Il. 3, 449 f., wo Menelaos der Gegner des Paris ist.

29–31 Vgl. Hom Il. 3, 30–32.

32 Vgl. Hom Il. 3, 430 f.

33 f. «Achilles zürnende Flotte»: Achills Zorn (Thema der Ilias), auf seine Flotte bzw. Mannschaft übertragen.

34 «Phrygiens Müttern»: Den trojanischen Frauen (Troja liegt in der Landschaft Phrygien).

35 f. «Achaische Feuer»: Vgl. Il. 21, 375 f. Die eingedrungenen Griechen zünden die Stadt an; Troja sinkt in Asche (vgl. Verg. Aen. 2, 268 ff.).

1, 16

Absage an den Zorn, Bereitschaft zur Freundlichkeit und Werbung um Freundlichkeit.
7 alkäische Strophen.

1 Gleichsam ein Motto, das a) die Schönheit des Mädchens als einer Helena (Tochter der schönen Leda und des Tyndareos) preist und b) über die berühmte Palinodie des Stesichoros (632/29–556/53 v. Chr.) gegenüber Helena die Ode in die Formtradition der Palinodie stellt (vgl. v. 25 ff.).

3 «Jamben»: Gegen das Mädchen gerichtete poetische Invektiven.

3 f. «Feuer... Adrias»: Das Ende der Schmähgedichte wird verwandten Kräften überlassen, dem heftigen Feuer oder der jähzornigen (c. 3, 9, 22 f.) Adria (vgl. v. 10 f.).

5 «Dindymene»: Kybele, die Göttin des Berges Dindymos in Phrygien; ihr Kult ist orgiastisch (vgl. z. B. Catull c. 63).

6 «die Priester»: Nicht nur zu Apollo (Begeisterung der Pythia und von Sibyllen), sondern auch zu Kybele («Galli») und zu Bacchus (Bakchanten) gehörig.

6 «der begeisternde Pythius»: Statt «der Bewohner von

Pytho (Delphi)», indem Herzlieb «incola» vom «Gott in uns» des Enthusiasmos originell mißversteht.

8 «Corybanten»: Begleiter der Kybele, die durch wilde Musik Wahnsinn erzeugen.

8 «Cymbeln»: Becken (zwei hohle Metallplatten).

9 «Norisches»: Römisches Eisen kommt aus Noricum (Königreich in den Ostalpen).

11 f. «Jupiter»: Der Gott des Blitzes (vgl. c. 1, 12, 59 f.) ist hier als im Blitz herabstürzend vorgestellt; vgl. epod. 13, 2.

13–16 Ein mythologisches Aition bzw. eine Fabel, die den Zorn als etwas Raubtierhaftes im Menschen erklärt; singuläre Version.

13 «Prometheus»: Ein Titan, der oft als Schöpfer des Menschengeschlechts aus Lehm gilt.

14 «gezwungen»: In der Zwangslage, den zu knappen Urstoff ergänzen («addere») zu müssen.

17 «Thyestes»: Der Streit der Brüder Thyestes und Atreus, von Rachedurst immer weitergetrieben, führt zum grausigen Mahl, bei welchem dem Thyestes seine eigenen Kinder zur Speise vorgesetzt werden.

21 «überpflügte»: Besiegelnder Akt der Zerstörung einer Stadt.

23–25 «...zu beflügelten Jamben»: Nicht Horazens Epodenbuch, sondern die in v. 3 genannten Invektiven.

1, 17

Einladung einer Tyndaris auf Horazens Sabinum als in eine musisch verwandelte Welt gottgarantierten Friedens ohne Gewalt und Leidenschaft.

Vgl.: c. 1, 18; c. 1, 19; c. 1, 22.

Lit.: E. A. Schmidt, Das horazische Sabinum als Dichterlandschaft, AuA 23 (1977), S. 97–112, hier: S. 98–105.

7 (3–1–3) alkäische Strophen.

1 «Lucretil»: Berg in der Nähe von Horazens sabinischem Landgut (dem Geschenk des Maecenas 33 v. Chr.).

2 «Lycäus»: Berg in Arkadien, Heimat Pans.

2 «Faun»: Vgl. c. 3, 18; mit dem arkadischen Herdengott Pan gleichgesetzt.

7 Bukolisch-humoristische Umschreibung der Ziegen.

8 f. «fürchten ... Wölfe nicht»: Tierfrieden des Goldenen Zeitalters: vgl. c. 3, 18, 13. Hindeutung auf v. 13 f. (vgl. c. 1, 22).

9 «Mars geweiht»: Wie die Wölfin, die die Marssöhne Romulus und Remus säugt, nahelegt. Vorwegnahme von v. 22 ff.

10 «süßen Flötenspiel»: Nicht des Faunus-Pan, sondern des Dichters, dessen Liebeslied auf der Hirtenflöte mit Tyndaris als Inhalt (Wortstellung!) die musische Verwandlung der Landschaft bewirkt. Vgl. c. 4, 12, 9–12.

10 «Tyndaris»: Sprechender Name: Tochter des Tyndareos: Helena; das besungene und eingeladene Mädchen ist schön und hat vielleicht zwei rivalisierende Liebhaber, einen analog zu Helenas Gatten Menelaos, einen analog zu ihrem Entführer Paris; vgl. v. 19 ff.

11 «Ustica»: Wie «Lucretil» v. 1.

13 f. «Redlichkeit und ... Muse»: Vgl. c. 1, 22. Catullisches Selbstverständnis des Dichters (vgl. Catull c. 16, 5 und c. 76, 26) verbindet sich mit einem Auserwähltheitsgefühl, in dem fromme Dankbarkeit und höchster Selbstsinn sich vereinen. Vgl. bes. c. 3, 4, 9–20.

16 «Füllhorn»: Ein Attribut wie der Erdgöttin (vgl. Ara Pacis) und der Glücksgöttin, so auch des römischen Faunus.

17 «Hundstags»: Vgl. c. 3, 13, 9 f.

18 «Tejischen Leier»: In der Weise Anakreons (6. Jh. v. Chr.) von Teos.

19 «von Einem»: Odysseus.

20 «Penelopen»: Die ihren Gemahl Odysseus treu daheim erwartet.

20 «Circe»: Die Zauberin, die Odysseus ein Jahr an sich band.

21 «unschädlichen Lesbiers»: Der süße lesbische Wein ist leicht und wohl bekömmlich.

22 «Semelens Sohn». Dionysos-Bacchus (vgl. c. 1, 19, 2), Gott wilder Raserei.

23 «Thyoneus»: Sohn der Thyone = Semele.

1, 18

Die Doppelnatur des Bacchus: Gott des Maßes und der Befreiung, wilder und haltloser Entgrenzung.

Vgl.: Alk. fr. 97 D = 159 L.G.S. (ed. Treu, S. 72 f.) = Modell zu v. 1; c. 2. 19; c. 1, 27.

Lit.: W. F. Otto, Dionysos.
Der größere Asklepiadeus, 16 mal stichisch gesetzt.

1 «Varus»: P. Alfenus Varus (geb. vor 82 v. Chr.), der große Jurist.

1 «heiligen»: Einem Gott gehörigen: Andeutung des Gedichtthemas; nicht bei Alkaios.

2 «Tiburs»: Vgl. c. 1, 7, 13.

2 «Catilus»: Sagenhafter Gründer von Tibur; vgl. c. 2, 6, 5.

6 «Vater»: Alter Kulttitel des ital. Liber (v. 7), der später mit Dionysos-Bacchus identifiziert wurde.

6 «Venus»: Wein und Liebe, Bacchus und Venus oft in antiker Literatur verbunden.

7 «mäßigen»: Vgl. c. 1, 27, 3.

8 «Streit der Centauren»: Auf der Hochzeit des Lapithenkönigs Peirithoos vergreifen sich die wilden Pferdemenschen in ihrer Trunkenheit an den Lapithenfrauen, und es kommt zum Kampf (vgl. Hom. Od. 21, 295–303). Die Kentauren auch im Gefolge des Dionysos.

9 «Evius»: «Euhius» orgiastischer Kulttitel des Bacchus.

9 «Sithonier»: Synekdochisch für Thraker; trunken (vgl. c. 1, 27, 1 ff.) sollen sie Unzucht und Inzest begehen wie der König Sithon, ein Sohn des Poseidon, den die Strafe des Dionysos traf; auch für andere Poseidonsöhne ist Trunkenheit, Gewalttätigkeit und libido bezeichnend: Orion (epod. 10), Polyphem (Odyssee).

11 «Bassareus»: Mysterientitel des Bacchus.

12 «zur Unzeit wach dich schütteln»: Vielleicht dunkle Anspielung auf das Kind Dionysos im «liknon», dem mystischen Worfelkorb («vannus mystica») als seiner Wiege («liknites»), den die Thyiaden erwecken. «invitum quatiam» würde dann heftiges Wecken (durch Schütteln) außerhalb der Mysterien bedeuten. Vgl. E. Simon, MDAI (R) 69 (1962), S. 139, Anm. 12.

12 f. «Laub deckt ... enthüllen»: Frevelhafte Enthüllung des «liknon» (s. o.) oder (hier eher) der «kistē» («cista»), welche die für Uneingeweihte geheimen Symbole der Bacchusmysterien enthielt.

13 f. «Berecyntische Hörner»: Phrygisches Blasinstrument aus dem wilden Kult der Kybele oder des Dionysos.

I, 19

Neue Leidenschaft als dämonische Überwältigung; fromme Verehrung der erfahrenen Macht zur Linderung der Leiden.
Vgl.: Sappho, fr. 137D (ed. Treu, S. 94f.) = 238 L.G.S.
c. 1, 30; c. 3, 26; c. 1, 18; c. 4, 1.
4 Strophen im 4. aklepiadeischen Maß.

1 «Liebesgötter»: Vgl. c. 1, 2, 34.
2 «der ... Semele Sohn»: Dionysos, Gott schrecklicher Ankunft, dessen Geburt die Furchtbarkeit der Liebe illustriert: Semele verbrannte (vgl. v. 5 und 7: «urit»), als der liebende Zeus ihr erschien. Vgl. W. F. Otto, Dionysos, S. 62ff.
3 «Licentia»: Ausgelassenheit, Frechheit, Ungebundenheit: aphrodit.-dionysische Freiheit auch c. 1, 30, 7 als Personifikation im Venusgefolge.
6 «Parischen Marmor»: Der berühmte weiße Marmor für Statuen von der Kykladeninsel (vgl. c. 1, 14, 19f.; c. 3, 28, 14) Paros.
7 «grata protervitas»!
10 «Cyprien»: Vgl. c. 1, 3, 1.
10 «verlassen»: Vgl. c. 1, 30, 2–4.
10 «Scythen»: Iranischer Volksstamm in Südrußland, von Horaz häufig als potentielle Bedrohung Roms genannt.
11 «auf umgelenktem Rosse»: Kampftechnik der Scheinflucht mit Bogenschießen.
12 «Parther»: Vgl. c. 1, 2, 22.
13 «Rasen»: Rasenstücke zum Bau eines Opferaltars.
14 «Opferkraut»: Festliche Kräuter und Laub zur Bekränzung des Altars.
16 «günstiger»: «lenior» (sanfter, milder) zweitletztes Wort, «saeva» zweites Wort des Gedichts.
16 «Opfertier»: Wohl ein Lamm oder eine Taube.

I, 20

Einladung des Maecenas in dankbarer Huldigung und selbstbewußter Scheidung der Sphären.
Vgl.: epist. 1, 5, 1–5.
3 sapphische Strophen.

1 «Sabiner»: Einfacher Landwein aus den Sabinerbergen; auf Horazens Landgut also der Lokalwein und selbst erzeugt (vgl. v. 2f.). Der Name erinnert an das Geschenk des Maecenas; die Wahl dieses Weines ist auch Ausdruck der Dankbarkeit.

2 «ich ... selbst»: Das steigert den Wert dieses Weines. Abfüllung und Konservierung ist in der Regel Geschäft des Erzeugers, hier also des Gutsherrn Horaz.

2f. «im Griechischen Fasse ... aufbewahrt»: Mit Salz konserviert nach griechischem Usus. Der nicht sehr haltbare Wein hat demnach große Sorgfalt in Hinsicht auf Konservierung erfahren.

3f. «im Theater dir des Beifalls Zuruf»: Der spezielle Anlaß (und damit das Datum) dieser Ovation, wohl im Pompeiustheater auf dem Marsfeld, einer auch sonst aus Rom bekannten und nicht seltenen Form der Huldigung, ist aus dem Gedicht nicht erkennbar.

5 «hochberühmter Ritter»: «clare» titelartiges Epitheton für Konsuln, Senatoren usf., üblicherweise nicht für Ritter; entspricht hier durch Heraushebung eines Ritters einem «in equestri gradu clarus» (vgl. auch c. 3, 16, 20).

5f. «vaterländischen Flusses»: Des Tibers als Heimatflusses des Maecenas oder Stromes seiner Väter, weil er aus Etrurien (vgl. c. 1, 2, 14), sogar aus dem Gebiet von Arretium (Arezzo), der Heimatstadt des Maecenas, kommt: Anspielung auf die edle Abkunft des Ritters (vgl. c. 1, 1, 1).

7 «Glorie»: «laudes», Ruhm, Verdienst (Wesen, Taten, spezifische Tat).

7 «Vatikanischen Hügels»: Des Ianiculum, der die höchste Erhebung im Gebiet rechts des Tiber ist, das «ager Vaticanus» hieß und mit der Ausdehung der heutigen Vatikanstadt nichts zu tun hat.

9–12 Berühmte Weine beiderseits des Unterlaufs des Liris, der Grenze zwischen Latium und Kampanien. Caecuber und Formianer latinisch, Calener und Falerner kampanisch (chiastisch zu alliterierenden Paaren geordnet).

9 «Cäkuber»: Auch epod. 9, 1; c. 1, 37, 5; c. 3, 28, 3.

9 «Cales»: Auch c. 1, 31, 9f.; c. 4, 12, 14.

10 «Falernerrebe»: Auch c. 1, 27, 10.

11 «Formianischen Hügel»: Des Hügellands hinter der Küstenstadt Formiae, vgl. c. 3, 16, 34.

1, 21

Aufforderung, einen Hymnus für die Göttertrias Apollo, Diana und Latona zu singen.
Vgl.: Catull c. 34.
4 Strophen im 3. asklepiadeischen Maß.

1–4 Die Zwillingsgeschwister Apollon und Artemis-Diana bilden öfter mit ihrer Mutter Leto-Latona eine Kultgemeinschaft.
2 «langlockigen»: «Ungeschorenen»; das Attribut bezeichnet Schönheit und ewige Jugend des Gottes.
2 «Cynthier»: Nach dem Berg Kynthos auf der Insel Delos (v. 10).
4 «innig geliebt»: Von Jupiter auch Mutter Apollos und Dianens.
5–8 Diana als Gottheit der freien Natur (Flüsse, Wälder, vgl. c. 3, 22, 1).
6 «Algidus»: Zu den Albanerbergen gehörender Höhenzug mit Dianaheiligtum.
7f. «finstern Höhen»: Die «schwarzen» Fichtenwälder Arkadiens, vgl. c. 4, 12, 11f.
7 «Erymanthus»: Wildes Gebirge im Osten Arkadiens.
8 «Gragus»: Gebirge in Lykien in Kleinasien.
9 «Tempe»: Vgl. c. 1, 7, 3f. Im Tempetal wurde Apollon entsühnt nach Tötung der Pythonschlange.
11f. «Köcher ... und ... Leier»: Apollons Wesenspolarität als der rächende und der musische Gott (vgl. c. 2, 10, 18–20; c. 4, 6).
12 «brüderliche»: Von seinem Bruder Merkur erfunden (vgl. c. 1, 10, 6).
13–16 Von Apollo, dem Gott des Caesar Augustus, erwartete Erfüllung des Gebetes.
14 «Herrschers»: «princeps», vgl. c. 1, 2, 50.
15 «Persern ... und Briten»: Vgl. c. 3, 5, 3f. 27/26 v. Chr. wurden entsprechende Feldzüge des Caesar Augustus erwartet.
15 «Persern»: Für «Parthern» (vgl. c. 1, 2, 22).

1, 22

«Frommer Sinn und Melodie», die den Liebesdichter ausmachen, sind sein Schutz. Verschmelzung philosophischer (epikureischer) und poetischer (Catull, Elegie) Vorstellungen zu einem neuen Bild dichterischen Auserwähltseins und Selbstgefühls als musischer Freiheit und Sicherheit.

Vgl. c. 1, 17; c. 1, 26; c. 2, 4, 9–28.

6 (2–2–2) sapphische Strophen.

2 «Mauren»: «Mohren» von Nordafrika; der Wurfspieß ihre typische Waffe.

4 «Fuscus»: Aristius Fuscus, ein vertrauter Freund des Horaz (epist. 1, 10, 1 ff.) und kompetenter Leser seiner Dichtungen (s. 1, 10, 83), gebildeter Philologe und Literat.

5 «Syrten»: Vgl. c. 2, 6, 3 f. (Brandung); aber auch die heiße libysche Wüste könnte gemeint sein (vgl. v. 15 f.).

6 f. «unwirtbaren Kaukasus»: Selbstzitat aus epod. 1, 12.

7 «berufnen»: Von dem man Schreckensgeschichten erzählt.

8 «Hydaspes»: Ein Fluß im Indusgebiet, berühmt durch den Sieg Alexanders des Großen über die Elefanten des Porus (326 v. Chr.).

9 «Sabinischen Walde»: Zunächst im eigenen Besitz (vgl. c. 3, 16, 29 f.), dann über dessen Grenze hinaus.

9 «Wolf»: Vgl. c. 1, 17, 9.

10 «Lalage»: Sprechender griech. Name (lalagein = plaudern), Vorbereitung von v. 24.

13 f. «kriegerische Daunien»: Apulien, das Land des mythischen Königs Daunus, aus dem wie aus anderen Bergvölkern Italiens (vgl. c. 1, 2, 39) die römische Armee ihre Infanterie rekrutiert.

15 «Jubas Land»: Numidien oder Gaetulien und Mauretanien, je nachdem, ob man Juba I (Selbstmord 46 v. Chr.) oder seinem Sohn Juba II den Vorzug gibt; Horaz wollte sich kaum festlegen. Sowohl Numidien als auch Gaetulien sind klassische Länder von Löwen.

17–24 Extreme Landschaften (die äußeren Klimagürtel; wissenschaftlich-geographische Terminologie) keine Bedrohung für die Liebe des Dichters (aus der Elegie; dort als remedium oder obsequium amoris, als Heilmittel gegen die Liebe oder Unterordnung im Liebesdienst).

17f. «kein Baum»: Die baumlose Steppe des Nordens, der die lebenspendende warme Brise fehlt.

21f. «allzu nahen»: Die Hitze Äthiopiens wurde in der Antike meist mit größerer Sonnennähe erklärt.

23f. «lieblich lächelt, lieblich spricht»: Über Catull c. 51, 5 («dulce ridentem») Rückgriff auf dessen Modell, Sappho, fr. 2 D. = 199 L.G.S. (v. 3 ff.; dort auch âdy phôneisas, vgl. oben zu v. 10); die beiden berühmtesten Liebesgedichte in sapphischen Strophen.

1, 23

Ungeduldige Liebeswerbung.
Vgl.: Gedichte von Anakreon mit ähnlichen Tiervergleichen (346, 408, 417 L.G.S.).
3 Strophen im 3. asklepiadeischen Maß.

1 «Rehe»: Prototyp eines furchtsamen Tiers in antiker Dichtung.

1 «Chloe»: Sprechender griechischer Name: «der grüne Trieb» (anders wohl c. 3, 7, 10).

9f. «Tiger... Löwe»: Liebe und Liebeswerbung werden durchaus dem Fressen wehrloser Tiere durch Raubtiere verglichen: Plat. Phaidr. 241c7ff., Verg. ecl. 2, 63–65, Ov. met. 1, 504ff.

10 «Gätuliens»: Vgl. c. 1, 22, 15.

1, 24

Grenze der Trauer.
5 Strophen im 2. asklepiadeischen Maß.

3 «Melpomene»: Eine der neun Musen; vgl. c. 1, 1, 33. Hier gewählt um ihres sprechenden Namens willen («die Sängerin»), der zwischen «cantus» und «liquidam vocem» steht; als Mutter des Kitharoden Thamyris auch mit Gesang zur Kithara assoziiert.

3 «Vater»: Zeus.

4 «Zither»: Kithara, volltönendes Saiteninstrument, wie die Lyra im 7. Jh. v.Chr. aus der Phorminx entwickelt. Als ihr

«Erfinder» gilt Kepion, Schüler Terpanders (vgl. c. 1, 1, 34), und Orpheus.

5 «Quintilius»: Quintilius Varus, römischer Ritter, Freund des Horaz und Vergil, wohl von gemeinsamer Lehrzeit bei den epikureischen Philosophen Siron und Philodem her, gestorben 23 v. Chr. Vgl. auch Hor. ars 438–444 (unbestechlicher und aufrichtiger Kritiker: fides, veritas).

6 «Schwester»: ‹Verwandtschaft› personifizierter Begriffe drückt sich ganz natürlich so aus; vgl. z. B. Pind. O. 13, 6f.

10 «gerechter»: Mit mehr Recht beweint.

11 «frommem Gebete»: «pius» meint hier nicht die Haltung den Göttern, sondern dem Freund gegenüber («die Liebespflicht erfüllend»).

13 «Thraziens Orpheus»: Der thrakische Sänger und Kitharaspieler ist Symbol für die Gewalt der Musik insbes. im Nachfolgen der Bäume und in der Besänftigung der Unterwelt, so daß die gestorbene Gattin Eurydike wieder frei wird. An der schrecklichen Wirklichkeit des Todes erfährt das poetische Symbol die Grenze seiner Wahrheit; aber diese begrenzte Wahrheit ist für Horaz gültig (vgl. c. 2, 13; c. 3, 11), und sie ist Voraussetzung für Sinn hier: Ein «schönes Märchen» müßte nicht eigens relativiert werden.

15 «Schattenbild»: Die Existenzweise der Toten in der griech. Mythologie (Homer) ist der substanzlose blutleere, aber die Gestalt bewahrende «Schatten» im Hades.

16–18 «Merkur ... mit furchtbarem Stabe»: Vgl. c. 1, 10, 17ff.; schonungslos hartes Sprechen.

19 «hartes Schicksal!»: Für den Trauernden, für Vergil.

20 «nicht ... kannst»: Unmöglichkeit wegen göttlicher Grenzsetzung («nefas»).

1, 25

Die Zeit der Liebe und die gnadenlose Vergänglichkeit.

Vgl.: c. 3, 15; c. 4, 13.

Lit.: V. Pöschl, Kunst u. Wirklichkeit, S. 192–199.

5 (2–2–1) sapphische Strophen.

2 «Würfen»: Von Kieseln an die Fensterläden.

7f. Serenade auf der Türschwelle (Paraklausithyron).

8 «Lydia»: Hetärenname (vgl. c. 1, 8).

9f. «die stolzen Buhler beweinen»: Weinen über den abweisenden Stolz der Buhler.

10 «lüstern»: «levis» wohl eher «gering, verachtet» als «leichtfertig», wie Herzlieb es auffaßt.

10 «Gassenwinkel»: Ort gemeinster Prostitution, vgl. Catull c. 58, 4f.

11 «Nordstürme wilder toben»: Eigtl. «der Thrakische Wind stärker bakchantisch rast», doppelte Anspielung auf wilden dionysischen Taumel und damit Vorbereitung von v. 13–16.

14 «Mutterpferde»: Stuten galten als bes. brünstig; ihre hippomanes (v. 14 «furiare equorum») genannte Ausscheidung wurde als Liebeszauber verwandt.

15 «schwärende Leber»: Die Leber, als Sitz des Liebesverlangens (vgl. epod. 5, 37; c. 1, 13, 4), ist voller Geschwüre der Begierde.

17–20 Metaphern für Jugend und Alter, zugleich für Rausch («Efeu» zu Bacchus) und Liebe («Myrte» zu Venus) nächtlich schwärmender Jünglinge (Komos; vgl. v. 1–8) gegenüber dem Ende solcher Feste (vertrocknetes Laub der Kränze der verliebten Trinkenden) (vgl. A. P. 5, 118).

18 «zarte»: Lat. «pulla» = «dunkle», auch «junge».

20 «Hebrus weiht»: Kalter Strom in Thrakien (und ständig Wintergenosse) als angemessener Ort für verdorrtes Festlaub. Die alte Konjektur «Euro» beachtet nicht, daß «dedicet» (nicht: «iaciat») dasteht und daß der SO-Wind Eurus, zwar schnell, auch stürmisch und regenreich, kein typischer Winterwind ist. Auch müssen die hier gemeinten «aridae frondes» vom Winter als Jahreszeit in Italien unabhängig sein.

1, 26

Ein neuer Musenkranz.

Vgl.: Verg. Georg. 2, 495–498: Dichtersein über Politik (Octavians Sorgen) gestellt (30 v. Chr.).

Lucr. 1, 927–930 (reine Quellen, neue Blumen, neuer Kranz von den Musen).

Lit.: W. Killy, Der Widerstand der Texte. Über Horaz carm. I 26 und Goethe «Der Bräutigam», AuA 22 (1976), S. 1–20.

3 alkäische Strophen.

1 «Der Musen»: Die Musen bilden Anfang und Ende des Gedichts.

5 «Tiridates»: Parthischer König, romfreundlicher Thronrivale von Phraates IV; scheiternde Revolten 31 und 26 v. Chr.

5 f. «das sei mein Kummer nicht!»: Verharmlosend für «unice securus», die Grenze im Gedicht zwischen den Welten der Angst und der Freude.

8 «Lamia»: Wohl L. Aelius Lamia, Legat in Hispania Citerior 24 v. Chr., Glied einer angesehenen Familie aus Formiae in Latium. Vgl. c. 1, 36, 7 und c. 3, 17.

9 «Pimpleis»: Muse in erlesener Konkretisierung eines von einer griechischen Landschaft abgeleiteten und selbst schon gewählten Namens («Pieriden») zu «Herrin der Quelle Pimplea» in Pieria (vgl. «den Silberquellen hold» v. 6 f.).

11 «Lesbischer Laute»: Vgl. c. 1, 1, 32–34.

1, 27

Die furchtbare Gewalt der Liebe. Überwindung irrationaler Leidenschaft (Wein) und Verstummen vor ihr (Liebe) in dramatischer Entfaltung einer anakreontischen Konstellation.
Vgl.: Anakr. fr. 43 D. = 300 L.G.S.
6 alkäische Strophen.

2 «Thrazisch»: Die Thraker sind berüchtigte Liebhaber des ungemischten Weines; heftiges Trinken und Kampflust des nördlichen Barbarenvolkes sind vereint zu einer Situation, die man zumal mit dem Kampf der Lapithen und Kentauren (vgl. c. 1, 18, 8 f.) verband (vgl. auch c. 1, 17, 21 ff.).

3 «bescheidenen Bacchus»: Vgl. c. 1, 18, 7 ff.: «des mäßigen Bacchus» – Gegensatz: «merum»; c. 1, 17, 21 ff.; der Gott des Weines erhält die Qualität, welche die Mahnung an die weintrinkenden Genossen erreichen soll. Trinkern von allzu hitzigem purem Wein («fervidiore mero») ist der Gott «hemmungslos» («inverecundus deus»: epod. 11, 13).

7 «Brüder»: In einer Bruderschaft («sodalitas»).

8 «auf seinem Arme gestützt»: Beim Gelage (Symposium) liegen die Männer.

10 «des strengen Falerners»: Die herbe (trockene) Sorte dieses berühmten nordkampanischen Weines.

10 «Opuntischen»: Aus Opus in Mittelgriechenland (Lokris).

11 f. «beatus volnere»!

19 «Charybdis»: Die schreckliche Göttin aus der Odyssee (Hom. Od. 12, 234 ff.), die das Meerwasser einschlürft und so Schiff und Männer vernichtet, die auch sprichwörtlich wurde für weibliche Zerstörungskraft in Habgier und Verführung.

21 «Thessalischen Säften»: Thessalien ist das Land der Hexenkraft.

23 f. «Pegasus ... dreiförmigen Chimära»: Bellerophon tötete vom Flügelroß Pegasus aus die Chimäre, das Ungeheuer, das aus Löwe, Ziege und Schlange zusammengesetzt ist. Der Mythos wird zur Formel für die schwierige, ja unmögliche Rettung des Liebenden aus der Gewalt der Hetäre. Die Vorstellung des Dichterrosses ist modern.

1, 28

Die Wirklichkeit des Todes. Rollengedicht: ein unbestatteter Schiffbrüchiger spricht.

18 × im Wechsel daktyl. Hexameter und katalekt. daktyl. Tetrameter (1. archiloch. Maß); im gleichen Maß epod. 12 und c. 1, 7.

1–6 Astronomisch-mathematische Forschungen (wie sie allerdings nicht speziell für Archytas bezeugt sind, aber zum Bild zumal eines Pythagoreers gehören) der Wirklichkeit des Todes entgegengesetzt: a) v. 1–4: Größe und Anspruch der Forschungen – Enge des Grabes, b) v. 4–6: Göttliche Kraft und Freiheit des Geistes – Endlichkeit auch des Geistes.

2 «Archytas»: Von Tarent (1. Hälfte 4. Jh. v. Chr.), bedeutender pythagoreischer Philosoph und Mathematiker.

3 «Matinischen Ufer»: In der Nähe von Tarent oder in Apulien an der Adria (vgl. c. 4, 2, 27).

6 «du starbst»: Horaz wohl krasser, gegen die Unsterblichkeit der Seele (wie sie in der pythagoreischen Seelenwanderungslehre vorausgesetzt ist): «mit deinem Geist, dem doch zu sterben bestimmt war».

7–15 Katalog (anderer) großer Menschen, die sterben mußten: Ausgewählt sind solche, deren Leben am ehesten Unsterblichkeit hätte erwarten lassen: drei Götterlieblinge des Mythos und Pythagoras.

7–9 «starb»: Entmythologisierung: der Büßer der Unterwelt (Tantalos), der schrumpfende Gemahl einer Göttin (Tithonos), der Richter der Unterwelt (Minos): Sie sind gestorben trotz ihrer früheren Götternähe.

7 «Pelops Vater»: Tantalos, der Tischgenosse der Götter.

8 «Tithonus»: Entrückt, um Gemahl der Eos-Aurora zu werden. Sein Tod überrascht, da er nach der mythologischen Tradition zwar altert, aber unsterblich ist (Eos vergaß, ihm auch ewige Jugend zu verleihen). Vgl. c. 2, 16, 30.

9 «Minos»: Zeussohn und sein Vertrauter, König von Kreta.

10 «Tartarus»: Unterwelt.

10 «Panthoiden»: Pythagoras, welcher in seiner vorhergegangenen Verkörperung der trojanische Held Euphorbos, Sohn des Panthus, den Menelaos tötete, gewesen sein will.

11 «Schild»: Im Heraion von Argos erkannte Pythagoras unter verschiedenen dort aufgehängten Schilden den des Euphorbos (als seinen eigenen) und verifizierte dies durch Abnehmen des Schildes: er fand den Namen auf der Innenseite.

12f. «und nichts ... zu haben»: Auch bewies, daß er nichts ... hatte.

15 «Wahrheit und Natur»: Dennoch hat der Naturforscher und Philosoph Pythagoras geirrt, sein Tod (als Aufenthalt im Tartarus, nicht sein Sterben) hat ihn widerlegt.

17 «Furien»: Dämonen des Krieges.

20 «Proserpina»: Die Göttin der Unterwelt, Gemahlin des Hades.

21 «sinkenden Orions»: Das Sternbild des Orion geht im Oktober/November früh unter und ist daher mit Stürmen assoziiert; vgl. c. 3, 27, 17ff.; epod. 10, 9f.; epod. 15, 7.

22 «Illyrischen»: Der Adria (nach ihrer Ostküste im Norden Griechenlands).

22 «Notus»: (Griech.) Südwind, mit Orion (und Adria und Schiffbruch) auch sonst bei Horaz verbunden: vgl. epod. 10.

23–36 Anrede an einen vorbeikommenden Kauffahrer (v. 27),

den der unbestattete Tote um rituelle Bestattung bittet, ihn verflucht (v. 30 ff.), wenn er den Dienst verweigert.

25–27 Segenswunsch als Dank: Der Sturm soll statt auf dem Meer auf dem Festland wüten.

25 «Eurus»: Stürmischer Südostwind.

26 «Hesperiens»: Italiens (als «Land des Abends»).

26 «Venusias»: Die Geburtsstadt des Horaz, wohl als das Gebiet hinter der Küste, an der diese Anrede zu denken ist.

29 «Neptuns»: Vater des Taras, des mythischen Stadtgründers von Tarent, und dort kultisch verehrt.

1, 29

Moralphilosophische Analyse der geplanten Feldzugteilnahme eines Moralphilosophen: Ironische Verzeichnung holt die Wahrheit heraus.
4 alkäische Strophen.

1 «Iccius»: Nur durch Horaz bekannt, Adressat auch von epist. 1, 12. Er will offenbar an der Arabienexpedition des Aelius Gallus, Präfekt von Ägypten, in dessen Gefolge (cohors) teilnehmen (25 v. Chr.).

1 «beatis nunc ... invides/gazis»: Paradox für einen Moralphilosophen: a) Schätze als Glück; b) Neid.

1 «Arabiens Schätze»: Der Reichtum des «Gesegneten Arabien» beruht auf Würz- und Duftstoffen sowie edlen Steinen. Horaz denkt hier auch an Schatzkammern.

3 «Sabäas»: Saba oder Sheba im Südwesten der arabischen Halbinsel.

4 «Meder»: Für Parther (vgl. c. 1, 2, 51); ironische Übertreibung.

7 f. «gesalbetem Haar»: Der Mundschenk wie der Zecher (vgl. c. 3, 29, 4); zugleich wohl erotische Andeutung: der schöne langhaarige edle Knabe, ein Ganymed.

9 «Serische Pfeile»: Kostbares Importprodukt aus China; intensiviert die Vorstellung orientalischer Pracht.

14 «Panätius»: Bedeutender stoischer Philosoph (2. Jh. v. Chr.) mit starkem Einfluß auf römisches Denken. Sein berühmtestes Werk (Peri tou kathêkontos) liegt Ciceros De officiis zugrunde.

14 «Sokrates Weisheit»: Die Weisheit der Sokratiker in Fragen der Lebensführung.

15 «vertauschen»: Austausch von Beschäftigungen, nicht Handelstausch.

15 «Iberischem Panzer»: Spanischem Kettenpanzer.

1, 30

Gebet an Venus für ein liebendes Mädchen, als solches Gebet zweier Liebender, als solches Gebet des Liebenden; mit ergreifender persönlicher Schlußwendung.

Lit.: H. Oppermann, Späte Liebeslyrik des Horaz, Festschr. Franz Altheim, Berlin, 1969/70, Bd. 1, S. 468–471 (abgedruckt in: WdF Horaz, ed. Oppermann).

2 sapphische Strophen.

1 «Cnidus»: Stadt im Süden der kleinasiatischen Westküste; im Tempel das berühmte marmorne Aphroditebild des Praxiteles.

1 «Paphos»: Alter Kultort der Aphrodite auf Zypern.

5 «mit deinem feurigen Knaben»: Der römische Gott Cupido (bei Horaz nicht Amor), als Eros im Gefolge der Aphrodite schon bei Hesiod (theog. 201), wird zusammen mit seiner Mutter Venus verehrt.

5 f. «gürtellosen»: Die Grazien lösen (zum Tanz) ihre Gürtel (und der Liebende der Geliebten).

6 «Grazien und Nymphen»: Vgl. c. 1, 4, 5 f.

7 «Jugendgöttin»: Lat. Iuventas, griech. Hebe; das Gebet des alternden Mannes.

8 «Merkur»: Vgl. W.F. Otto, Götter Griechenlands, S. 112–114. Hermes, der Liebhaber der Nymphen, der jugendschönste Gott (Hom. Il. 24, 348: chariestatê hêbê = iuventas cum gratiis). In Griechenland gab es Gemeinschaftskulte für Aphrodite und Hermes; Eros-Cupido ist nach einer Überlieferung (Cic. nat. 3, 59 f.) ihrer beider Sohn; Aristoph. Pax 456 faßt in einem Segensruf zusammen: «Hermes, Chariten, Horen, Aphrodite, Pothos.» Hermes wurde auf Euböa als Gott des Hochzeitsgemachs (thalamos) verehrt (Epithalamites). Nicht als Patron des

Gewinnes für die Kurtisane angerufen noch auch nur als Gott der Überredungsgabe (vgl. Hes. erg. 77 f.), indem auch Peitho mit Aphrodite verbunden ist, sondern als Patron des Horaz (vgl. c. 1, 10), des Dichters und des Liebenden (vgl. c. 3, 11, 1 ff.), der Gott «der Gelegenheit und ... Erfüllung» (Oppermann). – Der Schlußvers besteht im Original aus dem einen Wort «Mercuriusque»: das ist beinah eine Unterschrift wie «Horatius vates» und Überleitung zu c. 1, 31.

1, 31

Gebet des Dichters zum Palatinischen Apollo.
Vgl.: Pind. N. 8, 35–39.
Lit.: G. Rohde, Studien und Interpretationen, Berlin 1963, S. 181–184; V. Pöschl, Kunst u. Wirklichkeit, S. 200–208.
5 alkäische Strophen.

1 «im neuen Heiligtum»: Dem im Krieg gegen Sex. Pompeius gelobten, nach der Schlacht von Actium vollendeten und am 9. Okt. 28 v. Chr. geweihten Tempel des Apollo auf dem Palatin, den auch Properz (2, 31 und 4, 6) feiert.

2 «der Dichter»: Nicht Umschreibung für «ich, Horaz», sondern Ausdruck für Ursprung und Ziel des Gebets: Horaz betet als «vates», d. h. als Seher und Prophet. Die Nachbarstellung von «Apollinem» und «vates» betont die Nähe von Dichter und Gott.

2 f. «den jungen Rebensaft»: Am Fest der Meditrinalia am 11. Okt., zwei Tage nach der Tempelweihe, spendet der Dichter neuen Wein; ein solches Opfer wurde um der Gesundheit willen dargebracht (vgl. v. 17 ff.).

4 «Sardiniens»: Kornkammer Roms neben Sizilien.

6 «Indiens»: Herkunftsland auch des Goldes; zeitgenössischer Luxus waren Decken aus Gold mit Elfenbein (vgl. c. 2, 18, 1 f.).

7 «Liris»: In seinem Unterlauf der Grenzfluß von Latium und Kampanien, ruhig in reichen Windungen durch Weingärten fließend, die «horazischen Weine» (vgl. c. 1, 20, 9–12) an seinen Ufern, u. a. den Calener (v. 9 f.).

12 «Syriens Güter»: Wie Purpur und Salböl, exotisch und luxuriös.

16 «leichte Malven»: Malvenblätter gelten auch sonst in antiker Literatur als einfaches und bekömmliches Gemüse.

17 «die leicht gefundene Kost»: Das berühmte «frui paratis», in welchem «parata» den *euporista* epikureischer Ethik (Epik. fr. 469 Usener = 240 Arrighetti) entspricht; vgl. auch c. 1, 38.

17 «Gesundheit»: Der Dichter ruft Apollo als Heilgott (medicus) an, wie es zum Fest der Meditrinalia paßt.

18 «Latonens Sohn»: Apollo, der Sohn der Leto-Latona, hatte im neuen Tempel als Kultgenossen seine Mutter und seine Schwester Diana.

20 «Laute»: «cithara» (vgl. c. 1, 24, 4): der palatinische Apollo war als Kitharöde dargestellt.

1, 32

Gebetshymnus an die Leier; Horaz und seine lyrische Dichtung. 4 sapphische Strophen.

1 «Ich rufe dich an»: Gebet an die Leier in der Formtradition des antiken Hymnus (vgl. c. 3, 21).

3 f. «Römischen Gesang»: In Gegenüberstellung zum «Lesbischen Sänger»; vgl. c. 3, 30, 13 f.; c. 1, 1, 29–36.

4 «Leier»: Vgl. c. 1, 1, 34.

5 «Lesbische Sänger»: Alkaios (um 600 v.Chr.), der große Lyriker, Zeitgenosse der Sappho (vgl. c. 2, 13, 27).

6–8 Charakteristik des Mannes und seines Lebens, in Gegenüberstellung zu seiner Dichtung. Bürgerkrieg und Kampf gegen Tyrannen auf Lesbos, Verbannung und Seesturm sind uns dennoch nur aus Alkaios' Liedern bekannt und erscheinen auch bei Horaz sonst als Liedthemen des lesbischen Sängers (c. 2, 13, 27–32; c. 4, 9, 7 f.).

9 «Musen»: Neben Wein und Liebe hat auch Alkaios schon die Dichtung selbst, wie hier Horaz, zum Gegenstand von Liedern gemacht.

10 «Knaben»: Cupido (vgl. c. 1, 30, 5).

11 f. «Lykus»: Knabenliebe gehört zum Bild frühgriechischer Lyriker und ist gerade dem Liebesdichter Horaz (vgl. z.B. epod. 11; c. 2, 5; c. 3, 20) an seinem Muster Alkaios wichtig.

15 «Trösterin»: Vgl. epod. 13, 8–18; c. 3, 4, 39 f.; c. 1, 26.

1, 33

Einsicht in das Wesen der Liebe: Unterordnung ist gegenüber ihrer irrationalen Willkür das Vernünftigste.

Vgl.: c. 2, 9.

4 Strophen im 2. asklepiadeischen Maß.

1 «Albius»: Mit großer Wahrscheinlichkeit der Elegiker Albius Tibullus, Adressat auch von epist. 1, 4.

2 «unholde Glycere»: Oxymoron: «bittere Süße», vorwegnehmende Deutung des Wesens der Liebe (glykypikros).

2 f. «Klagetönen»: Eigtl. «jammervolle Elegien», wobei «miserabilis» gleichsam Übersetzung von «elegos» ist (vgl. c. 2, 9, 9).

5 «herrlich kleinen Stirn»: Auch sonst nachweisbares weibliches Schönheitsideal der Zeit.

10 ff. «ehernes Joch»: Mit v. 10 beginnt ein neuer Gedanke, ein zweiter Aspekt des mutwillig-dämonischen Spiels der Venus: das gleiche Wesen, das sie zeigt, wenn sie unerwiderte Leidenschaften erzeugt (Liebeskette), verrät sich in der Zusammenjochung «ungleicher Gestalten und Herzen».

13 ff. «Auch mir»: Horazens Liebeserfahrung ist von der Tibulls verschieden; beide aber sind Manifestationen des Spiels der Venus.

15 «Adrias»: Vgl. c. 3, 9, 22f.; Bild für Jähzorn und Launen.

1, 34

Erfahrung, die Umkehr erzwingt, und Preis der erfahrenen Macht Gottes im Menschenleben.

Vgl.: c. 1, 35.

Lit.: T. Krischer, Horaz c. 1, 34. Typologische Bemerkungen, Mnem. s. IV, vol. 25 (1972), S. 168–171.

4 alkäische Strophen.

1 «seltnen ... Verehrer der Götter»: Als Epikureer hatte Horaz nicht die Götter, sondern nur ihr Eingreifen in das Menschengeschick geleugnet.

2 «Unsinnige Weisheit»: Die eigene Vergangenheit und den Epikureismus verletzendes Paradox, das eben den Anspruch der epikureischen Heilslehre trifft.

3 «verleitet»: Wie v. 2: als «error» galt den Epikureern alle andere Lehrmeinung.

3 f. «wenden die Segel»: Wie v. 2: Gerade Epikurs Lehre galt seinen Anhängern als ein glücklicher Hafen und erscheint hier als gefährliches Meer.

5–8 «... Jupiter, ... Blitz sonst schwarze Wolken ...»: Allein der Epikureismus leugnete den Blitz aus heiterem Himmel, der von Homer an (Od. 20, 113 f.) als besonderes Prodigium galt: So konnte er zum Symbol der Widerlegung epikureischer Naturphilosophie und Theologie und zum Beweis einer in das Menschenleben eingreifenden persönlichen Gottheit werden.

7 f. «Donnerrosse und ... Wagen»: Eine seltene Metapher; vgl. Pind. O. 4, 1.

9–12 Kosmische Wirkung dieses (weder realen noch erlebten, sondern symbolischen) Blitzes.

9 «schwere Erde»: Schwer, gefühllos, ohne Sinne, schwerfällig («bruta», syn.: «immota», «iners»).

10 «Styx»: Wasserfall im nördlichen Arkadien und Unterweltsfluß.

10 f. «Höhle des ... Tänarus»: Eine Höhle am Kap Tainaron (mittlere Südspitze der Peloponnes) galt als Eingang zur Unterwelt und steht auch für diese selbst.

10 «nie gesehnen»: «invisi», «verhaßten» Epitheton des Totenreiches; Spiel wohl auch mit Bedeutung «ungesehen, unsichtbar, dunkel», d. h. mit der griech. Etymologie von Hades (A-ides). Tainaros erscheint als Person.

11 «Grenze des Atlas»: Das Ende der Welt, gebildet durch die Säule(n), die Atlas hält, ein Sinnbild der Unerschütterlichkeit.

12–16 «... die Gottheit ... das ... Glück ...»: Die Macht Gottes im Menschenleben zeigt sich im Umschlag, den der Mensch als Fortuna erfährt. Gerade diese leugnete der epikureische Determinismus: Die Spontaneität des «clinamen» (Lucr. 2, 216–293), der willkürlichen und ursachenfreien Abweichung eines Atoms von der natürlichen Bewegungsrichtung des senkrechten Falls, hatte im Selbstverständnis des Epikureismus gerade nichts mit fortuna zu tun, sondern mit der Entstehung der Körper und dem freien Willen.

14 «die Krone»: Lat. «apicem», die spitze Kopfbedeckung der

römischen Könige (später Priestermütze) und die Tiara orientalischer Herrscher.

1, 35

Fortuna-Hymnus: der nicht zu begründende Glückswechsel im Menschenleben und in der Geschichte als dämonische Macht; der Hymnus als hohe Form, einer großen Wirklichkeit gerecht zu werden.
Vgl.: c. 1, 2.
Lit.: V. Pöschl, Horaz. Lyrik, S. 52–66.
10 (1–3–3–3) alkäische Strophen.

1 Anrede der Fortuna (ohne Namensnennung!) als Kultherrin von Antium (latin. Küstenstadt).
2–4 Vgl. c. 1, 34, 12–16.
6 «Meerebeherrscherin»: Dieser Aspekt hier zuerst bei den Römern; vgl. Pind. O. 12, 3–5.
7f. «Bithynischem Schiffe»: Wie Pontus in c. 1, 14, 11, dem Bithynien benachbart ist.
8 «Carpathische Wellen»: Das gefährliche Meer zwischen Rhodos und Kreta nach der Insel Karpathos.
8 «reizet»: Schiffahrt als Herausforderung der Natur durch Verletzung göttlicher Gebote (vgl. c. 1, 3, 21–24).
9 «Dazier»: Thrakisches Volk an der römischen Reichsgrenze, erst von Trajan unterworfen.
9 «fliehende Scythe»: Vgl. c. 1, 19, 10.
14 «Säule»: Als Bild der Herrschaft.
17 «geht ... vor dir her»: Als Scherge wie der Amtsdiener (lictor) mit den Insignien der Amtsgewalt vor dem römischen Imperiumträger.
17 «das strenge Verhängnis»: Necessitas-Ananke, der unausweichliche Zwang gewaltsam grausamen Todes, in den Schlachten, Morden, Strafgerichten, Rachefeiern, Selbstmorden des Bürgerkriegs vielfältige Wirklichkeit, gedeutet als sinnfälligster Aspekt der Gewalt der Fortuna.
18–20 Hinrichtungswerkzeuge, wie auch die römischen Amtsinsignien, Rutenbündel und Beil, die Macht zu Leibesstrafe und Hinrichtung bedeuteten.
21–24 Hoffnung und Treue sind nicht Begleiterinnen der Fortuna oder Gefolgschaft im räumlichen Sinn, sondern gehören

als göttliche Kräfte in ihren Wirkungsbereich: Nur wo Glückswechsel ist, können Hoffnung und Treue wirken.

29 f. Octavian plante Britannienexpeditionen 34 und 26 v. Chr.

30–32 Nach Osten gerichtete Unternehmungen lassen sich für 35 und 26/25 v. Chr. belegen.

33–38 Reue über die Verbrechen des Bürgerkriegs als Voraussetzung des Gebets.

38–40 Imperialer Krieg als Sühne für den Bürgerkrieg; vgl. c. 1, 2, 35–40 und 51 f.

39 «stumpfen»: Durch Brudermorde.

40 «Massaget»: Ein skythischer Stamm östlich des Kaspischen Meeres, hyperbolisch für entfernte Völker des Ostens.

40 «Araber»: Vgl. v. 30–32 und c. 1, 29, 1.

1, 36

Freudenfest zur Heimkehr eines jungen Offiziers aus Spanien.
Vgl.: c. 2, 17; c. 3, 14.
5 Strophen im 4. asklepiadeischen Maß.

3 «Numidas»: Sonst unbekannt.

4 «Hesperien»: Hier Spanien (sonst Italien), dessen Eroberung Augustus 27–25 v. Chr. abzuschließen versuchte.

7 «Lamia»: Vielleicht der Sohn des Adressaten von c. 1, 26.

9 «Toga wechselten»: Festakt mit Übernahme der toga virilis als Ende der Kindheit.

12 «Salischer Sitte»: Ritualtanz nach Art der Salier, Marspriester.

14 «Thraziern»: Vgl. c. 1, 27, 2. Heftiges Trinken, von Horaz sonst abgelehnt, kann zum Symbol von Festfreude und Gegenwartsglück werden, wo Rasen und Torheit zur süßen Weisheit werden (c. 2, 7, 27 f.; c. 3, 28, 2–4).

15 f. «Rosen ... Eppich (= Sellerie) ... Lilien»: Vgl. die Blumen bei den Symposien in c. 1, 4, 9 f.; c. 1, 38, 5–8; c. 2, 3, 13 f.; c. 2, 7, 23–25; c. 2, 11, 14 f.; c. 3, 29, 3.

20 «Efeu»: Vgl. epod. 15, 5 f.

1, 37

Siegesfeier nach dem Selbstmord der Kleopatra 30 v. Chr: Ende der Bedrohung Roms, Größe der Kleopatra im Tod.
Vgl.: epod. 9.

Lit.: V. Pöschl, Horaz. Lyrik, S. 68–116.
8 alkäische Strophen.

1 ff. Vgl. Alk. 39 D. = 152 L.G.S. (ed. Treu, S. 44 f.) (Liedanfang im gleichen Versmaß): «Nun heißt es trinken ..., denn Myrsilos ist tot».

2–4 «Saliarischen Mahlen»: Festliches Mahl nach Art der Salier (vgl. c. 1, 36, 12), ruhenden Götterbildern vorgesetzt («lectisternium»), Versuch der Erneuerung eines altrömischen Sakralbrauchs aus dem 4./3. Jh. v. Chr.

5 «Cäkuber»: Anknüpfung an epod. 9, 1 ff.

6 «Capitol»: Hügel mit dem Tempel des Jupiter Optimus Maximus, Symbol Roms als Idee und Wirklichkeit; vgl. c. 3, 30, 8.

7 «Königin»: Statt des Namens «Cleopatra», um das Antirömische zu signalisieren.

9 f. «schändlich Verstümmelter»: Eunuchen und Kinäden; vgl. epod. 9, 13 f.

13 «kaum ein Schiff den Flammen»: Propagandistische Übertreibung (wie manches in dieser Ode) zur Flucht aus der Seeschlacht von Actium (2. 9. 31 v. Chr.).

14 «Mareotischen Weine»: Ägyptischer Wein aus der Nähe Alexandrias, beim Mareotis-See.

16 «Cäsar»: Octavian.

20 «Hämoniens»: In poetischer Synekdoche für Thessalien.

21 «furchtbare Ungeheuer»: Intendierte Assoziationen des Lesers sind entweder a) schreckliche Bestien wie die, von denen Herakles die Welt befreite (Hydra, nemeischer Löwe, lernäische Schlange) (vgl. c. 4, 4, 61–64), oder b) Titanen/Giganten, die das olympische Zeusregiment bedrohen (vgl. c. 3, 4, 42 ff.; bes. v. 73), oder beide zugleich.

25 «gesunkene Königsstadt»: Den Palastbereich von Alexandria nach seiner Einnahme.

27 «Schlangen»: Selbstmord durch den Biß der ägyptischen Kobra. Diese offizielle Todesversion (entsprechende Darstellung in Octavians Triumphzug 29 v. Chr.) könnte auch wahr sein; jedenfalls schließt sich sei es die Wirklichkeit, sei es die politische Lüge an mannigfache ägyptische Traditionen an.

30 «Liburnischen Schiffen»: Vgl. epod. 1, 1.

31 f. «zum ... Triumphe getragen»: Sich nach Rom bringen zu lassen, um dort in Octavians Triumphzug, den Horaz hier ankündigt, mitgeführt zu werden.

32 «kein niederes Weib»: Anerkennung der Größe des Gegners im großen Tod in römischer Tradition; auch Octavian soll sich der Bewunderung für Kleopatra in ihrem Sterben nicht verschlossen haben, das Horaz hier zu einem Triumph werden läßt (Wortstellung!).

1, 38

Coda des ersten Buches und Siegel (Sphragis) des Dichters, ein Gipfel horazischer Meisterschaft. Keine Allegorie für Horazens Dichtung, sondern ein Symbol des «frui paratis» (c. 1, 31, 17) als der Mitte des Wissens und Lebens, aus der Horazens Dichtung kommt. Vgl.: Metrodor (von Lampsakos, 331/30–278/77 v. Chr., Freund und Schüler Epikurs), fr. 53 Körte: «Manche treffen ihr Leben hindurch Anstalten für ihr Leben, als ob sie erst nach dem, was man Leben nennt, leben würden. Sie verstehen nicht, daß uns allen das Gift des Gewordenseins eingeschenkt ist, das zum Tode führt.»
2 sapphische Stropen.

1 «Persischen»: Der sprichwörtliche Luxus der persischen Könige (Gyges, Kroisos, Kyros).

2 «Lindenkränze»: Eigtl. «mit Lindenbast gebundene Kränze».

2 f. «Lindenkränze» – «Röschen»: Der Gegensatz zur «einfachen Myrte» ist Anstalten treffen, Bemühtheit, Betriebsamkeit, angestrengtes Suchen («ad-paratus», ad-labores», «sedulus», «sectari») in ihrem Zukunftssinn und Verfehlen der Gegenwart gegenüber gelassenem Genuß des Jetzt und Hier, auch in der Liebe, nämlich dem Ergreifen dessen, «was bereit liegt».

3 «Röschen»: Die Rose als die vergängliche «Freundin der Liebe» (Meleager); vgl. c. 2, 3, 13 f.

5 «Myrte»: Der Myrtenkranz der Venus eint die beiden, den Knaben Weinschenk und den Dichter.

7 f. «wenn ich trinke in dichter Rebenlaube»: Das Hier («sub arta vite») und Jetzt («bibentem»: Partizip Präsens) ist eine einfache gesammelte Einheit dionysischer Gegenwart.

8 «sera moretur» (v. 4) und «vite bibentem» lassen Tod und

Leben anklingen (sero, morietur, vita, viventem): gegenwärtiger Genuß (Partizip Präsens als letztes Wort) im Horizont zukünftigen Abends und Todes.

2, 1

Die Gegenwart der Bürgerkriegsvergangenheit. Widmungsgedicht des zweiten Odenbuches an C. Asinius Pollio, der an seiner Geschichte des Bürgerkriegs arbeitet. C. Asinius Pollio (76 v. Chr. – 4 n. Chr.), Staatsmann, Feldherr, Redner (v. 13 f.) und Literat. Caesarianer, nach Caesars Tod zuerst auf seiten des Antonius, cos. 40 v. Chr., um Ausgleich bemüht, 39 v. Chr. Triumph über die dalmatinischen Parthiner während seines Prokonsulats in Macedonia (v. 15 f.), danach unabhängig und der Literatur lebend. Förderer Vergils (Bucolica; ecl. 4 ihm gewidmet), Autor verschollener Tragödien (v. 9–12; s. 1, 10, 42 f.), Geschichte des Bürgerkriegs vom 1. Triumvirat (60 v. Chr.: Konsulatsjahr des L. Afranius und des Q. Caecilius Metellus Celer; Triumvirat: Caesar, Pompeius, Crassus; v. 1 und 4) bis nach Philippi (42 v. Chr.); wenige Fragmente; von anderen Historikern benutzt.
Vgl.: c. 1, 2; c. 1, 35; epod. 7 und 16.
10 alkäische Strophen.

3 «Fortunens Spiel»: Vgl. c. 1, 34 und 35; c. 1, 37, 11 ff. Auch eine auf die Ursachen (v. 2) gerichtete Geschichtsbetrachtung kann auf die Laune der Glücksgöttin nicht verzichten.

4 «Feldherrnbund»: Das 1. Triumvirat: s. o.

5 Die Entsühnung der Waffen, welche Bürgerblut und Brudermord entweiht haben, durch Kampf gegen einen äußeren Feind steht noch aus; vgl. c. 1, 2, 29 f. 35–40. 51 f.; c. 1, 35, 33–40.

7 f. Der innere Friede ist noch nicht gefestigt.

12 «Cekropischem»: Hoher Ausdruck für «attisch» (attische Tragödie), zugleich Andeutung des Inhalts der Tragödien des Pollio: «regum facta» (s. 1, 10, 42 f.), indem Kekrops Urkönig Attikas ist.

12 «Cothurn»: Hochschuh des tragischen Schauspielers.

17 ff. Im Vorgriff auf das Leseerlebnis Vergegenwärtigung des Bürgerkriegs zwischen Caesar und Pompeius durch Evokation des Wendepunktes in der Entscheidungsschlacht von Pharsalus (48 v. Chr.: v. 17–20) und des Selbstmordes

des jüngeren Cato in Utica nach Caesars Sieg bei Thapsus (46 v. Chr.: 23 f.).

25–28 Die Toten (beider Parteien) von Thapsus (Africa) werden gedeutet als Rache der Juno (früherer Stadtgöttin Karthagos) für früheres Unrecht der siegreichen Römer in Africa (Zerstörung Karthagos 146 v. Chr.; Jugurthin. Krieg 111–105 v. Chr.).

28 «Jugurthas Schatten»: Jugurtha, König von Numidien, 104 v. Chr. in Rom hingerichtet.

29–36 Ilerda in Spanien (49 v. Chr.), Pharsalus in Thessalien (48), Nil (47), Zela in Asien (47), Thapsus in Africa (46), Munda in Spanien (45), Philippi in Makedonien (42), Mylae/Naulochos, Seeschlacht vor Sizilien (36), Actium, Seeschlacht vor dem Epirus (31 v. Chr.).

29 f. Vgl. epod. 7, 3 f.

31 «Meders»: Vgl. c. 1, 2, 51.

32 «Hesperiens»: «Des Abendlandes»: hoher Name (Ennius) für Italien, Tradition und Idee Roms zumal gegenüber östlichen Feinden andeutend.

33 «Ströme»: Vom Rubikon (49 v. Chr.) zum Nil.

34 «Dauniens»: (Vgl. c. 3, 30, 11) steigernd (mythologisch) für Apulien und synekdochisch für Italien.

37 «Scherze»: Abbruch in Berufung auf das ironische Selbstverständnis alexandrinisch-neoterischer Provenienz als leichthin spielender und zumal erotischer Dichter (vgl. c. 1, 6, 17 ff.; c. 3, 3, 69 ff.): In den Gedichten, die nun folgen, gehorcht die Muse dieser Mahnung nicht. Das Abbrechen dient dem Ausdruck der durch Pollio geweckten bedrängenden Gegenwart des Unmaßes an Leiden des Bürgerkriegs.

38 «Ceïschen Klagegesänge»: Nach den Threnoi (Totenklagen) des Simonides (557/56–468/67 v. Chr.) von Keos.

39 «Dionens»: Der Aphrodite-Venus mit dem Namen ihrer Mutter.

2, 2

Innere Freiheit gegenüber äußeren Gütern.
6 sapphische Strophen.

3 C. Sallustius Crispus, Großneffe und Adoptivsohn des

Historikers Sallust, Vertrauter des Augustus (vgl. Tac. ann. 3, 30).

5 C. Proculeius, römischer Ritter, Bruder der Terentia (Gattin des Maecenas) und des L. Licinius Murena, Vertrauter des Augustus: er soll mit seinen durch den Bürgerkrieg beraubten Brüdern sein Vermögen zu gleichen Teilen geteilt haben.

10 «Libyen»: Vgl. c. 1, 1, 10.

11 «Cadix»: Das antike Gades (heute Cádiz), an der südlichen Atlantikküste Spaniens: vgl. c. 2, 6, 1.

11 «beide Carthagos»: Beide Teile des karthagischen (punischen) Reichs: Nordafrika und Südspanien.

17–24 Übertragung des stoischen Paradoxes, nur der Weise (und Tugendhafte) sei reich, glücklich, König, in den Stil horaz. Lyrik.

17 «Thron des Cyrus»: Persischer Köngisthron nach dem bedeutendsten Herrscher Kyros II., dem Großen (559–529 v. Chr.). Persische Könige sind sprichwörtlich ihres Reichtums wegen (vgl. c. 1, 38, 1); und auch sonst erscheinen die Parther als Perser (vgl. c. 1, 2, 22).

17 «Phraates»: Vgl. c. 1, 26, 5.

19 «Die Weisheit»: Horaz: «Virtus» (Weisheit und Tugend fallen zusammen); an analoger Stelle des Gedichtanfangs (Str. 2) steht die personifizierte «Fama».

22 «Lorbeer»: Schmuck des römischen Triumphators.

2, 3

Aufforderung zu festlichem Genuß im Horizont des Wissens von der Todesbestimmtheit des Lebens.
Vgl.: c. 1, 4.
7 alkäische Strophen.

2 f. «im Glücke unberauscht»: So wie du im Glück unberauscht warst.

4 «Dellius»: Sicher Q. Dellius, die wendigste Figur in den Konstellationen des Bürgerkriegs; wir kennen vier Stationen (Dolabella, Cassius, Antonius, Octavian). Zur Abfassungszeit des Gedichts längst hoher Vertrauter des Augustus.

5 ff. «magst du ... oder ...»: Du bist des Todes Beute («moriture»), ob du ... oder ob du ...

8 «Falerner»: Berühmter kampanischer Wein; vgl. c. 1, 20, 9–12.

9–11 Die Bäume präfigurieren das von der Stunde Gebotene: Gastfreundschaft («hospitalem»), Gemeinschaft («consociant»), vielleicht auch Liebe («amant») und laden dazu in ihren Schattenraum ein: Rahmen von «umbram» und «ramis».

9 «Fichte»: «pinus» (Pinie, vgl. c. 1, 14, 11), ein Waldbaum, auch in ländlichen Gärten, insbesondere zu Pan gehörig.

9 «Silberpappel»: Weißpappel, Baum des Herakles mit Hadesassoziationen.

11 f. Die Einladung durch den Bach zum Fest im Idyll ist doch zugleich Symbol des menschlichen Lebens zum Tode («obliquus»: ‹abschüssig› – «zu Tale», und obendrein müht sich das Wasser noch in geschäftiger Unrast um Flucht statt um genießendes Verweilen).

13 «Salben»: Salböle zum Einsalben von Haupt, Brust und Füßen beim Symposion; vgl. 1, 4, 9; c. 2, 7, 7 f. u. 22 f.

13 f. «zu bald verwelkender Rosen»: Die Rose ist die Blume der Aphrodite-Venus, hat aber auch Beziehungen zum Tod. Ihre Kurzlebigkeit macht sie zum Symbol auch der Vergänglichkeit von Liebe und Liebreiz.

15 f. «der drei Schwestern schwarze Faden»: Das dem Menschen von den spinnenden Parzen (Moiren) zugeteilte Geschick, hier, wie «schwarz» («atra») zeigt, bes. das Todesgeschick.

17 «Bergweiden»: Großgrundbesitz vor allem an Weideland.

17 f. «Haus und Villa»: Stadt- und Landhaus.

21 «Inachus»: Erster König von Argos in mythischer Vorzeit; vgl. c. 3, 19, 1.

24 «Orcus»: Römischer Todesgott, hier nicht (wie sonst oft) mit der Unterwelt gleichgesetzt.

26 f. «... Los ... aus der Urne gezogen»: Wie bei den Losungen im öffentlichen Leben Roms, bei denen der Lostopf («urna») geschüttelt wurde und das Los, ein hölzernes Täfelchen oder Stäbchen mit dem Namen, heraussprang.

28 «Nachen»: Das Boot des Totenfährmanns Charon, der die Toten über den Acheron, den Grenzfluß des Hades, übersetzt.

2, 4

Ja zur einfachen sinnlichen Liebe mir ironischer Begründung.
6 sapphische Strophen.

2 «Xanthias»: Ein uns unbekannter Grieche aus der Landschaft Phokis in Nordgriechenland («Phoceu»).
3 «Briseis»: Die Tochter des Brises, das Ehrengeschenk Achills aus der Kriegsbeute, seine Lieblingssklavin.
5 «Telamonier Ajax»: Der Sohn des Telamon von Salamis, nach Achill stärkster griech. Held vor Troja.
6 «Tecmessa»: Tochter des Phrygerkönigs Teuthras, Sklavin und Nebenfrau des Ajax.
7 «Atride»: Agamemnon, der Sohn des Atreus.
8 «Jungfrau»: Kassandra, die weissagende Tochter des Priamos.
9 «Phrygischen»: So statt «barbarischen» für «trojanischen».
10 «Thessalischen Sieger»: Achill (aus Phthia in Thessalien) richtet ein Blutbad unter den Troern an, bevor Hektor von seiner Hand fällt (Hom. Il. 20/21).
12 «Pergamon»: Burg von Troja; steht für Troja.
15 «fürstliche»: Wie der Briseis, Tekmessa, Kassandra.
15 «Penaten»: Die Götter, die das Haus schützen.
22 «argwöhne ... nichts»: Dem Achill nahm Agamemnon die Briseis.
23 f. «achte Lustrum»: Horaz (geb. 8. 12. 65 v. Chr.), gerade 40 (8 mal 5) Jahre alt, hat dieses Gedicht also wohl 24 v. Chr. verfaßt.

2, 5

Liebe, die warten kann, weil sie liebt.
Übersetzt von J.P. Uz; Text nach der 2. Auflage (1827). Herzlieb merkt zum Fortfall dieses Gedichtes in seiner Übersetzungsausgabe an: «Daß ich die fünfte Ode des zweyten Buchs nicht übersezt habe, wird man mir, hoff' ich, vergeben. Unser moralisches Gefühl ist itzt zu fein, als daß es Oden, in dem Tone, wie diese, geschrieben, dulden könnte; und hätte ich durch einige Veränderungen das Anstößige darin mildern wollen, so wäre es ja nicht mehr Übersetzung geblieben».
Lit.: H. Oppermann, Späte Liebeslyrik des Horaz. In: Festschr. F.

Altheim, Berlin 1969/70, Bd. 1, S. 462–465 (abgedruckt in: WdF Horaz, ed. Oppermann).
6 (3–3) alkäische Strophen.

2 «Gespanne»: Dem Genossen im Gespann.
5 «dem jungen Tiere»: Eigentlich: deiner Jungkuh; der Name eines Adressaten fehlt; Horaz redet sich selbst an.
6–9 Erotischer Nebensinn: Die junge Kuh (das Mädchen) ist durchaus schon der Liebe fähig (sie ist kein Kälbchen); aber sie bewahrt sich noch vor dem Ernst der Liebe und gibt sich ihr nur in munterem Spiel mit Gleichaltrigen (Jungstieren) hin.
16 «wird ... fordern»: Die Erwartung des alternden Liebenden beruht auf der Liebe des Alternden, die sich als wachsend erfährt (v. 17 ff).
20 «Knidische»: Aus der kleinasiatischen Stadt Knidos, gewählt wegen der Assoziation von Venus (vgl. c. 1, 30, 1; c. 3, 28, 13 und die knidische Aphrodite des Praxiteles).
21 ff. Das Schönheitsideal mädchenhaften Aussehens bei Knaben, ausgedrückt durch hypothetische Wiederholung der Geschichte vom Versteck des jungen Achill unter den Töchtern des Lykomedes (vgl. c. 1, 8, 13–16). Horaz setzt hier eine Version voraus, nach der Odysseus und Diomedes Achill erkannten.

2, 6

Dichterfreundschaft.
Lit.: Klingner, Röm. Geisteswelt.
6 (1–4–1) sapphische Strophen.

1 «Septimius»: Ein enger Freund, wie Str. 1 und 6 zeigen, vielleicht der, für den Horaz den «Empfehlungsbrief» epist. 1, 9 an Tiberius schreibt und der auch bei Augustus verkehrte (Horazvita).
1 «Cadix»: Gades (vgl. c. 2, 2, 11), ursprünglich phönikische Handelskolonie in Südspanien, außerhalb der «Säulen des Herakles» (Straße von Gibraltar), römisch seit dem 2. Punischen Krieg.
2 «Cantaber»: (Vgl. c. 2, 11, 1) nordspanisches Volk (Astu-

rien), über das Augustus nach langen Kämpfen einige Siege errang (26/25 v. Chr.), das aber erst Agrippa endgültig unterwarf (25–19 v. Chr.).

2 «unser Joch nicht tragen»: Also: ungezähmt, barbarisch, außerhalb der menschlichen und römischen Gesittung.

3 f. Die wegen ihrer Gefährlichkeit (Untiefen, Brandung) berüchtigten nordafrikanischen Syrten werden zur Chiffre der Gegenposition von Grenze und Maß: «barbaras» und «aestuare» deuten auf wilde Unbeherrschtheit.

5 «Tibur»: Vgl. c. 1, 7, 13.

5 «Argivischen Fremdling»: Tibur galt als Gründung eines Tiburnus (vgl. c. 1, 7, 13) oder Catillus (vgl. c. 1, 18, 2), Nachfahren des Amphiaraos von Argos. – «colono»: Tibur ist von Anfang an Wahlheimat.

10 f. «zur süßen Tränke der Mantelschafe, dem Galäsusfluß» (Übers. Klingner): Der Fluß von Tarent; die tarentinischen Schafe hatten so edle Wolle, daß sie mit Ledermänteln geschützt wurden.

11 f. «Laconiens Phalanthus beherrschte»: Der lakedaimonische Gründer Tarents aus königlichem Stamm: daher «regnata». Phalanthos, von Delphinen nach Tarent gerettet, ist auch (wie Arion) Prototyp gottgeliebten musischen Wesens.

14 «gleich dem Hymettischen»: Der tarentinische galt als der beste italische Honig und mochte es daher mit dem des Nachbarberges von Athen aufnehmen.

16 «Venafrum»: Im Tal des oberen Volturnus, woher das beste Öl kam.

18 «Aulon»: Nicht weiter bekannte Gegend bei Tarent.

19 «Falernertraube»: Vgl. c. 1, 20, 9–12.

21 «glückseligen Burgen»: «beatae arces»: Burgen (Festungen), die das Glück sichern.

22–24 Die Bereitschaft des Freundes in Str. 1 hat sich über das Lebensprogramm des Dichters in Str. 2–5 verwandelt zum Auftrag der 6. Str.

23 «schuldigen Zähren»: Tränen, wie man sie schuldet.

2, 7

Freundschaftsfest.

Lit.: K. Meister, Horazens Willkommengruß an einen Spätheim-

kehrer (c. 2, 7). In: ERMHNEIA, Festschr. O. Regenbogen, Heidelberg 1952, S. 127–134.
7 (3–1–3) alkäische Strophen.

2 «Brutus»: M. Iunius Brutus (~ 85–42 v.Chr.), der Caesarmörder.

3 «Bürger»: Pompeius (vgl. v. 5) hatte nach der Schlacht bei Philippi (42 v.Chr.) wohl zuerst unter S. Pompeius, dann unter Antonius gedient und im Krieg von Actium als Feind in einem «auswärtigen Krieg» (gegen Ägypten) das Bürgerrecht verloren. Dies war ihm durch eine Amnestie zurückgegeben worden (wohl 30/29 v.Chr.).

5 «Pompejus»: Pompeius Varus (nach dem antiken Gedichttitel) ist uns sonst unbekannt.

6f. «beflügelte»: Eigtl. «brach» (vgl. c. 1, 1, 20), wenn das eigentlich abendlich-nächtliche Symposion schon vor Dunkelwerden begann.

7f. «umkränzt...gesalbt»: Vgl. c. 1, 4, 9f.; c. 2, 3, 13f.

8 «Syriens Tamala-Öl»: Das kostbare Parfüm aus der indischen Tamalapflanze, von der eine Art auch in Syrien wuchs.

9 «Philippi»: Horaz nahm an der Schlacht zwischen Antonius und den Caesarmördern in Ostmakedonien auf der Seite der letzteren (vgl. v. 2) als Militärtribun teil.

10 «den Schild ließ»: Lakonische Formel für Flucht, aus der liter. Tradition: Archil. fr. 6 D. (ed. Treu, S. 24 f.), Alk. fr. 49a D (ed. Treu, S. 88f.), Anakr. fr. 51 D.

10 «nicht schön»: Vgl. v. 12 («schmachvollen»), Kontrafaktur der frühgriechischen Lyriker zum Zweck des Bekenntnisses auch jetzt noch und gerade jetzt zur Soldatenehre auch der Brutianer.

12 «(den) schmachvollen (Boden)»: Enallage statt «turpiter tetigere» (Bevorzugung des Adjektivs vor dem Adverb), indem die Schmach des Vorgangs sinnfällig am Boden haftet.

12 «mit dem Kinn»: Tod auf dem Schlachtfeld.

13f. «Mercur»: Der Gott des Horaz (c. 1, 10) rettet auf seine Weise (vgl. c. 1, 10, 13–16); vgl. aber auch Hom. Il. 20, 443f.

15f. «der Strudel des Meers»: Metaphorisch; vgl. c. 1, 14.

17 «Jupiter»: Der griech. Zeus Soter («der Retter»).

19 «unter meinem Lorbeerbaum»: Auf dem Sabinergut, wo allein auch Eppich und Myrten leicht aus der Nähe frisch zu beschaffen sind.

20 «dir aufbewahrten»: Für deine (seit langen Jahren ersehnte) Rückkehr bestimmten (also wohl auch: Fässer alten und edlen Weines).

20 «Fässer»: «cadi»; vgl. c. 3, 14, 20.

21 «Massiker»: Vgl. c. 1, 1, 19f. («veteris...Massici», «partem...demere de die»); c. 3, 21, 1–8; Verg. Georg. 2, 143: als *der* Wein Italiens im «Lob Italiens» genannt.

21 «Sorgenbrecher»: Vgl. epod. 13; c. 1, 7, 17–32; c. 1, 9, 6–8; c. 3, 21.

24 «Eppich»: Lat. apium, griech. selinon, eigentlich Sellerie. Zur Bekränzung bei Horaz noch c. 1, 36, 15 f. und c. 4, 11, 3.

25 «Myrten»: c. 1, 38, 5–8.

25 f. «Wen macht Venus zum König...?»: Durch den besten Wurf im Knöchelspiel, der «Venus» hieß; vgl. c. 1, 4, 18.

27 «dem trunknen Edonier gleich»: Die Edonier sind als thrakischer Volksstamm Muster heftigen Trinkens (vgl. c. 1, 27) und dionysischer Begeisterung («bacchabor») (vgl. c. 2, 19, 20); in ihrem Gebiet liegt Philippi.

2, 8

Liebeshuldigung aus heiterer Distanz.

Vgl.: c. 1, 5.

Lit.: E. Burck, Drei Liebesgedichte des Horaz (c. 1, 19; c. 1, 30; c. 2, 8), Gymn. 67 (1960), S. 161–176.

6 (3–3) sapphische Strophen.

1 «Meineids»: Von vornherein falscher Liebes- und Treueschwur (vgl. epod. 15, 3 f.), nicht Wortbrüchigkeit.

2 «Strafe»: Tod, da Barine ihr Haupt verpfändet (v. 5 f.).

2 «Barine»: Hetärenname («Mädchen aus Bari») in griech. Form.

5 ff. Schönheit und Reiz als immoralische und gar antimoralische Wirklichkeit.

13 «Lacht doch Venus selbst»: Das in v. 1–12 Beschriebene wird als Zustimmung der Liebesgöttin selbst gedeutet, zu deren Wesen das Lachen gehört (c. 1, 2, 33).

14 «Nymphen»: Im Gefolge der Venus auch c. 1, 4, 6 und c. 1, 30, 6.

14 «Cupido»: Im Gefolge der Venus auch c. 1, 2, 34 und c. 1, 30, 5.

19f. «Sklavenheer» – «Tyrannin» («domina»): Liebesmetaphorik vor allem der Elegie.

22 «kargen Greise»: Aus Furcht vor der Verschwendung ihrer Söhne (vgl. römische Komödie).

23f. Einer der unvergleichlich schönen Gedichtschlüsse Horazens. Der Gipfel der Verführungsmacht Barines: selbst frisch verheiratete Männer so anzuziehen, daß sie sich – verspäten.

2, 9

Mahnung, Unmaß in der Trauer zu besiegen.
Vgl.: c. 1, 33.
6 alkäische Strophen.

5 C. Valgius Rufus (cos. 12 v. Chr.), jüngerer Freund des Horaz (vgl. s. 1, 10, 82), vielseitig dilettierender Dichter (u. a. Elegien) und wiss. Schriftsteller.

6 «Aquilonen»: Nordwinde.

7 «Garganus»: Apulisches ins Meer vorspringendes Gebirge («Stiefelsporn»).

10 «Hesperus»: Der Morgen- und Abendstern (der im Gegensatz zu Valgius nicht immer das Gleiche tut).

13–17 Mythologische Kontrastbeispiele (Hinführung zum Epos als Haltung und Aufgabe).

13 «Greis, der drei Menschenalter sah»: Der alte und lebenserfahrene Nestor (vgl. Hom. Od. 3, 245).

14 «Antilochus»: Nestors Sohn; sein Tod von Nestor Hom. Od. 3, 111 erzählt, nicht in der Ilias.

16 «Troilus»: Jüngster Sohn des Priamos – vgl. «Phrygischen (= trojanischen) Schwestern» –, den Achill tötete (nicht in der Ilias erzählt).

17f. «die weichlichen Klagen»: In Elegien (vgl. v. 9 und 11: «flebilibus modis», «amores»); «weich»: übliches Charakteristikum der Elegie im Gegensatz zum «forte epos» (s. 1, 10, 43).

19–24 Aufforderung, ein Epos zu singen (zu dichten), wobei

vorausgesetzt ist, daß dem Dichten eines Epos eine dem epischen Gegenstand analoge Haltung des Dichters entspricht. Das Gegenwartsepos mit den Siegen des Augustus, die barbarisches Unmaß begrenzt haben, steht so symbolisch für Valgius' menschliche Aufgabe.

18 f. «neue Trophäen»: Vielleicht Siege über die Kantabrer (26/25 v. Chr.; vgl. zu v. 19).

19 «Augustus»: Das Gedicht ist nach Jan. 27 v. Chr. verfaßt (Verleihung des Augustustitels).

20 «Niphates»: Der «Schneeberg», auf dem der Tigris entspringt.

21 «Euphrat»: Im Partherreich (vgl. z. B. Verg. Georg. 1, 509; 4, 560 f.).

23 «Gelonen»: Skythenstamm; Augustus empfing 26/25 v. Chr. in Spanien eine Skythengesandtschaft («nostram amicitiam petierunt», Mon. Anc. 5, 51).

2, 10

Die Mitte als höchster Wert. Gegenstück zu c. 2, 3; vgl. auch c. 2, 9.
6 (3–3) sapphische Strophen.

1 «Licin»: Wohl L. Licinius Murena, cos. 23. v. Chr., Rücktritt früh im Jahr, verwickelt in Verschwörung des Fannius Caepio, Flucht und Tod 22 v. Chr. Bruder der Terentia, der Gattin des Maecenas. Vgl. c. 2, 2, 5.

5 «Mittelstand»: Mitte (mesotês) zwischen Extremen. In der ersten Gedichthälfte ist «mediocritas» mehr die Lebensklugheit der sozialen Mitte, in der zweiten seelische Ausgeglichenheit in extremen Schicksalsfällen und Einsicht in den Wechsel (vgl. c. 2, 9), Str. 6 vereint beide Aspekte.

10 «Tanne»: «pinus» (Pinie), vgl. c. 1, 14, 11.

15–20 Symbole des antithetischen Wechsels: Sturmwolken und heiterer Himmel (Jupiter); Apollon, der Herr von Leier und Bogen (vgl. c. 1, 21, 11 f.).

2, 11

Mahnung, von Zukunftssorgen zu lassen und die Gegenwart im Fest zu ergreifen.
Vgl.: c. 3, 29.
6 (3–3) alkäische Strophen.

1–4 Vgl. c. 3, 29, 26–28.
1 «Kantaber»: Vgl. c. 2, 6, 2.
1 «Scythe»: Vgl. c. 2, 9, 23.
2 «Quinctius»: Quinctius Hirpinus, wohl auch der Adressat von epist. 1, 16, ist uns sonst nicht bekannt; sicher ein reicher, auch politisch tätiger Mann im Umkreis des Augustus und Maecenas.
14 «Fichte»: «pinus»; vgl. c. 1, 14, 11.
14–17 «Rosen ... Syriens Narden»: Vgl. c. 2, 3, 13 f.; c. 2, 7, 8.
15 f. «das schon bleichende Haar», «weil (= solang) wir noch dürfen»: Auf der Grenze von Jugend zu Alter erhält der Appell besondere Dringlichkeit (vgl. c. 2, 3, 13–16).
16 «Syriens Narden»: Syrisches Nardenöl nur vom indischen (vgl. epod. 13, 9) an Kostbarkeit übertroffen.
17 «Evius»: Orgiastischer Kulttitel des Bacchus.
19 «kühlen»: Das übliche Mischen des Weines mit Wasser wird hier metaphorisch «Löschen» (restinguere) seines Feuers genannt.
19 «glüht»: Feurig-starker Wein (vgl. epod. 11, 14).
19 «Falerner»: Vgl. c. 1, 20, 10.
21 «devium scortum»! Herzlieb läßt dezent «scortum» (Dirne) unübersetzt.
22 «Lyden»: Griech. Hetärenname («die Lyderin»).
23 f. «nach Spartischer Sitte»: Mit einfachem Haarknoten, vgl. c. 1, 5, 4 f.

2, 12

Art des eigenen Dichtens, dargestellt mit Hilfe der geprägten Gedankenformen des «Ablehnungsgedichts» (recusatio). Einheit von Dichtungs- und Lebenswahl.
Vgl.: c. 1, 6.
7 Strophen im 2. asklepiadeischen Maß.

1 «langen Kriege der ... Numantia»: Den langen (143–133 v. Chr.) Numantinischen Krieg in Spanien, den erst der jüngere Scipio (Africanus minor) beendete (Beiname: Numantinus).
2 «Hannibal»: Unter dem die Römer im 2. Punischen Krieg litten (218–201 v. Chr.), bis er vom älteren Scipio geschlagen wurde.

2 f. «Siciliens Wogen, vom Punischen Blute gefärbt»: Den 1. Punischen Krieg (265–241 v. Chr.) in und um Sizilien, den die Römer schließlich in der Seeschlacht bei den Ägatischen Inseln zu ihren Gunsten entscheiden konnten.

3 «sanften»: «mollibus», hier positiv (wie in c. 2, 9, 17f. negativ) dem Epos entgegengesetzt, zu dessen Welt Horaz die Adjektive «ferus» und «durus» stellt, wie er in v. 5 ff. Stoffe wild-barbarischer Gewalttätigkeit für das mytholog. Epos auswählt.

5 f. «Lapithen» – «Hyläus» (ein Kentaur): Der Kampf der Lapithen und Kentauren, vgl. c. 1, 18, 8.

5 «Weine»: Ungemischtem Wein.

6–9 «... Tellus Brut...»: Die Giganten, die «Erdgeborenen» (Söhne der Gaia), deren Aufstand gegen den Olymp, das Haus Saturns, Herakles abwehrte. Vgl. c. 2, 19, 21–24.

10 «Cäsar Augustus»: Der siegreiche Augustus wird dezent den Scipionen (vgl. v. 1 f.), Theseus (der Hyläus erlegte) und Herakles (eben diese Absicht bestimmte seine Wahl als Gigantenüberwinder) verglichen. Analoges gilt für die von Augustus bezwungenen Könige.

12 «Könige»: Vgl. Mon. Anc. 1, 27f.: «Bei meinen Triumphzügen wurden vor meinem Wagen neun Könige oder Königskinder mitgeführt».

13 «Licymnia»: Die Gattin Terentia des Maecenas, mit griech. Pseudonym wie die Geliebten der Elegiker.

21 «Achämen»: Persischer Reichtum, konkretisiert am Ahnherrn der persischen Könige (vgl. epod. 13, 8f.; c. 3, 1, 41–44).

22 «Mygdonischen Schätze des fetten Phrygiens»: Häufung fremder Namen, von denen «Mygdonisch» synekdochisch auch für «Phrygisch» stehen kann. Fruchtbarkeit des Landes und sagenhafter Reichtum des Königs Midas. Vgl. c. 3, 16, 41 f.

24 «Arabiens Überfluß»: Auch dies eine feste Gedankenverbindung; vgl. c. 1, 29, 1 f.; c. 3, 24, 1 f.

2, 13

Die Macht der Dichtkunst als lösende und klärende Gegenkraft, in der Bewegung des Gedichtes wirkend.

Lit.: F. Klingner, Ohnmacht und Macht des musischen Menschen.

Horazens Ode ‹Ille et nefasto› (2, 13). In: ΕΡΜΗΝΕΙΑ, Festschr. O. Regenbogen, Heidelberg 1952, s. 119–126. Abgedruckt in: F. K., Studien, S. 325–333.
10 (3–2–3–2) alkäische Strophen.

14f. «Phöniziens Schiffer»: Der typische Kauffahrer.
14 «Bosporus»: Die typische gefährliche Meerenge.
17f. «schnellen Rückzug des Parthers»: Vgl. c. 1, 19, 11f.
21 «Proserpina»: Vgl. c. 1, 28, 20.
22 «Äakus»: Aiakos, Zeussohn, neben Minos und Rhadamanthys Richter in der Unterwelt.
24 «auf Äolischen Saiten»: Die Dichtung der Sappho (und des Alkaios) in äolischen Maßen (z. B. sapphischen oder alkäischen Strophen wie dieses Gedicht) wurden zur Leier (barbitos) gesungen (vgl. c. 1, 1, 34).
24f. «Mädchen verklagt»: Lieder der Liebesklage wie Sappho, fr. 96 und 137 D. = 216 und 238 L.G.S. (ed. Treu, S. 74f. und 94f.).
25 «Sappho»: Die frühgriechische Lyrikerin (um 600 v. Chr.) aus Mytilene auf der Insel Lesbos, hier allein innerhalb der Odenbücher namentlich genannt.
27 «Alcäus»: Alkaios, Lyriker von Lesbos, Zeitgenosse der Sappho; in den Oden sonst nur noch c. 4, 9, 7 namentlich genannt.
27f. «der Schiffahrt ... Ungemach»: Liederthemen des Alkaios, der leidenschaftlich in die Adelskämpfe seiner Heimatstadt Mytilene verstrickt war, Verbannung, Flucht übers Meer und Krieg erlebte.
29 «heiliger Stille»: Sakrales Schweigen; vgl. c. 3, 1, 1–4.
30 «Schatten»: Die Bewohner der Unterwelt, die Toten.
31 «die Schlachten und verjagten Tyrannen»: Die Lieder des Alkaios; andere Liedthemen c. 1, 32.
34 «das hundertköpfige Ungeheuer»: Kerberos, der Höllenhund.
35f. «Schlangen»: Die dem Hades und der Persephone dienenden unterirdischen Rachegöttinnen (Erinnyen, Eumeniden) haben Schlangen auf ihrem Haupt.
37 «Prometheus»: Vgl. c. 2, 18, 35.
37 «Pelops Vater»: Umschreibung für Tantalos, weil dessen Hauptfrevel die Schlachtung seines Sohnes war, die er mit

Hunger und Durst im Angesicht von Wasser und Früchten in der Unterwelt büßte. Vgl. epod. 17, 65 f.

39 «Orion»: Der riesige Jäger jagt auch in der Unterwelt; vgl. Hom. Od. 11, 572–575, wo er neben den Büßern Tityos, Tantalos und Sisyphos genannt ist.

2, 14

Anerkennung der Realität des Todes als Voraussetzung rechten Lebens.
Vgl.: c. 1, 4; c. 2, 3.
7 (3–3–1) alkäische Strophen.

1 «Postumus»: Adressat unbekannt, häufiges Cognomen.

5–7 «Hekatomben»: Opfer von 100 (griechisch hekaton) Stieren.

7 «Pluto»: vgl. c. 1, 4, 17.

7 f. «dreileibigen Geryon»: Selbst ein Riese mit drei Leibern (Geryoneus) fand seinen Überwinder (Herakles) und mußte sterben.

8 «Tityos»: Den erdentsprossenen Riesen trafen die Pfeile des Apollon und der Artemis, als er sich an Leto vergreifen wollte; in der Unterwelt zerhacken ihm Geier die nachwachsende Leber.

9 «Fluten»: Unterweltsgewässer wie Acheron (c. 1, 3, 36) oder Kokytos (v. 17 f.).

9 «alle»: Vgl. c. 2, 3, 25.

11 «schiffen»: Vgl. c. 2, 3, 28.

11 f. Vgl. c. 1, 4, 13 f.

15 f. Vgl. s. 2, 6, 18 f., wo Horaz den Südwind «bleiern» und den Herbst «schwer» nennt.

17 f. «schwarzen Cocytus»: Den schlammig-sumpfigen Totenfluß Kokytos.

18 «Geschlecht des Danaus»: Die Danaiden, die 50 Töchter des ägyptischen Königs Danaos, die zur Strafe für den Gattenmord in der Hochzeitsnacht nach ihrem Tod Wasser in ein durchlöchertes Faß füllen müssen (vgl. c. 3, 11, 22 ff.).

20 «Äoliden Sisyphus»: Der berühmte Unterweltsbüßer – er wälzt einen Felsblock eine Anhöhe hinauf; dieser rollt

wieder zurück, und die Arbeit beginnt von neuem – ist ein Sohn des Aiolos.

22 «Bäumen deiner Pflege»: Postumus scheint Besitzer schöner Gärten: vgl. c. 2, 15.

23 «Zypresse»: Ein Totenbaum; Zypressenzweige bedecken den Scheiterhaufen.

24 «brevem dominum»!

25 «heres ... dignior»!

25 «Cäcuber»: Vgl. c. 1, 20, 9.

27 «färbt ... mit stolzem Weine»: Ausdruck geradezu achtloser Verschwendung.

28 «Pontifex»: Die offiziellen Gastmähler der Pontifices, des höchsten römischen Priesterkollegiums, waren opulent.

2, 15

Kritik an Gartenluxus und privatem Aufwand.
Vgl. c. 3, 6; 3, 24.
5 alkäische Strophen.

1 «Hufen»: Richtiger: «Morgen».

3 f. «Lukrinersee»: Die durch einen Damm in einen Binnensee verwandelte Bucht bei Baiae, die reich an Austern und Fischen war.

4 «unvermählte Platane»: Unfruchtbarer Zierbaum.

5 «Ulme»: Den Stützbaum der Weinrebe, die mit ihr «vermählt» wird.

9 «dichtbelaubte Lorbeergrotte»: Dichte Lorbeerlaube.

10 «Romuls»: Des Stadtgründers als Vertreters urrömischer Einfachheit und autoritativen Repräsentanten der Romidee.

11 «bärtigen»: Nach einfacher Ahnenart.

11 «Cato»: M. Porcius Cato Censorius (234–149 v. Chr.), der berühmte Zensor (184 v. Chr.), der späteren Generationen als Muster altrömischer Disziplin erschien.

12 «Richtschnur»: «veterum norma» als (strengere) Variation zu «mos maiorum» (Väterbrauch und -sitte).

15 «Ruten»: Deutsches Feldmaß (10–16 Fuß) zur Wiedergabe der lateinischen zehnfüßigen Meßstange der Agrimensoren; die Halle also ein Vielfaches des ca. 3 m langen Meßstabes.

16 «Arctos»: Griech. für Norden, wohl Modewort im Luxusbauwesen.

17 «Rasen»: Rasenstücke zum Bau der ärmlichen Häuser analog der Hütte des Romulus.

2, 16

Die Bedingung des Glücks: Erkenntnis, daß Seelenruhe das Glück ist, und die Grundsätze ihrer Verwirklichung.
Vgl.: Lucr. 2, 1–61; Verg. Georg. 2, 503–513; Hor. c. 3, 1.
Lit.: W.-L. Liebermann, Die Otium-Ode des Horaz, Latomus 30 (1971), S. 294–316.
10 sapphische Strophen.

1 «Ruhe»: Seelenruhe, Freisein von Sorgen, Leidenschaft, Angst, Betriebsamkeit (vgl. v. 10–12, v. 15 f., v. 21–24, v. 26).

1 f. «wen»: Der Kauffahrer.

5 «Thrazier»: Heftige Kämpfe gegen die Römer 29 und 28 v. Chr.

6 «Meder»: Für «Parther»; vgl. c. 1, 2, 51. Zu ihren inneren Unruhen und deren Zeit vgl. c. 1, 26, 5 und c. 3, 8, 19 f.

7 «Grosphus»: Pompeius Grosphus (vgl. epist. 1, 12, 22), über den wir außer durch Horaz nichts wissen.

7 f. «Gemme ... Purpur ... Gold»: Symbole des Reichtums (zu «Purpur» vgl. v. 35 f. und c. 3, 1, 42).

10 «Lictor»: Der dem Konsul vorangehende Amtsdiener mit den «fasces», den Insignien seiner Macht (Rutenbündel mit Beil).

11 f. «Prunksaale»: Mit Kassettendecke.

21 «kranke»: Die Sorge ist eine Seelenkrankheit und wird von solchen begleitet (Furcht, Gier).

21 f. Vgl. 3, 1, 37–40.

29 f. Illustration von v. 27 f. in Gegenbildern.

30 «Tithonus»: Der mit Unsterblichkeit, aber nicht ewiger Jugend bedachte Gemahl der Eos (vgl. c. 1, 28, 8).

35 «Wagen des Wettstreits»: Grosphus mit seinen Gütern in Sizilien wird geradezu in die Nähe der großen sizilischen Tyrannen gestellt, deren Pferdegespanne in den panhellenischen Wettkämpfen siegten (vgl. Pindars Siegeslieder).

35 f. Besonders kostbarer Purpur und besonders kostbare (Farbintensität, Beständigkeit) Färbetechnik.

37 «kleines Feld»: Das von Maecenas geschenkte Sabinergut; zu «parva rura» vgl. Pindar, Paean 4, 50–53 (fr. 52 d Snell).

38 «feinen Atem»: Zum Lied in der schlanken und subtilen, genauen und dichten Kleinform der alexandrinischen Dichtungsreform (Kallimachos).

38 «Grajischen Camene»: Horazens lateinisches Lied in Anknüpfung an die frühgriechische Lyrik (vgl. c. 3, 30, 13 f.) ist der «feine Atem» der italischen Muse (Camene: römische Quellnymphe und Muse, vgl. c. 3, 4, 21), die «griechisch» geworden ist.

39 «treue Parce»: (Eigentlich «nicht lügend»); römische Göttin des individuellen Menschenschicksals. Die Parzen weissagen singend bei der Geburt oder der Zeugung eines Kindes. Horaz stellt sich als Berufenen dar im Sinne der Erfüllung vorgegebener Lebensprägung.

39 f. Unabhängigkeit aus hohem Selbstgefühl (vgl. c. 3, 1, 1; c. 2, 20, 4; c. 3, 30), das «Ruhe» verleiht.

2, 17

Maecenas und Horaz: Ihre Gemeinsamkeit (Freundschaft: Stütze des Lebens, Hälfte der Seele, Treue; Übereinstimmung der Konstellation, Sternenfreundschaft) als Lebensprinzip.

Lit.: F. Boll, Kleine Schriften zur Sternkunde des Altertums, Leipzig 1950, S. 115–124 (1917); auch in: WdF Horaz, ed. Oppermann.

8 (4–4) alkäische Strophen.

4 Vgl. c. 1, 1, 2.

5 f. Vgl. c. 1, 3, 8.

7 f. «nur ein abgerißner Überrest»: «(Zwar) überlebend, (aber) nicht ein unversehrtes Ganzes».

10 «geschworen»: Horaz hat seinen «Soldateneid» gegenüber Maecenas in epod. 1 geleistet.

13–16 Widergöttlichen Mächten ist Horazens Treue, als göttlich garantiert, überlegen, wie sie sich hier auf dem Weg in den Hades gegenüber bedrohlichen Monstren bewährt (vgl. Verg. Aen. 6, 287 f.).

13 «Chimäras»: Feuerschnaubendes drachenartiges Ungeheuer; vgl. c. 1, 27, 24.

14 «Gyges»: Einer der drei Hunderthänder, Riesen, die die

Titanen im Kampf gegen die Götter unterstützten (in Hesiods Theogonie dagegen auf der Seite der Götter) und zur Strafe unter die Erde verbannt wurden.

16 «Parzen»: Die (römischen) Geburtsgöttinnen, die auch das individuelle Schicksal bestimmen; die Moiren (ihr griechisches Äquivalent) sind Schwestern der Dike (Justitia).

17ff. Die Astrologie spielt in Rom vom 1. Jahrhundert v. Chr. an auch unter den Gebildeten eine große Rolle; daß Horaz oder Maecenas ihr anhingen, ist diesen Versen nicht zu entnehmen. «Welches Tierkreisbild in meinem Horoskop auch mein Todesgeschick bestimmen mag, Waage oder Skorpion oder Steinbock, wir sind durch unsere Konstellation verbunden, und darum werden wir zusammen sterben, wie wir zusammen gelebt haben» (Boll).

17–20 «Ob ..., ob ... zur Stunde der Geburt mich schlimmer anblickte, ob ...» («*adspicit* ... pars violentior natalis *horae*» > hôro-skopein): Horaz spielt auf den (schwierig zu bestimmenden) Teil des Horoskops an, der den Tod bestimmt. Die Unentschiedenheit betrifft nicht die faktische Konstellation der Geburtsstunde, sondern die Beurteilung, von wo in der Konstellation das Todesgeschick ausgeht (vgl. zu v. 18).

17 «schreckliche Skorpion»: Bei Verg. Georg. 1, 34f. «ardens»; ihm ist Mars zugeordnet (Serv. zu Georg., a. O.).

18 «schlimmer»: Eigentlich «gewalttätiger», d.h. mehr (als ein anderes Tierkreisbild) den Tod bestimmend.

20 «Herrscher des Hesperischen Meers»: Nach astrologischer Geographie ist der Steinbock König des Westens.

21f. «stimmt ... unser beider Gestirn zusammen»: «consentit astrum» = synastria = Übereinstimmung der Konstellation: «Sternen-Freundschaft» (Nietzsche).

22–24 Der Planet Jupiter gilt als günstig, Saturn als schädlich. Der Gegenschein des ersteren, dessen Schutz Maecenas wohl als Mächtiger zugehört, wehrt den Einfluß des letzteren ab. «frevelnd» heißt Saturnus-Kronos als der Gott, der seinen Vater entmannt und seine Kinder verschlingt. Der Planet Saturn schickt lange Krankheiten und Schüttelfieber, was Maecenas wohl hatte, ist aber auch (zusammen mit Mars) verantwortlich für gewaltsamen Tod.

25 «Schwingen»: Der griechische Todesgott Thanatos war ein geflügelter Jüngling; danach wohl auch lat. Mors (s. 2, 1, 58) und Todesschicksal (fatum) Dämonen mit Flügeln.

25 f. «entgegen jauchzete»: Wohl beim ersten Erscheinen in der Öffentlichkeit nach einer schweren Krankheit.

27 ff. Vgl. c. 2, 13; die Gleichzeitigkeit (gleiches Jahr) der Rettung des Maecenas und des Horaz ist nirgends von Horaz impliziert; c. 2, 13; c. 3, 8; c. 4, 11 legen das Gegenteil nahe.

28 «Faunus»: Vgl. c. 1, 17, 2.

29 f. «Lieblinge Merkurs»: Vgl. c. 1, 10. Faunus, als Pan Sohn des Hermes-Merkur, faßt hier die Motive von c. 1, 10 (Merkurode), 1, 17 (Sabinum als Symbol dichterischer Existenz Horazens) und 2, 7, 13 f. (Merkur als Retter nach Philippi) zusammen.

30 f. «So spende denn ...»: Erfülle deine Gelübde, denn du bist gesund und gerettet.

2, 18

Zufriedene Bescheidung des Ichs (v. 1–14) und Sinnlosigkeit der Habgier des Du (v. 15–28) angesichts der menschlichen Sterblichkeit (v. 29–40). Das Du ist keine bestimmte Person, sondern das Gegenüber moral-philosophischer Ermahnung (Diatribe) oder Satire.

Vgl.: Bakchyl. fr. 21 Snell; Hor. c. 3, 1; Prop. 3, 2, 9–18.

10 hipponakteische Strophen (dieses Maß hier allein) bzw. 20 Distichen im hipponakteischen Epodenmaß.

1–5 Prunkvolles Atrium zeitgenössischer Paläste: Goldelfenbeinerne Kassettendecke zwischen graustreifigem Marmorgebälk vom Hymettos (Attika) auf Säulen aus buntem numidischem oder libyschem Marmor.

5 f. Attalos III (gest. 133 v. Chr.), letzter König von Pergamon, vermachte sein Reich testamentarisch den Römern: in Rom wurden damals die Prachtbauten seiner Vorgänger (241–138 v. Chr.) bekannt, pergamenische Kunstwerke versteigert.

7 f. «Laconsche Purpurwolle»: Der Luxusartikel Purpur vom Lakonischen Meerbusen (Gytheion).

14 «Sabinisch Tal»: Das Horaz von seinem «mächtigen

Freund» Maecenas (wohl 33 v. Chr.) geschenkte Landgut in den Sabinerbergen.

20 f. «das Bajische Gestade»: Im modischen Seebad Bajae am Golf von Puteoli (Kampanien) wurden Villen ins Meer hinaus gebaut (vgl. c. 3, 1, 33 f.).

23 f. Ausdehnung der Latifundien auf Kosten der ärmeren Nachbarn.

26 f. «des Hauses Götter»: Die Penaten.

30 «Orkus»: Vgl. c. 2, 3, 24.

34 «Fährmann»: Vgl. c. 2, 3, 28.

35 «Prometheus»: Der schlaue Titan ist sonst (außer c. 2, 13, 37) kein Unterweltsbüßer, sondern erleidet, an den Gipfel des Kaukasus geschmiedet, den Adler, der täglich von seiner unsterblichen Leber frißt.

37 «Tantalus»: Zeussohn: vgl. c. 1, 28, 7.

37 f. «Tantals Brut»: Der Sohn Pelops; dessen Söhne Atreus und Thyestes, deren Söhne Agamemnon und Aigisthos; Muster furchtbaren Tyrannenwesens.

38 f. «Ruhe nach den Leiden»: Einzige Stelle bei Horaz, wo Tod Erlösung bedeutet (Pöschl).

40 «non vocatus audit»!

2, 19

Die Bacchus-Ode: Vision des Gottes und Hymnus als Symbol des horazischen Dichtertums. Dichteste und geformteste Darstellung des Dionysischen. Vgl. W. F. Otto, Dionysos.
Lit.: V. Pöschl, Kunst u. Wirklichkeit, S. 209–231.
8 alkäische Strophen.

2 «sah» – «glaub' es mir»: Wirklichkeit des Gottes (gegen Lucr. 4, 572 ff.) und der Vision (vgl. Verg. ecl. 10, 26).

3 f. «Nymphen ... Satyrn»: Das göttliche Gefolge des Dionysos wie in c. 1, 1, 30 ff.

5 «Evoe!»: «euhoe» bacchischer Schreckens- und Jubelruf.

5 ff. «Schauder» – «Freude»: Antworten auf das Doppelwesen des Gottes, das die Ode bis in den Aufbau hinein bestimmt.

6 «Gotterfüllter»: Die Vision macht den Dichter zum Enthusiasten: Der Gott ist vom geschauten Gegenüber («Bacchum ... vidi») zum gefühlten Innen («plenoque Bacchi pectore»: Wortstellung!) geworden, dieses füllend (en-

theos) und erweiternd. Den Hymnus, der nun folgt, singt der Gott im Dichter (nämlich der dionysosbegeisterte Dichter) auf den Gott als auf die Kraft, die der Dichter auch in sich, aus sich heraus erfährt. Der Dichter singt, göttlich inspiriert, von seiner Inspiration.

7 «schone»: Antiker Gebetsruf der Furcht, hier vor der Übermacht des gegenwärtigen Gottes.

7 «Liber»: Römischer Fruchtbarkeitsgott, schon früh mit Bacchus-Dionysos gleichgesetzt.

8 «schrecklicher Thyrsusschwinger»: Der Gott schlägt mit dem Stab (Narthexstengel), der an der Spitze ein Efeubündel oder einen Pinienzapfen trägt, den sich Widersetzenden («nefas») und macht ihn so wahnsinnig.

9 «Thyiaden»: Die rasenden vom wahnsinnigen Gott hingerissenen Tänzerinnen des dionysischen Gefolges, auch Mänaden und Bakchen (Bakchantinnen) genannt.

10–12 «Weines Quelle» – «Milch» – «Honig»: Wunder der Dionysosepiphanie; vgl. z. B. Eur. Bacch. 143 f.

13 f. «himmlischen Gattin Krone»: Ariadne, Tochter des Minos auf Kreta, von Dionysos geliebt und unsterblich gemacht, ihr Hochzeitskranz zu den Sternen erhoben (vgl. Otto, Dionysos, S. 164–171).

14 «Pentheus»: König von Theben, Enkel des Kadmos, Vetter des Dionysos (ihre Mütter Semele und Agaue sind Schwestern); seinen Widerstand gegen Dionysos büßt er mit dem Tod: Thebanische Weiber, darunter seine Mutter, zerreißen ihn. Vgl. Eur. Bacch. 585–634 (der Einsturz des Palastes).

16 «Lycurgus»: Den Widerstand des Thrakerkönigs (er vertreibt die Ammen des Gottes und den Gott selbst, der in die Meerestiefe flüchtet: Hom. Il. 6, 130 ff.) straft Dionysos, indem er ihn von seinen Panthern (oder den eigenen Rossen des Lykurgos) zerreißen läßt.

17 Dionysische Wunder nach Berichten vom Indienzug des Gottes zu Wesensaussagen verallgemeinert.

18–20 Die Schlangen im Haar der Mänaden (vgl. Eur. Bacch. 767 f.) in eine Szene göttlichen Handelns umgesetzt.

20 «Bistoniden»: Thrakische Mänaden (vgl. c. 3, 25, 8 ff.); Dionysos wurde gerade in Thrakien besonders heftig verehrt.

21–24 Der Sieg der olympischen Götter über die Giganten, die den Olymp stürmen wollen, als Symbol für Niederwerfung des Barbarischen auch c. 3, 4.

23 «Rhötus»: Rhoitos vor Horaz (vgl. auch c. 3, 4, 55) nicht als Gigant bekannt oder belegt.

23 f. «mit Löwenklauen...»: Erklärungsalternative: 1. Dionysos kämpft in Löwengestalt; 2. «Der Gott kämpft nicht selber, sondern gebietet über den Löwen» (Pöschl). Die Alternative ist die zwischen urtümlicher Wildheit und klassischer Bändigung des Dionysosbildes in Vergeistigung der Gottesanschauung.

25 f. «Reihentänzen...»: Dionysos ist der Gott der szenischen Chöre und Bühnenspiele, auch der Satyrspiele.

29–32 Dionysos holte seine Mutter Semele aus der Unterwelt und gab ihr Unsterblichkeit unter den Göttern. Gegenbild zu c. 2, 18, 34ff.

29 «Cerberus»: Der dreiköpfige Höllenhund.

29 f. «im Schmucke deines goldenen Hornes»: Goldgehörnt (A.P. 9, 524, 23; Ov. am. 3, 15, 17); vgl. Otto, Dionysos, S. 151.

2, 20

Triumph des Dichters; die Flugmetapher verwandelt sich in die gesteigerte Wirklichkeit der Metamorphose zum weissagenden Schwan des Apollon.

Vgl.: Eur. fr. 911 Nauck: «Goldene Flügel am Rücken und die Flügelschuhe der Sirenen fügen sich mir an. Emporgehoben, werde ich in den Himmelsraum, in den Äther steigen, um zu Zeus zu gelangen» (so der Chor wohl stellvertretend für den Dichter).

Lit.: A. Primmer, Beiträge zur Lehrerfortbildung 8, Wien 1973, S. 46–68, hier: S. 47–57.

6 alkäische Strophen.

1 «wunderbarem»: Eigtl. «ungewöhnlichem»: dies sind die «Flügel des Gesangs».

5 f. «armer Eltern Blut»: Der Vater war ein Freigelassener (s. 1, 6, 45 f.), der «von einem magern Gütchen spärlich lebte» (a.O., 71).

6 «als Freund begrüßest»: Eigtl. «zum Essen einlädst»: Horaz war der Klient und Tischgenosse («convictor», s. 1, 6, 47) des Maecenas.

8 «Stygischen Fluten»: Vgl. c. 1, 34, 10; Gewässer der Unterwelt.

10/15 f. «Schwan» / «melodischer Schwan» (eigtl. «weißen Vogel» / «melodischer Vogel»): Der Schwan (cycnus, olor), Vogel Apollons, singend und (im schönsten Sterbegesang über den Tod) weissagend (Plat. Phaid. 84e–85b; Cic. Tusc. 1, 73), als solcher (aber nicht nur als solcher: vgl. c. 4, 2, 25) Symbol für den Dichter, zumal als «vates» (v. 3).

12 «an Fingern und Schultern»: Für «von den Fingern bis zu den Schultern».

13 «Icarus»: Den sein Sturz vom Fluge mit den Flügeln, die sein Vater gebildet hatte, in das nach ihm benannte Meer berühmt gemacht hat; Mythologem des Scheiterns im Fliegen.

14 «den Strand des seufzenden Bosporus»: Das Seufzen wohl Sturm und Strömung der Meeresenge (vgl. c. 2, 13, 14 f.), der Bosporus gewählt als extreme Gegend im Osten oder Norden.

15 «Gätulischen Syrten»: Die gefährlichen nordafrikanischen Buchten (c. 2, 6, 3 f.), deren Hinterland die Gaetuler bewohnen.

16 «Hyperboreischen Gefilde»: Die mythische Heimat Apollons bei dem sagenhaften Nordvolk, die er jährlich mit seinem Schwanengespann von Delphi aus aufsucht (Alk. fr. 1 D = 142 L.G.S.).

17–20 «Das Reich seiner Dichtkunst wird sich mit dem Imperium Romanum ausbreiten» (Primmer), mit der Ausbreitung der lateinischen Sprache und Bildung.

17 «Colchier»: Der Bewohner der halb mythischen Kolchis (Argonauten, Goldenes Vließ, Medea) am Schwarzen Meer.

18 «Marsischen Scharen»: Vgl. c. 1, 2, 39.

19 f. «lernt ... kennen» – «liest»: Steigerung von «noscent» (die nordöstlichen Barbarenvölker) zu «discet» (die westlichen Provinzen).

19 «Gelone»: Vgl. c. 2, 9, 23.

20 «Iberier»: Völkerschaft in Spanien.

21 «leeren»: Weil nicht dem Eigentlichen des Horaz geltend.

21–24 Vgl. Ennius, var. 17 V.^{2} (Cic. Tusc. 1, 117): «Nemo me dacrumis decoret nec funera fletu / faxit. cur? volito vivos per ora virum.» (Niemand soll mit Tränen mich ehren und die Leichenfeier mit Weinen / begehen. Warum? Ich fliege lebendig den Männern von Mund zu Mund). Vgl. Soph. Trach. 1199 f.

3, 1

Die Angst der Mächtigen und die Unabhängigkeit der Bescheidung.
Vgl.: Lucr. 2, 1–61; c. 2, 16; c. 2, 18.
Lit.: V. Pöschl, Horaz. Lyrik, S. 144–163.
12 alkäische Strophen.

1–4 Mit religiösem Anspruch wendet sich Botschaft und Forderung der horazischen Lyrik an Auserwählte.

2 f. «nie gehörten Gesang»: Vgl. c. 1, 26, 10.

7 «Gigantenbezwinger»: Zum Mythos vgl. c. 2, 19, 21 ff.; c. 3, 4, 42–76.

9 «dieser»: Der eine.

9 f. «Gefilde umzäunen»: Eigentlich: Bäume (als Stützen für Weinstöcke) auf weiterem Raum in Reihen von Furchen setzen.

11 «steigen zum Marsfeld hinab»: Sich zur Wahl in den Komitien begeben.

17 f. «Dolch hängt»: Das an einem Pferdehaar über Damokles hängende Schwert, womit Dionysios (430–367 v. Chr.), Tyrann von Syrakus, sein von seinem Höfling gepriesenes «Glück» verbildlichte (Cic. Tusc. 5, 21, 61–62).

18 «Siculisches Mahl»: Sprichwörtlich (zumal infolge der Üppigkeit am syrakusanischen Tyrannenhof) für Tafelluxus.

20 «Vogelgesang»: Zeitgenössischer Luxus: Singvögel in Käfigen.

24 «Tempe»: Die romantische Peneiosschlucht in Thessalien (vgl. c. 1, 7, 4) wird zur Bezeichnung eines schönen Tales überhaupt.

25–28 «den kümmert ... nicht, ...»: Ist frei von den Sorgen des Kaufmanns, dessen Gut vom Meer und den Stürmen Ende Mai (Frühuntergang des Sterns Arkturos – «Bärenhüter» – im Sternbild des Bootes) und Ende September (Abendaufgang der Haedi im Sternbild des Fuhrmanns) bedroht wird.

30 «keine täuschende Flur»: Nicht der Grundbesitz, auf dessen Ertrag man sich eben doch nicht verlassen kann.

33 «Meer … verengt»: Als Folge des Bauens ins Meer hinaus (hyperbolisch); vgl. c. 3, 24, 3 f.

41 «Phrygiens Marmor»: Rötlich gefleckter Marmor, bes. für Wandtäfelungen in Luxusvillen.

43 f. «Falerner»: Vgl. c. 1, 20, 10.

44 «Achämenische Salben»: Salböl für das Haupt (vgl. z. B. c. 2, 7, 7 f.; c. 3, 29, 4) beim Gelage, von der für den persischen Königshof (Ahnherr Achaemenes) sprichwörtlichen Kostbarkeit.

47 «Sabinischen Triften»: Horazens sabinisches Landgut; vgl. c. 1, 17; c. 2, 18, 14; c. 2, 16, 37.

3, 2

Römische Virtus als Kraft der Entsagung und Unabhängigkeit, aus philosophischer (stoischer) Weltanschauung begründet.
Vgl.: Cic., rep. VI.
8 (4–2–2) alkäische Strophen.

4 «Ritter»: Reiter.

13 Mußte dieser Vers, den keine «Rettung des Horaz» verharmlosen kann, schon immer anstößig sein, oder ist er es erst durch unsere Erfahrungen geworden? Wir sollten bei unserer Auseinandersetzung mit diesem Satz berücksichtigen, *wer* ihn gesagt hat. Mit «süß» geht Horaz über die frühgriechische Kampfparänese (vgl. z. B. Tyrtaios fr. 6, 1 f. D) hinaus, wie auch «patria» in dieser Zeit stärker affektiv als griech. patris ist. In den Bürgerkriegen war «patria» politisches Schlagwort gerade auch auf republikanischer Seite. – Ein Kommentar zu v. 13 und auch zur Fortsetzung (v. 17 ff.) ist Arist. Eth. Nic. 9, 8, 1169 a 16–26.

16 «Ferse»: Original: «Kniekehlen».

19 «Fasces»: Das Rutenbündel als Zeichen römischer Amtsgewalt.

23 f. «Staube der Erde»: Im Original: «nassen Erdboden» (die Elemente der Tiefe, Wasser und Erde, gegenüber denen der Höhe, Luft und Feuer).

26 «Dunkel der Ceres»: Die Mysterien der Demeter.

3, 3

Ein Mythos (Junos Rede im Götterrat) als Ursprung Roms und als Bedingung seiner Größe und Dauer; Troja erscheint als Gegenbild für Roms moralischen Auftrag und geschichtlichen Sinn.
18 alkäische Strophen.

4 «Auster»: Vgl. epod. 10, 4.

9 «So»: Infolge solchen (v. 1–8) Vermögens.

9 «Pollux»: Sohn des Zeus und der Leda, dem seine Taten den Olymp erschließen; sein Zwillingsbruder Kastor verdankt seine Teilhabe an der Unsterblichkeit der Liebe des Bruders.

9 «Herkules»: Sohn des Zeus und der Alkmene, dessen große Leistungen zu seiner Aufnahme unter die Götter führen.

10 «Sternenflammenden Burg»: Eigentlich: «feurige Burg» als Göttersitz im feurigen Äther (vgl. c. 3, 2, 23 f.).

11 «Augustus»: Octavian unter dem ihm am 16. 1. 27 v. Chr. zugleich mit dem goldenen Schild für seine «Tapferkeit, Milde, Gerechtigkeit und Sohnesliebe» verliehenen Ehrentitel.

12 «Purpurlippen»: In ewiger Jugend.

13 «Vater»: Altrömischer Kulttitel.

13 «Bacchus»: Sohn des Zeus und der thebanischen Königstochter Semele, hier nicht als Gott, sondern als vergöttlichter Halbgott vorgestellt.

13 f. «deinen Tigern»: Das Tigergespann, das hier wohl als Bacchus in die Höhe fahrend gedacht ist.

15 «Quirin»: Romulus (vgl. c. 1, 2, 46), der Gründer Roms, Sohn des Mars und der Vestalin Ilia (vgl. c. 4, 8, 22–24).

16 «Mavors Rossen»: Himmelfahrt mit den Rossen des Vaters Mars.

16 «Acheron»: Vgl. c. 1, 3, 36.

17 f. «Götterdivans»: Ratsversammlung der Götter.

19 «verruchte Richter»: Paris, dessen Schiedsspruch im Schönheitsstreit der Göttinnen Hera-Juno, Athene-Minerva (vgl. v. 23) und Aphrodite-Venus seine Unkeuschheit («incestus») bezeugt.

20 «Weib des Auslands»: Die Spartanerin Helena (vgl. v. 25).

21 «seit»: Auf die Urschuld (Laomedons Betrug; vgl. nächste Anm.) folgt neue Schuld und Strafe als Verhängnis.

22 «Laomedon»: Der König von Troja betrog die Götter Apollon und Poseidon, die ihm die Mauern der Stadt erbauten, um den ausbedungenen Lohn (vgl. Verg. georg. 1, 502).

24 «trugvollen Fürsten»: Laomedon.

25 f. Vgl. c. 1, 15.

25 «pranget ... nicht mehr»: Vgl. c. 1, 15, 19f.

26 f. «Priams treuloses Haus»: Der Eidbruch der Trojaner nach dem Zweikampf zwischen Paris und Menelaos setzt die fatale Reihe von Laomedons Betrug und Paris' Bruch des Gastrechts im Haus des Spartanerkönigs fort.

27 «Achiver»: Achäer = Griechen.

28 «Hektors Arm»: Der größte trojanische Held, der Priamossohn Hektor, fällt von Achills Hand.

29 «unsern Zwist»: Der Streit der in griechischer und trojanischer Parteinahme entzweiten Götter.

30–33 Juno versöhnt sich mit Mars, dem sie wegen seiner Unterstützung der Trojaner gezürnt hatte, und akzeptiert ihm zuliebe seinen Sohn Romulus (ihren Enkel also) von der Vestalin Ilia, die hier mit der älteren Tradition als Tochter des Aeneas gilt («Troische Priesterin»).

38 «Flüchtlinge»: Die Aeneaden, aus denen die Römer werden.

42 «Capitol»: Vgl. c. 3, 30, 8; c. 1, 2, 3.

44 «Medern»: Vgl. c. 1, 2, 51.

57 «Quiriten»: Ehrenname der Römer als Bürger ihres Staates.

58 «zu voll von Vaterlandsliebe»: Zu sehr an ihrer Heimat Troja hängend.

70 «Muse»: v. 69–72 stellen keine Selbstkritik des Lyrikers dar, als sei die Rede Junos kein lyrischer Gegenstand: es ist die Muse, die dieses Gedicht wie das nächste eingibt. Die Schlußstrophe hebt die Größe des Themas hervor, dessen Bedeutung noch über das in der Ode Erreichte zu denken sei (v. 72).

3, 4

Preis des musischen Geistes, der Dichtung, Jupiterherrschaft und Octavians Friedensregiment vereint.

Vgl.: Hes. theog. 75–103 (Musenproömium); Pind. P. 1 und 8.

Lit.: W. Marg, Zum Musengedicht des Horaz. In: Monumentum

Chilonienese, Studien zur augusteischen Zeit. Kieler Festschr. für E. Burck, hrsg. v. E. Lefèvre, Amsterdam 1975, S. 385–399.
20 alkäische Strophen.

2 «Calliope, Königin»: Königin, weil sie unter den Musen hervorragt (Hes. theog. 79), sie daher auch alle (vgl. v. 21 ff.) vertreten kann, und als Muse der Könige (Hes. theog. 80).

2 «langen Gesang»: c. 3, 4 ist mit 80 Versen die längste Ode.

3 «Stimme»: Neben die zur Auswahl gestellten Instrumente (vgl. c. 1, 1, 32–34; c. 1, 12, 1 f.) tritt die Stimme als Ausdeutung des Musennamens Kalliope («die Schönstimmige»).

9 «befabelte»: Von denen man Mythen erzählt; die Tauben sind der Venus heilig.

9 «Vultur»: Berg westlich von Horazens Geburtsstadt Venusia.

14–16 «Acherontias ... Bantins ... Foretums»: Kleine Nachbarstädte von Venusia.

18 «Bären»: Noch heute im Hochapennin.

18 f. «heiligen Lorbeer- und Myrten-Sträuchen»: Den Apollo und Venus heiligen Gewächsen, die den Schutz dieser Götter anzeigen.

22–24 Lieblingsorte Horazens: das sabinische Landgut (vgl. c. 1, 17), die hochgelegene latinische Stadt Praeneste (heute: Palestrina), Tibur (vgl. c. 1, 7, 13; c. 2, 6, 5–8; c. 4, 2, 27–32; c. 4, 3, 10–12) und der Badeort Baiae am Golf von Puteoli in Kampanien.

26 «Flucht bei Philippi»: Die allgemeine Flucht und Niederlage bei Philippi ist gemeint; vgl. c. 2, 7, 9–12.

27 «Baum»: Vgl. c. 2, 13.

28 «Palinurus in Siciliens Fluten»: Sturm beim Vorgebirge Palinurus südlich von Elea (Velia) mit Wellen von Süden (Sizilien) her: Der biographische Hintergrund scheint die Teilnahme des Horaz im Gefolge des Maecenas am Seekrieg Octavians gegen Sextus Pompeius (36 v. Chr.) zu sein (vgl. epod. 9, 7 ff.).

29–36 Vgl. c. 1, 22, 17 ff.

34 «Conkaner»: Volksstamm der Cantabrer in Spanien; die Sitte, Pferdeblut zu trinken, sonst nur als skythisch bekannt.

35 «Gelonen»: Vgl. c. 2, 9, 23.

36 «Scythischen Strom»: Tanais (Don).

37 «Cäsar»: Octavian.

38 «Cohorten ... verlegt»: Entlassung des Bürgerkriegheeres und Ansiedlung der Veteranen im Jahr 29 v. Chr.

40 «erquickt ... in Pierischer Grotte»: Die Musen stärken in ihrer Grotte (vgl. Pieriden = Musen) den Friedensherrscher zu seinem Regiment, zu Vernunft und Ordnung, Milde und Maß.

42–64 Der hier dargestellte Mythos von der Auflehnung der Titanen, Aloaden und Giganten gegen das Regiment des Jupiter und ihrer Niederlage und Strafe ist nicht eine Erzählung, die Titanomachie, Gigantomachie und andere Erhebungen kontaminiert, sondern eine (allerdings durch die schon bei den Griechen oft erfolgte Verwechslung und Annäherung nahegelegte) Zusammenfassung, die die Grundstruktur der verschiedenen Mythen herausbringt.

43 «Titanen»: Gewaltige Erdsöhne; ihre Erhebung gegen Zeus (Titanomachie) bei Hes. theog. 617–735.

49 f. «jene grausvolle Rotte»: Die Giganten (v. 53 ff.).

51 «die Brüder»: Das Brüderpaar der Aloaden, Otos und Ephialtes, zwei gigantenähnliche Riesen; zu ihnen und ihrem Versuch, den Olymp zu erstürmen, siehe Hom. Od. 11, 305–320.

51 «finstern»: Schattigen, weil bewaldeten.

53 «Typhóeus»: Auch er ein Erdsohn, ein Riese und Ungeheuer, der sich bei Hes. theog. 820–868 nach dem Titanenkampf allein gegen die Olympier erhebt und von Zeus' Blitz getroffen wird (bei Horaz wohl wie bei Pind. P. 8, 15–18 als einer der Giganten angesehen).

54–56 Giganten, Porphyrion ihr König. Eine Darstellung der Gigantomachie z. B. der große Fries des Pergamonaltars.

57 «Pallas ... Ägide»: Vgl. c. 1, 12, 20 f.; c. 1, 15, 11.

61 «Castaliens reine Wellen»: Apollo, der Gott der Reinigung, wird durch ein Reinigungsritual in seiner Quelle am Parnaß charakterisiert.

62 f. «Lyciens Haine»: Die Wälder des Kragusgebirges (vgl. c. 1, 21, 8) in Lykien in Kleinasien, denen Apollos Kultstätte in Patara naheliegt (vgl. c. 4, 6, 26).

63 «Wald seiner Geburt»: Auf Delos, um die Palme, unter der seine Mutter Leto mit ihm und Artemis niederkam.

64 «Delier und ... Patareer»: Chiastisch zu v. 62 f.

69 «Gyges»: Vgl. c. 2, 17, 14.

71 «Orion»: Eine der von dem (oft auch als Erdsohn betrachteten) Riesen erzählten Geschichten seiner gewalttätigen Lust.

73–75 «Tellus ...»: Die Erde trauert über ihre Kinder, über den Tod der Giganten und die Verbannung der Titanen in den Tartaros.

76 «Ätna»: Der Ätna liegt auf Typhoeus und drückt ihn nieder: vgl. Pind. P. 1, 13–20.

77 «Tityus»: Auch er ein «erdentsprossener» Riese, der sich an Leto vergreift und von den Pfeilen Apollons und der Artemis niedergestreckt wird. Einer der großen Büßer der Unterwelt: ein Geier zerhackt ihm die ewig nachwachsende Leber (Sitz seiner Begierde).

80 «Perithous»: Seinem Vater Ixion ähnlich, der Hera zu nahe trat, unternimmt der Lapithenkönig den Raub der Proserpina aus der Unterwelt, wo er zur Strafe ewig gefesselt bleibt (vgl. c. 4, 7, 27 f.).

3, 5

Die Regulusode. Dem Preis des Augustus wegen der bevorstehenden Sühnung einer nationalen Schmach gibt der horazische Mythos aus der römischen Geschichte (Regulus) deutenden Hintergrund: die Schande Roms sühnt nur der Krieg.

Vgl.: c. 1, 2; c. 1, 35; c. 3, 3 und 4.

Lit.: H. Haffter, Die fünfte Römerode des Horaz (1938). In: H. H., Römische Politik und römische Politiker, Heidelberg 1967, S. 95–120.

14 (3–11) alkäische Strophen.

1–3 Vgl. c. 1, 12, 57 f.

2 «der Erde sichtbarer Gott»: «praesens divus» Begriff (Gott wirkender Nähe) römischen Epiphanieglaubens.

3 «Augustus»: Vgl. c. 3, 3, 11.

3 «Britten»: Vgl. c. 1, 35, 29 f.

4 «Perser»: Vgl. c. 1, 2, 22.

5 «Crassus»: Niederlage der Römer unter Crassus gegen die Parther bei Carrhae (53 v. Chr.), Verlust der Feldzeichen und Gefangenschaft vieler Tausender.

5–12 Die ungerächte Gefangenschaft römischer Soldaten ist die Schande der Römer und des römischen Staates (vgl. besonders v. 6).

9 «Medischen»: Vgl. c. 1, 2, 51.

9 «Marser ... und ... Apulier»: Konkretisierende Synekdoche für «italische Männer, Soldaten»; vgl. c. 1, 2, 39; c. 1, 22, 13 f.; epod. 2, 41 f.

10 f. Symbole römischen Wesens.

10 «Ancilien»: Vgl. c. 1, 2, 15.

10 «Toga»: Den Römern eigentümliche Tracht des freien Bürgers; vgl. Verg. Aen. 1, 282 (gens togata).

11 «ewigen Vesta»: Vgl. c. 1, 2, 16 und c. 3, 30, 8 f.

12 «Capitol»: Vgl. c. 1, 2, 3.

Str. 4–14 Horazischer Mythos, entwickelt aus einer nationalen Legende in ihrer Fassung vor Livius (vgl. Cic. off. 1, 39; 3, 99 ff.): Der Konsul M. Atilius Regulus geriet im 1. Punischen Krieg in der Schlacht bei Tunes (255 v. Chr.) mit 500 Mann in karthagische Gefangenschaft (historisch). Nach Rom zur Verhandlung über Gefangenenaustausch geschickt, widerriet er dies vor dem Senat und kehrte, seinen Eid haltend und den Foltertod vor Augen, in die Gefangenschaft zurück (Legende). Drohender Tod aller Gefangenen, Loskauf (statt Austausch), virtus und nationale Ehre: das sind die neuen Elemente des horazischen Geschichtsmythos.

19 «aufgehängt»: Vom Sieger geweiht.

20 «nicht erschlagenen Streitern»: Sonst entwaffnet der Sieger den gefallenen Gegner; Spolien vom Lebenden sind größte Schmach.

23 f. Friedenssicherheit Karthagos mitten im Krieg.

48 egregius exul!

55 f. Eine wunderbare Klausel (schwebend wie Verg. ecl. 1, 79–83), willkommen nach dem zwar großartigen, uns aber fremden Gedicht.

55 «Venafrums Fluren»: Vgl. c. 2, 6, 16; entlegenes Bergstädtchen.

56 «Spartas Tarent»: Vgl. c. 2, 6.

3, 6

Dunkles Sittenbild des zeitgenössischen Rom; Mahnung und Warnung.

Vgl.: epod. 16.
12 (4–4–4) alkäische Strophen.

1 «Väter»: Die Bürgerkriegsgeneration, vgl. v. 46 und c. 1, 2, 21–24.

2–4 Die Forderung der Wiederherstellung der zerstörten und vernachlässigten Heiligtümer entspricht dem Anliegen Octavians, der 82 Tempel erneuern ließ (28 v. Chr.; Mon. Anc. 20, 4).

8 «Hesperien»: Italien.

9–11 «... Monäses und Pacorus Macht»: Der parthische Königssohn und General Pakoros spielte nur im Kampf des Jahres 40 v. Chr. gegen die Römer eine Rolle; die zweite hier gemeinte römische Niederlage ist die des Antonius 36 v. Chr. Ein Monaeses ist für den Krieg des Jahres 36 v. Chr. als Feldherr allerdings sonst nicht bezeugt.

12 «Halsgeschmeid'»: Wohl Schmuck nach Art der Perser, ärmlich gedacht entsprechend dem Bild der Parther als einfach lebenden Reitervolks.

14 «Dacier, ..., ... Äthiopier»: Die Daker (an der Donau) unter ihrem König Cotiso standen im Entscheidungskampf zwischen Octavian und Antonius (31 v. Chr.) auf der Seite des letzteren und der Ägypter, für deren Flotte hier als Gegenstück zum nördlichen Daker der Äthiopier steht.

18 «erst»: Erst das Ehebett.

21 «Tänze Joniens»: Als lasziv geltend.

30 f. «Krämer ... Kapitän»: Die als Liebhaber nicht standesgemäß, aber zahlkräftig sind.

34 «das Meer mit Blut der Punier»: Die großen Seeschlachten des 1. Punischen Krieges (264–241 v. Chr.).

35 «Pyrrhus»: Der König der Molosser in Epirus war zuerst gegen die Römer erfolgreich, bis er 275 v. Chr. bei Benevent unterlag.

35 «fiel»: Geschlagen wurde bzw. dessen Männer fielen.

36 «Antiochus»: Antiochus III., der Große, wird im Krieg gegen Rom (192–188 v. Chr.) besiegt.

36 «Hannibal»: Seine Niederlage bei Zama (202 v. Chr.) besiegelt das Ende des 2. Punischen Krieges.

38 «Sabellischer Hacke»: Der Karst für die steilen Äcker der Sabellerberge (gegenüber dem Pflug in den Ebenen).

3,7

Liebe in der (römischen) Wirklichkeit; Liebe getrennter Liebender; Dialektik von Treue und Versuchung.
Lit.: F.-H. Mutschler, Symbolae Osloenses 53 (1978), S. 111–131.
8 (3–2–3) Strophen im 3. asklepiadeischen Maß.

1 «Asterie»: (Griech.) = «die Sternenschöne».

2 «Favonius»: Vgl. c. 1, 4, 1 f.

3 «Bithyniens»: Fruchtbare römische Provinz (seit 74 v. Chr.) zwischen Propontis und Schwarzem Meer; wichtiges Herkunftsland römischer Importe (u. a. Hölzer, Stein, Bergkristall). Gyges ist also Kaufmann.

5 «Gyges»: Der ominöse Name eines lydischen Usurpators, mit dem man Reichtum (sprichwörtlich) und die Heirat der Frau seines Königs verband: die Königin hatte ihn vor die Alternative Ehe oder Tod gestellt (vgl. v. 13–20).

5 «Notus»: Vgl. c. 1, 3, 14 ff.

5 »Epirus Gestade»: Nach Oricum (so Horaz), dem Italien (gegenüber Otranto) nächstgelegenen Hafen im Epirus in der durch das berüchtigte Vorgebirge Akrokeraunia (vgl. c. 1, 3, 20) gebildeten Bucht von Valona (Albanien).

6 «der rasende Ziegenstern»: Der leuchtende Stern, der die linke Schulter des Fuhrmanns bildet, heißt «Ziege»; sein Frühaufgang nach der Herbst-Tag-und-Nachtgleiche bezeichnet die Zeit der Stürme und das Ende der Seefahrt: daher «rasend». «Rasende Ziege» aber auch als Vorausdeutung auf das rasende Liebesverlangen einer Frau.

6 «kalten»: Winterlichen und solitären.

10 «Chloe»: (Griech.) = «die Frühlingsgrünende».

10 f. «von deinem Feuer»: Mit gleichem Liebesfeuer wie du.

13–20 Die beiden Strophen mit mythologischen Exempeln, die der Situation des Gyges entsprechen, bilden die Gedichtmitte.

13–16 «Prötus ... Bellerophon»: Das von «Joseph und Potiphars Weib» vertraute Motiv in der griechischen Mythologie: Stheneboia liebt Bellerophon und verleumdet den Standhaften bei ihrem Gemahl Proitos, König von Tiryns; dieser schickt den jungen Helden mit einem «Uriasbrief» zu seinem Schwiegervater.

17 f. «Peleus ... Hippolyte»: Gleiches Motiv wie v. 13–16.

17 «Tartarus»: Vgl. c. 1, 28, 10.

18 «Magnesierin Hippolyte»: Die Gemahlin des Akastos, Königs (in Iolkos) von Magnesia, des Ossa und Pelion umfassenden thessalischen Küstenstrichs.

21 «Icarischen»: Nach der Felseninsel Ikaros zwischen Samos und Naxos im nach ihr benannten stürmischen Meer (vgl. c. 1, 1, 15).

23 «Enipeus»: Name des thessalischen Flußgottes, in dessen Gestalt Poseidon die Tyro gewann.

25–28 Enipeus ein zweiter Bellerophon (vgl. c. 3, 12, 3) wie (in anderer Weise) Gyges.

26 «Marsfelds»: Übungsgelände für gymnastische Spiele zwischen Rom und Tiber.

28 «Tuscischen Strom»: Tiber; vgl. c. 1, 2, 14.

30 «Flöte»: Vgl. c. 1, 1, 32; das übliche Instrument beim Paraklausithyron, der Liebesklage vor der Tür der Geliebten.

3, 8

Der Jahrestag der Errettung aus Lebensgefahr als Fest der Befreiung von Sorgen.
7 sapphische Strophen.

1 «am ersten März»: Als Stiftungsfest des Tempels der Geburtsgöttin Juno Lucina ein Frauenfest.

2 «Blumen»: Wie sie die Frauen der Juno Lucina darbrachten.

7 «Liber»: Vgl. c. 2, 19, 7.

8 «Baums»: Vgl. c. 2, 13; c. 2, 17, 27–30; c. 3, 4, 27.

11 «Rauch»: Räucherung diente der Beschleunigung von Reife und Alterscharakter; der gewählte Wein kann also nicht sehr alt sein.

12 «Tullus Consulat»: Entweder 66 v. Chr. oder 33 v. Chr., als jeweils ein L. Volcatius Tullus Konsul war; für 33 v. Chr. (also einen am 1. 3. 28 v. Chr. – vgl. zu v. 18ff. – mit 4 Jahren wie in c. 1, 9, 7f. nicht besonders alten Wein) spricht (außer v. 11) Horazens lyrische Technik, durch die Altersangabe des Weins die Beziehung zum Festanlaß (hier: der Errettung) herzustellen.

17 Vgl. c. 3, 29.

18 «Cotisons, des Daciers»: Anspielung auf erfolgreiche Feldzüge des Marcus Crassus 29/28 v. Chr.; vgl. auch c. 3, 6, 14.

19 «Meder»: Für Parther; zu den Thronstreitigkeiten dieser Zeit vgl. c. 1, 26, 5.

22 «Cantaber»: Vgl. c. 2, 6, 2; römische Erfolge 29/28 v. Chr.

23 «Scythe»: Vgl. c. 2, 9, 23; wohl Erwartung bevorstehender Erfolge als Konsequenz der in v. 18 gemeinten Unternehmungen.

3, 9

Wechselgesang: Liebeserneuerung.
6 (2–2–2) Strophen im 4. asklepiadeischen Maß.

4 «Perserkönig»: Vgl. c. 1, 38, 1; c. 2, 12, 21.

7 «berühmt»: Durch Liebesgedichte.

8 «Ilia»: Die Stammutter der Römer (vgl. c. 1, 2, 17), berühmt durch die archaische Epik (Naevius, Ennius).

9 «Thracierin»: Libertine aus Thrakien (vgl. v. 19: «blond»).

10 «Laute»: Vgl. c. 3, 1, 20; c. 2, 12, 4; c. 1, 24, 4; c. 2, 11, 22.

14 «Thurischen»: Aus Thurii (Thourioi) am Golf von Tarent.

18 «ehrne Bande»: Vgl. c. 1, 33, 11.

22 «leichter»: levis: beweglich, unstet, unbeständig.

22 f. «böse Adria»: Vgl. c. 1, 33, 15; c. 3, 3, 5.

3, 10

Werbung vor verschlossener Tür (literarische Form des Paraklausithyron); Leidenschaft und Leiden.
5 Strophen im 2. asklepiadeischen Maß.

1–4 Statt Vergleichen zur Kälte der Umworbenen hypothetische Identifikation mit einer Skythin, die das Wasser des Don trinkt und barbarisch-strenger Ehemoral unterworfen ist (vgl. c. 3, 24, 17–24).

4 «Thrazischen Winden»: Interpretierend für «dort lebenden Aquilonen».

7 f. «Schnee ... Winterluft»: Interpretierend für «Jupiter durch die Klarheit seines Antlitzes (seiner göttlichen Macht in manifester Wirksamkeit) den Schnee gefrieren läßt».

9 «Übermut»: Hochmut der Unverführbarkeit und Selbstbestimmung.

10 «Rade ... Seil ...»: Sprichwörtlich für Umkehrung der Konstellation.

12 «Tyrrhenischer Vater»: Die angebliche Üppigkeit und

Ausschweifung der Etrusker als Erbgut der Lyke väterlicherseits bestimmt sie nicht zur ehelichen Treue der Penelope (vgl. c. 1, 17, 20).

14 «Violenblässe»: Levkojenblässe.

15 «Pierische»: Thessalische: die Kebse des Ehemannes ist eine griechische Freigelassene.

18 «Maurische Nattern»: Die nordafrikanischen Wüsten waren berüchtigt wegen ihrer gefährlichen Schlangen.

19f. «duld' ich»: Wohl eher: «kann ich ertragen, aushalten».

3, 11

Die Macht des Liedes als Liebeswerbung und Liebesverwandlung. 12 sapphische Strophen (nach Tilgung von Str. 5).

1 «Mercur!»: Vgl. c. 1, 10 und c. 1, 30, 8.

2 «Amphion»: Sohn des Zeus und der Antiope; nach dem Klang seiner Lyra, einem Geschenk Merkurs (von dem er auch das Leierspiel erlernt hat), fügen sich die Steine von selbst zur Stadtmauer Thebens zusammen.

3–6 «Leier»: Vgl. c. 1, 32; eigentlich: «Schildkröte»: vgl. c. 1, 10, 6.

11 «Hymens»: Der Hochzeit.

13–16 Die Macht von Orpheus' Leierspiel; vgl. c. 1, 12, 6–12.

17–20 Von Klingner (nach anderen) wohl mit Recht für unecht gehalten; Herzlieb betrachtete sie als echt. Die Tilgungszeichen im deutschen Text wurden von den Herausgebern eingesetzt.

17 «Cerberus»: Vgl. c. 2, 19, 29; statt dreier Häupter hier nur ein «Furienhaupt» (d. h. mit Schlangen bewehrt).

20 «dreigespaltne Zunge»: In einem Rachen gegenüber c. 2, 19, 31f. «mit dreien Zungen» des dort dreiköpfig vorgestellten Ungeheuers.

21–24 Von der Gedichtkonstellation bedingte Variation des Katalogs der Unterweltbüßer; zu begehrliche Männer und zu spröde Mädchen. Merkur und die Leier besänftigen in der Unterwelt beide und ebenso hier in dieser Ode.

21 «Ixion»: Der Lapithenkönig wollte sich an Hera vergreifen; seine Strafe ist die Fesselung an ein ewig kreisendes Feuerrad.

21 «Tityos»: Vgl. c. 3, 4, 77–79 und Lucr. 3, 992–994.

23 «Danaiden»: Um die 50 Töchter des Danaos warben ihre 50

Vettern. Alle Danaiden außer Hypermestra (v. 33ff.) ermorden auf Befehl ihres Vaters in der gleichen Hochzeitsnacht ihren Ehemann. Ihre Strafe ist es, in der Unterwelt Wasser in einen durchlöcherten Krug («Urne» v. 22) oder ein solches Faß (v. 26f.) zu füllen.

35 splendide mendax!

47 «Numidiens»: Hinterland von Karthago, vgl. c. 1, 22, 15f.

3, 12

Liebesrat: Vergegenwärtigung der Liebe als Verführung zur Liebe.
Vgl.: Alk., fr. 123 D. = 108 L.G.S.
Lit.: V. Pöschl, Kunst u. Wirklichkeit, S. 245–253.
4 ionische Dekameter.

1 «Oheims»: Des strengen Vormunds.

2 «Cytherens geflügelter Knabe»: Amor, der Sohn der Venus (c. 1, 4, 5).

2 «Korb»: Amor entführt das Spinnkörbchen, Verliebtheit lenkt die Aufmerksamkeit von der (in der Antike) üblichen Pflicht der Frau ab.

2 «Minervens Kunst»: Die Webkunst, die Athene-Minerva zur Schirmherrin hat.

2 «Liparischen Hebrus»: Eines griechischen (Name) Jünglings von der Insel Lipara (der größten der äolischen Inseln nördlich Siziliens).

3 u. 4 Sportlichkeit (auf dem Marsfeld und im Tiber) und Jagdgeschick als männlicher Reiz (vgl. c. 3, 7, 22–28).

3 «Bellerophon»: Der mythische Reiter auf dem Flügelroß Pegasus.

3, 13

Zwiesprache mit einer Quelle, Ursprung horazischen Dichtens.
Vgl.: Hesiod, Erga 582–596 (Sommerschmaus).
Lit.: E. A. Schmidt, AuA 23 (1977), S. 97–112, hier: S. 105–112.
4 Strophen im 3. asklepiadeischen Maß.

1 «O Bandusiens Quell»: Nicht zu identifizieren; nur durch dieses Gedicht berühmt (vgl. v. 13f.).

2 «würdig des süßesten Weines, der Blumenkränze wert!»: Das klare Quellwasser ist würdig, lauterem Wein zur Mäßigung zugesetzt zu werden. Bekränzt wurden gerade

die Mischtöpfe («crater»); vgl. z. B. das Sommerfest Verg. Georg. 2, 528.

3 «morgen»: «Vorabend»-Gedicht, vertrauliche Zwiesprache im Horizont des (fiktiven) morgigen Fests des Dichters.

3 «Böcklein»: Der Ziegenbock, auch gerade das Böckchen, gehört in den dionysischen Bereich. Opfertiere dienen dem Schmaus; das Fleisch halbjähriger Böckchen, zur Zeit der Hundstage, ist beliebt.

5 «brünstigen Kämpfen»: Ziegenböcke erreichen Geschlechtsreife mit einem halben Jahr. «venerem et proelia» erzeugt bei Menschen das Trinken ungemischten Weins; vgl. c. 1, 17, 17–28; c. 1, 18, 6–11; c. 1, 27, 1–8.

9 «Hundgestirnes»: Der Sirius, dessen Frühaufgang (Sonne in seiner Nähe) die «Hundstage» (23. 7.–23. 8.) begleitet, unter deren Hitze zumal die Stadt-Römer litten und leiden. Im präjulianischen Kalender haben die Camenen (Quellnymphen mit einem alten Heiligtum vor der Porta Capena) ihr Opfer am 13. 8. gehabt (Fasti Ant.). Die «Hündin» heißt hier «flagrans», in sat. 2, 5, 39 «rubra» (vgl. hier v. 6 f.), in c. 1, 17, 17 liest man: «caniculae aestus».

13 «der berühmten Quellen:»: Man assoziiert die Quelle der Camenen vor der Porta Capena, den kastalischen Quell mit den kastalischen Nymphen am Parnaß, die Hippokrene und die Aganippe am Helikon, die Quelle Pimplea in Pierien (c. 1, 26, 9), die Arethusa in Syrakus, d. h. lauter Musenquellen, an denen die Wesenselemente Wasser (Quelltrunk) und Nymphe (göttlich-personaler Ursprung der Inspiration) präsent sind.

14 «singen will ich»: Der Dichter singt den Ursprung seiner Inspiration, Kühlung und Klarheit als Mäßigung.

3, 14

Freudenfest bei der Rückkehr des Augustus aus Spanien als Symbol augusteischen Friedens und horazischen Wesens.
Lit.: Klingner, Röm. Geisteswelt.
7 (3–1–3) sapphische Strophen.

1 «Herkules»: Mythisches Paradigma der Befriedung der Welt unter Mühen und Leiden und im Einsatz des eigenen Lebens; Element schon hellenistischen Herrscherpreises.

2 «Lorbeer»: Augustus hat in Spanien den (ihm vom Senat angebotenen) Lorbeer (des Triumphs) erworben; Herkules hatte, mit den Rindern des Geryoneus über Spanien in das Rom Euanders kommend, den Lorbeer gebracht, mit dem sich die an der ara maxima dem Hercules invictus oder victor (dem «Unbesiegten»; dem «Siegreichen») Opfernden bekränzten.

3 f. «von Iberiens Küsten»: Seit 27 v. Chr. hielt sich Augustus im Westen (Gallien, Spanien) zur Organisation der Provinzen auf und hatte zuletzt, vor seiner Rückkehr Frühjahr 24 v. Chr., gegen die Cantabrer in Spanien gekämpft.

3 «Penaten»: Den Göttern des Hauses.

5 «Gattin»: Livia Drusilla (58 v. Chr.–29 n. Chr.).

7 «Schwester»: Octavia (69 v. Chr. ⟨?⟩–11 v. Chr.).

8 «Opferbinden»: Bei Gottesdiensten um die Schläfen gelegten Wollbinden.

9 f. «Jungfraun» = «Mädchen»; «Söhne» = «Jünglinge»: Bei allen sind Jungvermählte gemeint.

11 «bekannt mit Hymens Freuden»: Poetisch für das nüchterne und horazische «virum expertae» («die schon Umgang mit einem Mann gehabt haben»).

11 f. «und nennet kein schlechtes (sc. Wort)»: Vgl. c. 3, 1, 2: «favete linguis».

17 «Knabe»: Anrede eines Sklaven wie c. 1, 38, 1.

17 f. «Salben und Kränze, ... einen Weinkrug»: Die Dreiheit des Symposions wie auch c. 2, 3, 13 f.; c. 2, 11, 13–20.

18–20 In seinem Fest der augusteischen Friedenszeit greift Horaz über die generationenlangen Kriegswirren in Italien auf die letzte Friedenszeit zurück.

18 «Weinkrug»: Ein «cadus» ist ein irdenes krugähnliches Weingefäß, ein «Tontopf» (v. 20).

18 «Marserfehde»: Der «Marsische» oder «Bundesgenossenkrieg» (91–89 v. Chr.).

19 «Spartakus»: Anführer des großen Sklavenaufstands (73–71 v. Chr.).

21 «melodischen Neära»: Eine Hetäre, die zur Leier zu singen versteht, gehört oft zum Symposium; vgl. c. 2, 11, 21–24.

22 «Knoten»: Die einfache von Horaz so geliebte Frisur; vgl. c. 1, 5, 4 f.; c. 2, 11, 23 f.

28 «Plankus Consulat»: L. Munatius Plancus (der Adressat

von c. 1,7; vgl. dort v. 19) war Konsul 42 v. Chr., dem Jahr der Schlacht von Philippi, wo Horaz (geb. 8. Dez. 65) 22jährig auf Seiten der Caesarmörder als Militärtribun gegen Caesar Augustus kämpfte (epist. 2, 2, 46 ff.).

3, 15

In der Tradition der Vettel-Invektiven ein Gedicht über die Verschiebung des Angemessenen von der Jugend zum Alter.
Vgl.: epod. 8 und 12; c. 1, 25; c. 4, 13.
4 Strophen im 4. asklepiadeischen Maß.

10 «Thyiade»: Bakchantin.

14 «Luceria»: Landstadt in Apulien; Herkunftsort besonders feiner Schafwolle.

3, 16

Verzicht auf Reichtum als Voraussetzung von Glück.
Vgl.: c. 1, 20; c. 3, 1.
11 Strophen im 2. asklepiadeischen Maß.

1–8 Der Mythos von der Königstochter Danae, die ihr Vater Akrisios auf Grund des Orakelspruchs, sein Enkel werde ihn töten, einschloß und der sich der liebende Zeus in Gestalt eines Goldregens nähert, erfährt hier eine moralische Deutung.

8 «in Gold verwandelten Gotte»: Keine Veränderung des Mythos, daß der Gott Gold als Mittel zur Bestechung der Wächter oder zur Verführung Danaes benutzt habe: Der Gott, der sein Ziel verfolgt, und das Gold werden identisch.

11 f. «Argivischen Sehers»: Der Seher Amphiaraos aus Argos wollte sich der Teilnahme am Zug der Sieben gegen Theben entziehen, weil er ihrer aller Tod voraussah. Seine Gemahlin verriet, bestochen durch ein kostbares Halsband, sein Versteck. Amphiaraos wird von der Erde verschlungen, an seiner Frau durch seinen Sohn Alkmeon gerächt, doch auch dieser findet in neuen Ränken um das Halsband den Tod.

14 «Macedonier»: König Philipp II. von Mazedonien (der Vater Alexanders d. Gr.), von dem das Wort erzählt wurde,

alle Festungen ließen sich erobern, zu denen nur ein mit Gold beladener Esel hinaufgelangen könne.

14f. «eifersüchtige Fürsten»: Prätendenten auf den mazedonischen Thron.

20 «o du...»: Die Art der Anrede impliziert ein «wie du...».

20 «Ritterstandes»: Vgl. c. 1, 20, 5.

20 «Mäcenas!»: Vgl. c. 1, 1, 1.

22 «desto mehr»: An Gütern anderer Art.

26 «unverdroßnen Apuliers»: Vgl. epod. 2, 42; hier kollektiv: die Ernte aller Bauern Apuliens.

29f. «Ein reiner Silberbach...»: Horazens Gut in den Sabinerbergen.

31 «fruchtbaren Afrika»: Vgl. c. 1, 1, 10.

33 «Kalabriens Bienen»: Vgl. c. 2, 6, 14f. (tarentinischer Honig).

34 «Lästrygonischen Fasse»: Wein aus Formiae (vgl. c. 3, 17) auch c. 1, 20 über den sabinischen Wein gestellt.

35 «Galliens»: Berühmte Schafzucht in der Provinz Gallia Cisalpina, der modernen Lombardei.

41f. «Mygdonische Fluren,...Alyattes Reiche...»: Phrygien (vgl. c. 2, 12, 22) und Lydien, das von Alyattes begründete Königreich.

3, 17

Aufforderung, die Gelegenheit zum ländlich-einfachen Fest zu ergreifen.
4 alkäische Strophen.

1 «Älius»: L. Aelius Lamia aus Formiae (vgl. c. 1, 26, 8).

1 «Lamus»: Der König des Menschenfresservolks der Lästrygonen aus der Odyssee (Hom. Od. 10, 81), dessen Stadt hier mit Formiae identifiziert wird.

2–5 Fehlt bei Herzlieb, da bei Jani athetiert; hier übersetzt von E. A. Schmidt.

7f. «Liris, welcher Marikas Küsten...»: Der Fluß Liris (vgl. c. 1, 31, 7), heute Garigliano, mündet in einem Sumpfgebiet bei Minturnae in der Nähe des alten Heiligtums der Marica (wohl eine Geburtsgöttin), gut zehn Kilometer von Formiae entfernt («weit herrschend»).

11 «Eurus»: Vgl. c. 1, 28, 25.

13 «Krähe»: Ihr Aufenthalt am Wasser (vgl. c. 3, 27, 9f.) galt als Vorzeichen von Regen.

14 «Genius»: Nicht Geburtstagsfest des Lamia mit Opfern für den Genius (dabei offenbar keine blutigen Opfer), sondern fröhlicher («genialis») Festgenuß, den die Römer als Geschenk an den Genius verstanden.

3, 18

Gebet an Faunus und Faunusfest.
Vgl.: c. 1, 17; c. 2, 17, 27–30.
4 sapphische Strophen.

1 Faunus: Alter ländlicher Gott, Beschützer der Herden und Herr des Bergwaldes, mit dem griechischen Pan gleichgesetzt.

1 «Nymphen liebst»: Zudringlicher Liebhaber der Nymphen ist Faunus-Pan wie die Satyrn.

2 «mein Gefilde»: Horazens Gut in den Sabinerbergen, vgl. c. 1, 17.

3 «durchwandle ... verlaß ...»: Beim Kommen und Gehen (sei gütig ... und günstig ...).

4 «Zöglingen»: Den jungen Herdentieren.

5 «am Ende des Jahres»: Jedes Jahr an deinem Festtag (vgl. v. 10).

5 «zarte Böckchen»: Bocksopfer für Faunus an den Lupercalien (15. Febr.) bezeugt. Das Böckchen wird nach dem Opfer verzehrt (vgl. c. 3, 13).

7 «moosige»: Euphonisch und «poetisch» im Deutschen statt «der alte (Altar)» (vetus).

9 «Herden»: Das aus den Bergen zurückgekehrte Weidevieh (vgl. zu v. 10), Ziegen (vgl. v. 5) und Schafe (vgl. v. 13).

10 «dein alljähriger Festtag»: Genau: «die Nonen des Dezembers»: Das sonst nicht bezeugte Faunusfest am 5. Dezember war möglicherweise auf den pagus Mandela beschränkt, in dem Horazens Sabinergut lag (epist. 1, 18, 105). Das Datum erklärt sich wohl als Grenze zwischen Sommer- und Winterweide (Latte, RRel 84).

11f. «müßigen Stieren»: Muße der Pflugrinder nach Beendigung der Winteraussaat.

13 «Wölfe»: Die Präsenz des Faunus, zu dem die luperci (‹Wolfsabwehrer›) gehören, äußert sich im Wunder des Tierfriedens zwischen Wolf und Lamm (vgl. Theocr., id. 24, 86 f.); vgl. auch c. 1, 17, 8 f. und epod. 16, 51 f.

14 «Wald streut»: Das Fallen der Blätter, des Waldschmucks, im Dezemberwind (vgl. epod. 11, 5 f.) als ländliche («agrestis frondes») Huldigung für Faunus angesehen; das Streuen von Laub oder Zweigen bei Jesu Einzug in Jerusalem (Mt. 21, 8, Mc. 11, 8) hat auch in der heidnischen Antike Parallelen.

15 f. «verhaßten Boden»: Der Arbeit und Sorge wegen (vgl. z. B. Verg. Georg. 2, 397–419); das «Stampfen» des Tanzes keine Rache an der Erde.

15 «stampft»: Vgl. c. 1, 4, 7; Hom. Il. 18, 571 f., Lucr. 5, 141 f.

16 «dreimal»: Der Dreitakt ist ländlich-sakral (vgl. Ov. fast. 6, 330).

c. 3, 19

Gelegenheit (und Notwendigkeit) zum Festrausch.
7 Strophen im 4. asklepiadeischen Maß.

1 f. «Inachus vor Kodrus»: Der älteste Argiver- und der letzte Athenerkönig waren Fixpunkte für Datierungen der Frühzeit, wie auch die in v. 3 f. genannten Ereignisse.

2 «für das Vaterland ... Tod ...»: Weil ein Orakel verkündet hatte, Athen werde gegen die Spartaner siegen, wenn ihr König falle, stürzte sich Kodros in Sklavenkleidung ins Kampfgetümmel, um unerkannt den Tod zu finden.

3 «Stamm des Äakus»: Telamon, der Sohn des Aiakos, und Neoptolemos, sein Urenkel (über die Zwischenglieder Peleus und Achill), sind die Zerstörer Trojas in den beiden großen griechischen Eroberungszügen.

4 «heilgem Ilium»: Vgl. Hom. Od. 1, 2.

5–8 Gegenüber den «Erzählungen» aus mythologischer Ferne und im Zusammenhang mit dem Fest ist hier nicht die Planung des nächsten Symposions, eine künftige Sorge gemeint, sondern die Zuwendung zur Gegenwart: Es ist *jetzt* draußen eisig kalt (und drinnen warm), nicht beim nächsten Gelage. Das Vernachlässigte wird in Strophe 3 nachgeholt in einem der Gegenwart zugewandten angemessenen Handeln.

5 f. Genau: «um welchen Preis wir uns das Fäßchen Chierwein erkaufen» (scherzhaft), davon schweigst du; daher also jetzt: Trinken wir auf den Gastgeber, dem wir dies Fest und diesen Wein verdanken!

5 «Chiers»: Berühmter griechischer Wein von der Insel Chios.

6 Wohl eher: «wer es ist, der (uns dort) das Wasser für die Weinmischung temperiert», davon schweigst du; du hast kein Auge dafür, daß jetzt gleich der Mischkrug bereit ist: «Knabe, schenk ein!»

6 «Bad»: Ein heißes Bad vor dem Mahl nach verbreiteter Sitte (vgl. jedoch vorige Anm.).

7 f. Wohl eher: «wer unser Gastgeber und welche Stunde es ist, die es mir warm sein lassen», davon schweigst du. Trinken wir auf den Gastgeber Murena, dessen Amt jetzt, um Mitternacht, beginnt.

8 «Pelignischen Frost»: Die Päligner lebten in einem Hochtal der Abruzzen.

9–11 Trinkwünsche für den Neumond, d.h. den Beginn des neuen Monats (die Kalendae), für die Mitternacht, also den neuen Tag, und für den Augur Murena, d.h. den Amtsantritt des neu in das Augurenkollegium kooptierten Schwagers des Maecenas (vgl. c. 2, 10); das Datum kennen wir nicht.

11 f. «drei ... oder ... neun Schalen»: Drei oder neun Schöpfkellen (der kleine Becher, cyathus = 1/20 l, zum Schöpfen des mit Wasser vermischten Weins aus dem Mischtopf – Krater – in die Trinkbecher), die Zahl der Grazien oder der Musen, pro Toast und Becher (Pokal), also etwa 1/7 oder 1/2 l. Es geht um die Menge des Weins, nicht das Mischungsverhältnis.

12 «gemischt»: Eingeschenkt.

16 «Gezänk»: Vgl. c. 1, 18 und c. 1, 27.

18 «rasen»: Vgl. c. 2, 7, 27 f.; c. 4, 12, 27 f.

18–20 «Phrygischen Hörner ... Flöten ... Leier»: Instrumentenverbindung bacchantisch-orgiastischen Charakters. Vgl. c. 1, 18, 13 f. und c. 4, 1, 22–24.

22 «Streu Rosen!»: Im Winter!

24 «Nachbarin»: Die Frau des Nachbars Lycus.

24 «sich nicht schickt»: Sie paßt zu dem Greis offenbar ihrer Jugend wegen nicht; Zerrspiegel der Konstellation Glycera–Horaz.

26 «Telephus»: Zum Namen vgl. c. 1, 13.

27 «reife»: Zur Liebe reif (vgl. c. 1, 23, 12; c. 2, 5), zur rechten Zeit liebend.

27 «Rhode»: Griech., von rhodon, die Rose.

28 «verzehrende»: vgl. c. 1, 13, 8 («langsam schleichend verzehrt»).

3, 20

Schönheit und Kampf der Leidenschaften.
4 sapphische Strophen.

2 «Gätulischen»: Vgl. c. 1, 22, 15; c. 1, 23, 10.

11–16 Nicht nur die hinreißende Schönheit des Knaben, sein erotischer Reiz, auch seine göttliche Gelassenheit und Gleichgültigkeit rechtfertigen den Kampf der Leidenschaften um ihn.

15 «Nireus»: Nach Achill der schönste Grieche vor Troja (Hom. Il. 2, 671–674), Sohn einer Aglaie («Glanz der Schönheit»).

16 «vom … Ida entführet»: Der von Zeus geliebte und durch seinen Adler entführte trojanische Prinz Ganymedes (vgl. c. 4, 4, 4).

3, 21

Hymnus an einen Weinkrug.
Lit.: E. Norden, Agnostos Theos, Leipzig 1913, S. 143–163 (Nachweis des durchgehenden Gebetsstils); W. F. Otto, Dionysos, S. 134 ff.
6 alkäische Strophen.

1 «Consul Manlius»: L. Manlius Torquatus (ca. 108– ca. 54 v. Chr.) war mit L. Aurelius Cotta zusammen Konsul des Jahres 65 v. Chr. Vgl. epod. 13, 6.

5 «Massiker»: Vgl. c. 1, 1, 19; c. 2, 7, 21.

6 «entkerkert»: Aus dem Weinlager hervorgeholt.

7 «komm … herab»: Wie ein Gott (vgl. c. 3, 4, 1) (der Weintopf wird «herabgenommen»; vgl. c. 3, 28, 7).

7 «Corvinus»: M. Valerius Messalla Corvinus (ca. 64 v. Chr. – ca. 13 n. Chr.), Konsul 31 v. Chr., Patron eines Literatenkreises, dem Tibull angehörte.

9 f. «Socrates Reden»: Sokratischen Dialogen, d. h. der Ethik griechischer Philosophie, der er sich als Mitstudent des Horaz in Athen (vgl. epist. 2, 2, 43 f.) gewidmet hatte.

11 «des ältern Kato»: M. Porcius Cato Censorius (234–149 v. Chr.), Urbild altrömischer virtus, worauf auch «priscus» hindeutet (das Alte als ehrwürdig; das Adjektiv nicht zur Unterscheidung vom jüngeren Cato, wie Herzlieb übersetzt).

16 «Lyäens»: Vgl. c. 1, 7, 22.

21 «Liber»: Bacchus; oft mit Venus verbunden (c. 1, 18, 6; c. 1, 19, 1 f.).

22 «Grazien»: Wie im Gefolge der Venus in c. 1, 4, 5 f. und c. 1, 30, 5 so wirken auch beim Symposion die Gottheiten der Anmut, die Chariten Aglaia (die Glänzende), Euphrosyne (Frohsinn), Thalia (Festfreude).

24 «Phöbus»: Apollo als Sonnengott.

3, 22

In einem Gedicht, das die Formen von Gebet und Weihepigramm übernimmt, stellt Horaz sich und das Seine in die Obhut der jungfräulichen und lebensrettenden Diana.
Vgl.: Catull, c. 34.
2 sapphische Strophen.

1 Die jungfräuliche Artemis-Diana als Herrin der Wälder, Wildhüterin und Jägerin im Gebirge.

2 f. Diana als Geburtsgöttin, wobei entweder die römische Iuno Lucina und die griechische Artemis Eileithyia verschmelzen oder an die Diana Nemorensis zu denken ist: Auch sie ist eine Frauen- und Geburtsgöttin.

3 «dreimal beschworen»: Dreimaligkeit von Gottesanrufung, Kultruf, ritueller und magischer Formel ist auch sonst in der Antike bezeugt.

4 Diana in der Trinität von Lucina-Eileithyia, Trivia-Hekate, Luna-Selene.

5 «Fichte»: pinus, die Pinie, ein Waldbaum (vgl. c. 1, 14, 11 f.)

– als solcher bereits unter dem Schutz der Diana (v. 1) –, der auch in ländlichen Gärten anzutreffen ist (vgl. c. 2, 3, 9).

6 «ihr»: Der «Fichte». Sonst werden der Jägerin Artemis Kopf und Füße eines erlegten Keilers an einem Baum aufgehängt.

7 «Ebers»: Wohl eines männlichen Hausschweins, nicht eines Keilers wie sonst, doch offenbar in Analogie dazu.

3, 23

Rechtes Opfern.
5 alkäische Strophen.

1 «bittende Hände»: Mit erhobenen Händen, die Handflächen gegen den Himmel gerichtet.

2 «Neumond»: Monatliches Opfer für die Laren (vgl. epod. 2, 66) an den Kalenden (vgl. c. 3, 19, 9).

4 «dem gierigen Frischling»: Wohl eher einer Sau: übliches ländliches Opfer.

5 «Afrikus»: Vgl. c. 1, 1, 15.

7 «Zöglinge»: Die jungen Herdentiere (vgl. c. 3, 18, 4).

9 «Algidus»: Vgl. c. 1, 21, 6; c. 4, 4, 57f.

11 «Albanischen Triften»: Weideland der Albanerberge.

12 «Pontifex»: Der Staatspriester im Vollzug des Staatskultes (vgl. c. 3, 30, 8f.).

15f. «kleinen Götter»: Die Laren und Penaten in ihrer Präsenz in kleinen Schnitzbildern über dem Hausherd.

20 «...Mehl und...Salz»: Gesalzenes Schrotmehl als ursprünglich einzige Opfergabe.

20 «hüpfendes»: In der Opferflamme aufsprühend.

3, 24

Leidenschaftliche Verurteilung der Habgier als der Wurzel der zeitgenössischen Sittenlosigkeit und Aufruf zur Umkehr.
Vgl.: epod. 16; c. 3, 1.
16 Strophen im 4. asklepiadeischen Maß.

2 «Arabers»: Vgl. c. 1, 29.

2 «Indiers»: Vgl. c. 1, 31, 6.

4 «Ackerland»: Vgl. c. 2, 15.

4 «Meer»: Vgl. c. 2, 18, 19–22; c. 3, 1, 33 f.

6 «wilde Schicksal»: Die Göttin von c. 3, 1, 14 und c. 1, 35, 17 («das strenge Verhängnis»).

7 «Nägel»: Vgl. c. 1, 35, 18.

7 «Und so»: Mit Hilfe des Reichtums.

9–24 Das glücklichere und reinere Leben von Naturvölkern im Norden als Gegenbild zur römischen Wirklichkeit.

9 «Scythen»: Iranisches Nomadenvolk in Südrußland.

11 «Geten»: Vgl. c. 4, 15, 22.

12 «ungeteiltes»: Kein privates Landeigentum, keine Vermessung.

25–32 Beendung der Bürgerkriege (v. 25 f.) nur durch Zügelung der bindungslosen «Frechheit» (licentia), der individuellen Sittenlosigkeit möglich.

27 «Vater»: Vgl. c. 1, 2, 50.

31 «weil»: Solange, während.

36–44 «wenn nicht...»: Die Sittenbesserung, ohne die die Gesetze kraftlos sind, muß der Habsucht gelten, die hier im Wagemut des zur See fahrenden Kaufmanns veranschaulicht wird (vgl. c. 1, 31, 10 ff.).

38 «nachbarliche Boreas»: Der Nordwind (lat. Aquilo: vgl. c. 3, 10, 4) in seiner Heimat Thrakien.

42 «Armut schimpflich»: Öffentliche Verkehrung der Werturteile liegt den individuellen Verfehlungen zugrunde.

45 «in das Kapitol»: Nach dem Vorbild der Frauen von Kroton, welche Pythagoras' Kampf gegen den Luxus so gewandelt hatte, daß sie ihre Goldgewänder und ihren Schmuck im Tempel der Juno niederlegten.

57 «Trochus»: Laufspiel mit brusthohem Reif.

58 «Gesetze»: «Was helfen uns Gesetze, ganz unnütz ohne Sittenbesserung?» (v. 35 f.).

3, 25

Dichtung als dionysische Verzauberung.

Lit.: G. Rohde, Studien und Interpretationen, Berlin 1963, S. 176–178; V. Pöschl, Horaz. Lyrik, S. 164–178 (auch in: WdF Horaz, ed. Oppermann).

5 Strophen im 4. asklepiadeischen Maß.

1 f. «Trunknen von dir»: Erfüllt, voll von dir (vgl. c. 2, 19, 6): Der Gott ist im Dichter.

2 «Haine...»: Symbol der geistigen Welt des Dichters («Dichterlandschaft»); vgl. c. 1, 1, 29–32; c. 3, 4, 5–8.

4 «Grotten»: Dionysischer Charakter (Dionysosmythos und -kult).

4 «Cäsars»: Des Augustus.

5 «ewige Glorie»: Verewigung der ruhmvollen Taten in der Dichtung.

6 «zu den Sternen, zum Divan der Götter...»: Vergöttlichung und Aufnahme in den Rat (Zwölfgötterkreis) Jupiters (vgl. Verg. georg. 1, 24 ff.). Der Dichter verkündet nicht die (erfolgte) Apotheose, sondern er bewirkt sie.

7 «Singen will ich,...»: Horaz verweist nicht auf eine geplante Dichtung oder auf eine neue Stufe seiner lyrischen Kunst, wie sie uns in anderen Gedichten vorliege, sondern allein auf dieses Gedicht selbst.

8 «von Keines Lippen»: Vgl. c. 3, 1, 2 f.

9 «Evias»: Die Euhiade (Mänade, Bakchantin) nach dem Ruf «euhoe» (Herzlieb: «Evoe»: c. 2, 19, 5) als die von Euhius («Evius») = Bacchus Erfüllte (vgl. c. 1, 18, 9; c. 2, 11, 17).

10 «Hebrus»: Fluß in Thrakien (Maritza-Ewros).

12 «Rhodope»: Das hohe thrakische Gebirge zwischen Mesta-Nestos und Hebrus.

12 f. «unbetretenen..., ...einsamen...»: Vgl. v. 7 f. (Neuheitsanspruch).

13 «Ufer,... Hain»: Vgl. v. 2 («Dichterlandschaft»).

14 «der Najaden Beherrscher»: Bacchus, in dessen Gefolge man die (Quell-)Nymphen findet (vgl. c. 1, 1, 31).

16 «Eschen entwurzeln»: Erfindung des Horaz durch Verwandlung des Berichts bei Eur. Bacch. 1064 ff., daß Dionysos eine Fichte niederbog: Die Kraft ist vom Gott auf seine menschlichen Dienerinnen übertragen, weil der Gott es ist, der in ihnen wirkt.

19 «Lenäus»: Griechischer Beiname des Dionysos, vom Kelterfaß abgeleitet (vgl. v. 20: «Weinlaub»).

20 «der sich... umkränzt hat»: Der lateinische Text läßt auch die Auffassung zu, daß der dem Gott folgende Mensch sich bekränzt. Streit ist müßig, weil der Gott im Menschen ist, weil der bekränzte Mensch der bekränzte Gott ist (und eben

deshalb der Text die Beziehung offen hält). Dem Gott in sich zu folgen ist keine schwierigere Vorstellung als die von v. 1 f., von dem Gott in sich hingerissen zu werden.

3, 26

Verwandlung der Liebe (Jugend, Gewalt, Anmaßung) in göttliche Gnade (Demut, Zartheit).
3 alkäische Strophen.

2 «Kämpfer»: Kriegsdienst als Metapher für Liebe vor allem bei den Elegikern häufig.

3 ff. «empfange meine Waffen...diese Wand»: Sein Gerät weiht seinem Gott der alte Handwerker, der Veteran, der seinen Dienst quittiert, die alternde Hetäre: ein beliebtes Motiv literarischer Weihepigramme schon des Hellenismus in der Anthologia Palatina, Buch 6.

3 f. «Dienstentlaßne Leier»: Aus dem Kriegsdienst entlassen; hier die Leier (anders c. 3, 7, 30) das Instrument des werbenden Liebhabers, der nachts sein Ständchen bringt (Paraklausithyron); zugleich Abschied von der Liebesdichtung gemäß der auch bei den Elegikern geläufigen Fiktion, die Liebesdichtung diene der Liebeswerbung. Zur Leier («barbitos») vgl. c. 1, 1, 34 («Lesbische Laute»).

4 «Wand»: Vgl. c. 1, 5, 14.

5 «linke Seite»: Im römischen Auguralwesen von guter Vorbedeutung, günstig.

5 «der Meerentsproßnen»: «marinae»; die «schaumgeborene» Aphrodite als Göttin der Meeresstille, der glücklichen Fahrt, Hafengöttin; vgl. auch c. 3, 28, 14.

7 «Fackeln und Hebel und Bogen»: Die «Waffen» von v. 3, die nach dem Mißerfolg der Serenade eingesetzt werden. Die Fackeln der Nachtschwärmer dienen dem Ausbrennen des Türsturzes zum Lösen der oberen Türangeln, die Hebel (Brechstangen) dem Ausheben der Tür zum Lösen der unteren Türangeln (cardines). Die «Bogen» bezeichnen wohl den Barbitos nach seinen beiden geschwungenen Holzarmen und der Sehnenbespannung (Saiten) sowie in seiner Funktion.

9–12 Gebet

9f. «glückliche ... des Sithonischen Schnees entbehret»: Die Attribute, um derentwillen diese Kultorte gewählt sind, deuten auf Horazens Liebesgebet: Glück («beatus») und Fehlen des Alters, weißer Haare (weißes Haar als Schnee: vgl. c. 4, 13, 12).

9 «glückliche»: Die Fruchtbarkeit und der Reichtum (z. B. Kupfer) Zyperns.

9 «Cyprus»: Vgl. c. 1, 3, 1.

10 «Memphis»: Die mittelägyptische Pharaonenstadt, für die Herodot (2, 112) einen Aphroditetempel bezeugt.

11f. «berühre nur einmal mit ... Geißel»: Die zarte «Waffe» der Göttin statt der niedergelegten «Waffen» des Liebhabers.

3, 27

Liebesabschied.

Lit.: W.-H. Friedrich, Europa und der Stier. Angewandte Mythologie bei Horaz und Properz, Nachr. Ak. Gött. 1959, S. 81–100.

19 (6–13) sapphische Strophen (das längste Gedicht in diesem Maß).

1–21 Groteske Häufung überwiegend niedriger Vorzeichen; Reihe von «Angängen» (griech.: enodia symbola) bzw. «Lostieren», geradezu eine Quelle des römischen «Angangs»-Aberglaubens.

1 «Kiebitz»: Lat.: «parra», unbestimmbarer Vogel, im römischen Auguralwesen wichtig.

2–4 «trächtige Hündin ... Wölfin ... säugende Füchsin»: Bestimmte Tier«angänge» haben üble Vorbedeutung, die sich steigert, wenn es sich um Weibchen handelt, und nochmals verdüstert durch deren Schwanger- und Mutterschaft.

2f. «von den Lanuvinischen Feldern»: Dem Gebiet der latinischen Stadt Lanuvium, rechts der Via Appia für den von Rom Kommenden.

3 «funkelnden Auges»: Lat. «rava», «von graugelber Augenfarbe»; der Blick des Wolfes war unheilvoll.

3 «Wölfin»: Einer der wenigen Belege für böse Vorbedeutung des «Angangs» des Wolfes.

4 «Füchsin»: «Angang» des Fuchses negativ; für Rom Horazstelle einziger Beleg (sonst nur Rolle in Auguralwesen belegt): kecke und ironisierende Erfindung im Stil solches

Aberglaubens nicht auszuschließen; Erfüllung der Dreizahl verschiedener Weibchen aus der Hundegattung.

5 «Schlange»: Ihr Angang ist unheilverkündend, besonders wenn sie als schwarze Schlange erscheint, ferner vor einer Reise.

7 «Ponys»: Vor Reisewagen.

8 «Auspex»: Vogelschauer.

10 «nahe Gewitter weissagende Vogel»: Die Krähe (vgl. c. 3, 17, 12f.), gewöhnlich ein Orakelvogel übler Vorbedeutung.

11f. «Raben ... vom Aufgang der Sonne»: D.h. von links (bei üblicher Orientierung des Vogelschauers nach Süden) und also (im römischen Auguralwesen im allgemeinen) günstig.

14 «Galatea»: So benannt nach der Nereide um der Meerfahrt willen.

15 «Specht»: «laevos ... picus», bei Plautus, asin. 260 allerdings günstig.

16 «Krähe»: Vgl. zu v. 10.

18 «Orion»: Vgl. epod. 10, 10.

18 «schwarzen»: Vom Sturm (vgl. v. 23).

19 «Adrias»: Die Adria ist stürmisch und kennt plötzlichen Wetterumschlag; vgl. c. 1, 3, 15; 1, 33, 15f.; 3, 3, 5; 3, 9, 22f.

19f. «heitern Japyx»: Vgl. c, 1, 3, 4; heiter = Wolken vertreibend: c. 1, 7, 15.

21–24 Vgl. epod. 10.

22 «Austers»: Vgl. epod. 10, 3f.

25–76 Der Mythos von Europa und dem Stier in ungewohnter Version zur spielerischen Verarbeitung der Schiffsreise der Galatea in ihrer Bedeutung als eines Horaz und Galatea betreffenden Ereignisses (Gefahr, Warnung, Segenswunsch, Abschied).

25 «Europe»: Durch ihren Mythos die eponyme Heroin unseres Erdteils: Zeus entführte die phönikische Königstochter (Vater Agenor) in Stiergestalt über das Meer nach Kreta und zeugte dort mit ihr die Söhne Minos, Rhadamanthys und Sarpedon.

26 «vertraute ..., und, ...»: Die Meerfahrt der Europa erscheint (offenbar um Galateas Unternehmen zu spiegeln) als freiwilliger Akt, nicht als Entführung; vgl. v. 34ff.

28 palluit audax!

33 f. «Kreta, prangend mit hundert Städten»: Vgl. epod. 9, 29; das homerische Epitheton Kretas: hekatompolis.

35 f. «Kindliche Zärtlichkeit ... Leidenschaft»: Verletzung der Kindespflicht («pietas») aus Liebeswahn («furor»).

39–41 «täuscht ein leeres Bild mich Schuldlose?»: Täuscht mich ein substanzloses Schattenbild, und bin ich also noch schuldlos?

41 «elfenbeinernen Tor»: Die aus dem Hades kommenden Träume sind, nach Hom. Od. 19, 562–567, wahr oder täuschend, je nachdem ob sie durch das Horn- oder das Elfenbeintor kommen. Horaz unterscheidet hier noch zwischen «Bild» (Hadesschatten) und von ihm erzeugtem «Traum».

47 f. multum amati ... monstri!

50 «Orkus»: Vgl. c. 2, 3, 24.

55 f. speciosa quaero pascere tigris!

57–66 in der Klage der Europa vorgestellt.

64–66 «... spinnen ... Kebsweib ...»: Vertrautes Sklavinnenschicksal kriegsgefangener Frauen, Belege von Hom. Il. 6, 454–458 (Hektor zu Andromache) an.

67 «boshaft lächelnd Venus»: Als Urheberin der Situation, die Europa beklagt, und belustigt-befriedigt, weil sie auch aus dieser Klage die Liebe Europas heraushört.

67 «lächelnd»: Wesen der Venus: vgl. c. 1, 2, 33.

67 f. «mit abgespanntem Bogen»: Nach seinen Schüssen auf Jupiter und Europa.

68 «ihr Knabe»: Vgl. c. 1, 30, 5.

3, 28

Liebesfeier in der Vergänglichkeit.
Vgl.: Catull, c. 5.
Lit.: V. Pöschl, Horaz. Lyrik, S. 180–196.
4 (2–2) Strophen im 4. asklepiadeischen Maß.

1 «Festtag Neptuns»: Altes volkstümliches Sommerfest am 23. Juli mit Laubhütten, wohl auch Wein und Gesang.

3 «Cäcuber»: Vgl. c. 1, 20, 9–12; der von Horaz meistgenannte und höchst geschätzte Wein.

4 Sei unbesonnen (und dadurch weise); vgl. c. 4, 12, 27 f.

8 «Consul Bibulus»: M. Calpurnius Bibulus («der Durstige») war Konsul 59 v. Chr.

10 «Neptunus»: Der Werbende beginnt den Gesang mit dem Gott des Festes, dem Meeresgott und seinem Nymphengefolge; die Nereiden sind seine Geliebten, aber er erfuhr auch Widerstand und war Entführer (Thetis, Amphitrite, Poseidonia): Symbol von Liebeswerbung und Widerstand.

10 «meergrüne Locken»: Vgl. das homerische Epitheton des Poseidon: der «Bläulichgelockte». Timotheus, «Perser» gibt dem Meer («pontos») das Epitheton «mit smaragdgrünem Haar»; Eur. Hel. 1457 nennt Galaneia, die Nymphe der Meeresstille, «die blaue Tochter des Pontos»; vgl. Verg. georg. 4, 337.

10 «Nereiden»: Töchter des greisen Nereus, Reiz und Schönheit des Meeres (Hesiod, theog. 240–264).

11 «gewölbten Leier»: Vgl. c. 1, 10, 6.

12 «Latonen»: Leto, die Mutter von Apollo und Artemis-Diana, die sie auf Delos gebiert.

12 «Cynthierin»: Diana-Artemis nach dem Berg Kynthos auf Delos; ihre Pfeile streckten Orion und Tityos nieder, als sie sich an ihr und ihrer Mutter vergreifen wollten; der Gegengesang Lydes symbolisiert wehrhafte Jungfräulichkeit und schnelle Rache an männlicher Zudringlichkeit.

13–16 Das gemeinsame krönende Lied der beiden Liebenden.

13 «die Göttin»: Venus-Aphrodite, dezent sowohl als auch wirklichkeitssteigernd (Analogie kultischer Anrufung) durch Kultorte bezeichnet.

13 f. «Cnidus ... Paphos»: Vgl. c. 1, 30, 1.

14 «schimmernden (Cykladen)»: a) Glanz des Inselmarmors (vgl. c. 1, 14, 19 f.); b) wie die Augen der Aphrodite (Hom. Il. 3, 397).

14 «Cykladen»: Die im Kreis um Delos gelagerten Inseln, auch vom Poseidonkult bestimmt, so daß hier Gesang (der Meeresgott und die Nereustöchter) und Gegengesang (die Göttinnen von Delos) sich vereinen. Auf Delos hatte Theseus der Aphrodite einen Kult gegründet; zum uralten Aphroditekult der Kykladen vgl. Erika Simon, Die Götter der Griechen, München 1969, S. 236, 243, 250; vgl. auch die «Venus von Milo» (Kykladeninsel Melos). Die Meeresgöttin (vgl. c. 3, 26, 5) hat öfter Poseidon zum Kultgenossen;

der eponyme Heros der Insel Rhodos ist ihr gemeinsames Kind; das Poseidonfest der Insel Ägina schloß mit Aphrodisien. Vgl. W. F. Otto, Götter Griechenlands, S. 94f., 100.

15 «Schwanengespann»: In der bildenden Kunst ist nur Aphrodites Reiten auf dem Schwan belegt (vgl. E. Simon, a. O., Abb. 244), die Ankunft am Kultort auf einem Schwanengespann (in römischer Dichtung auch sonst für Venus bezeugt) kennen wir von Apollon in Delphi. Die Vereinigung der Schwäne, der musischen Vögel Aphrodites und Apollons, deutet den gemeinsamen Gesang und die Vereinigung der Liebenden an; auch singen die apollinischen Schwäne prophetisch im Tod.

16 «Nacht ihre verdiente Klage»: Die Todesnacht, die der Liebe ihre Dringlichkeit und ihre Würde gibt.

3, 29

Einladung des Maecenas als Werbung für epikureische Lebenskunst; Bekenntnis der eigenen inneren Freiheit.
Lit.: V. Pöschl, Horaz. Lyrik, S. 198–245.
16 alkäische Strophen.

1 und 3 «... Tyrrhenischer ..., Mäcenas»: Vgl. c. 1, 1, 1.

3 f. «Rosen und Salben»: Blumenkränze und Salböl gehören zum Symposion; vgl. z. B. c. 2, 7, 6–8 und 21–25.

5 «den Fesseln»: Dem Säumen (vgl. «lange schon ...»).

6–8 Fernsicht auf die Sabiner- und Albanerberge vom hohen (vgl. v. 10) Palast des Maecenas auf dem Esquilin.

6 «wasserreiche Tibur»: Tivoli; vgl. c. 1, 7, 12–14; c. 4, 2, 30f.; c. 4, 3, 10.

6 «Äfulas»: Hochgelegenes Städtchen am Westabhang der Sabinerberge zwischen Tibur und Praeneste (Palestrina).

8 «Vatermörders Telegonus Hügel»: Tusculum, von Telegonos, dem Sohn des Odysseus und der Kirke (vgl. epod. 1, 29f.), gegründet; Telegonos tötete seinen Vater auf Ithaka, ohne ihn zu erkennen.

17–20 Die Sommerhitze der Hundstage, nach antiker Vorstellung eine Wirkung sengender Gestirne, als neues Motiv für die Aufforderung, Rom zu verlassen.

17 «Andromedas ... Vater»: Sternbild des Äthiopierkönigs

Kepheus, der seine Tochter einem Meeresungetüm zum Fraß aussetzte.

18 «Procyon»: Vor-Hund: das Sternbild des kleinen vor dem des großen Hundes.

22f. «rauhen Silvanus»: Römischer Waldgott; «rauh», d.h. struppig, starrend, ist er insofern, als er mit Zweigen bekränzt ist, Bäume und Kräuter in Händen hält.

27 «Serers»: China (vgl. c. 1, 12, 56), hier hyperbolisch für ferne Ostvölker.

28 «Bactriers»: Die ostpersische (zu Kyros vgl. c. 2, 2, 17) Stadt Baktra vertritt die Parther.

28 «Tanais»: Der Don als Hauptstrom des Skythenlandes (vgl. c. 3, 4, 36).

31f. «hoffnungslos»: Eigentlich: «über das ihm von Gott Zubestimmte hinaus».

32f. «Brauche, was da ist, mit ruhiger Seele»: Diese epikureische Mahnung, die Gegenwart und das Gegenwärtige zu nutzen, bildet die genaue Mitte der Ode und, durch ihr Strophenenjambement, das Gelenkstück ihrer beiden Hälften.

57 «Africus»: Stürmischer Regenwind aus Südwest.

59 «sie mit Gelübden auszusöhnen»: Durch Gelübde auszuhandeln.

60 «Tyrus und Cypriens Güter»: Waren aus Handelszentren des östlichen Mittelmeers, der phönizischen Hafenstadt Tyros (bes. Purpur, vgl. v. 15) und der Insel Zypern (bes. Kupfer und Teppiche, vgl. v. 15).

62 «Dann»: Wenn mein reichbeladenes Schiff im Sturm untergeht.

62 «Nachen»: Rettungsboot.

64 «Zwillingsgestirn»: Das Dioskurenpaar, die Nothelfer zur See»; vgl. c. 1, 12, 25–32.

3, 30

Stolze Selbstrühmung des Lyrikers Horaz als «Sphragis» (Siegel) der Edition der Odenbücher I–III.

Vgl.: c. 1, 1; c. 2, 20.

Lit.: V. Pöschl, Horaz. Lyrik, S. 246–262.

4 Strophen in Asklepiadeen (stichisch)

2 «Bau»: Altes Mißverständnis, «situ» heißt «Vermodern»

(vgl. z.B. Kiessling). V. Pöschl übersetzt: «und höher als das königliche Vermodern der Pyramiden».

3 «Aquilo»: Nordwind.

7 «Libitinen»: Römische Begräbnisgöttin.

8 f. Für das Wohl des Staates werden im Tempel des Jupiter Optimus Maximus auf dem Kapitol Opfer dargebracht; der Pontifex Maximus, das Haupt der staatlichen Religion, und die Vestalin (Maxima), deren Aufgabe der Unterhalt des heiligen Stadtfeuers ist, repräsentieren, beide auch für ihre Kollegien stehend, die sakrale Garantie der Ewigkeit Roms.

10 «Aufidus»: Hauptfluß Apuliens.

11 «Daunus»: Mythischer König Apuliens.

13 «Äolisches Lied der Römischen Leier»: Ergänzt c. 1, 1, 32–34 (äolische Musik und Metrik); hier beruht Horazens Erstheitsanspruch («princeps») darauf, zu italischen Weisen («ad Italos modos») Lyrik in Nachfolge der Sappho und des Alkaios geschaffen zu haben. Ovid, trist. 4, 10, 49 f. läßt Horaz auf «ausonischer Lyra» spielen.

15 f. «Delphischen Lorbeer»: Den Lorbeer des Dichtergottes Apollon; der Lorbeerkranz des Dichters, von Horaz aus dem Lorbeerkranz des Triumphators, dem inspirierenden Lorbeerszepter Hesiods, Musenkränzen und dem Siegeskranz in den Pythischen Spielen entwickelt, hier zuerst in der Dichtung.

16 «Melpomene»: (Vgl. c. 1, 24, 3 f.) wegen ihres Namens gewählt («melpomai»: zur Laute oder Kithara singen), auch als Mutter des Kitharoden Thamyris, hier als Göttin der Lyrik; erst später tragische Muse.

4, 1

Neue Liebesüberwältigung des Alternden und Sichsträubenden.
Vgl.: c. 1, 19 (gleiches Versmaß; Gedichtanfang hier in v. 5 zitiert).
Lit.: O. Weinreich, ZKG 51 (1942), S. 41–70, bes. S. 58–70. Abgedruckt in: O.W., Ausgewählte Schriften III, Amsterdam 1979, S. 156–184.
10 (2–5–3) Strophen im 4. asklepiadeischen Maß.

1 f. Erfahrung neuer Leidenschaft, lange Zeit (seit 23 v.Chr., Publikation der Odenbücher I–III, also knapp 10 Jahre;

vgl. v. 6) nach Abschied von Lyrik (epist. 1, 1; vgl. bes. v. 3 und 10) und Liebe, als Wiederbeginn lyrischen Dichtens.

2 «Kämpfe»: Feindliche Unterwerfung durch die Liebesgottheit.

2 «schone»: Vgl. c. 2, 19, 7.

4 «Cinara»: (Nicht in Oden I–III) repräsentiert Horazens frühe Liebe (vgl. c. 4, 13, 21 ff.; epist. 1, 7, 28; 1, 14, 33). Offenbar als einziger Frauenname der Oden nicht fiktiv, sondern wirklicher Name einer realen Person.

4f. «süßen»: Zusatz zum Zitat von c. 1, 19, 1; so «verrät» der Überwältigte, wie er schon überwältigt ist.

6 «zehn Lustra»: Horaz (ungefähr) 50 Jahre alt, c. 4, 1 also (Horaz geboren 8. 12. 65 v.Chr.) entstanden um 15/14 v.Chr.

7f. «Eile dorthin, wo... dich zurückruft»: Originell und bedeutsam abgewandelte Apopompe (St. Floriansgebet); die unheilstiftende Gottheit wird sonst zu Feinden geschickt. Venus, die grausam-Süße, die sanft-Tyrannische ist dem Alter (bei aller Süße) Qual, der Jugend (bei aller Qual) Süße.

8 «zurückruft»: Venus hat gleichsam die Jünglinge als ihren eigentlichen Sitz verlassen, als sie zum alten Horaz ging.

10f. «Paulus Maximus»: Aus dem berühmten Geschlecht der Fabier. 11 v.Chr. Konsul, also wohl 44 v.Chr. geboren, jetzt etwa 30 Jahre alt; Vertrauter des Augustus, später vermählt mit dessen Cousine Marcia, auch Ovid nahestehend.

10 «Silberschwänen»: Vgl. c. 3, 28, 15.

11 «zum nächtlichen Schmause»: Die Epiphanie der Venus mit ihrem Gefolge (vgl. c. 1, 19 und 1, 30) wird wie der Umzug vorgestellt, den junge Leute nach einem Mahl veranstalten, um bei einem ihrer Gefährten zu weiterem Schwelgen und Zechen einzukehren.

16 «deine Siege verbreiten»: Eigtl: «Sieger im Liebeskrieg sein», d.h. als Liebender siegen und erobern; die Vorzüge des Paulus bestimmen ihn zum erfolgreichen Liebhaber.

19 «Albanischen See»: Der Albanersee 20 km südöstlich von Rom, am westlichen Fuß des Albanerbergs, Gegend mit Villen vornehmer Römer.

20 «Zedernholz»: Die afrikanische Zeder (citrus, griech. thyia)

Thuia vermiculata, deren kostbares Holz bes. für Luxusmöbel verarbeitet wurde.

22–24 Vgl. c. 3, 19, 18–20.

38–40 «Marsfelds … Wellen»: Marsfeld und Tiber als Sportstätten der männlichen Jugend Roms (vgl. c, 1, 8, 3–8; c. 3, 7, 25–28; c, 3, 12, 6–8).

4, 2

«Horazisches» Preisgedicht auf Augustus.
15 sapphische Strophen.

1 «Pindarn»: Pindar (geb. um 520 v. Chr.), der im Altertum als der größte griechische Lyriker angesehene Dichter aus Theben, von dessen im 3. Jh. v. Chr. in 17 Büchern gesammelter Ausgabe seiner Chorlyrik uns nur die 4 Bücher mit Preisliedern auf Sieger in Sportagonen überliefert sind; anderes haben wir nur fragmentarisch.

2 «Iullus»: Iullus Antonius (vgl. v. 26), Sohn des Triumvirs Marcus Antonius und der Fulvia, geboren 44/43 v. Chr., Konsul 10 v. Chr., gestorben 2 v. Chr. Verwandter (Stiefneffe und Gemahl seiner Nichte seit 21 v. Chr.) und Vertrauter des Augustus.

2–4 Die Geschichte vom verwegenen Höhenflug des Ikaros mit den aus Wachs zusammengefügten Flügeln, die sein Vater Daidalos gebildet hatte, und seinem Sturz, nachdem das Wachs in Sonnennähe schmolz, in das Meer, das nach ihm das Ikarische benannt wurde: sie wird zur Metapher des notwendigen Scheiterns der Pindarnachfolge, die als solche gegenüber dem natürlichen ingenium Pindars ein Werk der Kunst und der Mühe sein muß. Die Notwendigkeit des Scheiterns ist allgemein, gilt für Iullus wie für Horaz.

5 ff. Dieses nicht von Horaz begründete Pindarbild (das wir auch beim Anonymus De sublimitate finden) wird durch Horaz maßgebend für das Pindarverständnis in Europa bis vor Herder und Schlegel.

9 «Lorbeer Apollos»: Symbol hier nicht der Dichterweihe, sondern der Dichterkrönung wie in c. 3, 30, 15 f. (Horaz selbst).

10 «Dithyramben»: Lyrische Heldenlieder (einer der berühm-

testen pindarischen Dithyramben besang den Abstieg des Herakles in den Hades) aus dem Kult des Dionysos. Die alexandrinische Pindarausgabe enthielt zwei Bücher Dithyramben.

10–12 Diese Charakteristik gilt nicht für Pindar allgemein, sondern nur für seine Dithyramben!

14–16 Pindars Heroenpreis gilt der Überwindung von Monstren barbarischer Zügellosigkeit (Kentauren) und Verwüstungsgewalt (Chimaira).

14f. «verdienten Tod»: «iusta morte», wie die wilden Gegner der Jupiterherrschaft in c. 3, 4, 42 ff.

15 «Centauren»: Die wilden Pferdemenschen vergreifen sich bei der Hochzeit des Lapithenkönigs Peirithoos an den Frauen der Gastgeber und werden von Theseus und Nestor überwältigt. Etwa gleichzeitig mit Pindars Darstellung (vgl. fr. 166f. Snell) ist der Westgiebel des Zeustempels von Olympia mit seiner Darstellung. Vgl. auch c. 1, 18, 8.

16 «Chimära»: Die feuerschnaubende Ziege mit Löwenkopf und Schlangenschwanz erlegte Bellerophon; von Pindar in O. 13, 84 ff. dargestellt. Vgl. c. 1, 27, 24 und 2, 17, 13.

17f. «Elische Palmzweig»: Der Siegespreis der Olympischen (vgl. c. 1, 1, 3—6) als der vornehmsten Spiele.

19f. «köstlicher ... als hundert Ehrensäulen»: Nach Pind. N. 5, 1 ff. Vgl. c. 3, 30, 1 ff. nach Simonides, fr. 5 D. = 362 L.G.S.

24 «neidet»: Vorenthält, nämlich die «goldenen» (d.h. echten, edlen, wertvollen, unzerstörbaren) Sitten dem «schwarzen» Todesreich, indem er sie zu den Sternen als ihrem wahren Ort hinaufführt.

25 «Dircäischen Schwan»: Pindar, nach der Quelle und dem Flüßchen Dirka bei seiner Heimatstadt Theben. Schwan, der Vogel Apollons und der Musen, alte Metapher für den Dichter.

26 «Antonius»: Vgl. v. 2.

27 «Matinischen Biene»: Biene, altes Symbol für den Dichter, vom Berg Matinus in (Kalabrien oder) Apulien (vgl. c. 1, 28, 3), der Heimat des Horaz (vgl. c. 3, 4 und 3, 30).

31 «Tiburs»: Vgl. c. 1, 7, 12–14.

33f. «Du wirst ... Cäsarn singen»: Dezente und lakonische Form der recusatio (vgl. c. 1, 6).

33 «zum höheren Saitenspiel»: Weder ein pindarisierendes

Preislied ist gemeint (Pindarisieren nach Str. 1 allgemein unmöglich) noch ein Epos (wozu weder Vortragsart – Festlied zum Triumph – noch Inhalt – vgl. bes. v. 41–44 – passen), sondern ein lyrischer Preis höheren Stils als die gerade charakterisierte horazische Dichtung, etwa von der Art dieser Ode.

34–36 «wenn er ... die wilden Sygambrer ... führt»: Nachdem Augustus 16 v.Chr. nach Gallien aufgebrochen war, um nach vorangegangenen Niederlagen gegen die Sygambrer, ein mächtiges germanisches Volk, eine Wendung herbeizuführen, erwartete man in Rom baldige Rückkehr und Triumph. Diese Konstellation nutzt Horaz für sein Gedicht über angemessenen Augustuspreis, welches, indem es zugleich vom Preisenden, dem Dichter, und dem zu Preisenden, Augustus, spricht, selbst zum Modell eines angemessenen Preisgedichts wird.

35 «den heiligen Hügel»: Den Anstieg der Sacra via, auf der sich der Triumphzug bewegte.

35 f. «mit verdientem Lorbeer»: «laurea donandus» ist hier der Triumphator (vgl. v. 9).

37 «Nichts so Großes und Gutes»: Augustus ist also «maximus» und «optimus».

43 f. «fehdelosen Gerichtsplatz»: Stillstand der Gerichte wegen öffentlichen Festes.

54–60 Für die Rückkehr des Augustus opfert (tötet) Horaz ein junges Tier, das er seiner zarten Schönheit wegen lieb hat bzw. dessen Schönheit er erkennt, weil er es lieb hat. Vgl. c. 3, 13, 3–8; 1, 20, 1–4.

4, 3

Dichterleben und Dichterruhm als Bestimmung und Geschenk. 6 Strophen im 4. asklepiadeischen Maß.

1 «Melpomene»: Diese Muse in Anknüpfung an c. 3, 30 (vgl. v. 15 f.) als Göttin der horazischen Lyrik.

2 «mit freundlichem Blicke herabsahst»: Verbindung der Vorstellung des Segensblickes der Gottheit mit der des entscheidenden Gestirnseinflusses bei der Geburt.

3 «Isthmische»: Bei den «Isthmischen Spielen» auf dem Isthmus von Korinth.

5 «Achaischem»: Griechischem; bei panhellenischen Sportkämpfen.

6f. «Delischem Laube»: Dem Kranz des römischen Triumphators aus Lorbeer, welcher dem Apollo, Gott von Delos, heilig war.

9 «Capitol»: Der Tempel des Jupiter Capitolinus war das Ziel des Triumphzuges.

10 «Bäche in Tiburs ... Auen»: Vgl. c. 4, 2, 30–32; das Lebensschicksal des Horaz steht stellvertretend für die Lebensform des Dichters.

17 «goldnen»: Als Instrument der Göttin; nach Pind. P. 1, 1 («Goldene Leier, Apolls und der veilchenlockigen Musen gemeinsam verwaltetes Eigentum»).

18 «Pieridin»: Von der thrak. Landschaft Pieria abgeleiteter Name für «Muse»; hier ist weiterhin Melpomene angeredet.

20 «Schwanengesang»: Vgl. c. 4, 2, 25.

4, 4

Preislied auf den Sieg des jungen Drusus über die Vindelicier 15 v. Chr.
Vgl.: c. 4, 14.
19 (9–10) alkäische Strophen.

1–16 Das Preisgedicht setzt anders als Pindar mit einem Doppelvergleich ein, wie er in der Ilias in Schlachtschilderungen häufig ist.

1 «Donnerträger»: Der über die rächende Waffe des höchsten Gottes, dessen Blitz, gesetzte Diener.

17f. Im Rätischen Krieg (15 v. Chr.) besiegten die Stiefsöhne des Augustus, Tiberius (Tiberius Claudius Nero, 42 v. Chr. –37 n. Chr.) und Drusus (Nero Claudius Drusus Germanicus, 38–9 v. Chr.) (aus der Ehe der Livia mit Tiberius Claudius Nero) die Räter und Vindelicier, Völker der Alpen und des Alpenvorlandes, was zur Einrichtung der Provinz Rätien führte. Die von Drusus befehligte östliche Heeresgruppe rückte im Etschtal vor und erfocht schon hier, «unter den Rätischen Alpen» (Graubünden, Tirol), über die so weit vorgerückten Vindelicier (Kelten zwischen Donau und Alpen; vgl. Augusta Vindelicorum = Augsburg) einen Sieg.

18–22 «quibus...omnia»: Bei Jani athetiert, von Herzlieb nicht übersetzt, hier deutsch von E. A. Schmidt.

20 «Beil der Amazonen»: Mit dem Doppelbeil wie die Amazonen kämpfend.

24 «Jünglings»: Drusus ist 23 Jahre alt.

27f. «Vatergesinnung»: Beide Stiefsöhne standen in dieser Zeit Augustus nahe, wenn er sie auch nicht adoptierte; zumal Drusus liebte er sehr (vgl. Suet. Claud. 1).

28 «Neronen»: Tiberius und Drusus als Mitglieder des Zweiges des claudischen Geschlechtes, der das cognomen «Nero» führt.

37 «o Rom»: Hervorhebung der Mittelstrophe der Ode durch diese Apostrophe; «der besiegte Hasdrubal» («Hasdrubal / devictus») bildet die exakte Gedichtmitte.

38 «Metaurus» – «Hasdrubal»: Der Sieg am Metaurus (der zwischen Rimini und Ancona in die Adria mündet) im Jahre 207 v. Chr. über den über die Alpen nach Italien gekommenen Hasdrubal (den Bruder Hannibals), der in der Schlacht fiel, wird dem Konsul C. Claudius Nero verdankt, der sein Heer in Süditalien von Hannibal abzog und mit dem seines Amtskollegen vereinte. Dieser Sieg wurde zur entscheidenden Wende des 2. Punischen Krieges (218–201 v. Chr.)

39–41 «jener schöne Tag...nach verscheuchter Finsternis...»: Gegenbild zum «dies ater» der großen Niederlagen am Anfang des Krieges (Schlacht am Trasimenischen See 217 v. Chr.; Cannae 216 v. Chr.).

42 «wilde Punier»: Hannibal.

43 «Eurus»: Ostwind.

49 «treulose»: Als stehendes (episches) Attribut.

49 «Hannibal»: Der angesichts des abgeschlagenen Hauptes seines Bruders gesagt haben soll (Liv. 27, 51): «Ich erkenne Karthagos Glück».

53–56 Vgl. Verg. Aen. 1, 1–7.

53 «Iliums Asche»: Die Kraft des römischen Volkes wird aus der trojanischen Gründungssage gedeutet, wie sie gerade (19 v. Chr.) mit der vergilischen «Aeneis» große Deutung und neue Wirkung erfahren hatte.

54 «Tuscische Wellen»: Das Etrurische (Tyrrhenische) Meer zwischen Nordsizilien und Italien.

54 «seine Götter»: Die Penaten (vgl. Verg. Aen. 1, 6 und 378 f.; 4, 598).

56 «Ausoniens»: Italiens (nach Vergils Vorgang).

58 «Algidus»: Berg in Latium mit dunkelgrünen Steineichenwäldern (vgl. c. 3, 23, 9 f.), Schauplatz generationenlanger Kämpfe mit Äquern und Volskern im 5. Jahrhundert v. Chr. (Liv. Buch II und III).

61 «Hydra»: Beim Kampf des Herakles gegen die neunköpfige lernäische Schlange wuchsen aus jeder Enthauptungswunde zwei neue Köpfe hervor: Prototyp des «Pyrrhussieges»; Pyrrhus, Gegner Roms 280–275 v. Chr., soll denn auch als erster dieses Gleichnis für Rom gebraucht haben.

63 f. Bewaffnete Männer, die aus der Saat der Zähne eines getöteten Drachen hervorwuchsen (= Sparten).

64 «Echions»: Des Sparten, der Schwiegersohn des Kadmos wurde, Vaters des Pentheus.

73 «Claudier»: Vgl. zu v. 28.

4, 5

Preis der augusteischen Friedensära; innige Verehrung des Augustus.

10 (2–2–3–3) Strophen im 2. asklepiadeischen Maß.

1 f. «Romuliden»: Die Römer als Volk des Stadtgründers Romulus.

2 «zu lange ... entfernt»: Augustus hatte Rom 16 v. Chr. verlassen, war zunächst nach Gallien (der Sygambrer wegen; vgl. c. 4, 2, 34–36), dann nach Spanien gegangen, von wo er, entgegen allgemeiner Erwartung, erst 13 v. Chr. zurückkehrte. Unsere Ode ist daher frühestens 15 v. Chr. entstanden.

3 f. «Väter geweihten Versammlung»: Senat.

5–8 Der Segensblick des Gottes wird (vor dem Hintergrund des konventionellen Vergleichs von Herrscher und Sonne) mit dem Frühling verglichen, weil nur die Sehnsucht auf diesen aus langem Warten (Winter) erwächst.

9 «Notus»: Stürmischer Südwind (vgl. c. 1, 3, 14 ff.; c. 3, 7, 5) – den Jüngling werden die Winde des Frühlingsanfangs heimführen (vgl. c. 3, 7, 1 ff.).

9 «neidische»: Nicht gönnend, vorenthaltend.

10 «Carpathischen Meers»: (Vgl. c. 1, 35, 8) das gefährliche Meer zwischen Rhodos und Kreta (nach der Insel Karpathos); der junge Römer, etwa als Kaufmann vorzustellen (vgl. c. 3, 7), wäre also wohl in einem kleinasiatischen Hafen festgehalten.

14 «verwendet»: Abwendet.

16 «Vaterland»: Das schon seit der späten Republik als Mutter vorgestellt wurde.

18 «Ceres»: Früh mit der griechischen Demeter gleichgesetzte und der Mutter Erde nahestehende italische Gottheit der Feldfrüchte.

18 «segensreiche Friede»: Eigentlich das «spendende Segensglück», horazische Personifikation in Analogie zu der kultisch verehrten (synonymen) «Felicitas» (im Zusammenhang der Herrscherverehrung).

19 «beruhigte Meer»: Seit dem Seesieg von Naulochos (36 v. Chr.) über Sextus Pompeius.

21–24 Preis der lex Iulia des Jahres 18 v. Chr. zur Bestrafung des Ehebruchs.

23 «gleichgearteter Kinder»: Einander ähnlicher Kinder als Beweis eines einzigen Vaters.

25–28 Aufzählung von vier früher gefährlichen Feinden Roms.

25 «Parther»: Vgl. c. 4, 15, 6–8.

25 «Scythe»: Erfolge über dieses in Südrußland lebende Reiterhirtenvolk liegen wohl schon etwas länger zurück: vgl. c. 3, 8, 23 f.; c. 2, 9, 23 (vor 23 v. Chr.).

26 «Germaniens»: Vor allem der Erfolg des Augustus in Gallien 16 v. Chr. schwebt vor, als die Sygambrer sich zurückzogen und Frieden schlossen.

28 «Iberien»: Nach Agrippas entscheidendem Sieg über die Kantabrer (19 v. Chr.) bot die noch immer nicht beruhigte spanische Szene, die auch Augustus noch festhielt, in Rom keinen Anlaß zur Sorge mehr.

30 «einsamen»: Eigentlich: «unvermählten»: der Winzer «vermählt» (epod. 2, 10) den Baum mit dem Weinstock, den er stützen soll.

31 f. «Schlusse des Mahles»: Zur Nachspeise wurde den Laren geopfert, Augustus erscheint also in ihrer Gemeinschaft (vgl. v. 34 f.).

33 «Most»: Eigentlich: «ungemischter Wein».

34 f. «unter seinen Laren ... dich ...»: Das Bildnis des «genius Augusti» zwischen den beiden Laren (wie in der später nachweisbaren öffentlichen Augustusverehrung im Zusammenhang mit den Laren).

35 f. Die Verehrung des Augustus unter den Laren ist das italische Pendant zur griechischen Heroenverehrung.

35 «Castor»: Kastor und Pollux, die Zwillingssöhne des Zeus und der Leda, Nothelferheroen.

36 «Alciden»: Herakles, Zeussohn von Alkmene, der die Welt von Ungeheuern befreite. Zu Augustus, Kastor / Pollux und Herakles vgl. c. 3, 3, 9–12.

37 «diese Feste»: Solche Friedenstage. Zur Gegenüberstellung vgl. das Gebet c. 1, 2, 45–52.

38 «Hesperien»: Italien («Abendland»).

4, 6

Der Dichter vor dem Chor des carmen saeculare (17 v. Chr.): Apollo in seiner Wesenseinheit als Herr von Bogen und Leier einigender Ursprung und Garant von Rom, Festlied und Dichter.
Vgl.: Pind. Paian VI (= fr. 52 f. Snell); carmen saeculare.
11 sapphische Strophen.

1 «Niobens»: Die Ruhmredigkeit Niobes ihres Kinderreichtums wegen gegenüber Leto, der Mutter nur des Zwillingspaars Apollo und Artemis, straften deren Kinder durch Tötung aller Niobiden (7 Söhne, 7 Töchter) mit unfehlbaren Pfeilschüssen.

2 «Tityos»: Vgl. 2, 14, 8; c. 3, 4, 77; c. 3, 28, 12.

4 «aus Phthia»: Geburtsort des Achill in Thessalien.

4 «Achilles»: Ihn tötete ein Pfeil Apollos (oder ein von diesem gelenkter Pfeilschuß des Paris).

7 «Dardaniens»: Vgl. c. 1, 15, 10.

13 «im Rosse»: Im Hölzernen Pferd.

13 f. «Pallas heilig zu sein log»: Die Lügengeschichte des Griechen Sinon, das Pferd sei ein Sühngeschenk der Griechen für Athene, seine Übernahme aber durch die Trojaner in ihre Stadt könne ihren Untergang abwenden (Verg. Aen. 2, bes. 183–194).

14 «töricht feiernden»: Freude der Trojaner über das Hölzerne Pferd, Kultgesang, Dankopfer: Aen. 2, 238–249; 6, 513 f.

15 f. «Priams Fürstenhof voll froher Reihentänze»: Helena veranstaltet einen bacchantischen Reigen trojanischer Frauen mit Fackeln, um so ihr Flammensignal für die Griechen vom Burgturm aus unverdächtig zu machen (Aen. 6, 517 ff.).

21 f. «dein Flehn»: Horazische Erfindung, um Apollos Tötung Achills und seine Führung der Aeneaden in Vergils Aeneis, Buch III in der Vorstellung zu verbinden, daß der Gott von Anfang an Schirmer des Aeneas und Schutzgott der Römer war.

21 «Venus»: Ihr Flehen ist Aen. 1, 234 ff. vorausgesetzt.

24 «neue Mauern»: Rom, das von Romulus aus dem Geschlecht des Aeneas gegründet werden wird.

25 «Thalia»: Sprechender Name einer Muse und zugleich einer Charitin («die Göttin der Festfreude», «die Festliche»), gewählt als Göttin des Festliedes, des carmen saeculare.

26 «Xanthus»: Fluß in Lykien (im Südwesten Kleinasiens), an dessen Mündung Apollo in Patara ein Heiligtum hatte (vgl. c. 3, 4, 64). Auch Name des Skamanders in der Troas (Hom. Il. 20, 74).

26 u. 28 «dein Haar» – «Jüngling»: (Eigentlich: glattwangig), Anrufung des jugendlich schönen Apollo (langes Haar, Bartlosigkeit) um des Chors aus Jünglingen und Jungfrauen willen.

27 «Daunischen Camena»: Horazens als der (italischen) Muse (vgl. c. 2, 16, 38) aus Apulien, das der mythische König Daunus regiert hatte (vgl. c. 3, 30, 11).

28 «Agyieus»: Kulttitel des Apollo als Beschützers der Straßen, hier also des öffentlich aufgeführten Säkularliedes.

29 «Geist»: Vgl. c. 2, 16, 38.

31 f. Der Chor, der das Säkularlied aufführte, je 3 mal 9 Mädchen und Knaben.

33 «Delischen Gottheit»: Artemis-Diana, die mit ihrem Zwillingsbruder Apollo auf Delos geboren wurde.

35 «Lesbischen Rhythmus»: Das Versmaß der sapphischen Strophe des Carmen saeculare.

35 f. «meinem Lautenschlage»: Der von mir auf der Leier gespielten Melodie. Horaz stellt sich in der idealen Situation des Leierspielers dar; Metapher für eine Wirklichkeit (die Aufführung seines Carmen saeculare durch einen Chor

in der Öffentlichkeit), die der Rolle von Dichter und Dichtung im archaischen und klassischen Griechenland vergleichbar ist.

37 «Latonens Sohn»: Apollo.

38–40 «Nachterleuchtende Göttin»: Diana als Mondgöttin (vgl. c. s. 35 f.), verehrt als Noctiluca in einem Tempel auf dem Palatin, deren Zunehmen Wachstum und Gedeihen schenkt und die den Zeitlauf nach Monaten gliedert.

41–44 Neues Ruhmbewußtsein gegenüber c. 3, 30, verwandt c. 4, 3.

42 «Jahrhundert...zurückbrachte»: Das Säkularfest des Jahres 17 v. Chr. fand der offiziellen Version nach ein Saeculum (hier = 110 Jahre) nach der letzten Jahrhundertfeier statt.

44 Vgl. c. 2, 6, 24.

44 «Horaz»: Nur hier innerhalb der Oden. Dokumentation der Autorschaft am historischen und öffentlichen carmen saeculare.

4, 7

Der Frühling lehrt Wechsel und Vergänglichkeit.
Vgl.: c. 1, 4.
7 Strophen im 2. archilochischen Maß.

3 «Tellus»: Die Erde als weibliche Gottheit, bei Horaz keine Personifikation («terra»).

5 f. Vgl. c. 1, 4, 5–7; gegenüber c. 1, 4 fehlt hier Venus: In dieser Differenz lassen sich alle Unterschiede der beiden Oden zusammenfassen.

5 «Zwillingsschwestern»: Im Sinn von «beiden Schwestern» (Dreizahl der Grazien).

9 «Zephyre»: Milde belebende Westwinde.

11 «Autumnus»: Vgl. epod. 2, 17f.

13 «verloren»: Abnehmen des Mondes.

15 Der Ahnherr der Römer und zwei Könige der römischen Frühzeit, Tullus Hostilius und Ancus Marcius.

21 «Minos»: Zeussohn, König von Kreta, nach seinem Tod Richter in der Unterwelt.

23 «Torquat»: Wohl identisch mit dem Adressaten von epist. 1, 5 (Motivverwandtschaften, sowie «Beredsamkeit»).

25 f. Den «keuschen Hippolytus», den seine Treue gegenüber der jungfräulichen Artemis-Diana das Leben gekostet hat

(Ablehnung der Liebesanträge seiner Stiefmutter Phaidra, Verleumdung durch diese, Fluch seines Vaters Theseus), befreit die Göttin nicht aus dem Todesdunkel.

27f. Als Theseus, der König von Athen, und Peirithoos, der König der Lapithen, Proserpina aus dem Hades entführen wollten, mußte Peirithoos gebunden in der Unterwelt bleiben. Vgl. c, 3, 4, 79f.

27 «Lethäische»: Von Lethe, dem Unterweltswasser des Vergessens.

4, 8

Die Macht dichterischen Rühmens.
Vgl.: c. 1, 1 und c. 3, 30.
30 Verse im 1. asklepiadeischen Maß (wie c. 1, 1 und c. 3, 30).

1–3 Die Dreiheit Schalen, Erzbecken, Dreifüße nach Pind. I. 1, 18–20 als Gaben für Siege in panhellenischen Spielen.

2 «Censorin»: C. Marcius Censorinus, Konsul im Jahre 8 v. Chr., jetzt also, d. h. kaum lange Zeit vor 13 v. Chr. (da c. 4, 8, nach Versmaß und Stellung, für das 4. Odenbuch gedichtet zu sein scheint), etwa 28 Jahre alt oder älter; oder L. Marcius Censorinus (cos. 39 v. Chr.) Quindecimvir im Jahre 17 v. Chr., jetzt etwa 70 Jahre alt.

6 Horaz nennt mit Parrhasios und Skopas (statt etwa Zeuxis und Praxiteles) nicht Lieblinge der zeitgenössischen Sammelmode.

6 «Parrhasius»: Griechischer Maler (um 420 v. Chr.), von Götter- und Heroendarstellungen geradezu kanonischer Autorität.

6 «Scopas»: Griechischer Bildhauer (4. Jh. v. Chr.), berühmt für seine marmornen Götter und Heroen.

15b–19a Von K. Lachmann als unecht erkannt, nachdem schon Bentley v. 17 getilgt hatte. Die Taten des älteren P. Cornelius Scipio, des Africanus maior, der im 2. Punischen Krieg Hannibal bezwang, sind von Ennius (239–169 v. Chr.) in seinem Epos «Annales», Buch 8 und 9, und in einem Gedicht «Scipio» gepriesen worden.

17 «Carthagos Verwüstung»: Karthago zerstörte der jüngere Scipio, Africanus minor, 146 v. Chr., lange nach Ennius' Tod. Der Interpolator kannte die «Annales» nicht und hielt

die beiden Scipionen gleichen Ehrennamens nicht auseinander.

20 «Calabrischen Pieriden»: Die «Annales» des Ennius aus Rudiae in Calabria, die mit der Anrufung der olympischen Musen (vgl. fr. 1 Vahlen[2]) – «Pierides» nach Pierien, der Landschaft des Olymp – beginnen und deren Thema mit «laudes ducum» (vgl. hier v. 15 und 20) treffend bezeichnet ist.

22–24 Romulus, der Sohn der Vestalin Ilia und des Mars (Mavors), dessen Taten (Gründung Roms, erste Ordnung des Staates) der Römer zumal aus dem ersten Annalenbuch des Ennius kannte.

25 «Stygischen Fluten»: Vgl. c. 2, 20, 8.

25 «Äakus»: Zeussohn, Götterfreund, von Pindar gerühmt.

26 «gewaltiger»: «potentium»; vgl. c. 3, 30, 12 (von sich selbst).

27 «glückseligen Inseln»: Die «Inseln der Seligen» (vgl. epod. 16, 42), Ort der Entrückung griechischer Heroen bei Homer und Pindar (vgl. Pind. O. 2, 68–83).

28 u. 33 Zu Unrecht von Lachmann der «lex Meinekiana» wegen (Verszahl aller horazischen Oden durch 4 teilbar) als Interpolationen gestrichen.

29f. «Herkules»: Der Zeussohn Herakles wird durch die Dichter Tischgenosse der Olympier zur Belohnung seines rastlosen («impiger») Lebens.

31f. «Tyndariden»: (Vgl. c. 1, 3, 2) die Dioskuren Kastor und Pollux (Söhne des Zeus und der Leda; nach ihrem Gatten Tyndareos benannt) verdanken der Dichtung ihre Rolle als Nothelfer zur See.

33 Vgl. c. 3, 25, 20: Durch das Selbstzitat macht Horaz deutlich, daß der Ruhm der Halbgötter ein Geschenk der Dichter ist.

34 «Liber»: Dionysos-Bacchus (mit dem der italische Fruchtbarkeitsgott schon früh gleichgesetzt wurde), der Sohn des Zeus und der Semele, ist von der Dichtung zum Rang eines Gottes erhoben worden, der Gebete erfüllt.

4, 9

Preis des Lollius im unsterblichen Lied des heiligen Sängers.

Vgl.: c. 4, 8.

13 (3–3–1–6) alkäische Strophen.

2 «weittönenden Aufidus»: Vgl. c. 3, 30, 10; Horazens Heimatfluß.
3 «vormals nie gewagter»: In Rom; Horazens Anspruch, die griechische Lyrik nach Rom übertragen zu haben; vgl. epist. 1, 19, 32f.
5 «Mäonide»: Lyder (Anspruch kleinasiatischer Städte, Homers Geburtsort zu sein: Smyrna und Kolophon).
6 «Pindars»: Vgl. c. 4, 2, 1.
7 «Simonides»: Vgl. c. 2, 1, 38.
7 «strafenden Alcäus»: Vgl. c. 1, 32, 5–12 und c. 2, 13, 27–32 (bes. v. 31).
8 «Stesichorus»: (Vgl. epod. 17, 44) lyrische Mythenerzählungen, dem Epos nahestehend: «lyrischer Homer».
9 «Anakreon»: Vgl. epod. 14, 9 und c. 1, 17, 18.
12 «Äolische Mädchen»: Sappho; vgl. c. 2, 13, 24f.
13–16 Helenas Liebe zu Paris als Verführung der einfachen Spartanerin durch orientalische Königspracht ist kein Einzelfall.
17 «Teuker»: Vgl. c. 1, 15, 24.
17 «Cydonischen»: Kretischen (weil die Kreter als Bogenschützen kämpften).
18 «nicht Einmal...Ilium»: Ereignisse wie den trojanischen Krieg gab es immer wieder.
20 «Idomeneus»: Kretischer König, der am trojanischen Krieg auf der Seite der Griechen teilnimmt.
20 «Sthenelus»: Sohn des Kapaneus, ein griechischer Held vor Troja. Vgl. c. 1, 15, 24–26.
22 «Hektor»: Sohn des Priamos, größter Held auf trojanischer Seite, fällt von Achills Hand.
22 «Deiphobus»: Ein Priamossohn, der nach Paris' Tod mit Helena vermählt ist.
25 «Agamemnon»: König von Mykene und oberster Heerführer der Griechen vor Troja; hier für: vor den Helden des Trojanischen Krieges, d.h. vor den von Homer besungenen Männern.
28 «heiliger»: Der zu heiligen, zu weihen vermag; vgl. c. 4, 8, 27; c. 1, 26, 11.
29 «tiefschlummernder»: (Im Grab) begrabener.
30–33 «Zitat» von c. 4, 8, 20–24.
33 «Lollius»: M. Lollius, cos. 21 v.Chr., über Jahrzehnte hin

loyaler Vertrauensmann des Augustus, 17 v. Chr. quindecimvir sacris faciundis bei der Saecularfeier, 16 v. Chr. Niederlage gegen die Sygambrer in Gallien, 2 n. Chr. Selbstmord. Verwickelt in Spannungen innerhalb des Kaiserhauses (Augustus, Tiberius, C. Caesar) erscheint sein Bild ins Gegenteil des horazischen Preises verzerrt (wenn auch offenbar allein auf Ereignisse von 1 v. – 2 n. Chr. bezogen) bei dem unbedingten Tiberiusanhänger Velleius Paterculus.

39 «nicht Consul für Ein Jahr»: Ein Konsul nicht nur während des Konsulatsjahrs, immer gleichsam Konsul, d. h. hoher verantwortungsbewußter Beamter.

45–52 Vgl. c. 2, 2, und c. 3, 2.

51 f. Vgl. c. 3, 2, 13 und hier v. 21–24.

4, 10

Warnung eines geliebten Knaben, Gegenwart und Gelegenheit zu versäumen.
Der größere Asklepiadeus, 8 mal stichisch gesetzt (5. asklepiadeisches Maß, wie c. 1, 11).

5 «Ligurin»: Vgl. c. 4, 1, 33.

4, 11

Einladung der Geliebten zum Jahresfest der Rettung des Maecenas: neue Liebe in der Liebeswerbung des Alters.
Vgl.: c. 1, 33; c. 2, 17.
Lit.: F. Kuhn, Illusion, S. 157 ff.
9 sapphische Strophen.

1 «neun Jahre»: Hier wohl Hinweis auf Datum der Rettung des Maecenas (vgl. v. 18 f.), nach der Horaz diesen Wein eingelagert hat (vgl. c. 1, 20 bei anderem Ereignis).

2 «Albaner–Weins»: Von den Albanerbergen bei Rom, ein edler italischer Wein.

3 «Eppich»: Vgl. c. 1, 36, 16; immergrün wie der Efeu (Jugend), auch ein Aphrodisiacum.

4 «Efeus»: Vgl. c. 1, 36, 20; Sinnbild zudringlich anschmiegsamer Liebe.

5 «aufgebundnes Haar»: Vgl. c. 1, 5, 4.

7 «Kräutern»: Vgl. c. 1, 19, 14.

7f. «Opferlamms»: Lammopfer auch c. 2, 17, 32 (Rettung des Maecenas).

14 «Iden»: Der 13. Monatstag, Monatsmitte.

15f. «April ... Venus»: (Falscher) etymologischer Zusammenhang zwischen der meerschaumgeborenen Aphrodite und dem Monatsnamen April. Die Iden des April sind kein Venusfest, sondern eine Mitte im Venusmonat, eine Grenze zwischen zwei verschiedenen Zeiten der Liebe.

18f. «von diesem Morgen an»: Exakte Gedichtmitte: der Glückstag der Genesung des Maecenas (vgl. c. 2, 17) als Beginn eines neuen Lebens; von ihm aus rechnet er die geschenkten Jahre.

19 «mein Mäcenas»: Vgl. c. 2, 17.

19 «zuströmenden»: Vgl. c. 1, 9, 14f.

25 «Phaethon»: Der Sohn des Sonnengottes, den Zeus mit dem Blitz trifft, als er den Sonnenwagen lenkt und die Rosse ihre Bahn verlassen, mythologisches Exempel für v. 29f., vgl. Ov. met. 2, 56–58.

26–28 «Pegasus ... Bellerophon»: Vgl. c. 1, 27, 23f. Bellerophon stürzt ab. Pindaranspielung (Pind. I. 7, 37–48).

34–36 Vgl. c. 3, 28, 9–16.

4, 12

Einladung eines Kaufmanns zu süßer Torheit (Str. 7) als Aufbrechen eines starren, allzu klugen Lebens, zuerst in weicher «lyrischer» Stimmung (Str. 1–3), dann in scherzender und lockernder Verspottung kaufmännischen Denkens (Str. 4–6).
7 (3–3–1) Strophen im 2. asklepiadeischen Maß.

1–12 Frühlingsbeginn, dargestellt in der Tradition hellenistischer Frühlingsgedichte (A.P. 10, 1. 2. 4. 5. 6. 14. 15. 16; 9, 363).

1 «des Frühlings Gefährten»: Personifikation des Frühlings und der Winde, die hier entgegen der üblichen antiken Vorstellung nicht als männliche Götter vorgestellt sind, sondern «animae» (weiblich), beseelte Hauchwesen heißen; der Frühling als Haupt eines göttlichen Schwarms wie Dionysos und die Satyrn, Artemis und die Nymphen, Apoll und die Musen.

2 «Thrazischen Winde»: Winde als Göttinnen, deren Heimat Thrakien ist.

5–8 Die römische Version dieser griechischen Verwandlungssage (vgl. Verg. Georg. 4, 15): Prokne, die attische Königstochter, tötet ihren Sohn Itys zur Rache an ihrem Gatten, dem Thrakerkönig Tereus, der ihre Schwester Philomela vergewaltigt und ihre Zunge ausgerissen hatte. Prokne wird in eine Schwalbe, Philomela in eine Nachtigall, Tereus in einen Wiedehopf verwandelt. Vgl. Ov. met. 6, 412 ff.

6 «Schwalbe»: «avis»: im Deutschen «Vogel» als maskulin nicht zu verwenden; bei der Verwandlung bleiben Geschlecht und Identität erhalten: «sie (!) rächte», sc. «avis» (die Schwalbe) = «Prokne» (Herzlieb hatte «Vogel» und «er»).

6 «Cekropischen Hauses»: Das attische Königshaus nach seinem Begründer Kekrops.

9–12 Pastorale Szene in der Tradition der oben genannten Frühlingsgedichte (vgl. besonders A.P. 9, 363, 7f. 20) und der Sprache der vergilischen Bukolik.

11f. «ergötzen den Gott...»: Wie Horaz selbst in c. 1, 17,10. Vgl. Meleager, epigr. 88 G.–P. (A.P. 12, 128) v. 1f.

11f. «den Gott, dem...gefallen»: Pan als Beschützer der Herden und Herr Arkadiens.

11f. «schwarze Hügel»: Vgl. c. 1, 21, 7f.: Die dunklen Fichtenwälder (pitys, pinus) (vgl. «Schwarzwald») des Arkadischen Berglandes (Verg. ecl. 10, 14f.) gefallen dem Gott, dem die Fichte (pinus) lieb und heilig ist (Prop. 1, 18, 20).

13 «Virgil»: Nicht der Dichter, der schon seit 19 v. Chr. tot ist; überhaupt würden die nun folgenden vier Strophen zu dem Dichter nicht recht passen.

14 «Kalener»: (Vgl. c. 1, 20, 9–12) «pressum Calibus... Liberum» «in Cales gepreßter Liber» (= Bacchus), der den süßen Torheitsrausch von v. 28 schenken soll.

15 «Klient»: Der Abhängige und sozial niedriger Gestellte in dem typisch römischen Patronats- und Clientelverhältnis.

16 «Narden»: c. 2, 11, 16.

17 «Onyxfläschchen»: Salbfläschchen aus orientalischem Alabaster (üblich).

18 «Sulpicius Gewölbe»: Speicher am Emporium unterhalb des Aventin, im Besitz ursprünglich der Sulpicii Galbae.

23 «umsonst»: «immunem», der terminus technicus (griech. asymbolos) für den, der «ohne eigenen Beitrag» an einem (in der Antike üblichen) Beitrags-Gastmahl (eranos) teilnimmt.

26 «schwarzen Flamme»: Das dunkel qualmende Feuer des Scheiterhaufens, dem die Todesfarbe «schwarz» gegeben wird.

28 Der Form nach «Zitat» von c. 2, 7, 27f. (vgl. c, 3, 19, 18), dem Gehalt nach von c. 3, 28, 4.

4, 13

Aus dem Triumph über die Häßlichkeit des Alterns einer Hetäre macht sich über den Schmerz der Erinnerung Einsicht der Vergänglichkeit frei.

Vgl.: epod. 8 und 12; c. 1, 25; c. 3, 15.

7 Strophen im 3. asklepiadeischen Maß.

5 f. «neckest ... Cupido»: Du versuchst, ihn zu reizen, daß er tätig wird, d.h. Liebe zu dir erweckt.

13 «Coischer Purpur»: Durchscheinendes Kleid von der Insel Kos, welches z.B. Properzens Cynthia zu tragen liebte.

21 «nach Cinarens (sc. Gestalt)»: Vgl. c. 4, 1, 4.

26f. «feurigen Jünglinge ... Gelächter»: Wie Horaz in epod. 8 und 12; daß ihm das Lachen vom Anfang dieser Ode vergangen sei, ist der Sinn der Gedichtbewegung.

4, 14

Hymnus auf Augustus, insbesondere seine durch die Neronen (Drusus und vor allem Tiberius) gewonnenen Siege.

Vgl.: c. 4, 4.

13 alkäische Strophen.

1 «der Väter»: Des Senats.

1 «der Quiriten»: Römischen Bürger (vgl. c. 2, 7, 3; c. 3, 3, 57).

4 «Denkmälern»: Vgl. c. 4, 8, 13.

8 «Vindelicier»: Vgl. c. 4, 4, 18.

9 «mit deinem Kriegesheer»: Weil von Augustus an das Heer nicht mehr das des römischen Volkes ist, sondern dem Kaiser gehört, sind alle Siege, von Legaten unter seinen

Auspicien erfochten, unmittelbare Taten des Kaisers; vgl. v. 33 f.

10 f. «...Genauner...Breunen»: Illyrische Völker im Inntal; Siege des Drusus offenbar nach der in c. 4, 4, 17 ff. gefeierten Schlacht.

14 «der Ältre der Neronen»: Tiberius (vgl. c. 4, 4, 17 f. und 28).

15 «Rätier»: Angriff des Tiberius auf Räter und Vindeliker vom Bodensee aus und Sieg in großer Schlacht 15 v. Chr.

15 «gräßlichen»: («immanis»), von barbarischer Unmenschlichkeit; man erzählte sich von den Rätern das Gleiche, was nach c. 4, 6, 17–20 von Achills Wildheit zu befürchten gewesen wäre.

20–32 Epischer Doppelvergleich; vgl. c. 4, 4, 1–16.

21 «Auster»: Südwind; vgl. epod. 10, 3 f.; c. 3, 3, 4 f.

21 «der Plejaden Chor»: Der Frühuntergang, d.h. der erste sichtbare Untergang des Siebengestirns (sieben Töchter des Atlas) am Morgen, Anfang November (Winterbeginn).

22 «Wolken durchbricht»: Wohl nicht das siegreiche Erscheinen des Lichts (die Plejaden sind ein unscheinbares Gestirn), sondern das Aufreißen der Wolken zum Regensturm.

25 «gehörnte»: Stiergestaltig wie die griechischen Flußgötter.

29 «Claudius»: Tiberius; vgl. c. 4, 4, 73.

33 f. «deiner Gottheit»: Die Götter des Augustus, insbes. «Fortuna» (v. 37); vgl. Ov. trist. 2, 169–174.

34 f. «Tag, als Alexandria»: Mit der Einnahme von Alexandria (Häfen, das von Kleopatra verlassene Schloß) am 1. Sextilis 30 v. Chr. war Octavians Sieg über Antonius und Kleopatra endgültig besiegelt.

37 f. «nach drei Lustren»: Nach dreimal fünf Jahren, also am 1. Sextilis 15 v. Chr. – Augustus erkannte 8 v. Chr. in einem kalendarischen Pontifikaledikt das (Senatsconsult und) Plebiszit von 27 v. Chr. an, den Monat Sextilis in Augustus umzubenennen (RE X 1, 361 f.), weil ihm in diesem Monat «insignes victoriae» zuteil geworden seien (Suet. Aug. 31, 2).

41–52 Bewunderung, Gehorsam, Verehrung des Augustus durch die Völker der Welt, sowohl die eroberten innerhalb des Imperiums als auch in verschiedenen Graden mit Rom in Verbindung stehende Staaten, die Rom als «Herrin der Welt» («domina», v. 44) anerkennen.

41 «Kantaber»: Vgl. c. 3, 8, 22.

42 «Meder»: Vgl. c. s. 54; c. 4, 5, 25.

42 «Inder»: Vgl. c. s. 56.

42 «flüchtige Scythe»: Vgl. c. s. 55; c. 4, 5, 25; c. 1, 35, 9.

46 «Nil, der seines Stromes Urquell verbirgt»: Erst ein Jahrhundert nach dieser Übersetzung (1791) mußte der Strom sein Geheimnis endgültig preisgeben (Baumann 1893). Der Nil steht für Ägypten und Äthiopien; letzteres ist schon 29 v. Chr. durch den ersten Präfekten Ägyptens, Cornelius Gallus, in den Schutz (tutela) Roms aufgenommen worden.

46 «Ister»: Die Donau (vgl. c. 4, 15, 21) vertritt die Daker (vgl. c. 1, 35, 9).

46 «Tigris»: Vgl. c. 2, 9, 20.

48 «Britanniens»: Vgl. c. 1, 35, 29 f.; c. 3, 5, 3.

49 «Gallien»: Wo Augustus zur Zeit war bzw. gerade gewesen war (vgl. c. 4, 5, 2).

50 «Iberien»: Vgl. c. 4, 5, 27 f.

51 «Sygambrer»: Vgl. c. 4, 2, 34–36.

52 «niedergelegten Waffen»: Augustus hatte kampflos Erfolg gegenüber den Sygambrern: Sie schlossen Frieden und stellten Geiseln.

4, 15

Der Lyriker, der Kriegstaten nicht singen darf (vgl. c. 1, 6), findet in der Pax Augusta den seinem Gedicht angemessenen Gegenstand.
Vgl.: c. 4, 5.
8 alkäische Strophen.

1 f. «Phöbus mit seiner Leier»: Als Gott der horazischen Lyrik; vgl. c. 4, 6, 25–30.

6–8 Rückgabe 20 v. Chr. der 53 v. Chr. (Carrhae) von den Parthern eroberten römischen Feldzeichen (Legionsadler); vgl. c. 4, 5, 25.

6 «unserm Jupiter»: Die Feldzeichen waren vorher dem höchsten Gott der Parther an dessen Tempelpforten geweiht.

9 «Janus des Quirin»: Der Janusbogen (ursprünglich Stadttor) zum Quirinal hin, dem Hügel des altrömischen Gottes Quirinus, dessen Heiligtum nach einem Brand im Jahre 49 v. Chr. von Augustus gerade (16 v. Chr.) wiederhergestellt worden war. Die hier gemeinte Schließung, Symbol für

Frieden, scheint die von 29 v. Chr. zu sein, die so die Pax Augusta symbolisieren kann.

16 «Hesperien»: «Abendland», hier der fernste Westen (Spanien), woher Augustus wohl gerade zurückgekehrt ist (13 v. Chr.).

21 «Donau trinken»: Die Daker; kriegerische Erfolge der Römer 29/28 v. Chr., keine Unterwerfung (vgl. c. 3, 8, 18).

22 «Julischer Gesetze»: Verträge mit Augustus als dessen Edikte betrachtet.

22 «Geten»: Wie die Daker ein thrakisches Volk, an der Donau, Nachbarn der Skythen; kriegerische Erfolge der Römer 27 v. Chr.

23 f. Vgl. c. 3, 29, 27 f.

23 «Serer»: China; vgl. c. 1, 12, 56.

23 «treulosen Perser»: Für Parther; das Attribut vielleicht Anspielung auf die politische Unzuverlässigkeit des Partherreichs infolge der wechselvollen Machtkämpfe zwischen romfeindlichen und romfreundlichen Thronrivalen (vgl. c. 1, 26, 5).

24 «Tanais»: Der Don; dort die Skythen (vgl. c. s. 55).

25 «an ungeweihten wie an geweihten Tagen»: An Werk- und Feiertagen.

26 «Liber»: Vgl. c. 1, 18, 7.

30 «Lydischer Flöten»: Der Aulos stammt aus Kleinasien, heißt hier aber wohl auch deshalb «lydisch», weil die Begleitmusik der gesungenen Dichtung angemessen sein soll: römischem Heldentum trojanischen Ursprungs. Aulosbegleitung auch epischer Texte kennt schon das frühe Griechenland; insbes. wissen wir von aulodischen Nomoi (für Apollo).

31 f. Huldigung der Aeneis Vergils, daß sie der tiefste Dank für die Pax Augusta sei, zugleich die Erfüllung, der Sinn dieser aetas.

32 «Abkömmling der ... Venus»: Aeneas («progenies» auch «Nachkommenschaft»; also auch das julische Geschlecht und Augustus).

c. s.

Das zur Jahrhundertfeier des Jahres 17 v. Chr. im Staatsauftrag gedichtete und am 3. Juni von je dreimal neun Jungfrauen und

Jünglingen auf dem Palatin und dann auf dem Kapitol gesungene Chorlied und Romgebet.
Vgl.: c. 4, 6.
19 sapphische Strophen.

1 «Phöbus»: Apollo, von Augustus in den Vordergrund gestellter Gott, bei den Säkularspielen gleichberechtigt neben Jupiter; in seinen Tempel auf dem Palatin (vgl. c. 1, 31) waren die Sibyllinischen Bücher überführt worden.

1 «Wälder»: Vgl. c. 4, 6, 33 f.; c. 3, 22, 1.

1 «Diana»: Apollos Zwillingsschwester und Kultgenossin im palatinischen Tempel.

2 «Schmuck des Himmels»: Als Mond (v. 36).

5 «Sibyllinischen Bücher»: Das Priesterkollegium der quindecimviri sacris faciundis bewahrte diese Orakelbücher, sah sie ein, veröffentlichte und interpretierte den aktuellen Spruch. Die augusteische Säkularfeier, von den Quindecimvirn veranstaltet, erhielt eben diese Sanktion; das erhaltene (griech.) Orakel fordert von Jünglingen und Jungfrauen (vornehmen Standes, lebender Eltern) zu singende Paiane.

7 «sieben Hügel»: Umschreibung für Rom (im Orakelstil) als Wohnstatt der Götter, denen die heilige Siebenzahl und die Hügel gefallen.

9 «Gott des Lichtes»: Sol, der Sonnengott.

14 «Ilithyia»: Die griechische Geburtsgöttin Eileithyia, zu der Augustus, dem Orakel folgend, in der zweiten Festnacht gebetet hatte; dem augusteischen Reformprogramm war die Geburtenmehrung ein zentrales Anliegen.

15 «Lucina»: Römischer Name der Geburtsgöttin (vgl. c. 3, 22, 2–4).

18–20 «Heiraten ... Ehegesetz»: Die lex Julia de maritandis ordinibus des Jahres 18 v. Chr. mit Maßnahmen zur Mehrung der Ehen und des Nachwuchses (verschieden von dem Gesetz in c. 4, 5, 21–24).

21 «zehnmal elf Jahren»: Das Orakel hatte das saeculum, also den Rhythmus der Jahrhundertfeiern, mit 110 Jahren bestimmt.

23 f. «dreien ... Tagen und ... Nächten»: Wie das gegenwärtige Säkularfest.

25 «Parcen»: Hier als Schicksalsgottheiten des römischen Staates, denen Augustus als Moiren in der ersten Festnacht geopfert hatte.

29 «Tellus»: Die Mutter Erde, der der Kult der dritten Festnacht gegolten hatte.

30 «Krone von Ähren die Ceres»: Die Erde möge fruchtbar an Getreide sein, damit man Ceres an ihrem Fest nach altrömischem Brauch (vgl. z. B. Tib. 2, 1, 4) mit einer Ährenkrone krönen könne. Vgl. c. 4, 5, 18; c. 4, 15, 4f.

33 «verderbliche Pfeile»: Vgl. c. 4, 6.

35 «Zweihörnige ...»: Diana als Luna; vgl. c. 4, 6, 38–40.

37 «euer»: Der in v. 45 angerufenen Götter; vgl. c. 4, 6, 21–24.

37 «Ilische»: Trojanische (Ilion); Aeneas und die Seinen.

38 «Etruscische Ufer»: Den Strand des Tyrrhenischen Meers in Latium.

42 «Äneas»: Huldigung der gerade (19 v. Chr.) erschienenen Aeneis.

49 «weißen Rindern»: Das Orakel sah das Opfer weißer Stiere (vgl. epod. 9, 21f.) für Jupiter, eines jungen Rindes für Juno vor.

50 «Abkömmling»: Augustus als Nachfahre des Aeneas.

51f. Vgl. Verg. Aen. 6, 853: «parcere subiectis et debellare superbos», «Unterworfne zu schonen und niederzukämpfen Empörer».

53–56 Vgl. c. 4, 14, 41ff.; c. 4, 15, 21ff.

54 «Meder»: Für Parther; vgl. c. 4, 15, 6–8.

54 «Albanischen Fasces»: Die Fasces, Rutenbündel um ein Beil herum, das Symbol römischer Herrschaftsgewalt, etruskischen Ursprungs und auch von den Römern selbst sonst auf die Etrusker zurückgeführt, erscheinen hier als mit Alba Longa verbunden, dem ursprünglichen latinischen Königssitz und mythischen Vorgänger Roms, Gründung des Aeneassohnes Iulus (Stammvaters der Gens Iulia); in der Tat hatte bereits der Latinerbund jene Amtsinsignien von den Etruskern übernommen.

55 «Scythen»: Vgl. c. 2, 9, 23.

56 «Indier»: «häufige Gesandtschaften von Königen aus Indien» zu Augustus (Mon. Anc. 31), 26 und 20 v. Chr.

57–60 Rückkehr von Gottheiten (ihr Kult teils alt und erneuert, teils neu): als Gegenbewegung zum Verlassen der Erde durch Aidos, Nemesis und Dike im eisernen Zeitalter bei Hes. erg. 197–201 und Arat, Phaen. 133f. Symbol einer Umkehrung und des Beginns eines neuen saeculum wie bei Verg. ecl. 4, 6.

57 «Treue»: Seit Mitte 3. Jh. v. Chr. Tempel auf dem Kapitol. Vgl. c. 4, 5, 20.

57 «Friede»: «Pax» auf Münzen des Jahres 44 v. Chr., Ara Pacis 13 v. Chr. beschlossen, 9 v. Chr. geweiht. Vgl. c. 4, 5, 17ff.; c. 4, 15, 8f.

57f. «Ehre und ... Tugend»: Dieses alte Paar, mit Nachbartempeln seit 212 v. Chr. (Honos schon 233 v. Chr.), später auch gemeinsamem Tempel, wird von Augustus erneuert, der ihr Fest, erstmals 17 v. Chr., auf den 29. Mai verlegte, so daß die Säkularfeier sich anschloß (1.–3. Juni).

57 «Ehrbarkeit»: In «Pudor» – ohne alten Kult in Rom – vereinen sich Hesiods Aidos und die augusteische Sittenrestauration; vgl. c. 4, 5, 21–24.

60 «Überfluß ... Horne»: Vgl. c. 1, 17, 14–16; epist. 1, 12, 28f., c. 4, 15, 4f.

61–64 Die vier Hauptbereiche apollinischen Wirkens (Mantik, Bogenkunst, Musik und Dichtung, Heilkunst).

62 «Camenen»: Apollo als Musenführer.

67 «Lustrum»: Zeitraum von fünf Jahren.

69 «Aventinischen Berg und ... Algidus»: Die Hauptkultstätten der Diana in Rom und in Latium.

70 «Fünfzehnmänner»: Vgl. zu v. 5.

epod. 1

Ouverture zum Epodenbuch: diskretes Bekenntnis zu Octavian vor der Schlacht von Actium, vermittelt über Maecenas.
Vgl.: epod. 9.
Jambischer Trimeter und Dimeter als Verspaar 17 mal.

1 «Liburnischen Schiffen»: Kleine schnelle Zweiruderer, die die Römer von den Liburnern, dalmatinischen Piraten, übernommen hatten.

1f. «hohen Türmen»: Die Flotte des Antonius bestand aus riesigen festungsartigen Turmschiffen (bis zu Zehnruderern).

3 «Cäsars»: Octavian, der spätere Augustus, der seit seiner

testamentarischen Adoption durch Iulius Caesar offiziell diesen Namen führt.

4 «Mäcen»: Vgl. c. 1, 1, 1 und Einführung.

11–14 Vgl. c. 2, 6, 1–4.

13 «zur äußersten Küste des westlichen Oceans»: Bis zur weitesten atlantischen Spanienküste, wie z. B. Gades (vgl. c. 2, 6, 1).

27f. Vor den Hundstagen (vgl. c. 3, 13, 9) wechseln die Schafherden reicher Züchter aus Apulien in das höhere lukanische Bergland (Grenzfluß Bradanus mündet bei Metapont).

29 «Tusculum»: Am Hang unterhalb der alten latinischen Bergstadt lagen mit weiter Aussicht die Villen reicher Römer.

30 «Circäischen»: Tusculum wurde von Telegonos, dem Sohn des Odysseus und der Kirke, gegründet; Anspielung auf das Kirkeabenteuer des Odysseus, das in der moralischen Homerallegorese eine Versuchung darstellt, welcher Maß und Weisheit des Helden widerstehen (vgl. z. B. epist. 1, 2, 17–26). Vgl. c. 3, 29, 8 (Ode an Maecenas).

33f. Im Satirenstil Vergleich mit Typ des Geizhalses der Komödie (ein Alter; Chremes typischer senex-Name) und Verschwenderfigur der römischen Alltagsszene.

epod. 2

Kritik an der Stadt: a) durch Lob des Landlebens (sittliche Norm), b) durch Folgenlosigkeit der idyllisierenden Landschwärmerei des Städters (Genuß aus städtischer Perspektive, nicht «labor»). Gegenstück zu epod. 16.

Vgl.: Vergil, Georgica, insbesondere Georg. 2, 458–540.

35 (33–2) mal das Verspaar von epod. 1.

4 «Wucher»: Vgl. v. 67.

7f. «stolzen Schwellen»: Enallage und Oxymoron (von «limen» gilt «humile», «niedrig»).

9f. Im italischen Weinbau wurde die Rebe von Bäumen (Ulmen, Schwarzpappeln) gestützt; «vermählen» ist Winzerausdruck für das Verbinden der beiden Pflanzen.

18 «der Herbst». Der Gott des Herbstes (Personifikation) in

römischer Literatur hier zum ersten Mal; das großartige Bild entwickelt aus Verg. Georg. 2, 340f. (4, 351f.).

21 «Priap»: Fruchtbarkeitsgott, über Griechenland aus Kleinasien nach Rom gekommen, Wächter des Gartens.

21 «Vater»: «pater» altrömischer Kulttitel vieler Götter.

22 «Sylvan»: Silvanus, italischer Waldgott (vgl. c. 3, 29, 23), Schützer der Grenze.

23–28 Sommeridyll: Muße im locus amoenus; Krönung: Schlaf.

26 «klagen»: Vogelgesang als Klage: a) metaphorisch: vgl. z.B. Verg. ecl. 1, 57f.; b) mythologisch (Metamorphose als erklärende Ursprungsgeschichte): vgl. z.B. c. 4, 12, 5f.

29–38 Winterfreuden: Jagd; Krönung: Vergessen.

32 «Netze»: Vgl. c. 1, 1, 28.

34 «gierigen»: Drosseln fressen Kerbtiere, Schnecken, Würmer, Beeren (lassen sich sogar mästen, was man im antiken Rom auch tat).

34 «Drosseln»: Fette Drosseln, zu Winteranfang gejagt (Zugvogel), galten (vgl. epist. 1, 15, 40f.) und gelten in Italien als Leckerbissen.

35 «streichenden»: Den Zugvogel, wenn er zu Winteranfang aus dem Norden nach Afrika zieht.

35 «Kranich»: «Das Wildbret des Kranichs war früher (sc. noch in der Neuzeit) sehr geschätzt und gibt besonders eine vortreffliche Suppe» (Meyers Konversations-Lexikon[5]).

37f. Jagd als «remedium amoris» (Heilmittel gegen die Liebe) vertrautes Motiv, eine städtische Perspektive (wie auch der Fortgang zeigt).

41 «Sabinerin»: Der altitalische Volksstamm der Sabiner, nordöstlich von Latium, ein Bauernvolk, steht für alte Sitte und Kraft; vgl. c. 3, 6, 37ff.

42 «schnellen Apuliers»: Emsiger Bauer, aus der Heimat des Horaz.

43 «heiligen Herd»: Sakrales Zentrum des römischen Haushalts, Sitz der Penaten, auch der Laren und der Vesta.

43 «altem»: Hier bloßes restauratives Stimmungswort.

49 «Lucrinische»: Des Lucrinersees, des durch einen Damm abgeteilten nördlichen Zipfels der Bucht von Neapel zwischen Misenum und Puteoli: Meerwasser mit vorzüglichen Austern.

50 «Rhombus»: Steinbutt.

50 «Scarus»: «Lippfisch»: dieses köstliche «Gotteshirn» (Ennius) nur im östlichen Mittelmeer.

51 «Morgenländischen»: Mund in diesem Distichon poetisch zu voll genommen.

53 «Afrikanische Henne»: Das neuerdings in Italien gehaltene Perlhuhn, eine teure Delikatesse.

54 «Jonisches Birkhuhn»: Oder Haselhuhn, zool.: tetraobonasia, «besonders feiner Braten» (Meyers Konversations-Lexikon[5]).

57 «Lapathum»: Sauerampfer.

57f. «dem schweren Körper»: Die einfache vegetarische Alltagskost des Bauern (vgl. c. 1, 31, 15f.) erscheint als Diät nach einem städtischen Schlemmermahl der Delikatessen von v. 31–36 und 49–54 und ist nur als solche ein Genuß.

59 «Feste des Terminus»: Der Gott, der die Heiligkeit der Grenzsteine («termini») verbürgt, hat sein Fest am 23. Februar.

61–64 «Bei solchen Mahlzeiten...zu sehen»: Die Vorstellung eigener Tätigkeit (v. 3, v. 10) ist aufgegeben.

63 «umgekehrten»: Die Pflugochsen tragen unterwegs die umgedrehte Pflugschar (ecl. 2, 66) auf dem Nacken.

65 «begüterten»: Das Ideal ist nicht mehr das Glück in ländlicher Anspruchslosigkeit, sondern reicher Latifundienbesitz, womit sich Alfius schon nahezu offenbart hat.

66 «glänzenden Laren»: Die polierten Bilder der Hausgötter (vgl. v. 43); die Haussklaven sitzen am Herd und warten, bis der Herr gegessen hat (vgl. s. 2, 6, 66f.).

67 «Alfius»: Ein Zeitgenosse, Geldverleiher.

69f. Einziehung des Kapitals zum Zweck neuer und besserer Anlage.

epod. 3

Scherzhaftes Gegenstück zu epod. 2: Das für Schnitter bekömmliche Knoblauchgericht (moretum), für Horaz Folterqual (tödliches Gift, verbrennender Liebeszauber), soll auch Maecenas peinigen (frustrierte Liebe).

11 (2–2–3–2–2) mal das Verspaar von epod. 1.

1–3 Die Wirkung des Knoblauchs gleicht der Qual, die die Furien, Rächerinnen zumal von Vatermord, bereiten.

2 «...alten...»: Aus Gier, an sein Erbe zu kommen.

8 Die auch in epod. 5 und 17 angegriffene Hexe.

9–14 Mythologisches Modell in der Gedichtmitte: die kolchische Zauberin Medea, die aus Liebe dem Argonautenführer Iason beisteht: Er muß die feuerschnaubenden Stiere ihres Vaters Aietes anschirren (Bedingung für die Herausgabe des Goldenen Vlieses). Medea tötet die korinthische Königstochter Glauke, derentwegen Iason sie verstößt, mit einem vergifteten Kleid, bevor sie, in einem von geflügelten Schlangen gezogenen Wagen, durch die Lüfte entflieht (vgl. epod. 5, 61–66).

15 f. Hitze der Hundstage über dem wasserarmen Apulien.

17 f. Deianeira schenkt ihrem Gemahl Herakles ein Gewand, das sie mit dem Blut des Kentauren Nessos als Liebeszauber bestrichen hat. Dieses Kleid zerfrißt den Körper des Helden unter furchtbaren Schmerzen. Vgl. epod. 17, 31 f.

19–22 Frustrierte Liebe einer Nacht als Folge von Knoblauchgenuß gewünscht; Gegenstück zu v. 1–3: Knoblauchgenuß als Strafe für Vatermord gewünscht.

epod. 4

Invektive auf einen Parvenu.

Vgl.: Verg. Cat. 10.

10 (5–5) mal das Verspaar von epod. 1.

3 f. Demütigende Erinnerung an ehemaliges Sklavenleben.

3 «Iberische Stricke»: Peitschenschnur aus spanischem Pfriemgras.

4 Sklaven verrichten die Feldarbeit in Fußfesseln.

7 «Heilige Straße». Belebte und elegante Straße Roms.

8 «zweimal drei Ellen»: = 2,70 m, der übliche Durchmesser der Toga (römische Nationalkleidung des freien Bürgers), die aus einem runden Stück weißen Wolltuches bestand.

11 «triumviralischen»: Die tresviri Capitales oder nocturni, die «Dreimänner für die Todesstrafe oder für die Nacht», hatten polizeiliche Aufgaben und veranlaßten Auspeitschungen und Hinrichtungen.

12 «Ausrufers»: Der den Befehl zur Auspeitschung überbringt oder diese öffentlich bekanntgibt (?).

13 «Falernisches Feld»: In Kampanien, am Fuß des Massicus, fruchtbar an edlen Reben (vgl. c. 1, 20, 10).

15 «als ein vornehmer Ritter»: Der er wohl de iure nicht ist, dessen Voraussetzung er jedoch, was sein Vermögen betrifft, erfüllt; ihm fehlt aber die freie Geburt.

16 «Otho»: Ein Gesetz des Volkstribunen L. Roscius Otho reservierte 67 v. Chr. den römischen Rittern die ersten 14 Reihen des Theaters. Da Militärtribunen in den ersten beiden Reihen sitzen dürfen, ist «dem Otho zum Trotz» unverständlich.

19 «Räuber und Sklavengesindel»: Vielleicht verächtlich für die Soldaten des S. Pompeius (vgl. epod. 9, 9 f.), so daß hier eine Anspielung auf Octavians Rüstungen gegen diesen 37/36 v. Chr. vorläge.

20 «wenn dieser, dieser ...»: «... Räuber und Sklave ...!»

epod. 5

Ein dunkles Bild der Leidenschaft.

Vgl.: epod. 17; Theokr. 2; Verg. ecl. 8.

Lit.: G. Luck, Hexen und Zauberei in der römischen Dichtung, Zürich 1962 (Artemis; Reihe: Lebendige Antike), S. 24–29.

51 mal das Verspaar von epod. 1.

5 f. «wahren Niederkunft»: Im Gegensatz zu Unterschiebung, um Unfruchtbarkeit zu verbergen; eigene Kinder hat Canidia nicht (vgl. epod. 17, 50), so daß diese Anrufungsinstanz entfällt.

6 «Lucina»: Die römische Geburtsgöttin (vgl. c. s. 13–16; c. 3, 22, 2–4).

7 «Purpurs»: Der Saum an der Toga freigeborener Knaben.

14 «Thracier»: Konkret für «grausame Barbaren».

15 f. «Vipern»: Canidia gleicht den Furien (Rachegöttinnen).

17 «wilden Feigenbäume»: Der Bocksfeigenbaum ist in der Antike ein sexuelles Symbol; vom Grab soll er hier kommen, weil man ihn Feinden ans Grab wünscht.

18 «Leichen-Zypressen»: Todesbaum.

20 «Uhu»: Hier für «strix» (nicht «bubo»), den römischen Gespenstervogel.

21 «Jolcos»: Verbindet Thessalien, das traditionelle Land des Zaubers (vgl. Tib. 2, 4, 56), mit Medea, die dort mit

Zauberkräutern tödlichen Verjüngungszauber trieb (Zerstückelung des Pelias).

21 «Hiberien»: Das Hinterland von Kolchis, der Heimat der Medea.

23 «Knochen»: Die unbefriedigte Gier der Hündin sitzt dann nach magischer Vorstellung im Knochen.

24 «Colchischem»: Konkret für «magischem, Zauber-».

26 «Avernalischen»: Vom Avernersee, den unterirdischen Göttern heilig.

35 f. «mit dem Kinne über dem Wasser»: Also wie Tantalos, dessen Qualen der Knabe ja auch leidet (vgl. epod. 17. 65 f.).

37 «Mark und ... Leber»: Unter der Voraussetzung der (moralischen) Analogie von Essen und Liebe, von Hunger und Liebesverlangen (vgl. Verg. ecl. 2, 63–65) und der (magischen) Übertragung analoger Zustände werden Mark und Leber, Sitz des Liebesverlangens (vgl. Verg. Georg. 3, 271; c. 1, 25, 15; c. 4, 1, 12; c. 3, 4, 77: Tityos), des in seiner Gier verhungernden Knaben zum Liebeszauber der Erzeugung von Verlangen. Vgl. v. 23.

41 «mit ihrem eigenen Geschlechte»: Andere Frauen wie ein Mann begehrend.

42 «Ariminensische»: Aus Rimini.

45 «Sterne und den Mond ...»: Übliches Beispiel höchster Hexenkraft.

45 «Thessalischen»: Prägnant für «magischen» (vgl. c. 1, 27, 21).

51 «Diana»: Die als Mondgöttin (Luna, Selene) Patronin der Zauberinnen ist.

58 «Suburanischen»: D.h. müssen die Hunde bellen, wenn er nachts zu mir in die Subura kommt (ein schlecht beleumdetes römisches Viertel).

59 f. Das kostbare Parfüm (vgl. c. 2, 11, 16 f.) des Alten ist der Liebeszauber der Hexe.

61–66 Vgl. epod. 3, 13 f.

75 «Verstand»: «mens»: Liebe als de-mentia, vgl. epod. 17, 17 f.

76 «Marsischen Worten»: Zaubersprüchen in der Sprache des zauberkundigen italischen Stammes der Marser, die Canidia sprechen will.

82 «Harz»: Erdpech, das rußig schwelend verbrennt.

83 ff. Der Fluch des Todgeweihten ist mächtig; vgl. Didos Fluch.

86 «Thyesteische»: Wie sie Thyestes gegen seinen Bruder Atreus ausstieß, der ihm seine eigenen Kinder zum Mahl vorgesetzt hatte.

94 «Manen»: Totengeister (vgl. c. 1, 4, 16).

100 «Esquilinischen»: Die Leichen der auf dem Esquilin Hingerichteten blieben unbestattet liegen.

epod. 6

Programm des Jambikers Horaz.

Lit.: E. A. Schmidt, Amica vis pastoribus. Der Jambiker Horaz in seinem Epodenbuch, Gymn. 84 (1977), S. 401–423, hier: S. 405 f.

8 mal das Verspaar von epod. 1.

5 «Molossischer Hund»: Starke epirotische Hunderasse, besonders als Wach- und Hirtenhunde, auch zur Jagd geeignet.

5 «Lacedämonischer»: Der schnelle lakonische Hund in gleicher Funktion wie der molossische.

10 «vorgeworfene Speise»: Köder.

13 f. Vergleich der Angriffslust («animi» epist. 1, 19, 24) des Jambikers Horaz (gegen alle Bösen) mit der der frühgriechischen Jambiker Archilochos von Paros (7. Jh. v. Chr.) und Hipponax von Ephesos (6. Jh. v. Chr.). Archilochos ist in der biographischen Tradition vor allem der Gegner des Lykambes, der die Verlobung seiner Tochter mit dem Dichter wieder löste (vgl. Iambi et Elegi Graeci, ed. M.L. West, Oxford 1971, Bd. 1, S. 62–70 = Archil. fr. 172–181), während bei Hipponax sein Streit mit dem Bildhauer Bupalos das Bild prägte, das man sich von seiner hinkjambischen Invektive machte.

epod. 7.

Warnung vor Fortsetzung des Bürgerkriegs. Die Epode ist am Anfang des Jahrzehnts zwischen dem Friedensvertrag von Brundisium (40 v. Chr.: Octavian und Antonius) und dem Sieg Octavians über Antonius und Kleopatra (31/30 v. Chr.: Actium, Alexandria) entstanden, als immer wieder der Bürgerkrieg neu auszubrechen drohte.

Vgl.: epod. 16; c. 1, 2.

Lit.: Einleitung mit Anm. 6.

10 mal das Verspaar von epod. 1.

1 «Unmenschen»: Eigentlich «Verbrecher» (scelesti), aufgeklärt erst in v. 18–20 (scelus): Bürgerkrieg ist Brudermord.

5 «Carthago»: Die größte Kriegsanstrengung der römischen Geschichte, die in drei Punischen Kriegen schließlich nach über einem Jahrhundert zur Zerstörung Karthagos führte (146 v. Chr.).

7 «Britannier»: Bezwingung Britanniens als dringende und lohnende Aufgabe der Zeit.

8 «in Ketten die Heilige Straße»: Geführt im Triumphzug des Eroberers.

9 «Parther»: Die römische Niederlage von Carrhae (53 v. Chr.) ist ungerächt; die Parther dringen sogar weiter nach Westen vor. Die Partherfrage bleibt in Horazens politischen Gedichten präsent.

19 «Remus»: Der Gründungsakt selbst der Stadt schließt einen Brudermord ein (Romulus erschlug seinen Zwillingsbruder Remus, als dieser über die entstehende Mauer sprang).

epod. 8

Invektive nach Fiasko: Potenz fordert Schönheit. Das von Uz in erster Auflage übergangene Gedicht ist in seiner zweiten Auflage viel zu dezent übersetzt; insbesondere fehlen die Vergleiche mit Kuh und Stute (v. 6 und 8) und das Schlußdistichon (v. 19f.).

Vgl.: epod. 12; c. 1, 25; c. 4, 13.

Lit.: V. Grassmann, Die erotischen Epoden des Horaz. Zetemata, Heft 39, München 1966, S. 47–70.

10 (5–5) mal das Verspaar von epod. 1.

1–10 Bild greisenhafter Häßlichkeit in leidenschaftlicher Aischrologie, ohne jede Dezenz.

2 Eigentlich: «was meiner Manneskraft die Spannung nimmt».

5 f. Eigentlich: «und häßlich zwischen dürren Backen der Hintern klafft wie bei der Kuh, die sich entleert».

7 f. nicht übersetzt ist v. 8: «wie Stuteneuter»:

11–20 Adel, Reichtum und philosophische Bildung als nebensächlich für Liebesverlangen und Liebeskraft.

11 f. Beim Leichenzug vornehmer Männer (und Frauen; vgl. z.B. Tac. ann. 3, 76) gingen Schauspieler voran, welche, in der jeweiligen Amtstracht, Totenmasken eines Ahnen des Verstorbenen trugen (vgl. Pol. 6, 53). Illustration der Vornehmheit durch Leichenzug besonders boshaft.

13 «Römerin»: Eigentlich: «Ehefrau»; so erfahren wir auch, daß die Angegriffene verheiratet, eine Matrone ist; ihre Liebe ist Ehebruch.

13 «rundern»: Der Wert einer Perle steigt mit der Annäherung an die vollkommene Kugelgestalt. Perlenschmuck ist zu dieser Zeit ein relativ neuer Luxus in Rom.

15 «stoische Bücher»: Keine Verspottung der Stoa; der Hieb trifft die Dame, die ihren luxuriösen Liebespfühl mit sittenstrenger philosophischer Literatur schmückt.

17–20 Eigentlich: «Kommt etwa deshalb der Penis, der nicht lesen kann, aus seiner Erstarrung, oder verliert das Gemächt seine Schlaffheit? Willst du es aus den stolzen Weichen reizen, mußt du mit dem Munde dich dran mühen.»

epod. 9

Der jambische Dichter als entschiedene Partei in der Schlußphase der Auseinandersetzung zwischen Caesar (Octavian; v. 2. 18. 37) und Antonius/Kleopatra; fiktive Sprechsituation: unmittelbar vor entscheidender Seeschlacht von Actium (2. 9. 31 v.Chr.).

Vgl.: epod. 1; c. 1, 37.

Lit.: E. Wistrand, Horace's Ninth Epode and its Historical Background. Acta Universitatis Gothoburgensis, vol. 64, 9, Göteborg 1958.

19 mal das Verspaar von epod. 1.

1 «Cäcuberwein»: Vgl. c. 1, 20, 9–12.

3 «hohen Burg»: Der römische Stadtpalast des Maecenas auf dem Esquilin (vgl. c. 3, 29, 9 f.).

5 «... Leier ... Flöten ...»: Der Zusammenklang der beiden Instrumente wohl nach Pindar (O. 3, 8 f.) als Ausdruck von Siegesfeier.

6 «Dorischer ..., ... Phrygischer» (eigtl. «barbarischer»): Nicht die Tonarten, sondern Charakter (und Herkunft) der Instrumente, vgl. Pind. O. 1, 17 (dorische Phorminx); Hor. c. 3, 19, 18 f. Die Musik offenbar Symbol eines Sieges von Gesetz und Sittlichkeit über barbarische Wildheit.

7–10 Den Sieg Octavians über Sextus Pompeius 36 v. Chr. hat Horaz schon mit Maecenas gefeiert, zu dessen Kreis er seit Winter 38/37 v. Chr. gehörte; spätestens seit 36 v. Chr. steht also der ehemalige Republikaner Horaz auf der Seite Octavians (vgl. c. 2, 7).

7 f. «der Neptunische Heerführer»: Die Seeherrschaft des Pompeius, der sich als Sohn Neptuns ausgab, wurde in der Schlacht von Naulochos (36 v. Chr.) gebrochen.

9 f. «Fesseln ..., die er ... Sklaven abgenommen ...»: Invektivische Zusammenfassung von a) Herrschaftsanspruch des Sex. Pompeius (als Tyrannis, weil gegen Octavian) und b) Sklaven in seinem Heer (vgl. epod. 4, 19): Vertauschung der Sklaverei.

12 f. «Weibe ... Verschnittenen»: Kleopatra und ihr Eunuchengefolge.

16 «Conopium»: Kleopatras Sänfte mit Mückennetz ist schimpflich als Zentrum eines römischen Heerlagers.

18 «Gallier»: Galater (Kelten) in Zentral-Kleinasien; ihr (von Antonius eingesetzter) König Amyntas war vor der Schlacht zu Octavian übergegangen.

19 f. Die Flotte des Antonius, eingeschlossen im Golf von Ambrakia, wagt keinen Ausbruch mehr und zieht sich in den Hintergrund zurück.

21 f. «Opferrindern»: Die weißen Rinder (eigtl: Stiere; vgl. Verg. Georg. 2, 146–148), die den vergoldeten Triumphwagen zum Kapitol ziehen, werden dort geopfert.

23–26 Vergleich des Caesar mit zwei früheren Triumphatoren nach Überwindung ebenfalls eines afrikanischen Gegners.

23 f. «Jugurthinischen Kriege»: Marius triumphierte 104 v. Chr. als Sieger über den Numidierkönig Jugurtha.

25 f. «Afrikanischen (sc. Krieg), ... Scipio»: (Freie Übersetzung) das von ihm zerstörte Karthago (146 v. Chr.) ist das

wahre Grabmal (Denkmal) des Scipio Africanus (des Jüngeren), das ihm seine virtus gesetzt hat.

27 «zu Wasser und zu Land»: In vergeblichen Ausbruchsversuchen aus dem Golf und Reitergefechten vor der Seeschlacht.

27 «Purpurrock»: Feldherrnmantel.

29 «Creta... mit hundert Städten»: (Das homerische Epitheton Kretas) auf dem Weg nach Alexandria.

31 «Syrten»: Die beiden Meerbusen östlich von Karthago und westlich der Kyrenaika, sonst wegen Untiefen und Brandung (vgl. z.B. c. 2, 6, 3 f.) genannt, hier als vom Sturm heimgesucht.

31 «Notus»: Vgl. c. 1, 28, 22.

34 «Chier- oder Lesbierwein»: Beides besonders bekömmliche griechische Inselweine (vgl. z. B. Plin. nat. 14, 73 und c. 1, 17, 21).

35 f. «Cäcuber..., der den... Magen stärke»: Da diese Eigenschaft nicht speziell für den Cäcuber belegt scheint, eher gerade für die zuvor genannten Weine gilt, ist wohl übertragene Deutung angebracht: statt eines («aut») jener (bekömmlichen) griechischen Weine (den für das Siegesfest zurückgelegten) Cäcuber, dessen Genuß (als Vorgriff auf den Sieg, in gelöster Freude) uns von Sorge befreien wird.

38 «holden Lyäus»: Bacchus als Löser und Befreier (vgl. c. 1, 7, 22); er ist «süß» («dulcis») im eigentlichen (die genannten Weine, incl. des Cäcubers) und übertragenen Sinn.

epod. 10

Verfluchung eines Mevius, gegen dessen brutale Begehrlichkeit der Jambiker Horaz als Rächer auftritt. Umkehrung eines Propemptikon (Geleitgedicht mit Segenswünschen für einen Reisenden).

Vgl.: Archil. fr. 79 a D; Alk. fr. 138 L.G.S.

Lit.: E. A. Schmidt, Gymn. 84 (1977), S. 406–412.

12 (1–4–2–4–1) mal das Versmaß von epod. 1.

1 «Vogelflugs»: Vgl. c. 1, 15, 5 und 3, 27, 1–12.

2 «stinkenden»: Begründung zu «mala... alite», erster Hinweis auf Verbrechen des Mevius: es sind «geile Böcke» (vgl. v. 23), die stinken.

2 «Mevius»: Sonst unbekannt; kein Anlaß zur Identifikation mit dem von Verg. ecl. 3, 90 als schlechter Dichter und literarischer Gegner verspotteten Maevius.

3–8 «Mevius war auf dem Weg nach Griechenland, brauchte also den Japyx (NW). Gewünscht werden ihm der Auster (S), der Eurus (SO) und der Aquilo (NNO), also mit geradezu peinlicher Genauigkeit die drei widrigen» (W. Görler, H 93 (1965) S. 341). Vgl. c. 1, 3.

10 Die Zeit, in der Orion nachts (v. 9) untergeht, Oktober–November, ist stürmisch; vgl. c. 1, 28, 21 f.; c. 3, 27, 17 f. Der riesige Jäger Orion hatte eine Jungfrau vergewaltigt und dafür den Tod erlitten (verschiedene Versionen); vgl. c. 3, 4, 70–72.

11–14 Mythologisches Exempel: Pallas Athene, im trojanischen Krieg Feindin der Trojaner (vgl. c. 1, 15, 11 f.), wendet ihren Zorn auf die griechischen Sieger, weil der sogenannte Kleine Aias, der Sohn des Oileus, die Athenepriesterin Kassandra geschändet hatte.

18 «zum tauben Jupiter»: Taub wegen des Frevels des Mevius, der in Analogie zu dem des Orion und Aias aufzufassen ist; vgl. c. 1, 12, 29 f.

20 «Notus»: Das griechische Pendant zum Auster (v. 4), nachdem das Schiff in das «jonische Meer» (v. 21) gekommen ist; vgl. c. 1, 3, 14; c. 1, 28, 21 f.; c. 3, 7, 5.

21 f. Nach Archil. (fr. 79 a D, v. 7–11).

23 f. Den Göttinnen des Sturmes («Tempestates») wird sonst immer nur ein Lamm (vgl. z. B. Verg. Aen. 5, 772) geopfert; der «geile Bock» macht das Dankopfer sprechend.

epod. 11

Liebesverstrickung verhindert Jambendichtung; Selbstkritik des Jambikers als Jambus.

Vgl.: epod. 14.

Lit.: E. A. Schmidt, Gymn. 84 (1977), S. 412–416.

14 (3–8–3) mal das Verspaar jambischer Trimeter und Hemiepes mit jambischem Dimeter.

1–4 Auffälliger und ungewöhnlicher Gegensatz zwischen Lieben und Dichten.

2 «Verse»: Jamben.

5 «dritte Winter»: Der Fiktion des Gedichtes nach war Horaz also zwei Jahre lang ohne Liebesraserei, in welchen er Jamben dichtete.

22 «Pfosten ... Schwellen»: Der verschlossenen Tür der Inachia.

26 «schärfster Tadel»: Gleichsam jambisches Sprechen der Freunde.

epod. 12

Sexuelle Aischrologie empörter Sinnlichkeit. Die Übersetzung von Uz (nur in der 2. Auflage) ist durchaus eine Verfälschung, so daß jede Revision zwecklos ist.

Vgl.: epod. 8.

Lit.: Grassmann, a.O. (vgl. zu epod. 8), S. 70–87.

13 mal das Verspaar daktylischer Hexameter und katalektischer daktylischer Tetrameter (13–13 Verse).

1 Fehlt: «besonders gut (als Sexualpartner) zu schwarzen Elefanten passend».

5 f. eigentlich: «..., wo die Sau versteckt ist, als ich, ob ein Polyp oder ein scharf riechender Bock im wirren Achselhaar lagert».

Der Nasenpolyp kann im eigentlichen Sinn weder Gegenstand von «odoror» sein, noch lagert er im Achselhaar wie der Bock (übliche Metapher für Achselgeruch); er wird hier aber genannt, weil er die Geruchsunempfindlichkeit der Alten im Gegensatz zu Horaz plastisch-häßlich («obesae nares» infolge Polyps) begründet.

8 Fehlt: (wenn sie eilt), «mit dem (meinem) schlaffen Penis».

10 f. Fehlt: «und die aus Krokodilskot hergestellte Farbe».

12 Eigentlich: «zerbricht sie Matratze und Betthimmel».

14 f. Eigentlich: «Bei Inachia bist du weniger schlaff als bei mir, Inachia kannst du dreimal pro Nacht, bei mir reicht es dir nur schwächlich zu einmal».

17 Eigentlich: «da ich einen Stier wollte, dich Kraftlosen ...».

19 f. Eigentlich: «in dessen ungezähmten Weichen das Glied standhafter wurzelt als ein junger Baum auf seinem Hügel».

21 «Tyrischem Purpur»: Die phönizische Handelsstadt Tyros war gerade wegen ihres Purpurs berühmt.

epod. 13

Wein und Gesang in Vergegenwärtigung der Sterblichkeit als Linderung von Kummer und Angst in bevorstehender Todesgefahr (Krieg, Schlacht).

Vgl.: c. 1, 9; c. 1, 7.

Lit.: Joh. Stroux, Philol. 90 (1935), S. 323–330.

Hexameter und Jambelegus (jambischer Dimeter + Hemiepes) als Verspaar 9 mal.

2 «Jupiter»: Die Vorstellung des Zusammenstürzens von Himmel (Jupiter) und Erde (Regensturm, Katastrophe).

4 «Gelegenheit»: Vgl. c. 2, 3, 9 ff.

6 Vgl. c. 3, 21, 1.

8 «Achämenischer»: Nach Achaemenes (7. Jh. v. Chr.), dem Ahnherrn des persischen Königshauses, für königlich-orientalische Pracht und Verschwendung.

9 «Narde»: Das kostbare Nardenöl aus der Wurzel der indischen Narde. Zum Salben beim Symposion vgl. c. 2, 3, 13. Zur «Narde» vgl. c. 2, 11, 16 f.

9 «Cyllenische Saitenspiel»: Erfunden von Merkur (c. 1, 10, 6; c, 3, 11, 1 ff.), kaum daß er auf dem Berg Kyllene in Arkadien geboren worden war. Das Epitheton deutet auf göttliche Verwandlungskraft und musische Gewalt.

11 «berühmte Centaur»: Chiron, der Erzieher Achills.

12 «Thetis»: Die Nereide ist Mutter Achills von ihrem Gemahl Peleus.

13 «Land des Assaracus»: Die Troas, nach Assarakos, Sohn des Tros, des Enkels des Dardanos.

14 «Scamanders ... Simois»: Die Hauptflüsse der Ebene von Troja, Zeugen der Heldentaten Achills.

15 f. «Rückkunft versagt»: Achill wird von einem Pfeil des Paris tödlich getroffen.

15 «der Parcen»: Die spinnenden Schicksalsgöttinnen sind hier besonders angebracht, weil sie auf der Hochzeit des Peleus und der Thetis Achills Geschick prophezeit haben (vgl. Catull c. 64, 305 ff.).

16 «meerfarbige»: Als Meergöttin; vgl. c. 3, 28, 10.

17 «Dort»: Vor Troja, an den nahen Tod denkend.

epod. 14

Liebe verhindert Jambendichtung; Selbstkritik als Jambus.
Vgl.: epod. 11.
Lit.: E. A. Schmidt, Gymn. 84 (1977), S. 417–419.
Hexameter und jambischer Dimeter als Verspaar 8 (4–4) mal.

3 «Lethäischen Schlaf»: Schlaf des Vergessens durch Trinken vom Wasser des Unterweltsstromes Lethe.

5 «Mäcen»: (Vgl. c. 1, 1, 1). Nur hier und epist. 1, 1, 1–3 treffen wir bei Horaz Maecenas als Motor der Produktion an, als Drängenden (vgl. zur gleichen Zeit Verg. georg. 3, 41: «tua, Maecenas, haud mollia iussa»).

6 «ein Gott ... verbietet»: Der Gott, der dem Jambiker infolge seiner als verderblich und moralisch fragwürdig betrachteten Liebesverstrickung die Fortsetzung jambischen Dichtens verbietet, scheint Jupiter zu sein.

7 «längst versprochene Gedicht»: Das herauszugebende Jambenbuch als künstlerische Einheit.

9 «Samischen Bathyll»: Bathyllos von Samos, ein von Anakreon geliebter Knabe.

10 «Tejische Anakreon»: Der Lyriker Anakreon von Teos (6. Jh. v. Chr.).

13 f. Maecenas läßt sich von einem Liebesfeuer entflammen, belagern und zerstören wie Troja von Helena (durch die Leidenschaft des Paris und deren Folgen).

15 «Freigelassenen»: Vgl. c. 1, 33, 13–15. Eine Geliebte des Standes wie die der Elegiker (Cynthia, Delia).

15 f. «nicht einmal mit Einem Liebhaber»: Phryne fehlt das Lob, das römischen Matronen zukommt («uno viro contenta») und das die Elegiker auch in ihrem Liebesverhältnis fordern.

16 «Phryne»: Nach der großen athenischen Hetäre (des 4. Jahrhunderts v. Chr.) von hinreißender Schönheit, die Praxiteles zum Modell für seine Aphrodite nahm.

epod. 15

Invektive gegen eine treulose Geliebte und ihren gegenwärtigen Liebhaber als Ausdruck mißlungener Befreiung.
Lit.: F. Kuhn, Illusion, S. 34 ff.
12 mal Hexameter und iambischer Dimeter.

3 «die großen Götter zu beleidigen»: Durch Eidbruch; vgl. c. 2, 8, 5 ff.

3 «schon entschlossen, ...»: Bewußt meineidig.

7–9 Wirklichkeitskonstanten (Naturfeindschaften und göttliche Ordnung) in der Funktion von adynata (vgl. epod. 16, 25–34).

7 «Wolf»: Als Feind der Schafe Bild unersättlicher Leidenschaft, aber auch der Entzweiung Liebender.

7 «Orion»: Vgl. epod. 10, 10.

9 «Apollo»: Von ewiger Jugend, wozu das ungeschnittene Haar gehört.

20 «Paktolus»: Goldsand führender Fluß in Lydien.

21 «Pythagoras»: (6. Jh. v. Chr.), Gründer einer religiös-philosophischen Gemeinschaft, mit magischen Kräften begabt, lehrte die Seelenwanderung und galt selbst u. a. als Wiedergeburt des Euphorbos der Ilias.

22 «Nireus»: Vgl. c. 3, 20, 15.

epod. 16

Einzige Rettung aus heillosem Bürgerkrieg in der Dichtung.

Vgl.: epod. 7; Verg. ecl. 4.

33 (7–13–13) mal das Verspaar Hexameter und jambischer Trimeter.

1 «ein zweites Menschenalter»: Eine zweite Generation, die Kinder der Generation des Krieges zwischen Caesar und Pompeius (Pharsalos 48 v. Chr.).

1 «bürgerlichen Kriegen»: Bürgerkriegen: 1. Caesar – Pompeius; 2. Caesarerben – Caesarmörder; 3. Octavian – Antonius.

3 «Marser»: Der Marsische oder Bundesgenossenkrieg (91–89 v. Chr.), einer der «großen Schrecken in Roms Geschichte», «alle Zeichen des Bürgerkriegs an sich» tragend (Heuß); die Bundesgenossen planten mit ihrer neuen Hauptstadt Corfinium-Italica ein Gegenrom.

4 «Porsenna»: König von Clusium in Etrurien, Krieg mit Rom nach Liv. 2, 9–15 508–506 v. Chr.

5 «Capua»: Mächtige oskisch-etruskisch-samnitische Stadt in Kampanien, auf Hannibals Seite im 2. Punischen Krieg, 211 v. Chr. von den Römern erobert, als Gefahr einer

«altera Roma», eines zweiten Roms, noch zur Zeit der Epode gefürchtet.

5 «Spartacus»: Sklavenaufstand 73–71 v. Chr.

6 «treulosen Allobrogiers»: Keltischer Stamm, 121 v. Chr. besiegt, macht 61 v. Chr. ernsthaften Versuch, das römische Joch abzuschütteln.

7 «wilden Germaniens»: Die in den Schlachten von Aquae Sextiae (102 v. Chr.) und Vercellae (101 v. Chr.) abgewandte Gefahr der Kimbern und Teutonen.

8 «unsern Vätern»: Eher: «den Eltern (römischer Jugend)».

8 «Hannibal»: Im 2. Punischen Krieg (218–201 v. Chr.), in dem Hannibal 211 v. Chr. vor den Toren Roms stand.

9 «mit Fluch beladenes»: Vgl. epod. 7, 17–20.

11 «Barbar»: Das von den Römern selbst verwüstete Rom wird als Beute dem fremden Eroberer zufallen.

12 «Reiter»: Barbarisches Reiterheer: wohl an die Parther gedacht (vgl. epod. 7, 9 f.)

13 «Quirinus»: (Vgl. c. 1, 2, 46) Schändung des Grabs des vergöttlichten Stadtgründers Romulus unter dem lapis niger auf dem Forum.

17 «Phocäer»: Vor einem halben Jahrtausend (534 v. Chr.) entzogen sich die Bürger von Phokaia in Kleinasien der persischen Herrschaft durch Auswanderung auf eine ferne Insel im Westen (Korsika): Hdt. 1, 165.

22 «Notus»: Südwind.

22 «Africus»: Südwestwind.

25–34 Katalog von sog. adynata, d. h. unmöglichen Verkehrungen der zuverlässigen und sinnvollen Wirklichkeit, hier von irrealen Bewegungsrichtungen und naturwidrigen Vereinigungen.

28 «Padus»: Po.

28 «Matinischen Gipfel»: Berg in Süditalien (vgl. c. 1, 28, 3).

34 «nicht mehr zottige Bock»: Glatt geworden (und schon darin gegen die Natur).

41 f. «glücklichen Gefilden, den reichen Inseln»: Die Inseln der Seligen des griechischen Mythos, wohin bei Hesiod «Zeus das göttliche Heroengeschlecht, ein gerechteres und besseres» (sc. als das eherne) Geschlecht, versetzt hat (erg. 158 f., 168, 170–173), am äußersten Rand der Erde, im Okeanos, schon bei Hesiod mit Zügen des Goldenen Zeitalters

gezeichnet; die Edlen und Gerechten erlangen bei Pind. O. 2 nach ihrem Tod Leben auf den Inseln der Seligen als Lohn.

43 «Gaben der Ceres»: Der Göttin der Fruchtbarkeit, insbesondere des Getreides.

43 «ungebaut»: «von selbst» (griech. automate), ein Grundmotiv der Charakteristik des Goldenen Zeitalters.

44 «Weinstock»: Wein unter der Herrschaft des Saturn oder im (bzw. aus dem – vgl. v. 63 ff.) Goldenen Zeitalter auffällig; nicht bei den Griechen.

47 «Honig aus ... Eichen»: Nach Hes. erg. 233 (Segen über der Stadt der Gerechten).

61/62, 53–56 Vorstellung des ausgeglichenen Klimas, der glücklichen Mischung (ewiger Frühling).

54 «Eurus»: Vgl. epod. 10, 5.

56 «König der Götter»: Jupiter.

57–60 Schiffahrt (auch heroische Schiffahrt) kann (als ein Urfrevel später als das Goldene Zeitalter) auch nicht bis zu den Inseln der Seligen gelangen. Zur Beurteilung der Seefahrt vgl. c. 1, 3.

57 «Argonauten»: Das Heldenunternehmen zur Gewinnung des Goldenen Vlieses aus Kolchis auf der Argo, dem ersten Schiff.

58 «unkeusche Colcherin»: Medea, die Tochter des Kolcherkönigs Aietes (vgl. epod. 3, 9–14), heißt «impudica» (ohne Schamgefühl), weil sie ihre Liebe zu Jason über ihr Vaterhaus stellt.

59 «Sidonischen Schiffer»: Phönizische (Sidon Hafenstadt) Kaufleute raubten die argivische Königstochter Io, worin Hdt. 1, 1 die erste Ursache für die Entzweiung zwischen Europa und Asien sieht.

65 «mit Eisen ... härtete»: Die Gegenwart als Zeit des Unrechts und der Gewalt (vgl. Hes. erg. 174–201: «... und nirgends Rettung im Unheil»).

66 «Fromme»: Die die Gebote der Verwandtenliebe und innenpolitischen Eintracht halten (Gegensatz: Vater-, Brudermörder, Bürgerkriegskämpfer, Hochverräter).

68 «wenn sie meinem Ausspruch folgen wollen»: Nicht im lateinischen Text, wo nur steht: «durch mich als Dichter», d. h. durch diese meine Dichtung.

epod. 17

Palinodie gegenüber der Hexe Canidia: Liebesleidenschaft als Höllenqual.

Vgl.: epod. 5; s. 1, 8.

Lit.: V. Pöschl, Kunst u. Wirklichkeit, S. 135–137.

Jambischer Trimeter, stichisch, 81 Verse.

2 «Reich der Proserpina»: Unterwelt als der besonders zum Zauberwesen gehörige Bereich (vgl. epod. 5, 17f. 26), hier nach ihrer Göttin benannt, weil diese von Hades entführt und gegen ihren Willen zu seiner Frau gemacht worden war.

3 «Dianens»: In magischem Kontext Luna-Selene oder Hekate-Trivia (vgl. epod. 5, 51). – Das Reizen Dianens besteht in Angriffen auf ihre Jungfräulichkeit und auf Jungfräulichkeit überhaupt.

4 «Büchern»: Zauberbüchern.

5 «befestigten Sterne»: Fixsterne als das Festeste, wie Canidia.

5 «herunter zu rufen»: Vgl. epod. 5, 45.

7 «Kreisel»: Ein im Liebeszauber verwendetes Rädchen, das durch eine gespannte doppelte Schnur hin und her gedreht wurde, der sogenannte Iynx («Wendehals»).

7 «rückwärts ... laufen»: Im Zurücklaufenlassen die Spannung bis zum Halt lösen («retro solve»).

8–18 Drei mythologische Exempel für nachgiebige Härte, zweimal Achill, dann Kirke.

8–10 Telephos, König von Mysien in Kleinasien, wird beim Kampf gegen Griechen von Achills Speer verwundet. Nach dem Orakel «Der die Wunde schlug, wird sie auch heilen» läßt er sich von Achills Speer heilen.

8 «Enkel des Nereus»: Achill, der Sohn der Nereide Thetis.

11–14 Priamos erflehte von Achill die Leiche seines Sohnes.

11f. Statt Achills angedrohter Rache (Hom. Il. 23, 182f.) liebevolle Bestattung in Troja.

15–18 Die Zauberin Kirke macht auf Bitten des Odysseus die Verwandlung seiner Gefährten in Schweine rückgängig.

17 «Verstand»: In Abweichung von Homer, aber in Übereinstimmung mit der moralischen Homerallegorese haben die verwandelten Gefährten auch ihre «mens» verloren, d.h.

ihre Vernunft und moralische Gesundheit (= «sani sensus»).

21–26 Wirkungen des Liebeszaubers, in Übersteigerung der Symptome des elegischen Liebenden.

28 «Sabellischen Gesänge»: Zauberformeln der Sabinischen (Sabellischen) Landbevölkerung. Vgl. v. 29 und 60.

29 «Marsischen Liede»: Vgl. epod. 5, 76.

30 «O Meer und Erde»: Schmerzensschrei wie eines tragisch Leidenden; vgl. z. B. Aischyl. Prom. 88 ff. (vgl. v. 67).

30 «Ich brenne»: In Liebesleidenschaft, vgl. epod. 11, 4; epod. 14, 9. 13.

31 f. «Nessus»: Vgl. epod. 3, 17 f.

35 «Colchischer»: Vgl. epod. 5, 24.

40 «Muster der Keuschheit...»: Zitat einer berühmten catullischen Palinodie («pudica et proba», Catull c. 42, 24), die dort die Invektive «moecha putida» (v. 11: «stinkende Hure») um-singt.

41 «ein goldenes Gestirn»: Verstirnung (Katasterismos) als Apotheose durch den Dichter.

42–44 Nach seiner Palinodie gewann Stesichoros (um 630–555 v. Chr.) sein Augenlicht wieder, das ihm zur Strafe für seine Schmähungen Helenas die Dioskuren Kastor und Pollux, ihre Brüder, genommen hatten.

45 «Wahnsinn»: «de-mentia», der Gegensatz von «mens» in v. 17.

46–52 Die Palinodie verstärkt und ergänzt die horazische Canidia-Invektive.

47 f. Hexen gehören zu Friedhöfen; vgl. s. 1, 8; Catull c. 59.

50–52 Boshafte Anspielung auf die Unfruchtbarkeit der Zauberin und die angebliche Unterschiebung eines Knaben.

56 «Cotytischen Geheimnisse»: Geheimnisse der Kotytia, Geheimorgien einer thrakischen Göttin, denen wegen der weiblichen Kleidung der männlichen Festteilnehmer der Ruf der Unzucht anhaftete. Die Anspielung bleibt für uns dunkel.

58 «Esquilinischen Zaubereien»: Anspielung auf s. 1, 8, wo ein Priapbild das Hexentreiben auf dem Esquilin schildert.

60 «Paelignischen... Mütter bereichert»: Für Gold bei Hexen aus dem Paelignerland (Abruzzen) gelernt zu haben (vgl. v. 28 f.).

65–69 Große Büßer als Exempel; was von ihnen erzählt wird, «in vita sunt omnia nobis», «das ist alles bei uns in unserem gegenwärtigen Leben» (Lucr. 3, 979). Ihre Auswahl (statt Tityos hier Prometheus) scheint auch bestimmt durch das Motiv: Verrat göttlichen Geheimnisses (vgl. v. 56ff.): Tantalos plaudert Göttergeheimnisse aus, Prometheus bringt Menschen Feuer, Sisyphos verrät Zeus, als dieser Aigina entführt hatte.

65 f. Die «Tantalosqualen» des ursprünglichen Tafelgenossen der Götter (vgl. epod. 5, 32 ff.); zur Umschreibung vgl. c. 2, 13, 37.

65 «treulosen»: Weil Pelops den Wagenlenker Myrtilos betrog und tötete (vgl. c. 1, 1, 14), Anspielung auf «Geschlechterfluch» ruchlosen Verlangens? Vgl. auch c. 2, 18, 37f.

67 Prometheus (vgl. c. 2, 13, 37), dem ein Adler von seiner stets nachwachsenden Leber (vgl. epod. 5, 37) frißt.

68 «Sisyphus»: Vgl. c. 2, 14, 20.

69 «Jupiters Gesetze gestatten es nicht»: Das gilt, wie für die Büßer, auch für Horaz und erklärt das Scheitern der Selbstmordversuche.

71 «Norischem»: Eisen aus Noricum (Königreich in den Ostalpen), vgl. c. 1, 16, 9f.

74 «reiten»: Wie in Darstellungen des Mittelalters die Dirne auf Aristoteles.

76 «wächserne Bilder beleben»: Anspielung auf s. 1, 8, 30ff.

78 «Mond»: Vgl. epod. 5, 45 f.

79 «Toten erwecken»: Anspielung auf s. 1, 8, 40f.

80 «Tränke»: Vgl. epod. 5, 37f. 77ff.

BIBLIOGRAPHIE

Literatur zum Verständnis der Oden und Epoden des Horaz, zugleich Abkürzungsschlüssel zu den in den Anmerkungen zitierten Titeln. (Einzelinterpretationen in Zeitschriftenaufsätzen sind nicht aufgeführt).

Andreas Alföldi, Der Vater des Vaterlandes im römischen Denken, Darmstadt 1971 = A. Alföldi, Vater des Vaterlandes

Alkaios. Griechisch und deutsch herausgeg. von Max Treu. München (Tusculum) 1963[2] = ed. Treu

Anthologia Palatina = A. P.

Anthologia Graeca, Griechisch-Deutsch ed. Hermann Beckby, 4 Bde., München (Tusculum) 1965[2]

The Greek Anthology. Hellenistic Epigrams. Ed. by A. S. F. Gow and D. L. Page, 2 Bde. Cambridge 1965 = G.-P.

Archilochos. Griechisch und deutsch herausgeg. von Max Treu, München (Tusculum) 1959[1] = ed. Treu

Carl Becker, Das Spätwerk des Horaz, Göttingen 1963

Karl Büchner, Horaz (= Studien zur römischen Literatur, Band 3), Wiesbaden 1962

Steele Commager, The Odes of Horace. A Critical Study, Yale University Press 1962. Auch als Paperback (Midland Book) 1967

Eduard Fraenkel, Horace, Oxford 1957 (und Nachdruck). Auch als Oxford Paperback 1966 und in deutscher Übersetzung Darmstadt 1976[5]

Richard Heinze, Vom Geist des Römertums. Ausgewählte Aufsätze. Hrsg. von Erich Burck, Stuttgart 1960[3] (Nachdruck 1972)

Q. Horati Flacci Opera, rec. Fr. Klingner, Leipzig (Teubner) 1959[3]

Quintus Horatius Flaccus, Oden und Epoden. Lateinisch/Deutsch. Übers. u. hrsg. von Bernhard Kytzler, Stuttgart (Reclam) 1978

Iambi et Elegi Graeci [...]. Ed. M. L. West, 2 Bde., Oxford 1971/72 = West

Adolf Kiessling (ed.), Q. Horatius Flaccus, Oden und Epoden erklärt von A. K., Berlin 1890[2]

(Adolf Kiessling-) Richard Heinze (edd.), Q. Horatius Flaccus, Oden und Epoden erklärt von A. K. 7. Aufl. besorgt von R. H., Berlin 1930 (= Zürich/Berlin 1964[11]) = K.-H.

Friedrich Klingner, Römische Geisteswelt, München (1943[1]) 1965[5] (Nachdruck Stuttgart 1979) = Klingner, Röm. Geisteswelt

Friedrich Klingner, Studien zur griechischen und römischen Literatur, Zürich und Stuttgart 1964 = Klingner, Studien

Franz Kuhn, Illusion und Desillusionierung in den erotischen Gedichten des Horaz, Diss. Heidelberg 1973 = F. Kuhn, Illusion

Kurt Latte, Römische Religionsgeschichte. Handbuch der Altertumswissenschaft V. 4, München 1960 (1967[2]) = Latte RRel

Lyrica Graeca selecta, ed. D. L. Page, Oxford 1968 = L.G.S.

R.G.M. Nisbet and Margaret Hubbard, A Commentary on Horace: Odes, Book 1, Oxford 1970; Book 2, Oxford 1978 = N. & H. I oder II

Hans Oppermann (Herausgeber), Wege zu Horaz. Wege der Forschung, Bd. 99, Darmstadt 1972 = WdF Horaz, ed. Oppermann

Walter F. Otto, Dionysos. Mythos und Kultus, Frankfurt am Main 1933 = W. F. Otto, Dionysos

Walter F. Otto, Die Götter Griechenlands. Das Bild des Göttlichen im Spiegel des griechischen Geistes, Frankfurt am Main 1947[3] (1929[1]) = W. F. Otto, Götter Griechenlands

P. Ovidius Naso, Die Fasten. Herausgeg., übersetzt und kommentiert von Franz Bömer, 2 Bände, Heidelberg 1957/58 = Ov. fast. und Bömer

Viktor Pöschl, Horazische Lyrik. Interpretationen, Heidelberg 1970 = V. Pöschl, Horaz. Lyrik

Viktor Pöschl, Kunst und Wirklichkeitserfahrung in der Dichtung. Abhandlungen und Aufsätze zur Römischen Poesie. Kleine Schriften I, Heidelberg 1979 = V. Pöschl, Kunst u. Wirklichkeit

Sappho. Griechisch und deutsch herausgeg. von Max Treu, München (Tusculum) 1979[6] = ed. Treu

Ronald Syme, The Roman Revolution, Oxford 1939 (und Nachdruck); auch als Oxford Paperback 1960 (Nachdrucke)

Hans Peter Syndikus, Die Lyrik des Horaz. Eine Interpretation der Oden, 2 Bände. Impulse der Forschung, Bd. 6 und 7, Darmstadt 1972/73

Walter Wili, Horaz und die augusteische Kultur, Basel 1948

L. P. Wilkinson, Horace and His Lyric Poetry, Cambridge 1951

DIE HORAZISCHEN VERSMASSE

I. Die Odenstrophen und -verse

1. Alkäische Strophe (37 Oden; vorgestellt in c. 1, 9; das Maß z. B. der sechs Römeroden: c. 3, 1–6).

Auf zwei alkäische Elfsilbler folgen ein Neun- und ein Zehnsilbler.

Odi profanum volgus et arceo

⏓ — ∪ — — | — ∪ ∪ — ∪ ⏓
⏓ — ∪ — — | — ∪ ∪ — ∪ ⏓
⏓ — ∪ — — — ∪ — ⏒
— ∪ ∪ — ∪ ∪ — ∪ — ⏒

2. Sapphische Strophe (26 Oden; vorgestellt in c. 1, 2 und 10; das Maß z. B. des Säkulargesangs).

Drei sapphische Elfsilbler beschließt ein Adoneus.

Integer vitae scelerisque purus

— ∪ — — — | ∪ ∪ — ∪ — ⏒
— ∪ — — — | ∪ ∪ — ∪ — ⏒
— ∪ — — — | ∪ ∪ — ∪ — ⏒
— ∪ ∪ — ⏒

vatis Horati

3. Asklepiadeische Odenmaße (34 Oden).

a) Erstes asklepiadeisches Maß (c. 1, 1 – c. 3, 30 – c. 4, 8).

Stichisch (Vers für Vers) gesetzter sog. kleinerer Asclepiadeus.

Maecenas atavis edite regibus

— — — ∪∪ — | — ∪∪ — ∪ ⏓

b) Zweites asklepiadeisches Maß (zuerst in c. 1, 6).

Strophen aus drei sog. kleineren Asclepiadeen, gefolgt von einem Glyconeus (vgl. d).

— — — ∪∪ — | — ∪∪ — ∪ ⏓

— — — ∪∪ — | — ∪∪ — ∪ ⏓

— — — ∪∪ — | — ∪∪ — ∪ ⏓

— — — ∪∪ — ∪ ⏒

c) Drittes asklepiadeisches Maß (zuerst in c. 1, 5).

Strophen aus zwei sog. kleineren Asclepiadeen, denen ein Pherecrateus (grato, Pyrrha, sub antro) und ein Glyconeus folgen.

— — — ∪∪ — | — ∪∪ — ∪ ⏓

— — — ∪∪ — | — ∪∪ — ∪ ⏓

— — — ∪∪ — —

— — — ∪∪ — ∪ ⏓

d) Viertes asklepiadeisches Maß (zuerst in c. 1, 3).

Zwei Distichen aus Glyconeus und sog. kleinerem Asclepiadeus bilden die Strophe.

Donec gratus eram tibi

— — — ∪∪ — ∪ ⏓

— — — ∪∪ — | — ∪∪ — ∪ ⏓

— — — ∪∪ — ∪ ⏓

— — — ∪∪ — | — ∪∪ — ∪ ⏓

e) Fünftes asklepiadeisches Maß (nach c. 1, 11 nur noch c. 1, 18 und c. 4, 10).

Stichisch gesetzter sog. größerer Asclepiadeus, d.h. der Vers von a) mit innerer Erweiterung durch einen Choriambus: scire nefas, — ∪∪ —.

4. Die seltenen Odenmaße des Horaz.

a) Größere sapphische Strophe (nur c. 1, 8).

Zwei Distichen aus Aristophanius und sog. größerem sapphischen Vers (choriambischer Dimeter + Aristophanius) bilden die Strophe.

— ∪∪ — ∪ — —

— ∪ — — — ∪∪ — | — ∪∪ — ∪ — —

— ∪∪ — ∪ — ⏓

— ∪ — — — ∪∪ — | — ∪∪ — ∪ — ⏓

b) Archilochische Odenmaße.

α) Erstes archilochisches Maß (c. 1, 7 und c. 1, 28; vgl. epod. 12).

Distichen aus Hexameter und katalektischem daktylischem Tetrameter.

— ⏔ — ⏔ — | ⏔ — ⏔ — ∪∪ — ⏓

— ⏔ — ⏔ — (⏔) — ⏓

β) Zweites archilochisches Maß (nur c. 4, 7).

Zwei Distichen aus Hexameter und Hemiepes (pulvis et umbra sumus) bilden die Strophe.

— ⏔ — ⏔ — | ⏔ — ⏔ — ∪∪ — ⏓

— ∪∪ — ∪∪ ⏓

— ⏔ — ⏔ — | ⏔ — ⏔ — ∪∪ — ⏓

— ∪∪ — ∪∪ ⏓

γ) Drittes archilochisches Maß (nur c. 1, 4).

Zwei Distichen aus dem sog. Archilochius (daktylischer Tetrameter + Ithyphallicus) und katalektischem jambischem Trimeter.

— ⏔ — ⏔ — | ⏕ — ∪∪ | — ∪ — ∪ — ⏓
— — ∪ — — | — ∪ — ∪ — —
— ⏔ — ⏔ — | ⏕ — ∪∪ | — ∪ — ∪ — ⏓
— — ∪ — — | — ∪ — ∪ — —

c) Hipponakteisches Maß (nur c. 2, 18)

Zwei Distichen aus katalektischem trochäischem Dimeter und katalektischem Trimeter bilden die Strophe.

— ∪ — ∪ — ⏓
(—)
∪ — ∪ — ⏓ | — ∪ — ∪ — ⏓
— ∪ — ∪ — ⏓
∪ — ∪ — ⏓ | — ∪ — ∪ — ⏓

d) Ionisches Maß (nur c. 3, 12).

Die Ode besteht aus vier ionischen Dekametern (Versen von je zehn sog. Ionici a minore: ∪ ∪ — —).

II. Die Maße des Epodenbuches (Epodenmaße außer Nr. 2)

1. Jambischer Trimeter mit jambischem Dimeter (epod. 1–10). Beatus ille qui procul negotiis

⏓ — ∪ — ⏓ | — ∪ — ⏓ — ∪ ⏓
⏓ — ∪ — ⏓ — ∪ ⏓

2. Jambischer Trimeter stichisch (epod. 17).

⏓ — ⏑ — ⏓ | — ⏑ — ⏓ — ⏑ ⏓

3. Jambischer Trimeter mit Elegiambus (Hemiepes + jambischer Dimeter) (epod. 11).

⏓ — ⏑ — ⏓ | — ⏑ — ⏓ — ⏑ ⏓

— ⏑⏑ — ⏑⏑ ⏓ | ⏓ — ⏑ — (⏑)— — ⏑ ⏓

4. Hexameter mit reinem Senar (epod. 16).

— ⏕ — ⏕ — | ⏕ — ⏖ — (—)⏑⏑ — ⏓

⏑ — ⏑ — ⏑ | — ⏑ — ⏑ — ⏑ ⏓

5. Hexameter mit jambischem Dimeter (epod. 14 und 15).

— ⏕ — ⏕ — | ⏖ — ⏖ — ⏑⏑ — ⏓

⏓ — ⏑ — ⏓ — ⏑ ⏔

6. Hexameter mit Iambelegus (jambischer Dimeter + Hemiepes, also Umkehrung des Elegiambus) (epod. 13).

— ⏕ — ⏕ — | ⏕ — ⏖ — (—)⏑⏑ — ⏓

⏓ — ⏑ — (⏓) — ⏑ ⏓ | — ⏑⏑ — ⏑⏑ ⏓

7. Hexameter mit katalektischem daktylischem Tetrameter (epod. 12, vgl. c. 1, 7 und 28: I. 4. b) *α*).

— ⏕ — ⏕ — | ⏕ — ⏕ — ⏑⏑ — ⏓

— ⏑⏑ — ⏕ — ⏑⏑ — ⏓

INHALT